普通高等教育基础医学类系列教材

供基础、临床、预防、口腔、护理等医学类专业使用

医学免疫学

（第二版）

邬于川　左　丽　主编

科学出版社
北京

内 容 简 介

医学免疫学是一门专门研究人体免疫系统结构与功能、免疫相关疾病发生机制以及免疫学诊断与防治方法的前沿性学科，其发展日新月异。本书主要介绍免疫学的基本原理和基本技术，力求在结构安排、内容涵盖、繁简取舍等方面易于读者接受。全书分免疫学概述、抗原与免疫分子、免疫细胞、免疫应答、免疫病理、免疫学应用六篇，共24章，插入了大量图表。每章后附有小结和复习题，书后附名词英汉对照索引。

本书可作为普通高等医药院校各专业本科医学免疫学的学习教材，同时也可作为临床、预防、检验和其他相关专业的参考用书。

图书在版编目(CIP)数据

医学免疫学/ 邬于川，左丽主编. —2版. —北京：科学出版社，2015.8
普通高等教育基础医学类系列教材
ISBN 978－7－03－044417－2

Ⅰ. ①医… Ⅱ. ①邬… ②左… Ⅲ. ①医学—免疫学—医学院校—教材 Ⅳ. ①R392

中国版本图书馆CIP数据核字(2015)第110743号

责任编辑：潘志坚　叶成杰
责任印制：谭宏宇

科学出版社 出版
北京东黄城根北街16号
邮政编码：100717
http：//www.sciencep.com
南京展望文化发展有限公司排版
广东虎彩云印刷有限公司印刷
科学出版社发行　各地新华书店经销
*
2014年1月第 一 版　开本：889×1194 1/16
2015年8月第 二 版　印张：15 1/4
2022年12月第十七次印刷　字数：465

定价：58.00元

专家指导委员会

《医学免疫学》
（第二版）
编委会

主　编

邬于川　左　丽

副主编

陈　全　宝福凯　朱彤波　胡为民

编　委

（以姓氏笔画为序）

左　丽（贵州医科大学）
朱彤波（四川大学）
邬于川（四川医科大学）
刘杰麟（贵州医科大学）
李成文（四川医科大学）
杨晓燕（重庆医科大学）
吴利先（大理大学）
陈　全（重庆医科大学）
陈　玮（成都医学院）
宝福凯（昆明医科大学）
胡为民（川北医学院）
袁　青（四川医科大学）
商正玲（贵州医科大学）

学术秘书

王　栩（四川医科大学）

第二版前言

医学免疫学的发展日新月异，各类教材也层出不穷，为了更好地满足高等医学教育的目标规划，适应分层次教学的要求，彰显地区教学特色，打造区域性的精品课程教材，科学出版社在西南地区策划出版普通高等教育基础医学类系列教材。本系列教材适用于医学及医学相关专业本科学生，在内容、形式、结构、表述等方面尽量体现特色，适合西南地区医学院校教学需要。

医学免疫学是一门发展迅猛的医学基础学科，学生对免疫学知识的系统学习存在较大困难。编委会根据长期的教学和教材编写经验，遵循教材应具有严谨性、科学性、先进性和实用性的原则，在本教材编写过程中进行了以下几方面的改进，力显特色。

（1）内容形式上，做到系统、完整、准确，并进行一定程度的更新。形式简明扼要，重点突出，深入浅出地阐明基本概念、基本知识和基础理论，适当补充已公认的学科新进展。通过章前介绍使学生明确学习要求；增加了复习思考题难度，激发学生学习主动性。概述部分以历届诺贝尔奖为线索，归纳阐述了免疫学发展史中最具代表性的成果，以激发学生的学习兴趣。

（2）结构方面进行调整。本教材将医学免疫学教学内容进行归类，共分为六篇二十四章，包括免疫学概述、抗原与免疫分子、免疫细胞、免疫应答、免疫病理、免疫学应用。根据教学顺序调整教材编排顺序，在教材编写和审核过程中，注重章节之间的内在联系，概念前后一致，章节紧密衔接而不重复。

（3）全书表述力求简洁明了，图表文字规范，尤其是对免疫学专有名词概念参照最新出版的免疫学英文教材进行了修订。

在此由衷地感谢四位副主编、各位编委以及学术秘书为本教材第二版的编写所做出的努力与贡献。感谢四川医科大学高燕、黄黎同志为教材编写所做的大量服务性工作；感谢四川大学董薇、胡丽娟老师参与教材编写工作。由于水平和时间所限，本教材如存在错误与不足之处，恳请广大师生批评与指正！

邬于川　左　丽

2015年5月20日

目 录

第四章 免疫球蛋白 030

第五章 补体系统 043

第六章 细胞因子 054

第十一章 其他免疫细胞 097

第四篇 免 疫 应 答

第十二章 抗原提呈细胞和抗原提呈 106

第十三章 T 细胞介导的免疫应答 111

第十四章 B 细胞介导的体液免疫应答 119

第十五章 固有免疫应答 125

第二十章 免疫缺陷病 170

第二十一章 肿瘤免疫 181

第二十二章 移植免疫 191

第六篇 免疫学应用

第二十三章 免疫学检测技术 200

第一篇

医学免疫学概述

第一章

医学免疫学简介

免疫(immunity)一词来源于拉丁文"immunitas",其原意是指免除赋税或劳役。人类很早就认识到在瘟疫流行中患病而康复的人不易再次罹患相同的疾病。"免疫"即免除瘟疫(抵御传染病)。随着人类对免疫功能的深入和全面的认识,免疫的概念发生了革命性的变化,现代免疫概念认为,"免疫"是机体识别"自己",排除"非己",以维持机体内环境稳定的一种生理功能。在正常情况下对自身成分耐受,对病原体等异物产生排斥,对机体有利,但在某些情况下会发生以免疫损伤为主的不利反应。免疫针对的对象不再只是病原体,对机体产生的作用也不都是保护作用。

机体执行免疫功能的组织器官、细胞和分子构成了免疫系统(immune system),免疫系统针对"非己"物质所产生的反应称为免疫应答(immune response)。医学免疫学(medical immunology)是专门研究人体免疫系统结构与功能、免疫相关疾病发生机制以及免疫学诊断与防治方法的科学,主要阐明免疫系统识别抗原后发生免疫应答及其清除抗原,机体对自身抗原形成免疫耐受的规律,并探讨其功能异常所致的疾病的发生机制。

第一节　免疫系统的组成和基本功能

机体免疫系统包括免疫组织和器官、免疫细胞以及免疫分子,可识别和清除入侵的病原体、体内发生畸变、突变的细胞,衰老死亡细胞或其他有害成分。因此,免疫功能包括:① 免疫防御(immune defense):是机体抵御并清除入侵的病原体及其他有害物质的免疫防护作用,是免疫系统最基本和最重要的功能之一,即通常所指的抗感染免疫。免疫防御功能过低或缺如,可能发生免疫缺陷病,导致病原微生物的反复和持续感染;但若应答过强或持续时间过长,则在清除有害物质的同时,也将导致机体的功能紊乱或组织损伤,发生超敏反应。② 免疫监视(immune surveillance):是宿主及时发现和清除体内突变细胞的功能,如肿瘤细胞。免疫监视功能低下可导致肿瘤的发生和发展。③ 免疫自稳(immune homeostasis):是指机体可及时清除自身衰老、变性或损伤的体细胞,对自身成分耐受,以维持机体内环境相对稳定的一种生理功能。机体通过自身免疫耐受和免疫调节两种主要机制来实现免疫自稳功能。若免疫系统对自身组织细胞的耐受被打破,免疫调节功能紊乱,就可能导致自身免疫病的发生。人体免疫系统不但执行免疫功能,而且还与神经系统和内分泌系统构成了"神经-内分泌-免疫"网络,在维持机体内环境的稳定中发挥重要作用。

一、免疫组织和器官

免疫组织(immune tissue)又称为淋巴组织(lymphoid tissue),包括胸腺、脾脏、淋巴结等包膜化淋巴器官(lymphoid organ),以及非包膜化弥散性的淋巴组织(黏膜相关淋巴组织和皮肤免疫系统)和淋巴小结(lymphoid nodule),广泛分布于机体各个部位。免疫器官(immune organ)又称为淋巴器官,依据功能的不同可分为中枢免疫器官(central immune organ)和外周免疫器官(peripheral immune organ)。人类和哺乳动物的中枢免疫器官由骨髓和胸腺组成,其发生较早;外周免疫器官由胸腺、脾脏、淋巴结组成,其发生较晚。

在中枢免疫器官内获得相应表型和功能性成熟的淋巴细胞迁移至外周免疫器官,可针对抗原物质产生免疫应答。血液和淋巴循环可将成熟的淋巴细胞输送到外周免疫器官,也可使外周免疫器官间的免疫细胞得以循环,为特异性免疫应答的发生提供有利条件。

二、免疫细胞和分子

(一) 免疫细胞

免疫细胞是免疫系统的基本功能单位,绝大多数免疫细胞均由造血干细胞分化而来。根据功能不同,免疫细胞可分为固有免疫细胞和适应性免疫细胞。固有免疫细胞主要包括中性粒细胞、单核-巨噬细胞、树突状细胞、NK 细胞、NKT 细胞、γδT 细胞和 B 细胞等。适应性免疫细胞则包括 T 细胞和 B 细胞。但是功能分类不是绝对的,某些固有免疫细胞(如树突状细胞)在适应性免疫应答中发挥重要的抗原提呈作用,而某些 T 细胞则可在固有免疫应答中发挥作用。

B 细胞(B lymphocyte)表面表达 B 细胞受体(B cell receptor, BCR),可特异性直接识别抗原分子的表位(epitope)。B 细胞识别抗原后发生活化、增殖、分化为浆细胞(即抗体形成细胞),合成并分泌抗体,在体液中发挥清除抗原的作用。因此,B 细胞介导的免疫应答称为体液免疫应答。

T 细胞(T lymphocyte)表面表达 T 细胞受体(T cell receptor, TCR),可特异性识别由抗原提呈细胞(antigen presenting cell, APC)加工处理提呈的抗原肽- MHC 复合物。T 细胞识别抗原后发生活化、增殖、分化成为效应性 T 细胞,主要通过分泌细胞因子和细胞毒作用来发挥效应。

(二) 免疫分子

免疫分子包括免疫球蛋白、补体、细胞因子、免疫细胞表面的黏附分子,是介导免疫应答发生与发展的重要物质基础。免疫球蛋白、补体、细胞因子、免疫细胞表面的黏附分子等均参与免疫应答。

免疫球蛋白(immunoglobulin, Ig)是由浆细胞产生的蛋白质,存在可溶型和膜型两种形式。可溶型一般也称为抗体(antibody, Ab),膜型为 BCR。一种抗体只能与决定抗原特异性的特殊化学基团结合,这种特殊化学基团称为抗原决定基(antigenic determinant)或表位(epitope)。抗原抗体结合后可通过中和作用中和毒素、通过激活补体溶解靶细胞、调理作用促进吞噬细胞吞噬以及抗体依赖性细胞介导的细胞毒作用(antibody-dependent cell-mediated cytotoxicity, ADCC)对靶细胞进行杀伤,从而发挥效应。

补体系统(complement system)是固有免疫的组成成分,由 30 余种广泛存在于血液、组织液和细胞表面的蛋白质组成。多种微生物成分、抗原抗体复合物等物质可通过三条既独立又交叉的途径而激活补体,其结果是导致细胞裂解,并产生调理作用和趋化作用,或作为炎性介质发挥效应。

T 细胞只能识别由宿主细胞或抗原提呈细胞表面自身分子提呈的抗原多肽片段。这种自身分子由主要组织相容性复合体(major histocompatibility complex, MHC)所编码,包括 MHC Ⅰ和 MHC Ⅱ两类,所有有核体细胞均表达Ⅰ类分子,MHC Ⅱ类分子多表达在 APC 表面。

细胞因子(cytokine)是存在于体液中的在免疫应答中起信号联络作用的可溶性蛋白分子或糖蛋白,通常以自分泌或旁分泌方式发挥生物学作用。细胞因子与其靶细胞表面相应的受体相互作用,将生物学信号传导至细胞内。

第二节 免疫应答

免疫应答是医学免疫学的核心内容,免疫应答是指免疫系统识别和清除抗原的全过程。根据种系和个体进化、发育特点及作用特征,免疫应答可分为固有免疫(innate immunity)和适应性免疫(adaptive immunity)两大类。固有免疫又称先天性免疫或非特异性免疫(non-specific immunity),适应性免疫又称获得性免疫(acquired immunity)或特异性免疫(specific immunity)。

固有免疫是机体在长期的种系发育与进化过程中逐渐形成的天然免疫防御功能,经遗传获得,与生俱有,作用迅速而稳定。固有免疫系统由组织屏障、固有免疫细胞和分子组成,其中组织屏障包括皮肤黏膜及其附属物成分和体内屏障结构。固有免疫细胞识别异物可通过一类模式识别受体(pattern-recognition receptors,PRR)去识别病原生物稳定表达的病原体相关分子模式(pathogen associated molecule pattern,PAMP)的结构。

适应性免疫是机体在与外界病原微生物接触过程中产生的,可分为三个阶段:① 识别阶段,即T细胞和B细胞分别通过TCR和BCR识别抗原决定基,其中T细胞识别的抗原必须由抗原提呈细胞提呈;② 活化增殖阶段,即识别抗原后的淋巴细胞在协同刺激分子的辅助下发生活化、增殖和分化,获得功能特性,产生效应细胞(如杀伤性T细胞)和效应分子(如抗体、细胞因子等)和记忆细胞;③ 效应阶段,即由效应细胞和效应分子发挥清除抗原作用。

适应性免疫的主要特征是具有特异性、多样性、记忆性和耐受性。特异性是指某一淋巴细胞克隆只能识别一种抗原决定基。这一精细特异性得以存在的原因是不同克隆的淋巴细胞各自表达能辨别表位之间细微差别的抗原受体,即TCR和BCR。一个既定个体表达不同抗原特异性受体的淋巴细胞克隆总和称为淋巴细胞库(lymphocyte repertoire)。人体淋巴细胞库数量巨大,理论计算值一个个体的免疫系统可识别10^7~10^9种不同的抗原决定基,淋巴细胞库中淋巴细胞克隆数量巨大的性质称为多样性。机体免疫系统第一次接受某一抗原刺激时产生初次特异性应答,当再次与该抗原接触时,通常产生快速、强烈、持续时间更长的再次应答,称为免疫的记忆性。记忆性产生的原因是记忆性淋巴细胞具有比初始淋巴细胞更强的应答能力。耐受性是指机体免疫系统可在抗原诱导下发生特异性不应答。

根据参与成分和功能的不同,适应性免疫应答又分为体液免疫(humoral immunity)和细胞免疫(cellular immunity)。抗体介导体液免疫,主要执行抗细胞外微生物感染及中和毒素的防御功能。T细胞介导的细胞免疫又称为细胞介导的免疫(cell-mediated immunity),主要针对病毒和某些胞内感染细菌(如结核杆菌)。根据免疫获得的方式不同,可将适应性免疫分为主动免疫(active immunity)和被动免疫(passive immunity)。主动免疫是指机体接触抗原后发生的应答,产生了针对该抗原的抗体和致敏淋巴细胞。被动免疫是指将来自一个免疫个体的免疫分子和细胞转移给另一个体,使其获得特异性免疫的能力。

固有免疫和适应性免疫是相辅相成、密不可分的。固有免疫是适应性免疫的先决条件和启动因素。适应性免疫应答产生的效应分子也可大大促进固有免疫作用。

第三节 医学免疫学与临床

免疫应答是把“双刃剑”,免疫功能给机体带来保护作用的同时也可能对机体造成损伤。异常的免疫应答可导致多种免疫性疾病的发生。自身免疫性疾病是对自身抗原的不适当应答引起的;如免疫系统的任何组分发生缺陷,机体都不能有效地发挥免疫作用,所致疾病称为免疫缺陷病(immunodeficiency disease,IDD)。超敏反应(hypersensitivity)是对抗原启动的过强免疫应答,造成了机体生理功能紊乱或组织细胞损伤。临床的一些治疗方法也可能受到正常免疫应答的影响,如输血反应和移植排斥反应。

现代免疫学诊断方法向着特异、敏感、自动和快速的方向发展。新的诊断方法虽然层出不穷,但抗原或抗体的检测依然是主角。一方面是基于抗原抗体反应的高度特异性对某些疾病的确诊起着决定性作用;另一方面,由于标记技术的引入(如放射性核素、酶和免疫发光),抗原抗体检测的敏感性达到了pg/mL水平,因而广泛应用于早孕和内分泌疾病(如甲状腺疾病)的诊断。细胞免疫的检测使得免疫学诊断更加全面,各种免疫细胞群和亚群的分离鉴定技术日臻完善,免疫细胞功能检测的新方法也不断涌现。

预防乃至消灭传染性疾病仍是现代免疫学的一项重要任务。通过接种疫苗的人工自动免疫和应用抗体、细胞因子等制剂的人工被动免疫方式控制和消灭传染性疾病取得了显著的效果,这些方式也为其他免疫性疾病的防治所借鉴。新型疫苗的研制取得了丰硕成果。通过计划免疫,我国在控制多种传染病尤其是儿童多发传染病方面取得显著的成效。免疫生物治疗已成为临床治疗多种疾病的重要辅助手段,免疫分子和细胞治疗、生物应答调节剂和免疫抑制剂的应用在临床各类疾病的治疗中都显现了辉煌的前景。

第四节 免疫学发展史上的重大成就

免疫学是在人类与传染病斗争过程中发展起来的，起源于微生物学，经历了由免疫化学向免疫生物学的转变，已成为一门前沿学科，免疫学的发展历经了经验时期(17 世纪 70 年代～19 世纪中叶)、科学时期(19 世纪中叶～1977 年)和现代时期(1977 年至今)三个阶段。早期以感染性疾病的研究为核心，过敏反应和相关临床疾病的研究也呈现出优势，并发明了血清诊断技术。随后，免疫化学兴起并占主导地位，抗原和抗体的化学性质得到全面深入的阐明。此后研究逐步指向免疫应答的生物学基础和生物医学意义。最后，化学家和生物学家联手解决了免疫系统的问题。

在漫长的过程中，免疫学发展具有以下特色和历史作用：一是理论与实践的紧密结合并相互促进；二是免疫学成果的应用为人类防治传染病作出了巨大的贡献；三是免疫学对现代生命科学和医学的形成与发展产生了至关重要的影响。现代免疫学已经成为生命科学的前沿学科之一。免疫学研究也是一个充满无穷未知和巨大机遇的领域，各国科学家共同努力探索，取得了巨大成就，为人类医学事业作出了巨大贡献，也使近 30 位科学家走上了诺贝尔生理学或医学奖的领奖台，留下了光辉的业绩。可以说，诺贝尔生理学或医学奖见证了免疫学学科的发展历程(表 1－1)。

表 1－1 免疫学领域获诺贝尔生理学或医学奖的研究成果

获奖时间	获 奖 人 物	获 奖 成 果
1901 年	Emil Behring(德国细菌学家 1854～1917)	血清疗法及其在白喉病中的应用
1905 年	Robert Koch(德国细菌学家 1843～1910)	对结核病及结核杆菌的研究
1908 年	Paul Erhlich(德国化学家 1854～1915) Elie Metchnikoff(俄国动物学家 1845～1916)	抗体形成侧链学说 免疫细胞学说-吞噬细胞的作用
1913 年	Charles Richet(法国生理学家 1850～1935)	过敏反应的研究
1919 年	Jules Bordet(比利时医生 1870～1961)	补体及补体结合反应
1930 年	Karl Landsteiner(奥地利生理学家 1868～1943)	人血型抗原
1951 年	Max Theiler(美国生物学家 1899～1972)	发明抗黄热病疫苗
1957 年	Daniel Bordet(意大利科学家 1907～1992)	用抗组胺药物治疗变态反应
1960 年	F. M. Burnet(澳大利亚病毒学家、免疫学家 1899～1985) Peter B. Medawar(英国动物学家 1915～1987)	克隆选择学说与获得性免疫耐受 获得性免疫耐受
1972 年	Rodney R. Porter(英国生物化学家 1917～1985) Gerald M. Edelman(美国生物化学家 1929～)	抗体结构的研究 抗体结构的研究
1977 年	Rosalyn Yallow(美国学者 1921～)	建立放射免疫分析技术
1980 年	Baruj Benacerraf(美国免疫学家 1920～) Jean Dausset(法国免疫学家 1916～2006) George Snell(美国遗传学家 1903～1996)	免疫应答基因 人类白细胞抗原(HLA)结构 小鼠主要组织相容性复合体(H－2)结构
1984 年	Cesar Milstein(美国生物化学家 1927～2002) Georges F. Kohler(德国免疫学家 1946～1995) Niels K. Jerne(丹麦免疫学家 1912～1994)	单克隆抗体技术及免疫球蛋白遗传学研究 单克隆抗体技术 天然选择学说、免疫网络学说
1987 年	Susumu Tonegawa(日本生物学家 1939～)	抗体基因及抗体多样性遗传基础
1990 年	Joseph E. Murray(美国外科医生 1921～) E. Donnall Thomas(美国医生 1920～)	抗移植免疫排斥，开展肾移植 抗移植免疫排斥，开展骨髓移植
1996 年	Peter C. Doherty(澳大利亚兽医 1941～) Rolf M. Zinkernagel 瑞士免疫学家(1944～)	MHC 生物学功能 MHC 生物学功能
2011 年	Bruce A. Beutler(美国遗传学和免疫学家 1957～) Jules A. Hoffmann(法国生物学家 1941～) Ralph M. Steinman(加拿大免疫学家 1943～2011)	Toll 样受体在固有免疫应答中作用的研究 Toll 样受体在固有免疫应答中作用的研究 树突状细胞发现及功能研究

一、疫苗的发明与研制推动人工主动免疫

在医学科学未诞生以前,“以毒攻毒”的思想是世界各国人民预防和治疗传染病的经验总结。根据这一思想,我国 17 世纪的人痘接种和英国 18 世纪的牛痘接种以预防天花获得了成功。

天花是由天花病毒引起的一种烈性传染病,正常人一旦接触患者,无不遭受感染,但感染后的幸存者却不会再次患天花。早在 11 世纪的宋朝,我国古代医书就记载了吸入的天花痂粉以预防天花病的方法。公元 16 世纪的明代隆庆年间,我国人民发明了人痘法接种造成轻度感染,即将沾有疱浆的患者衣服给正常儿童穿戴,或者将天花愈合者的局部痂皮磨成粉末,经鼻腔让正常儿童吸入,均可有效地预防天花的发生。人痘法在清代得以广泛应用,并西传至欧亚各国,东传至朝鲜、日本及东南亚各国。天花流行时,种过人痘的人群死亡率只有未接种人群的 1/5~1/10。人痘法预防天花虽然有效,但也有使人患天花的风险,但是人痘法“以毒攻毒”的思想对以后预防天花成功策略的问世产生了巨大的影响。

18 世纪末,英国乡村医生 Edward Jenner(1749~1823)观察到牛可能患牛痘,牛痘疹酷似人类的天花疱疹。挤奶女工在为病牛挤奶时,也因手臂接触病牛的脓疱物质而得“牛痘”,但得过“牛痘”的女工后来却不患天花。由此他意识到接种“牛痘”可能会预防天花。他从一名正在患牛痘的挤奶女工 Sarah Nelnles 身上的脓疱内取出少许脓液,注射到一个八岁男孩 James. Phipps 的手臂,仅仅出现局部疱疹,而无全身天花症状。六周后,男孩的牛痘疹消退。为了证实效果,Jenner 先后给这个男孩注射了 20 次,男孩均安然无恙。Jenner 在 1798 年出版的专著《探究》中称此项技术为 Vaccination(种痘),取意于拉丁文 Vacca(牛)。由于当时人们迷信思想和社会习惯势力的阻挠,牛痘法推广甚为缓慢。经过近 180 年的努力,1980 年世界卫生组织(WHO)宣告天花在全球被消灭,牛痘的接种开创了人工主动免疫的先河。

到了 19 世纪中叶,法国化学家和微生物学家 Louice Pasteur 将炭疽杆菌经过高温减毒制备成炭疽减毒活疫苗,将鸡霍乱菌在室温下长期放置减小其毒性,将狂犬病毒经过兔脑传代获得减毒株,制备为减毒活疫苗。上述疫苗有效地预防了牧畜严重传染病,促进了畜牧业的发展,同时也避免了人畜共患病的发生。科学史家认为,Pasteur 使免疫学成为一门科学,赋予“以毒攻毒”的传统思想以科学内涵,开创了科学的免疫接种和保护性免疫的新篇章。他的细菌学理论引导人们关注宿主感染细菌后所获得的免疫力,使人们意识到 Jenner 接种牛痘预防天花的科学性和重大意义,推动了疫苗的研制和广泛使用,以致使疫苗接种成为人类征服传染病的强有力的工具。为了纪念 Jenner 的巨大贡献,Pasteur 将疫苗称为“Vaccine”。可以说 Jenner 开创了经验性免疫新纪元,而 Pasteur 则奠定了科学免疫学的重要基础。

20 世纪 30 年代末,美国生物学家 Max Theiler 成功地研制出了黄热病疫苗,并因此于 1951 年被授予诺贝尔生理学或医学奖。

二、抗体的全面研究使体液免疫占据免疫学主导地位

(一) 抗毒素的发现和应用

1889 年,德国细菌学家 Emile Behring 和 AlexandreYrsin 从白喉杆菌培养物的上清液中分离到一种能够单独引起实验动物发生典型白喉症状的可溶性毒素,由此认为白喉杆菌所致的白喉病症实质上是由毒素引起。继而 Behring 从“以毒攻毒”的医理中得到启发,联想到既然病原菌能产生毒素危害人和动物,就应该有一种能对抗毒素的抗毒素,因而他提出了“抗毒素免疫”的新概念,并经过 300 多次的实验证明了感染过破伤风杆菌的动物血清中存在能对抗破伤风毒素的抗毒素。1890 年,他又在豚鼠身上证明了白喉抗毒素存在于耐受白喉杆菌的动物血清中。1891 年 12 月,他用含白喉抗毒素的动物血清成功治疗了白喉患儿,Behring 被誉为血清治疗法的创始人。他的发明为后继抗体的发现奠定了重要的基础,也开创了免疫血清疗法人工被动免疫的先河,因此 Behring 被授予首届(1901 年)诺贝尔生理学或医学奖。抗体也成为机体免疫系统中被发现的第一种免疫分子,科学家们对抗体的兴趣也开辟了以抗原和抗体为核心的体液免疫研究时期。在抗毒素发现后不久,又相继在动物血清中发现了溶菌素、凝集素、沉淀素等组分。学者们将血清中存在的具有多种不同特异反应性的物质称为抗体,而将能诱导抗体产生的物质统称为抗原,陆续建立了体外检测抗原或抗体的多种血清学技术。

（二）补体是对抗体作用的有力补充

1899 年，比利时医生 Jules Bordet 发现，在能溶解细菌的新鲜免疫血清中，除了含有溶菌素即抗体外，还存在一种对热不稳定的物质，能协助抗体发挥溶菌、溶细胞作用，称为补体(complement)，并建立了可对抗原抗体进行定性和定量分析的补体结合试验。Bordet 认为，抗原与抗体相互作用的结果是激活补体，导致携带抗原的靶细胞裂解。这一发现把特异性免疫与非特异性免疫在功能上联系起来，在理论上扩大了免疫概念的范畴，在实践上建立了新的免疫诊断方法，Bordet 因此荣获了 1919 年诺贝尔生理学或医学奖。

（三）抗体的性质和结构

1937 年 Tiselius 和 Kabat 用电泳方法将血清蛋白分为白蛋白、α1、α2、β 和 γ 球蛋白等组分。他们发现动物在接种某种抗原后，其血清中 γ 球蛋白的水平显著升高，并显示出抗体的活性，能与抗原特异性结合。因此，他们认为 γ 球蛋白就是抗体。在相当长一段时间内，抗体被称为 γ 球蛋白。但后来人们发现 α 和 β 球蛋白也具有抗体活性。由于抗体广泛存在于血液、组织液和分泌液中，故将抗体介导的免疫被称为体液免疫。

美国生物化学家 Gerald M. Edelman 阐明了抗体分子的结构，在生物化学和免疫化学的研究领域中作出了重大的贡献。1957 年他开始从事抗体结构研究时遇到两个很大困难：一是抗体分子质量极大，二是抗体极不均一。1958 年，英国生物化学家 Rodney Porter 用木瓜蛋白酶和胃蛋白酶将抗体降解成了多个片段，克服了抗体研究的第一个困难，Edelman 本人发明了用浓尿素还原抗体分子二硫键的方法。1961 年，通过 IgG 还原实验，他证明了抗体分子是由多个肽链构成。次年，他利用骨髓瘤蛋白和本-周氏蛋白进行电泳实验，证明了抗体的不均一性是有限的。1965 年他与 Porter 等人先后研究出抗体分子详尽的化学结构及其氨基酸顺序。

英国生物化学家 Rodney R. Porter 是分子免疫学的创始人之一。他在 Edelman 抗体二硫键还原实验的基础上提出了抗体分子结构的四肽链模型。这个模型指出抗体含有两个轻重链对，每一条轻链、重链内和两条重链之间都有二硫键连接，但轻链与轻链不相连接。1962 年，他在题为《免疫球蛋白 G 和抗体的结果》的论文中发表了上述研究成果，引起了强烈反响，人们称赞为“划时代的成就”。由于他和 Edelman 在抗体结构研究中作出的突出贡献，两人分享了 1972 年诺贝尔生理学或医学奖。

（四）抗体生成的机理

1897 年，德国化学家 Paul Erhlich 就提出了抗体形成的侧链学说(side chain theory)，认为抗体分子是细胞表面的一种受体，抗原进入机体与其结合，刺激细胞产生更多的抗体，脱落入血成为循环抗体。Erhlich 的受体学说体现了当今关于抗体产生理论的雏形，即 B 细胞识别抗原的 BCR 以及抗原刺激 B 细胞分化为浆细胞产生大量特异性抗体。Erhlich 是受体学说的首创者，被称为免疫化学的先驱，并于 1908 年获得了诺贝尔生理学及医学奖。

1957 年澳大利亚免疫学家 Mae Farlane Burnet 提出了著名的抗体生成克隆选择学说(clonal selection theory)，该学说的基本思想是：① 机体内天生具有一个多样性巨大的淋巴细胞库，每个淋巴细胞克隆表达一种抗原特异性受体；② 抗体作为抗原特异性受体天然存在于淋巴细胞表面，可与抗原选择性地结合；③ 一个抗原与一个淋巴细胞克隆表面的抗原受体发生特异性结合，引起该淋巴细胞克隆增殖，大量子代细胞均可产生同一抗原特异性的抗体；④ 不同的抗原选择结合不同特异性的淋巴细胞克隆，产生不同特异性的抗体。⑤ 免疫耐受是由于能与自身抗原结合的免疫细胞克隆在胚胎发育期发生了死亡(图 1-1)。Burnet 在此学说中提出的一个淋巴细胞克隆产生一种特异性抗体的预见被以后的单克隆抗体制备技术所证实。Burnet 的克隆选择学说被认为是免疫学发展史上最为重要的理论，目前在免疫学理论方面还未见历史影响作用更大的免疫学家。他和 Medawar 共同获得了 1960 年诺贝尔生理学及医学奖。

（五）单克隆抗体的制备

1975 年，德国免疫学家 Georges Kohler 与美国生物化学家 Cesar Milstein 将小鼠的骨髓瘤细胞与抗原免疫的小鼠脾脏细胞进行融合，获得了能分泌特异性单克隆抗体的杂交瘤细胞株，并且能长期进行培养。单克隆抗体技术对生命科学和医学产生了深远的影响，促进了免疫学基础理论的研究，广泛应用于激素、酶等生物活性物质的检测、纯化以及肿瘤的早期诊断和治疗。单克隆抗体技术的发明引发了医学和生物学革命，

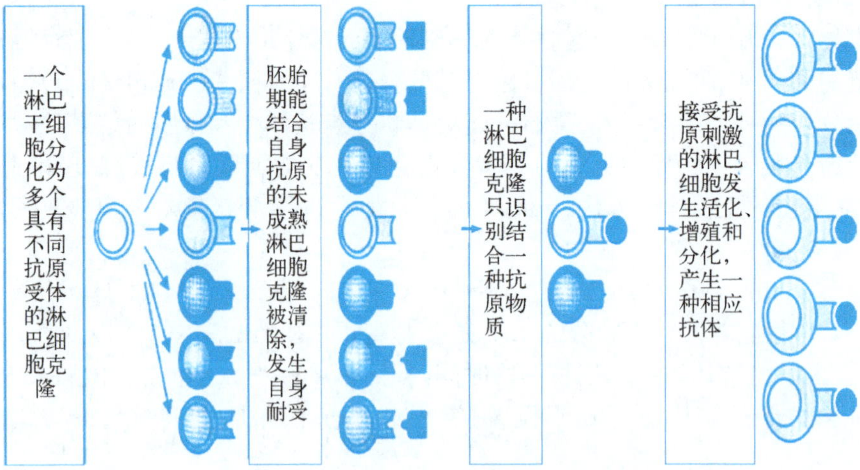

图 1-1 Burnet 的克隆选择学说

为了表彰 Kohler 和 Milstein 的杰出贡献，诺贝尔奖评选委员会授予了他们 1984 年诺贝尔生理学及医学奖。

上述科学家围绕抗体进行的研究成果深化了人们对免疫应答的认识，促成以抗体为核心的体液免疫研究在很长一段时期占据了免疫学的主导地位，也推动了免疫学的发展。

三、细胞免疫研究的崛起

19 世纪后叶，俄国学者 Elieilya Metchnicoff 发现海洋的无脊椎动物(如海星)也拥有能吞噬和破坏入侵物质的巨噬细胞，因而推断脊椎动物的吞噬细胞也可能执行相似的保护性功能。他于 1883 年创立了细胞免疫假说-吞噬细胞理论。Metchnicoff 继承了达尔文进化论的思想，认为在进化上物种间的斗争与达尔文提出的物种内的生存竞争同等重要，因而受感染的宿主和入侵的病原体之间也会发生为各自生存而进行的激烈斗争；其次他提出了炎症保护性作用的论点。当时多数人认为炎症是疾病发生发展过程中对自身的损害性反应，而 Metchicoff 则认为炎症反应是机体进化过程中产生的抵抗病原体入侵的保护性机制。Metchnicoff 的吞噬细胞理论开创了固有免疫和细胞免疫先河。他的学术思想是达尔文主义的延续，来源于对生命现象在更宽广和深刻层面上的思索和严谨求证。他的可贵之处在于能够不顾同时代免疫学家热衷于抗体研究的热点和体液免疫学派的强烈攻击而坚持个人的学术观点，另辟蹊径开创了细胞免疫先河。他与 Erhlich 共同获得了 1908 年诺贝尔生理学及医学奖。Metchnicoff 和 Erhlich 提出的细胞免疫学说和体液免疫学说标志着免疫学理论体系构架的初步完成，免疫学自此成为一门独立的学科，两位科学家被称为“免疫学之父”。

19 世纪中叶，德国细菌学家 Robert Koch 成功分离培养结核杆菌，提出了病原菌致病的概念。他对结核杆菌、结核菌素和结核病的研究，尤其是对结核菌素反应的研究进一步深化了对细胞免疫的机制探索，为全面阐明细胞免疫机制奠定了重要基础。由于对结核病的研究作出了巨大贡献，Koch 于 1905 年被授予诺贝尔生理学及医学奖。

1957 年 Glick 发现切除鸡的腔上囊(bursa)会导致抗体产生缺陷，因此将存在于腔上囊的淋巴细胞称为腔上囊衍生细胞，简称为 B 细胞或 B 淋巴细胞(B 为 bursa 的第一个字母)。1961 年 Miller 和 Good 发现在新生期切除胸腺(thymus)的小鼠或先天性胸腺缺陷的新生儿，都会发生严重的细胞免疫和体液免疫功能障碍，因而认为存在于胸腺的淋巴细胞是执行细胞免疫功能的主要细胞，将其称为胸腺衍生细胞，简称为 T 细胞。1962 年和 1964 年 Warner 和 Zenberg 发现切除鸡的腔上囊只是影响抗体的生成，但不影响移植排斥反应发生，提示 T 细胞负责细胞免疫，而 B 细胞负责体液免疫。1967 年 Claman 和 Mitchell 等发现，T 细胞在抗体生成过程中起着重要的辅助作用，从而科学地解释了胸腺切除后抗体产生缺陷的原因。此后，Mitchison 等又证明 T-B 细胞相互协作的分子基础是 T 细胞和 B 细胞分别识别同一抗原分子上不同的抗原决定基，细胞免疫和体液免疫在功能上既有一定的分工，又有相互的协作。

借助单克隆抗体技术，免疫学家们进一步鉴定了免疫细胞表面表达的特征性标志分子，Cantor 和 Reiherz 等分别将小鼠和人类的 T 细胞分成辅助性 T 细胞(Th)和细胞毒性 T 细胞(CTL)等功能亚群，Cershon 等还证明了抑制性 T 细胞的存在。1976 年 T 细胞生长因子(白细胞介素-2)的发现和应用，使 T 细胞在体外培养获得成功。20 世纪 70 年代，在肿瘤免疫的研究中发现了一群预先不需抗原刺激、在无抗体存在的条件下即可杀伤肿瘤细胞的淋巴细胞，称为自然杀伤细胞，简称 NK 细胞。更为重要的是，1973 年美国学者 Ralph M. steinman 发现了树突状细胞，并研究证实树突状细胞是功能最强的抗原提呈细胞，能够有效刺激初始 T 细胞活化。Steinman 因此获得了 2011 年诺贝尔生理学奖及医学奖。

四、免疫相关基因的研究

(一) 免疫应答基因的发现

美国免疫学家 Baruj Benacerraf 发现，不同品系豚鼠的免疫遗传特性存在差异，它们具有不同的免疫应答(*Ir*)基因。此后，包括 Benacerraf 本人在内的遗传免疫学家们先后在小鼠、豚鼠、大鼠和恒河猴甚至人体内发现了至少 30 种 *Ir* 基因。Baruj Benacerraff 的研究工作在临床实践中体现出重大的应用价值。由于 Baruj Benacerraff 的重大发现，1980 年他被授予诺贝尔生理学及医学奖。

(二) 主要相容性复合体与临床疾病密切相关

1935 年，在伦敦科学家发现影响小鼠体内移植器官存活的基因位点基础上，美国遗传学家 George Davis Snell 以同类系小鼠品系为模型，发现了在同种移植排斥反应中起重要作用的基因区域，称为 H－2。继而证实 H－2 是由许多紧密连锁的基因组成的复合体，每个基因座位上有多个等位基因存在。Snell 将这些影响移植器官存活的基因命名为“组织相容性基因”，并提出“主要组织相容性复合体(major histocompatidility complex, MHC)”的概念。他认为在所有的脊椎动物体内都有这种复合体。由于他的研究成果，Snell 与 Benacerraf、Dausset 一起获得了 1980 年诺贝尔生理学及医学奖。

法国免疫学家和医学家 Jean Dausset 是世界上第一位研究组织相容性抗原与疾病关系的科学家。19 世纪 50 年代，他继 Snell 之后在人体发现了与 H－2 复合体相似的人类白细胞抗原(human leykocyte antigen, HLA)系统，以后陆续鉴定出多种 HLA 抗原。他指出器官移植的成败主要与供者和受者白细胞之间的组织抗原匹配密切相关。Dausset 深知 HLA 系统的研究对人类的重大意义，因而于 1972 年通过大量调查研究建立了 HLA 抗原系统的人类学分布状况资料库。1967 年他提出 HLA 抗原与急性淋巴型白血病有密切关系。他的创见推动了医学的发展，人们还发现白细胞抗原与某些疾病发生密切相关。这项重大发现也为揭示免疫细胞间的相互作用存在 MHC 的限制性以及肾脏移植和骨髓移植的成功奠定了重要的理论基础，Dausset 也因此获得了 1980 年的诺贝尔奖。

(三) 基因重排是抗体多样性产生的原因

日本分子生物学家利根川进(Susumu Tonegawa)在抗体多样性的研究上作出了卓越贡献。20 世纪 70 年代中期，他证明了抗体多样性是由于存在于 3～4 个不连续的 DNA 片段中的抗体蛋白编码基因进行重组造成的。他揭示出免疫球蛋白 C 区和 V 区基因在胚系的 DNA 中是分隔的，V 区包括了不连续的数目众多的 *V* 基因、*D* 基因和 *J* 基因。*V*、*D*、*J* 基因片段的重排是产生抗体多样性最重要的机制。相同的 VDJ 按一定顺序分别与不同的 *C* 基因片段重组是免疫球蛋白类别转换的遗传学基础。遗传重排能产生成千上万种不同的轻链和重链，任何轻链又可以与任何重链组合形成一个抗体分子，因此，组合的总数在亿万以上。利根川进的发现也帮助阐明了 T 细胞抗原受体的结构与抗体相似。在 *Ig* 基因结构和重排发现后不久，1984 年 Mark Davis 和 Chien Saito 等成功克隆了 T 细胞受体(TCR)基因。由于利根川进所取得的卓越成就，他被授予 1987 年诺贝尔生理学或医学奖。

五、免疫应答机制的综合研究

(一) 自我-非己识别理论

无论是固有免疫还是适应性免疫都存在免疫系统对自我与非己的识别问题，这是免疫学理论的核心，也是一代又一代免疫学家所致力解决的科学问题。迄今为止，自我-非己辨别(SNSD)模式假说仍是阐释识别机制的权威理论之一。SNSD的模式源于Burner克隆选择学说的基本思想,即自身应答性的淋巴细胞在胚胎发育时期就已被清除。

1969年,Brescher和Cohn创立了"双信号"学说,这一学说后来为Langman和Cohn所更新和发展。他们假定,仅仅有抗原识别的第一信号而没有辅助性的第二信号将导致B细胞的死亡。1974年,Lafferty和Cunningham对"双信号"学说进行修订,创立了T细胞活化的双信号学说,即T细胞活化需要APC提供的非特异性的共刺激信号(第二信号)和特异性的抗原刺激信号(第一信号),单独第一信号的刺激将导致T细胞发生耐受。1989年,Charlie Janeway进一步提出,天然免疫系统可辨别"感染非己"和"非感染非己"。他将天然免疫针对的主要靶分子称为病原相关的分子模式(PAMP),相对应的识别受体称为模式识别受体(PRR)。PAMP是病原体生存极为根本和极为保守的结构。抗原提呈细胞如巨噬细胞吞噬、内化细菌,将细菌某些蛋白质处理形成MHC Ⅱ类分子-抗原肽复合物,表达至细胞膜表面,同时上调细胞膜上的辅助刺激因子,为T细胞活化提供第一信号和第二信号。1998年发现的Toll样受体(TLR)是一类模式识别受体,TLR家族与果蝇的Toll蛋白家族在结构上具有高度同源性,通过识别不同病原体的PAMP在抗感染的天然免疫中发挥重要作用。目前已报道的TLR已达11种,其中对Janeway等人在1997年发现的TLR4分子的研究最为深入和全面。对TLR及PAMP的发现彻底消除了人们对由于病原体不断进化突变而使免疫系统识别有效性逐步减弱的担忧。TLR4蛋白的研究已成为免疫学乃至生命科学研究的热点,其成果被列为当年十大生物科学重要进展之一。Bruce A. Beutler和Jules A. Hoffman也由于对Toll样受体的研究获得2011年诺贝尔生理学或医学奖。

(二)MHC限制性学说

1954年,Mitchison推测,只有当皮肤致敏抗原存在于自体细胞表面时,才能被T细胞识别,对于其他外来抗原亦是如此;Sherwood Lawrence认为只有当病毒抗原与自身抗原结合才能被免疫系统识别。后来,澳大利亚兽医Doherty和瑞士免疫学家Zinkernagel在合作研究小鼠的淋巴细胞性脉络丛脑膜炎(lymphocytic choriomeningitis, ICM)中细胞毒性T细胞所引起的损伤机制时发现,当同一品系的小鼠体内产生细胞毒性T细胞时,该品系小鼠的病毒感染细胞可被有效杀伤;当细胞毒性T细胞与病毒感染的靶细胞分别来自不同品系的小鼠时,靶细胞通常不能被有效杀伤。由此Doherty和Zinkernagcel认为,细胞毒性T细胞发挥作用的前提条件是既要识别靶细胞上的病毒标志,又要识别细胞表面正常表达的MHC分子。这就是著名的T细胞"双重识别"和MHC限制性学说。1996年,Doherty和Zinkernagcel因阐明了细胞毒性T细胞识别感染细胞时具有MHC限制性而共享了当年的诺贝尔生理学或医学奖,他们的研究对人类征服自身免疫疾病产生了巨大影响。

(三)独特型网络学说阐释免疫调控机制

丹麦免疫学家Niels K. Jerne被誉为现代免疫学之父。他提出的抗体生成"天然"选择学说、抗体多样性的学说和免疫系统的网络学说,为现代免疫学的建立奠定了坚实的基础。1974年,他提出了关于免疫调节的独特型网络学说。该学说认为抗原刺激机体产生抗体和淋巴细胞的抗原受体通过其独特型决定簇诱导抗独特型抗体的产生,而抗独特型抗体的决定簇又相继诱导抗抗独特型抗体的产生。以此类推,抗体和淋巴细胞通过独特型决定簇和抗独特型抗体相互识别、相互作用而连接成网络。此网络的主要作用是抑制抗体的持续产生,使抗体浓度维持在一定的水平,维持机体的自稳状态。免疫网络学说被实验所证实,有力地促进了基础免疫学的研究和发展。由于对免疫调控机制的研究,Jerne荣获了1984年诺贝尔生理学及医学奖。

六、临床免疫的研究拓展了免疫学领域

(一)变态反应

法国生理学家Charles Richet是过敏反应研究的开创者。19世纪末,人们发现应用动物来源的血清进行临床治疗会导致患者出现血清病,严重者会发生休克。Richet也发现在结核病患者皮肤进行划痕试验,会导致局部出现明显的炎症病理改变。他把这类由于免疫应答所致的疾病称为变态反应,从而揭示了异常的免疫应答将对机体产生不利的影响。Richet因此获得了1913年的诺贝尔生理学及医学奖。

后来，瑞士的生理学家 Daniel Bordet 发现了组胺是过敏反应中最主要的因子，在此基础上他开始寻找可以对抗组胺的药物，最终发现了对哮喘和枯草热有显著疗效的制剂。由于在治疗过敏症方面的重大贡献，他荣获了 1957 年诺贝尔生理学及医学奖。

20 世纪初，奥地利生理学家 Karl Landsteiner 发现了人红细胞表面糖蛋白所连接的糖链末端寡糖结构差异决定了 ABO 血型，并将此成果应用于临床，避免了不同血型输血引起的输血反应。

（二）获得性免疫耐受的发现促进了移植免疫

英国生物化学家 Peter Brian Medawar 深受 Burnet 抗体生成克隆选择假说的启发，研究了家畜色素沉着及同种皮肤移植。他推测，机体出生前进行细胞交换可使其出生后对移植物产生耐受。1953 年他发现，给小鼠胚胎注入不同品系小鼠的组织细胞，当发育成熟后，再把最初供给组织细胞的相同品系小鼠的组织移植给它时会显示出对移植物的耐受；相反，胚胎期未经注射组织细胞的小鼠则产生排斥，由此证明了出生前的注射处理是获得性免疫耐受产生的基础。这不仅证实了 Burnet 的假说，也提示了同种移植物的应用原理。这一发现对器官移植的临床研究起到极大的促进作用。美国外科医生 Murray 于 1954 年首次进行了世界第一例肾移植获得成功，两年后美国医生 Thomas 联合使用免疫抑制药物使骨髓移植获得成功，两人获得 1990 年诺贝尔生理学及医学奖。由于在皮肤移植等免疫学方面的卓越成就，Medawar 也获得了 1960 年诺贝尔生理学及医学奖。

第五节 医学免疫学发展趋势

免疫学学术成果满足了当今重大的医学需求，不仅为肿瘤、器官移植、心脑疾病、变态反应、自身免疫病、免疫缺陷病的诊断、预防和治疗提供重要的理论指导和技术支持，而且可能成为最终解决上述疾病的重要策略与手段来源。

近十多年来，免疫学研究的一个重要发展特色是整合与细化。整合之处在于将免疫学理论和实践与其他生命科学、医学学科相融合，创建新的基础免疫学理论和新的免疫学技术，并解决了研究生物医学领域中的重大难题。免疫学与基因组学、蛋白组学等新生学科的结合可能产生新的理论突破，其独特的方法和手段可为未来的医学乃至生命科学的发展提供关键性技术平台；细化之处在于基础免疫学、临床免疫学、免疫学技术的三大研究领域继续向纵深发展，使人们对于免疫细胞、免疫分子、基因网络的组成和动态调控以及作用机制的认识更加细微与精密。目前免疫学的发展趋势主要体现在以下几方面：

1. *基础免疫学的研究更加深入和广泛* 免疫学的研究从原来的细胞水平深入到分子和基因水平，免疫学理论将得到极大地丰富和完善，同时也会产生新的研究方向和热点。其中主要的前沿热点有：① 免疫识别的结构基础与相关机制；② 免疫细胞及其新型亚群的研究；③ 免疫调节的细胞与分子机制研究；④ 免疫治疗；⑤ 免疫记忆；⑥ MicroRNA 与免疫细胞分化发育及免疫应答的调控；⑦ 炎性复合物与炎症和天然免疫调控的研究；⑧ 表观遗传学与免疫细胞分化以及在自身免疫病发病机制中的研究；⑨ 系统生物学与免疫学研究的拓展和深入；⑩ 免疫系统与免疫应答过程的可视化研究。当今的免疫学家掌握着前所未有的丰富的资料和先进的研究手段，因此比以往更深刻地体会到免疫应答的复杂性，才会用动态、辩证和发展的眼光看待丰富多彩的免疫应答世界。

2. *免疫学在临床的应用价值更为明显* 免疫学理论几乎渗透到临床的每一个学科，采用免疫学的技术和方法预防和诊治疾病越来越得到重视。目前，临床免疫学研究的热点包括应用基础免疫学的研究成果阐释肿瘤、感染、移植排斥、自身免疫性疾病等重要疾病的发生机制，建立特异性预防和治疗措施，研制和开发新型疫苗和免疫相关生物制品等。

3. *基础免疫学与临床免疫学结合更加紧密* 基础研究与应用研究并重且紧密结合，两者相辅相成：基础免疫学为众多免疫相关性疾病的发生机制和治疗措施的研究提供理论指导，如 HIV 疫苗研制、类风湿关节炎的靶向药物治疗等；另一方面，临床免疫学的实际问题也为基础免疫学的发展提出了新的需求。

4. 免疫学与其他医学与生命学科的交叉融合　这极大地促进了各学科的发展。如免疫学和生物信息学、结构生物学的交叉在分子、原子水平研究免疫识别、免疫反应的发生机制，这些都将有助于从基础免疫学方面加深对经典免疫学理论的认识。在研究方法与方式上，会更加注重整体性的思路。

小　结

医学免疫学是一门专门研究人体免疫系统结构与功能、免疫相关疾病发生机制以及免疫学诊断与防治手段的生命科学。机体的免疫功能主要有免疫防御、免疫监视和免疫自稳。人体由免疫系统来执行免疫功能。免疫系统包括免疫器官、免疫细胞和免疫分子。免疫应答可分为固有免疫和适应性免疫。适应性免疫又可分为体液免疫和细胞免疫两种类型。适应性免疫应答包括识别、活化增殖和效应三个阶段，与固有免疫相比，具有特异性、多样性和记忆性三大特点。异常免疫应答可导致多种免疫相关疾病的发生；免疫诊断已成为临床诊断疾病的最重要方法之一；通过接种疫苗，预防乃至消灭传染病是免疫学一项重要任务，免疫生物治疗已成为临床治疗多种疾病的重要手段。免疫学对现代生命科学和医学的形成与发展产生了至关重要的影响。免疫学研究的发展特色是整合与细化。

复习题

1. 名词解释

   免疫　医学免疫学　免疫应答

2. 简答题

   (1) 免疫系统有哪些功能？

   (2) 克隆选择学说的基本内容是什么？

   (3) 适应性免疫应答有哪些分类？

(邬于川)

第二章

免疫器官和组织

免疫器官和组织是免疫系统的重要组成部分。免疫组织(immune tissue),又称为淋巴组织(lymphoid tissue),广泛分布在机体各个部位。其中在消化道、呼吸道、泌尿生殖道等黏膜下有大量非包膜化弥散性的淋巴组织(diffuse lymphoid tissue)和淋巴小结(lymphoid nodule),构成黏膜相关淋巴组织(mucosal-associated lymphoid tissue, MALT),在黏膜局部抗感染免疫中发挥主要作用。此外,皮肤相关淋巴组织在抵御微生物经皮肤侵袭机体后,产生局部免疫方面也起到重要作用。淋巴组织构成了胸腺、脾脏、淋巴结等包膜化淋巴器官(lymphoid organ)的主要成分。淋巴器官因其具有免疫功能,又被称为免疫器官(immune organ)。免疫器官按其功能不同,可分为两类:① 中枢免疫器官(central immune organ)或初级淋巴器官(primary lymphoid organ),包括胸腺、骨髓和腔上囊(禽类),多能造血干细胞在这些部位产生,并发育为成熟免疫细胞。② 外周免疫器官(peripheral immune organ)或次级淋巴器官(secondary lymphoid organ),包括淋巴结、脾脏及黏膜免疫系统等,有成熟免疫细胞定居,并接受抗原刺激产生免疫应答(图 2-1)。在中枢免疫器官内,淋巴细胞表达抗原受体,获得相应表型(phenotype)和功能性成熟(functional maturity)。在中枢免疫器官内发育成熟的淋巴细胞迁移到外周免疫组织内,产生针对外源性抗原的免疫应答。血液和淋巴循环一方面使中枢免疫器官与外周免疫器官发生联系,将发育成熟的淋巴细胞输送到外周免疫器官内;另一方面,使外周免疫器官间的免疫细胞得以循环,为免疫细胞动员、抗原接触部位的免疫细胞募集、抗原提呈细胞携带抗原至淋巴组织等特异性免疫应答的产生与发展提供必要条件。

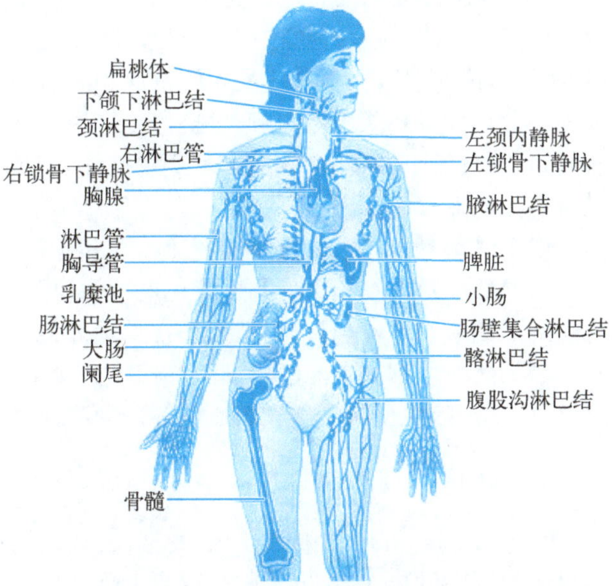

图 2-1　人体的免疫器官和组织

第一节　中枢免疫器官

中枢免疫器官是免疫细胞发生、分化、发育和成熟的场所。人或其他哺乳类动物的中枢免疫器官包括胸腺、骨髓。鸟类的腔上囊(又称法氏囊)是 B 细胞分化发育的场所。

一、骨髓

骨髓(bone marrow)是造血器官,可生成多能造血干细胞(hematopoietic stem cell, HSC),是各种血细胞的发源地,也是 B 细胞发育、分化和成熟的场所。

1. *骨髓的结构与造血微环境*　骨髓位于骨髓腔中,分为红骨髓和黄骨髓。红骨髓位于骨松质腔隙中,呈海绵样，主要由结缔组织、血管、神经和造血实质细胞组成，具有活跃的造血功能。骨髓中有丰富的血管系统，如血窦，其内有成熟血细胞。骨髓实质位于血窦间，称血索，由造血细胞聚集而成。骨髓的功能的发挥与其微环境有密切的关系。骨髓的微环境是指造血细胞周围的微血管系统、末梢神经、网状细胞、基质细胞以及它们所表达的表面分子和所分泌的细胞因子。其组分是介导造血干细胞黏附、分化发育、参与淋巴细胞迁移和成熟的必需条件。

2. 骨髓的功能　骨髓是人和哺乳动物的造血器官，具有如下功能：

(1) 造血功能：血细胞在骨髓中生长、分裂及其分化的过程称为造血(hematopoiesis)。在骨髓微环境中，骨髓多能造血干细胞首先分化为髓样祖细胞(myeloid progenitor)和淋巴样祖细胞(lymphoid progenitor)。前者进一步分化成熟为粒细胞、单核细胞、树突状细胞、红细胞和血小板；后者则发育为各种淋巴细胞(T细胞、B细胞、NK细胞)的前体细胞。

(2) B细胞分化成熟的场所：在骨髓中产生的各种淋巴细胞的祖细胞及前体细胞循不同途径分化发育：一部分随血流进入胸腺，发育为成熟的T细胞；另一部分则在骨髓内继续分化为成熟B细胞。在B细胞发育过程中，B细胞前体与骨板的骨内膜相邻，每个B细胞前体在免疫球蛋白基因重排阶段可产生多至64个后代细胞。然后迁移至松质骨腔内，到达静脉窦腔中。B细胞前体与骨髓基质的网状细胞(成纤维母细胞、内皮细胞、肌纤维母细胞)密切接触，后者通过分泌IL-7来促进B细胞的发育。75%以上的发育B细胞发生凋亡，被巨噬细胞所吞噬。阳性选择使具有免疫球蛋白基因重排的B细胞得以存活，继续发育。阴性选择则清除了自身反应性B细胞克隆。

(3) 再次体液免疫应答中抗体产生的主要场所：外周免疫器官(如脾脏和淋巴结)是产生初次免疫应答的主要场所，而骨髓是产生抗体和发生再次免疫应答的主要部位。其机制为初次应答中产生的记忆性B细胞定居于外周免疫器官，其接受相同抗原刺激后被激活，分化为浆细胞，后者经淋巴液和血液进入骨髓，在此进一步分化为成熟浆细胞，并产生抗体。抗原再次免疫动物后，外周免疫器官可快速应答，但产生抗体持续时间短；而骨髓可缓慢、持久地大量产生抗体，并成为血清抗体的主要来源。因此，从这点意义上说，骨髓既是中枢免疫器官，又是外周免疫器官。

由于骨髓是人体极为重要的造血器官和免疫器官，骨髓功能缺陷时，不仅会严重损害机体的造血功能，而且将导致严重的细胞免疫和体液免疫功能缺陷。如大剂量放射线照射可使机体的造血功能和免疫功能同时受到抑制或丧失，这时只有植入正常骨髓才能重建造血和免疫功能。另外，利用免疫重建，将免疫功能正常个体的造血干细胞或淋巴干细胞移植给免疫缺陷个体，使后者的造血功能和免疫功能全部或部分得到恢复，可用于治疗免疫缺陷病和白血病等。

二、胸腺

胸腺(thymus)是T细胞分化、发育、成熟的场所。胸腺由胚胎期第Ⅲ(某些物种也包括第Ⅳ)对咽囊及相对应的鳃沟发育而成，位于胸腔纵隔上部、胸骨后方。人类胸腺的大小和结构随年龄不同而有明显差别。新生期胸腺重量15～20 g，幼年期后体积迅速增大，至青春期达高峰(30～40 g)，此后随年龄增长而逐渐萎缩退化，在老年期大部分为脂肪组织所取代，功能衰退。其功能状态直接决定机体细胞免疫功能，并间接影响体液免疫功能。

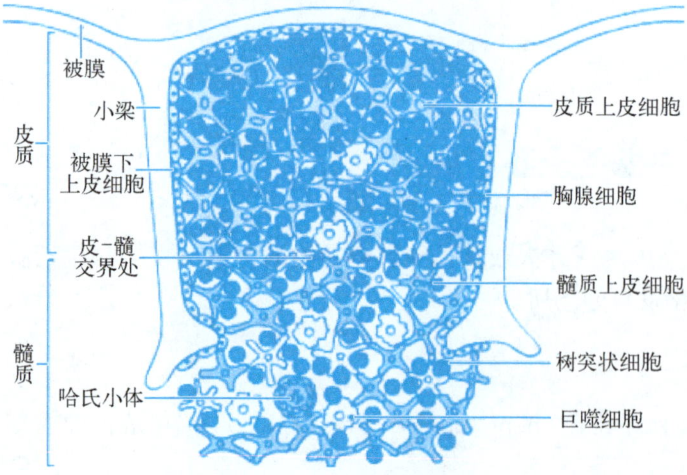

图 2-2　胸腺的结构

(一) 胸腺的结构

哺乳动物的胸腺为实质性器官，分为左右两叶。表面有结缔组织被膜包裹，其被膜伸入胸腺的实质，将其分为若干胸腺小叶。小叶的外层为皮质区，内部为髓质区。皮质-髓质交界处富含血管，祖T细胞由此处进入胸腺，然后移行到胸腺被膜下的皮质，再由皮质向髓质迁移(图2-2)。

1. *皮质* 胸腺皮质分为浅皮质区(outer cortex)和深皮质区(inter cortex),由密集的胸腺细胞组成,其中85%～90%为未成熟的处于增殖状态的T细胞,并存在少量胸腺上皮细胞(thymus epithelial cell, TEC)、巨噬细胞和树突状细胞等。胸腺浅皮质区内的胸腺上皮细胞可包绕胸腺细胞,也称为胸腺抚育细胞(thymus nursing cell),在胸腺细胞分化中发挥重要作用。深皮质区内主要为体积较小的皮质胸腺细胞。

2. *髓质* 在胸腺髓质,胸腺上皮细胞形成簇样结构,并存在稀疏分布的较成熟的胸腺细胞、巨噬细胞和树突状细胞。髓质内常见哈氏小体(Hassall's corpuscle)是胸腺特征性结构,由密集成漩涡样的胸腺上皮细胞组成。哈氏小体在胸腺发生炎症或肿瘤时消失。

(二) 胸腺微环境

胸腺微环境由胸腺基质细胞(thymus stromal cell, TSC)、细胞外基质及局部活性物质组成,在胸腺细胞分化过程的不同环节均发挥重要作用。

胸腺上皮细胞是胸腺微环境最重要的组分,可通过以下两种方式参与胸腺细胞的分化。

1. *分泌细胞因子和胸腺激素* 胸腺基质细胞可产生多种细胞因子,如SCF、IL-1、IL-2、IL-6和趋化因子等,通过与胸腺细胞表面相应受体结合,调节胸腺细胞发育和细胞间相互作用。胸腺上皮细胞分泌的胸腺激素主要有胸腺素(thymosin)、胸腺刺激素(thymulin)、胸腺生成素(thymopoietin, TP)等,具有促进胸腺细胞增殖、分化和发育等功能。

2. *与胸腺细胞直接接触* 上皮细胞与胸腺细胞通过细胞表面黏附分子及其配体、细胞因子及其受体、辅助受体及其配体、抗原肽-MHC分子复合物与TCR的结合,诱导和促进胸腺细胞的分化、发育和成熟。

另外,细胞外基质也是胸腺微环境的重要组成部分,可促进上皮细胞与胸腺细胞接触,并参与胸腺细胞在胸腺内移行和成熟。

(三) 胸腺的功能

1. *T细胞分化、成熟的场所* 胸腺是T细胞(特别是α、βT细胞)发育的主要场所。在胸腺产生的某些细胞因子作用下,从骨髓迁入到胸腺的前T细胞循被膜下→皮质→髓质移行,在独特的胸腺微环境作用下,经历复杂的选择性发育(阳性选择和阴性选择)过程。在此过程中,超过95%的胸腺细胞发生死亡,仅不足5%的细胞分化为成熟T细胞,其特征为表达成熟抗原受体(TCR);表型为$CD4^+$或$CD8^+$;获得MHC限制性;获得自身耐受性。发育成熟的单阳性T细胞进入血循环,定居于外周免疫器官。

2. *免疫调节功能* 胸腺基质细胞可产生多种细胞因子和胸腺激素,不仅能促进胸腺细胞的分化发育,对外周免疫器官和免疫细胞也具有调节作用。

3. *屏障作用* 皮质内毛细血管及其周围结构具有屏障作用,可阻止血液中大分子物质进入胸腺,称为血-胸屏障(blood thymus barrier)。

第二节 外周免疫器官及组织

外周免疫器官是成熟淋巴细胞(T细胞、B细胞)定居的场所,也是淋巴细胞针对外来抗原产生免疫应答的主要部位。外周免疫器官包括淋巴结、脾脏和皮肤黏膜相关的淋巴组织等。

一、淋巴结

淋巴结(lymph node)是小结状包膜化淋巴组织,是结构最完备的外周免疫器官,形似蚕豆,直径1～25 mm。人体有500～600个淋巴结。主要分布于非黏膜部位的淋巴管道汇聚处:在身体浅表部位,淋巴结常位于凹陷隐蔽处,如颈部、腋窝、腹股沟等处;内脏的淋巴结多成群存在于器官门附近,沿血管干排列,如肺门淋巴结。

(一) 淋巴结的结构

淋巴结表面覆盖有致密的结缔组织被膜,多条输入淋巴管(afferent lymphatic vessel)通向被膜下窦。被膜结缔组织深入实质，构成小梁(trabecula)，形成淋巴结的支架，淋巴结的实质是由皮质区和髓质区两个部分组成。

1. 皮质区 由淋巴滤泡、散在淋巴细胞和皮质淋巴窦构成，可分为浅皮质区和深皮质区。靠近被膜下为浅皮质区，是B细胞定居的场所，称为非胸腺依赖区(thymus-independent area)。在该区内，大量B细胞与巨噬细胞、滤泡树突状细胞聚集并形成初级淋巴滤泡(primary lymphoid follicle)，或称淋巴小结(lymph nodule)，主要含静止的初始B细胞；受抗原刺激后，淋巴滤泡内出现生发中心(germinal center, GC)，称为次级淋巴滤泡(secondary lymphoid follicle)，内含有大量增殖分化的B淋巴母细胞，后者向内迁移至髓质转化为浆细胞，可产生特异性抗体。浅皮质区与髓质之间的深皮质区又称副皮质区(paracortex area)，是T细胞定居的场所，称为胸腺依赖区(thymus-dependent area)。副皮质区的T细胞多为$CD4^+$T细胞，少数为$CD8^+$T细胞；副皮质区还有并指树突状细胞，它具有抗原提呈功能。深皮质区中的毛细血管后微静脉(post-capillary venule, PCV)，也称高内皮静脉(high endothelial venule, HEV)在淋巴细胞再循环中起重要作用(图2-3)。

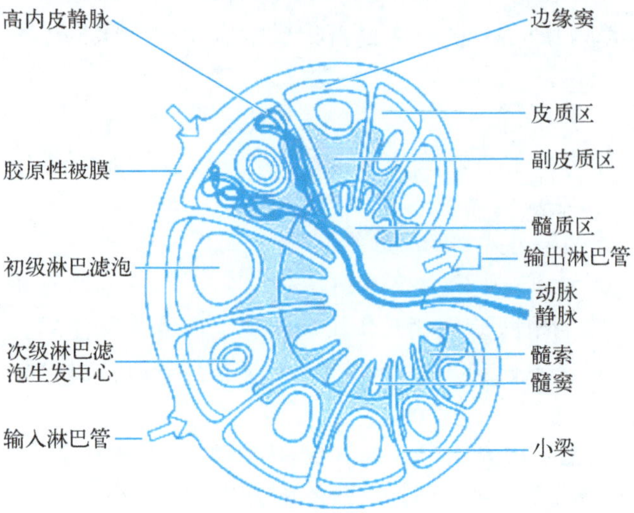

图2-3 淋巴结的组织结构

2. 髓质区 包括由致密淋巴组织构成的髓索和髓质淋巴窦。淋巴从输入淋巴管进入淋巴结，依次流经皮质淋巴窦和髓索，最后经输出淋巴管离开淋巴结。

(二) 淋巴结的功能

1. 免疫细胞定居的场所 淋巴结内广泛分布T、B细胞：T细胞主要分布于副皮质区；B细胞主要分布于浅皮质区；髓质中T、B细胞均有分布，但以T细胞为主。其中，T细胞约占淋巴结内淋巴细胞总数的75%，B细胞约占25%。

2. 免疫应答发生的场所 抗原提呈细胞携带所摄取的抗原进入淋巴结，将已被加工、处理的抗原提呈给淋巴结内的T细胞，使之活化、增殖、分化，故淋巴结是发生免疫应答的主要场所。

3. 参与淋巴细胞再循环 深皮质中的HEV在淋巴细胞再循环中起重要作用。淋巴细胞穿过HEV；离开血液循环进入淋巴结，向髓质移动，最终通过输出淋巴管引流至胸导管或右淋巴管，从而再回到血液循环。完成此循环需要24～48 h。

4. 过滤作用 从回流区进入淋巴结的淋巴液通常携带抗原物质，如病原微生物、毒素、癌细胞或其他有害异物等，它们缓慢流经淋巴结时，可被巨噬细胞和抗体清除，使淋巴液进入血液时无异物。细菌毒力和宿主免疫力等因素可影响淋巴结的过滤能力。

二、脾脏

脾脏(spleen)是胚胎期的造血器官，为机体最大的外周免疫器官。

(一) 脾脏的结构

脾脏不与淋巴管道直接相连，也无淋巴窦，但有大量的血窦。脾脏外层为结缔组织被膜，被膜向内伸入脾脏实质形成小梁，并与网状结构一起构成脾脏的两类组织：白髓和红髓。

1. 白髓(white pulp) 由致密淋巴组织组成，包括动脉周围淋巴鞘和淋巴滤泡。脾脏由一条脾脏动脉维持血液供应，在脾脏门穿入，分为许多小分支，随小梁走行，称为小梁动脉。小梁动脉的分支进入脾脏实质，称为中央动脉。中央动脉周围有厚层淋巴组织所围绕，称为动脉周围淋巴鞘(periarteriolar lymphoid sheaths, PALS)，主要由密集的T细胞构成，也还有少量DC及MΦ，为T细胞区。在PALS的旁侧有淋巴小结，又称脾小结(splenic nodule)，为B细胞区，内含有大量B细胞以及少量MΦ和滤泡树突状细胞

(follicular dendritic cell, FDC)。淋巴滤泡可分为初级滤泡和次级滤泡。未受抗原刺激时为初级滤泡,受抗原刺激后为次级滤泡,内含有生发中心(germinal center),由抗原活化处于增殖状态的B细胞、记忆性B细胞、FDC和MΦ组成。

2. 红髓(red pulp) 分布在被膜下、小梁周围和边缘外侧的广大区域,由脾索(splenic cord)和血窦(splenic sinus)组成。索为索条状组织,主要含B细胞、浆细胞、Mϕ和DC。脾索之间为脾血窦,其内充满血液。索和血窦中的MΦ能吞噬和清除衰老的血细胞、抗原抗体复合物或其他异物,并有抗原提呈作用。

红髓部分居多,围绕白髓,两者交界的狭窄区域称为边缘区,内含T细胞、B细胞和较多的Mϕ。识别TI抗原(如多糖)的B细胞在边缘区内。巨噬细胞和FDC将抗原展示给B细胞。B细胞和其他淋巴细胞可经中央动脉的毛细血管分支自由进出PALS,故边缘区是血液及淋巴细胞进出的重要通道。

(二) 脾脏的功能

1. 免疫细胞定居的场所 成熟的淋巴细胞可定居于脾脏。其中,B细胞约占脾脏淋巴细胞总数的60%,T细胞约占40%。

2. 免疫应答发生的场所 脾脏也是淋巴细胞接受抗原刺激并发生免疫应答的重要部位。在免疫系统中,脾脏主要对血源抗原产生免疫应答。微生物一旦进入血液循环,必然流经脾脏,其抗原可刺激T细胞和B细胞,产生效应T细胞和抗体产生细胞——浆细胞,并分泌抗体,再经过效应机制清除微生物。

脾脏与淋巴结功能的区别在于:前者是对血源性抗原产生免疫应答的主要场所,而后者是对淋巴液的抗原产生应答的主要场所。

3. 合成生物活性物质 脾脏可以合成并分泌补体、干扰素等生物活性物质。

4. 过滤作用 脾脏红髓中巨噬细胞负责清除血液中的病原体、衰老死亡的自身细胞、某些蜕变细胞及免疫复合物等,从而使血液得到净化。因此,脾脏切除的个体对菌血症和脓毒症十分敏感。脾脏中的巨噬细胞可吞噬抗体包被的微生物。

三、皮肤、黏膜相关淋巴组织

近年来的研究证实,免疫细胞不仅存在于淋巴结和脾脏,而且广泛分布于皮肤和黏膜组织,主要包括皮肤相关淋巴组织和黏膜相关淋巴组织。

(一) 皮肤相关淋巴组织

皮肤是机体最大的器官,也是机体与外环境之间重要的生理屏障。皮肤含淋巴细胞和抗原提呈细胞组成的特化的皮肤相关淋巴组织(skin associated lymphoidtissue, SALT)。皮肤相关淋巴组织也称为皮肤免疫系统(skin immune system, SIS),许多病原微生物是通过皮肤侵入机体。因此,皮肤的局部免疫作用十分重要。皮肤相关淋巴组织包含存在于皮肤真皮中的朗格汉斯细胞(Langerhans cell, L细胞)、巨噬细胞和肥大细胞等,担负始动免疫应答的作用。

(二) 黏膜相关淋巴组织

黏膜相关淋巴组织(mucosal-associated lymphoid tissue, MALT)也称为黏膜免疫系统(mucosal immune system, MIS),是全身免疫系统的一个重要组成部分,由黏膜局部的黏膜相关淋巴组织及免疫细胞组成,主要针对经黏膜表面进入的微生物产生应答,抵抗微生物对机体的侵袭。黏膜相关淋巴组织可根据其存在的特点,分为两种类型:① 具有一定结构的黏膜淋巴滤泡,主要分布产生分泌型IgA的B细胞,如肠道黏膜集合淋巴结、扁桃体等;② 广泛分布于黏膜固有层中的弥散的黏膜淋巴组织,是活化的免疫细胞发生免疫效应的部位。

黏膜系统在机体免疫防御中的重要性表现为:① 人体黏膜表面积约400 m^2,是阻止病原微生物等侵入机体的主要物理屏障;② 机体近50%的淋巴组织存在于黏膜系统,故MALT被视为执行局部特异性免疫功能的主要部位。

1. MIS的组成

(1) 鼻相关淋巴组织(nasal associated lymphoid tissue, NALT):由鼻后部淋巴组织和Waldeyer咽淋巴环(Waldeyer's pharyngeal ring)相关的淋巴组织(如鼻咽扁桃体、腭扁桃体和舌扁桃体)组成,其结构类似于淋巴结,但缺乏被膜和输入淋巴管。NALT 的淋巴细胞位于鼻咽和软腭鳞状上皮下,由于所处解剖位置,可直接接触空气和食物中的抗原。其主要作用是抵御经空气传播的微生物感染。

(2) 肠相关淋巴组织(gut associated lymphoid tissue, GALT):GALT 包括派氏集合淋巴结、淋巴滤泡、上皮间淋巴细胞和固有层淋巴组织等,其主要作用是抵御侵入肠道的病原微生物感染(图 2-4)。

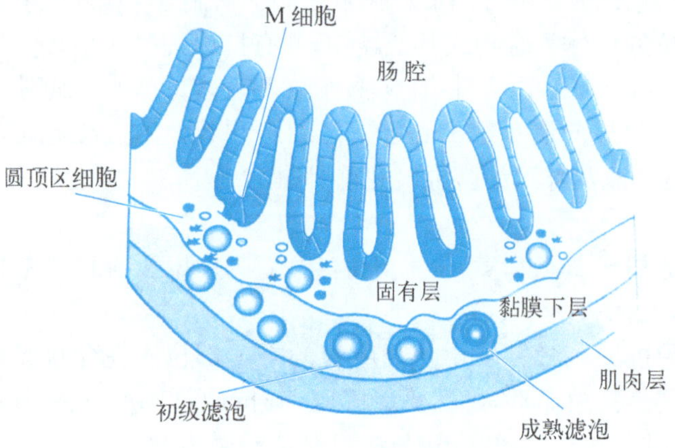

图 2-4 GALT 结构示意图

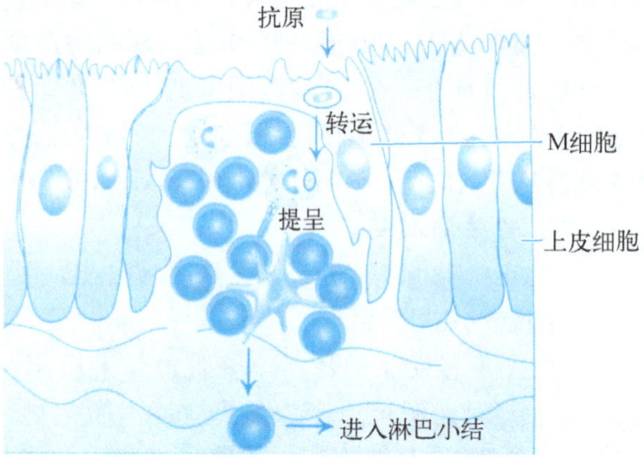

图 2-5 肠黏膜 M 细胞的功能示意图

某些派氏集合淋巴结表面的上皮细胞特化成为膜上皮细胞,即 M 细胞(membranous cell or microfold cell,膜性细胞或微皱褶细胞),又称特化的抗原转运细胞(specialized antigen transporting cell)。M 细胞的基底部凹陷成小袋,其中容纳 T 细胞、B 细胞、巨噬细胞、DC 等。M 细胞缺乏厚的表面多糖被,不能分泌黏液,所以 M 细胞比肠细胞更易接近颗粒物质。M 细胞可通过吸附、胞饮或内吞等方式摄入肠道内抗原分子,并将未降解的抗原转运给小袋中的巨噬细胞,由后者携带抗原至集合淋巴结,引发黏膜免疫应答(图 2-5)。

(3) 支气管相关淋巴组织(bronchial associated lymphoid tissue, BALT):主要分布于各肺叶的支气管上皮下,其结构与派氏集合淋巴结相似,由组成滤泡的淋巴细胞团聚集构成。抗原被支气管黏膜上皮细胞摄取,通过 APC 及膜细胞将抗原转输给淋巴细胞,滤泡中淋巴细胞受抗原刺激常增生成生发中心,其中主要是 B 细胞。

黏膜免疫系统对经口进入的抗原的免疫应答在许多方面都与在机体其他部位遇到的抗原的免疫应答有所不同。其中两个最显著的不同是,同黏膜相关的高水平的分泌型 IgA 抗体的产生;用蛋白质抗原经口免疫具有诱导 T 细胞免疫耐受的倾向。

2. MIS 的功能及其特点

(1) 参与黏膜局部免疫应答:MIS 在消化道、呼吸道及泌尿生殖道黏膜构成了一道免疫屏障,是产生局部特异性免疫应答的主要场所,在黏膜局部抗感染免疫防御中发挥关键作用。

(2) 产生分泌型 IgA:SIgA 在抵御消化道和呼吸道病原体侵袭中发挥关键作用,也是通过婴儿通过母乳获得被动免疫的关键成分。肠腔黏膜的表面积极大,可产生大量的 SIgA,正常成人每日约分泌 3 g SIgA,占输出抗体总量的 60%～70%。MIS 中的 B 细胞多为产生分泌型 IgA(SIgA)的 B 细胞,其原因为:① 表达 IgA 的 B 细胞趋向定居于派氏集合淋巴结和固有层淋巴组织,其机制不明;② 与其他淋巴组织相比,派氏集合淋巴结含有更多可产生大量 IL-5(SIgA 增强因子)的 Th2 细胞。B 细胞在黏膜局部受抗原刺激后所产生的 SIgA 借助 J 链形成的二聚体,一旦分泌至固有层,即由分泌片经上皮细胞转运至肠腔。分泌片也参与将 SIgA 分泌至胆汁、乳汁及唾液中。此外,分泌片也可将 IgM 转运至肠腔。

(3) 参与口服抗原介导免疫耐受:口服蛋白抗原刺激 MIS 后,常导致免疫耐受,其机制为:① 口服抗原可诱导 Treg 细胞活化,并分泌 TGF-β、IL-10 等,后者可非特异性抑制针对特定抗原的 B 细胞增殖。此效应又称旁观者抑制,即通过诱导对无关抗原的耐受而抑制针对另一个抗原的适应性免疫应答;② 口服大剂量抗原导致 T 细胞克隆失能,类似于 APC 表面共刺激分子表达缺陷的效应。

口服抗原诱导耐受的生物学意义在于:① 可阻止机体对肠腔内共栖的正常菌群产生免疫应答,而这些菌群的存在是正常消化和吸收功能所必需;② 通过口服抗原诱导机体对该抗原形成特异性无反应性,可能为治疗自身免疫病提供新途径。

第三节　淋巴细胞再循环与归巢

随血流来的淋巴细胞穿过 HEV 或其间隙进入淋巴结，经输出淋巴管进入胸导管，经上腔静脉进入血液循环，这一过程是淋巴细胞在血液、淋巴液、淋巴器官和组织间周而复始的循环，称为淋巴细胞再循环(lymphocyte recirculation)(图 2-6)。淋巴细胞再循环过程中，某些淋巴细胞亚群可选择性地趋向迁移并定居在外周淋巴组织和器官的特定区域或特定组织，称为淋巴细胞归巢(lymphocyte homing)。其分子基础是淋巴细胞表面的归巢受体(homing receptor)与特定组织 HEV 表面相应的配体分子相互作用的结果。参与再循环的淋巴细胞主要为 T 细胞，约占 80%以上，其次是 B 细胞。

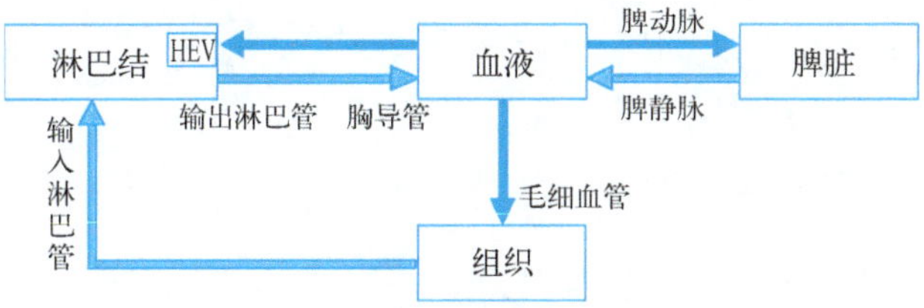

图 2-6　淋巴细胞再循环过程

血流中的淋巴细胞经 HEV 离开血液循环进入淋巴结定居，并通过输出淋巴管、入胸导管、由左锁骨下静脉返回血流；血流中的淋巴细胞经脾动脉穿过血管壁进入白髓，然后移向脾索、脾血窦，最后经脾静脉返回血液循环；血流中的淋巴细胞随血流进入毛细血管，穿出毛细血管壁进入组织，并通过输入淋巴管回流至淋巴结

淋巴细胞再循环的生物学意义在于：① 使机体内的淋巴细胞得以更合理地进行区域分布；② 使淋巴组织内的淋巴细胞得到不断补充，有助于增强机体的免疫功能；③ 有利于淋巴细胞与抗原和抗原提呈细胞的接触；④ 有利于活化的淋巴细胞及时进入炎症发生部位，产生有效的免疫应答。

小　结

免疫器官按其功能不同可分为中枢免疫器官和外周免疫器官，前者包括胸腺、骨髓和腔上囊(禽类)，是免疫细胞发生、分化、发育和成熟的场所；后者包括淋巴结、脾脏及黏膜免疫系统等，是免疫细胞定居和产生免疫应答的场所。正常机体内，成熟淋巴细胞可通过淋巴细胞再循环运行于全身，以增强机体的免疫功能。

复习题

1. 名词解释

   淋巴细胞再循环　淋巴细胞归巢

2. 简答题

   中枢和外周免疫器官分别包括哪些器官组织？各有哪些功能？

(郭于川)

第二篇

抗原和免疫分子

第三章

抗　原

抗原(antigen, Ag)是指一类能与T细胞、B细胞的TCR或BCR结合,促使其增殖、分化、产生抗体或致敏淋巴细胞,并与之结合,进而发挥免疫效应的物质。抗原一般具备两个重要特性:一是免疫原性(immunogenicity),即抗原能刺激机体产生免疫应答,诱导机体产生特异性抗体或致敏淋巴细胞的能力;二是免疫反应性(immunoreactivity),即抗原能与其所诱导产生的特异性抗体或致敏淋巴细胞发生特异性结合的能力。同时具有免疫原性和免疫反应性的物质称免疫原(immunogen),又称为完全抗原(complete antigen),即通常所称的抗原;仅具备免疫反应性的物质,称为不完全抗原(incomplete antigen),又称半抗原(hapten)。

一般而言,具有免疫原性的物质均具备免疫反应性,属完全抗原。半抗原若与大分子蛋白质或非抗原性的多聚赖氨酸等载体(carrier)交联或结合也可成为完全抗原。例如:许多小分子化合物及药物属半抗原,其与血清蛋白结合可成为完全抗原,并介导超敏反应(如青霉素过敏)。能诱导变态反应的抗原又称为变应原(allergen);可诱导机体产生免疫耐受的抗原又称为耐受原(tolerogen)。

第一节　抗原的特异性

一、特异性

抗原的特异性是指抗原刺激机体产生免疫应答及其与应答产物发生反应所显示的专一性,即某一特定抗原只能刺激机体产生特异性的抗体或致敏淋巴细胞,且仅能与该抗体或淋巴细胞发生特异性结合。决定抗原特异性的结构基础是存在于抗原分子中的抗原表位。抗原特异性是免疫应答中最重要的特点,也是免疫学诊断和免疫学防治的理论依据。

1. *抗原表位的概念*　抗原分子中决定抗原特异性的特殊化学基团,称为抗原表位(epitope),又称抗原决定簇(antigenic determinant)。抗原表位是与TCR、BCR或抗体特异性结合的基本结构单位,通常由5～17个氨基酸残基或5～7个多糖残基或核苷酸组成。抗原分子上能与抗体分子结合的抗原表位的总数称为抗原结合价(antigenic valence)。天然抗原一般是大分子,含多种、多个抗原表位,是多价抗原,可以和多个抗体分子结合。

抗原表位的性质、数目、位置和空间构象决定着抗原表位的特异性。例如,虽然氨苯磺酸、氨苯砷酸和氨苯甲酸在结构上相似,仅一个有机酸基团的差异,但抗氨苯磺酸抗体仅对氨苯磺酸起强烈反应,对氨苯砷酸和氨苯甲酸只起中等和弱反应(表3-1),表明化学基团的性质决定了抗原表位的特异性。即使均为氨苯磺酸,但抗间位氨苯磺酸抗体只对间位氨苯磺酸产生强反应,对邻位氨苯磺酸和对位氨苯磺酸仅呈弱或无反应,表明了化学基团的位置对抗原表位的作用(表3-2)。同样抗右旋、抗左旋和抗消旋酒石酸的抗体仅对相应旋光性的酒石酸起反应,即空间构象与抗原表位的特异性有关。

表 3-1　化学基团的性质对抗原表位免疫反应性的影响

半　抗　原	结　构　式	反应强度*
氨苯磺酸	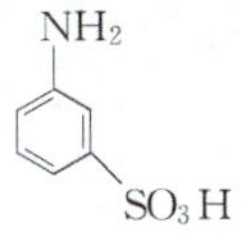	+++
氨苯砷酸	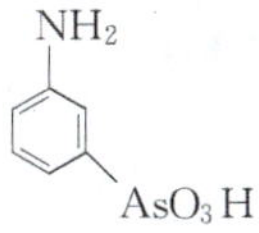	+
氨苯甲酸	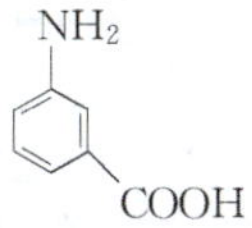	+/−

* 反应强度是指针对氨苯磺酸的免疫血清与不同半抗原的反应强度

表 3-2　化学基团的位置对抗原表位免疫反应性的影响

半　抗　原	结　构　式	反应强度*
间位氨苯磺酸	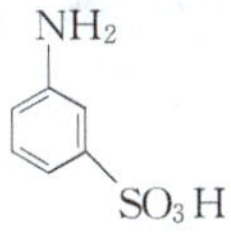	+++
对位氨苯磺酸	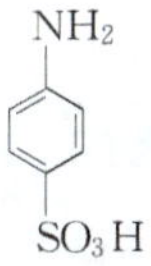	+/−
邻位氨苯磺酸	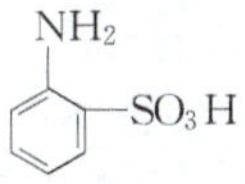	++

* 反应强度是指针对间位氨苯磺酸的免疫血清与不同半抗原的反应强度

2. *抗原表位的类型*　根据抗原表位的结构特点，可将其分为顺序表位(sequential epitope)和构象表位(conformational epitope)(图 3-1)。前者是由连续性线性排列的短肽构成，又称为线性表位(linear epitope)；后者指短肽或多糖残基在空间上形成特定的构象，又称为非线性表位(non-linear epitope)。一般来说，T 细胞仅识别由抗原提呈细胞处理加工提呈的线性表位，而 B 细胞则可识别线性或构象表位。因此，也可根据 T 细胞、B 细胞所识别的抗原表位的不同，将表位分为 T 细胞表位和 B 细胞表位。B 细胞表位多位于抗原分子的表面，可直接刺激 B 细胞；T 细胞表位可存在于抗原分子的任何部位。T 细胞表位和 B 细胞表位特性之比较见表 3-3。

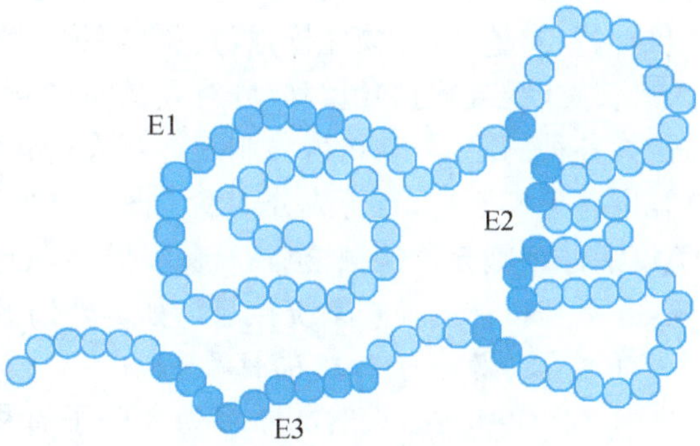

图 3-1　抗原分子中的线性和构象表位

抗原表位是存在于抗原分子中决定抗原特异性的特殊化学基团。在蛋白质抗原中，由于其结构的相对复杂性，常含有多种不同的抗原表位。由连续性线性排列的氨基酸残基组成的短肽所构成的抗原表位为线性抗原表位(如图中 E1 和 E3)；有些氨基酸虽然在序列上不连续性排列，但在空间上形成特定的构象，称为构象性表位(如图中 E2)

3. *表位-载体作用*　在人工抗原中，表位(半抗原)为简单的有机化学分子，与蛋白质载体偶联后，可诱导出抗半抗原抗体。在免疫应答中，B 细胞识别半抗原，并提呈载体中的抗原表位给 $CD4^+$ T 细胞，Th 细胞识别载体表位，这样载体就可把特异 T 细胞和 B 细胞连接起来(T-B 桥联)，T 细胞才能激活 B 细胞。在天然抗原中，常同时存在 T 细胞及 B 细胞表位，因此，可同时活化 T 细胞及 B 细胞。

表 3-3 T 细胞表位与 B 细胞表位的特性比较

	T 细胞表位	B 细胞表位
识别表位受体	TCR	BCR
MHC 分子参与	必需	无需
表位性质	主要是线性短肽	天然多肽、多糖、脂多糖、有机化合物
表位大小	8～12 个氨基酸($CD8^+$ T 细胞) 12～17 个氨基酸($CD4^+$ T 细胞)	5～15 个氨基酸,或 5～7 个单糖、核苷酸
表位类型	线性表位	构象表位或线性表位
表位位置	抗原分子任意部位	抗原分子表面

二、共同抗原与交叉反应

某些抗原不仅可与其诱生的特异性抗体或致敏淋巴细胞反应,还可与其他抗原诱生的抗体或致敏淋巴细胞发生反应的现象,称为交叉反应(cross-reaction)。

抗原分子中常具有多种抗原表位,不同抗原之间含有的相同或相似的抗原表位,称为共同抗原表位(common epitope),具有共同抗原表位的抗原称为共同抗原。正是由于共同抗原表位的存在导致了交叉反应的发生。机体感染链球菌导致发生风湿性心脏病的主要原因是链球菌中含有与心肌抗原的交叉抗原,其诱导的抗体可交叉攻击心肌。

第二节 决定和影响抗原免疫原性的因素

一、抗原自身的因素

(一) 异物性

抗原物质具有免疫原性的本质是异物性,异物性是抗原的重要性质。异物即非己的物质,免疫学上的异物还包含在胚胎期未与免疫活性细胞充分接触的自身物质。一般来说,抗原与机体之间的亲缘关系越远,组织结构差异越大,异物性越强,其免疫原性就越强。如鸡卵蛋白对鸭是弱抗原,但对哺乳动物则是强抗原;非人灵长类(猴或猩猩)组织成分对人是弱抗原,而对啮齿动物则多为强抗原。异物性不仅存在于不同种属之间,如各种病原体、动物蛋白制剂等对人是异物,为强抗原;也存在于同种异体之间,如同种异体移植物是异物,也有免疫原性;自身成分如发生改变,也可被机体视为异物;即使自身成分未发生改变,但在胚胎期未与免疫活性细胞充分接触,也具有免疫原性,如精子、脑组织、眼晶状体蛋白等在正常情况下被相应的屏障所隔离,并不与机体的免疫系统接触。如因外伤逸出,免疫活性细胞可视其为异物。

(二) 抗原分子的理化性质

1. 化学性质　天然抗原多为大分子有机物。一般来说蛋白质是良好的抗原。糖蛋白、脂蛋白和多糖类、脂多糖都有免疫原性。脂类和哺乳动物的细胞核成分如 DNA、组蛋白等通常情况下一般难以诱导免疫应答。但细胞在某些状态下如肿瘤或过活化时,其染色质、DNA 和组蛋白都具有免疫原性,能诱导相应的自身抗体生成。

2. 分子质量大小　抗原的分子质量一般在 10 kDa 以上。一般来说,抗原的分子质量越大,含有抗原表位越多,结构越复杂,免疫原性越强。大于 100 kDa 的为强抗原,小于 10 kDa 的通常免疫原性较弱,甚至无免疫原性。

3. 结构的复杂性　分子质量大小并非决定免疫原性的绝对因素。明胶分子质量为 100 kDa,但免疫原性却很弱,原因在于明胶是由直链氨基酸组成,缺乏含苯环的氨基酸,稳定性差。如在明胶分子中接上 2%的酪氨酸后,其免疫原性大大增强。胰岛素分子质量仅 5.7 kDa,但其序列中含芳香族氨基酸,其免疫原性较强。

4. 分子构象(conformation) 某些抗原分子在天然状态下可诱生特异性抗体，但经变性改变构象后，却失去了诱生同样抗体的能力。这是由于其构象表位改变的缘故。因此，抗原分子的空间构象很大程度上影响抗原的免疫原性。

5. 易接近性(accessibility) 是指抗原表位被淋巴细胞抗原受体所能接近的程度。抗原分子中氨基酸残基所处侧链位置的不同可影响抗原与淋巴细胞抗原受体的结合，从而影响抗原的免疫原性。如图3-2所示，氨基酸残基在侧链的位置不同(A与B相比)，其免疫原性也不同；B与C相比，因侧链间距不同，使BCR可接近性不同，故免疫原性也不同。

6. 物理状态 一般聚合状态的蛋白质较其单体有更强的免疫原性；颗粒性抗原的免疫原性强于可溶性抗原。因此如将免疫原性弱的物质吸附在某些大颗粒表面，可增强其免疫原性。

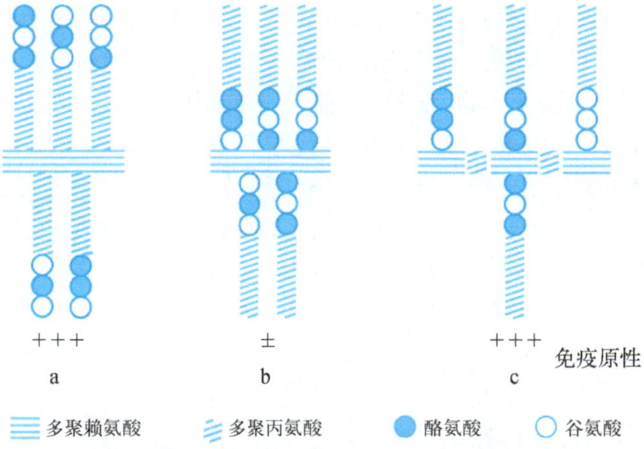

图3-2 抗原氨基酸残基的位置和间距与免疫原性的关系

抗原氨基酸残基的位置和间距决定了该抗原的免疫原性。以多聚赖氨酸为骨架、以多聚丙氨酸加酪氨酸和谷氨酸为侧链，组成抗原分子，结果当酪氨酸和谷氨酸残基在侧链的外侧时该抗原具有较强的免疫原性(a)，而当酪氨酸和谷氨酸残基位于侧链内侧时，其免疫原性则较弱或无(b)；但是，若将各侧链的间距拉大，尽管酪氨酸和谷氨酸残基位于侧链内侧，但其免疫原性仍较强(c)

二、宿主方面的因素

1. 遗传因素 机体对抗原的应答是受遗传(基因)控制的。研究发现，不同遗传背景的小鼠对特定抗原的应答能力不同，对某一抗原呈高反应的小鼠品系对其他抗原可能呈低反应性。不同遗传背景的豚鼠对白喉杆菌的抵抗力各异，且有遗传性。多糖抗原对人和小鼠具有免疫原性，而对豚鼠则无免疫原性。个体遗传基因不同，对同一抗原的免疫应答与否及应答的程度也不同。在诸多遗传因素中，MHC是控制个体免疫应答质和量的关键因素。

2. 年龄、性别与健康状态 一般说青壮年动物比幼年和老年动物对抗原的免疫应答强；新生动物或婴儿对多糖类抗原不应答，故易引起细菌感染。雌性比雄性动物抗体生成高，但怀孕动物的应答能力受到显著抑制。感染或免疫抑制剂都能干扰和抑制机体对抗原的应答。

三、抗原进入机体的方式

抗原进入机体的数量、途径、次数、两次免疫的间隔时间以及免疫佐剂的应用和佐剂类型等都明显影响机体对抗原的应答。一般而言抗原剂量要适中，太低和太高则可诱导免疫耐受。免疫途径以皮内免疫最佳，皮下免疫次之，腹腔注射和静脉注射免疫效果相对较差，口服易诱导耐受。注射间隔时间要适当，次数不要太频。要选择好免疫佐剂，弗氏佐剂主要诱导IgG类抗体产生，明矾佐剂易诱导IgE类抗体产生。

第三节 抗原的分类

抗原的种类繁多，可以从不同角度对抗原进行分类。

一、根据诱生抗体时是否需要Th细胞辅助分类

1. 胸腺依赖性抗原(thymus dependent antigen, TD-Ag) TD-Ag刺激B细胞产生抗体时依赖于T细胞辅助，故又称T细胞依赖性抗原。绝大多数蛋白质抗原如病原微生物、血细胞、血清蛋白等均属TD-

Ag。先天性胸腺缺陷和后天性T细胞功能缺陷的个体,TD-Ag诱导机体产生抗体的能力明显低下。

2. 胸腺非依赖性抗原(thymus independent antigen, TI-Ag) TI-Ag抗原刺激机体产生抗体时无需T细胞辅助,又称T细胞非依赖性抗原。TI-Ag可分为TI-1 Ag和TI-2 Ag。TI-1 Ag具有B细胞多克隆激活作用,如细菌脂多糖(LPS)等,成熟或未成熟B细胞均可对其产生应答;TI-2 Ag如肺炎球菌荚膜多糖、聚合鞭毛素等,其表面含多个重复B表位,仅能刺激成熟B细胞。婴儿和新生动物B细胞发育不成熟,故对TI-2 Ag不应答或低应答,但对TI-1 Ag仍能应答。TD-Ag与TI-Ag区别详见表3-4。

表3-4 TD-Ag与TI-Ag的特性比较

	TD-Ag	TI-Ag
组成	B细胞和T细胞表位	重复B细胞表位
T细胞辅助	必需	无需
免疫应答类型	体液免疫和细胞免疫	体液免疫
抗体类型	多种	IgM
免疫记忆	有	无

二、根据抗原与机体的亲缘关系分类

1. 异嗜性抗原(heterophilic antigen) 是一类与种属无关,存在于人、动物及微生物之间的共同抗原。异嗜性抗原最初由Forssman发现,故又名Forssman抗原。例如,溶血性链球菌的表面成分与人肾小球基底膜及心肌组织存在共同抗原,故在链球菌感染后,其刺激机体产生的抗体可与具有共同抗原的心、肾组织发生交叉反应,导致肾小球肾炎或心肌炎;大肠杆菌O14型脂多糖与人结肠黏膜有共同抗原存在,有可能导致溃疡性结肠炎的发生。

2. 异种抗原(xenogenic antigen) 异种抗原指来自另一物种的抗原性物质,如病原微生物及其产物、植物蛋白、用于治疗目的动物抗血清及异种器官移植物等,对人而言均为异种抗原。微生物的结构虽然简单,但其化学组成却相当复杂,都有较强的免疫原性。临床上治疗用的动物免疫血清,如马血清抗毒素有其两重性:一是特异性抗体,有中和毒素的作用;另外它也是异种抗原,可刺激机体产生抗马血清抗体,反复使用可导致超敏反应的发生。

3. 同种异型抗原(allogenic antigen) 同种异型抗原指同一种属不同个体间所存在的抗原,亦称同种抗原或同种异体抗原。常见的人类同种异型抗原有血型(红细胞)抗原和组织相容性抗原(人主要为HLA)。血型抗原有40余种抗原系统,常见的有ABO系统和Rh系统。HLA是人体最为复杂的同种异型抗原。

4. 自身抗原(autoantigen) 在正常情况下,机体对自身组织细胞不会产生免疫应答,即自身耐受。但是在感染、外伤、服用某些药物等影响下,使隔离抗原释放,或改变和修饰了的自身组织细胞,可诱发机体免疫系统对其发生免疫应答,这些可诱导特异性免疫应答的自身成分称为自身抗原。

5. 独特型抗原(idiotypic antigen) TCR、BCR或Ig的V区所具有的独特的氨基酸顺序和空间构型,可诱导自体产生相应的特异性抗体,这些独特的氨基酸序列所组成的抗原表位为独特型(idiotype, Id),Id所诱生的抗体(即抗抗体,或称Ab2)称抗独特型抗体(AId)。因此能以Ab1→Ab2→Ab3→Ab4……的形式进行下去,从而形成复杂的免疫网络,可调节免疫应答。

三、根据抗原是否在抗原提呈细胞内合成分类

1. 内源性抗原(endogenous antigen) 内源性抗原是指在抗原提呈细胞内新合成的抗原,如病毒感染细胞合成的病毒蛋白、肿瘤细胞内合成的肿瘤抗原等。此类抗原在细胞内加工处理为抗原短肽,与MHCⅠ类分子结合成复合物,可被$CD8^+$ T细胞的TCR识别。

2. 外源性抗原(exogenous antigen) 外源性抗原是指并非由抗原提呈细胞(APC)合成,而是来源于

APC外的抗原。抗原提呈细胞可通过胞噬、胞饮和受体介导的内吞等作用摄取外源性抗原(如吞噬的细胞或细菌等),经加工为抗原短肽后,与MHC Ⅱ类分子结合为复合物,可被$CD4^+$ T细胞的TCR所识别。

四、其他

除了上述常见的抗原分类外,还可根据抗原的产生方式的不同,将其分为天然抗原和人工抗原;根据其物理性状的不同,分为颗粒性抗原和可溶性抗原;根据抗原的化学性质不同,可分为蛋白质抗原、多糖抗原及多肽抗原等;根据抗原诱导不同的免疫应答,可分为移植抗原、肿瘤抗原、变应原、过敏原及耐受原等。

第四节 非特异性免疫刺激剂

一、超抗原

通常,普通蛋白质抗原可激活机体总T细胞库中万分之一至百万分之一的T细胞。然而,某些物质只需要极低浓度(1～10 ng/mL)即可激活2%～20% T细胞克隆,产生极强的免疫应答,这类抗原被称为超抗原(superantigen, SAg),其主要特性如表3-5所示。与普通蛋白质抗原不同,SAg的一端可直接与TCR的Vβ链CDR3外侧区域结合,以完整蛋白的形式激活T细胞,另一端则与抗原提呈细胞表面的MHC Ⅱ类分子的抗原结合槽(cleft)外部结合,因而SAg不涉及Vβ的CDR3及TCRα的识别,也不受MHC的限制。SAg所诱导的T细胞应答,其效应并非针对超抗原本身,而是通过分泌大量的细胞因子而参与某些病理生理过程的发生与发展。因此,超抗原实际为一类多克隆激活剂。

表3-5 超抗原与普通抗原的比较

	超抗原	普通抗原
化学性质	细菌外毒素、逆转录病毒蛋白等	普通蛋白质、多糖等
MHC结合部位	非多态区	多态区肽结合槽
TCR结合部位	Vβ	Vα、Jα及Vβ、Dβ、Jβ
MHC限制性	—	+
应答特点	直接刺激T细胞	APC处理后被T细胞识别
反应细胞	$CD4^+$ T细胞	T、B细胞
T细胞反应频率	1/20～1/5	$1/10^6$～$1/10^4$

SAg主要有金黄色葡萄球菌肠毒素A～E(staphylococcus enterotoxin A～E, SEA～SEE);小鼠乳腺肿瘤病毒蛋白,它表达在细胞表面,作为次要淋巴细胞刺激抗原(minor lymphocyte stimulating antigen, mls),刺激T细胞增殖(图3-3)。近年亦发现有作用于$\gamma\delta^+$ T细胞的超抗原如热休克蛋白(heat shock protein, HSP),以及B细胞超抗原如金黄色葡萄球菌蛋白A(staphylococcus protein A, SPA)和人类免疫缺陷病毒(human immunodificency virus, HIV) gp120。它们活化$\gamma\delta^+$ T细胞和B细胞的机制目前尚不完全清楚。

二、佐剂

佐剂(adjuvant)是指预先或与抗原同时注入体内,可增强机体对该抗原的免疫应答或改变免疫应答类型的非特异性免疫增强物质。佐剂的种类很多:生物性的如卡介苗(BCG)、短小棒状菌(CP)、脂多糖(LPS)和细胞因子(如GM-CSF);无机化合物如氢氧化铝[$Al(OH)_3$];人工合成的双链多聚肌苷酸如胞苷酸(polyI:

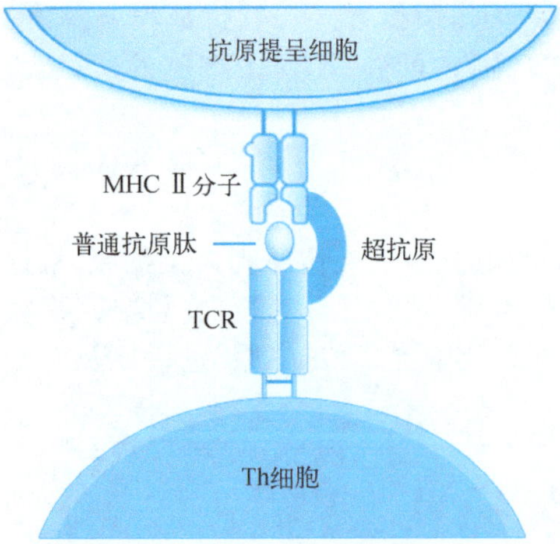

图 3-3 超抗原与 MHC 及 TCR 的作用模式

通常，Th 细胞表面的 TCR 识别与抗原提呈细胞 MHC Ⅱ类分子结合的抗原多肽。TCR 的 CDR1 和 CDR2 结合 MHC 分子的多态区和抗原肽的两端，CDR3 结合抗原肽中央的 T 细胞抗原表位。TCR 对这类抗原的识别，受 MHC 限制，且自抗原特异性。而超抗原(SAg)与 TCR 和 MHC 结合与普通抗原肽不同，SAg 的一端可直接与 TCR 的 Vβ 链 CDR3 外侧区域结合，另一端和 MHC Ⅱ类分子的抗原结合槽外部结合

C)和双链多聚腺苷酸；尿苷酸(polyA：U)；矿物油等。近来用脂质体、免疫刺激复合物(ISCOMs)以及含 CpG 脱氧寡核苷酸用作佐剂。其中弗氏完全佐剂(complete Freund's adjuvant，CFA)和弗氏不完全佐剂(incomplete Freund's adjuvant，IFA)是目前动物试验中最常用的佐剂。CFA 含有灭活的结核杆菌和矿物油，可协助抗原刺激机体产生体液和细胞免疫应答；IFA 仅含矿物油成分，仅可协助抗原刺激机体产生体液免疫应答。

佐剂作用的主要机制有：① 改变抗原物理性状，延缓抗原降解和排除，延长抗原在体内潴留时间；② 刺激单核-巨噬细胞系统，增强其对抗原的处理和提呈能力；③ 刺激淋巴细胞的增殖分化，从而增强和扩大免疫应答的能力。

由于佐剂具有增强免疫应答的作用，故其应用很广。佐剂的主要用途包括：① 增强特异性免疫应答，用于预防接种及制备动物抗血清；② 作为非特异性免疫增强剂，用于抗肿瘤与抗感染的辅助治疗。近年来，临床上用作非特异免疫增强剂的有 HSP、ISCOM、FIA 等。

三、丝裂原

丝裂原(mitogen)亦称有丝分裂原，因可致细胞发生有丝分裂而得名。由于其与淋巴细胞表面的相应受体结合，刺激静止淋巴细胞转化为淋巴母细胞和有丝分裂，激活某一类淋巴细胞的全部克隆，因而被认为是一种非特异性的淋巴细胞多克隆激活剂。

T 细胞、B 细胞表面表达多种丝裂原受体(表 3-6)，均可对丝裂原刺激产生增殖反应，被广泛应用于体外机体免疫功能的检测。

表 3-6 作用于人和小鼠 T、B 细胞的丝裂原

	人		小 鼠	
	T 细胞	B 细胞	T 细胞	B 细胞
ConA(刀豆蛋白 A)	+	−	+	−
PHA(植物血凝素)	+	−	+	−
PWM(商陆丝裂原)	+	+	+	−
LPS(脂多糖)	−	−	−	+
SPA(葡萄球菌蛋白 A)	−	+	−	−

小 结

抗原(Ag)是指能与 T 细胞、B 细胞的 TCR 或 BCR 结合，促使其增殖、分化，产生抗体或致敏淋巴细胞，并与之特异性结合，进而发挥免疫效应的物质。免疫原性和免疫反应性是抗原的两个重要特性。抗原表位是抗原分子中决定抗原特异性的特殊化学基团，可分为顺序表位和构象表位，亦可分为 T 细胞表位和 B 细胞表位。

多种因素可影响机体对抗原免疫应答的类型及强度，但主要取决于抗原物质本身的性质及其与机体的相互作用。影响抗原免疫效果的抗原性质包括抗原的化学性质、分子质量大小、结构的复杂性、分子构象、易接近性和物理状态等；宿主方面的因素如遗传因素、年龄、性别和健康状态也在很大程度上影响抗原的免疫

效果;抗原免疫的剂量、途径、次数以及免疫佐剂的选择都明显影响机体对抗原的应答。

根据诱生抗体时是否需要Th细胞参与,可将抗原分为胸腺依赖性抗原(TD-Ag)和胸腺非依赖抗原(TI-Ag)。根据抗原与机体的亲缘关系的远近,可分为异嗜性抗原、异种抗原、同种异型抗原、自身抗原和独特型抗原。

除了传统意义上的抗原分子外,还有一些物质以抗原非依赖性、MHC非限制性的方式激活淋巴细胞,称为非特异性免疫刺激剂。佐剂则通过预先或与抗原同时注入体内,增强机体对该抗原的免疫应答或改变免疫应答类型;丝裂原可与某一类淋巴细胞表面相应受体结合,刺激静止淋巴细胞转化为淋巴母细胞。

复习题

1. 名词解释

   抗原　半抗原　表位　交叉反应　TD-Ag　TI-Ag　异嗜性抗原　超抗原　佐剂

2. 简答题

   (1) 决定和影响抗原免疫原性的因素有哪些?

   (2) 简述TD-Ag和TI-Ag的特性比较。

(吴利先)

第四章

免疫球蛋白

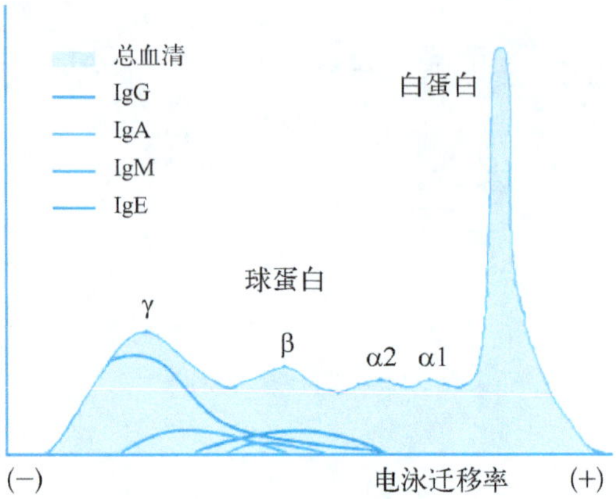

图 4-1　正常人血清电泳分离图

抗体(antibody, Ab)是血液和组织液中一类糖蛋白，由 B 细胞识别抗原后增殖分化为浆细胞所产生，是介导体液免疫重要的效应分子。19 世纪后期，从 von Behring 等研究白喉和破伤风抗毒素开始，人们陆续发现一大类可与病原体结合并引起凝集、沉淀或中和反应的体液因子，将其命名为抗体。20 世纪 30 年代，Tiselius 和 Kabat 对血清蛋白进行电泳时，根据迁移率的不同，将其分为白蛋白、α、β、γ 球蛋白 4 个主要部分，并发现抗体活性存在于从 α～γ 的这一广泛区域(图 4-1)，但主要存在于 γ 区，曾认为抗体即 γ 球蛋白。1968 年和 1972 年世界卫生组织和国际免疫学会联合会的专门委员会先后决定，将具有抗体活性或化学结构与抗体相似的球蛋白统称为免疫球蛋白(immunoglobulin, Ig)。

免疫球蛋白可分为两型：① 分泌型免疫球蛋白(secreted Ig, sIg)，主要存在于血液、组织液及外分泌液中，发挥各种免疫功能；② 膜型免疫球蛋白(membrane Ig, mIg)，即 B 细胞表面的抗原受体(BCR)。

第一节　免疫球蛋白的结构

Eldman 和 Porter 于 20 世纪 50 年代深入研究了免疫球蛋白结构，借助变性和非变性电泳技术，发现免疫球蛋白含重链和轻链；用蛋白酶水解等方法，发现免疫球蛋白由抗原结合片段和可结晶片段组成。

一、免疫球蛋白分子的基本结构

免疫球蛋白的基本结构是由二硫键连接 4 条肽链构成的成对分子，包括两条相同重链(heavy chain, H)和两条相同轻链(light chain, L)。整个分子呈 Y 形，称为免疫球蛋白单体，是构成免疫球蛋白分子的基本单位(图 4-2)。免疫球蛋白单体中 4 条肽链两端游离的氨基或羧基的方向是一致的，分别命名为氨基端(N 端)和羧基端(C 端)。

1. 重链和轻链

(1) 重链(heavy chain, H 链)：重链大小约为轻链的 2 倍，含 450～550 个氨基酸残基，分子质量为 50～75 kDa。不同的重链由于氨基酸组成的排列顺序、二硫键的数目和位置、含糖的种类和数量不同，其免疫原性也不相同，根据重链恒定区免疫原性的差异可将其分为 5 类，分别以希腊字母 μ、

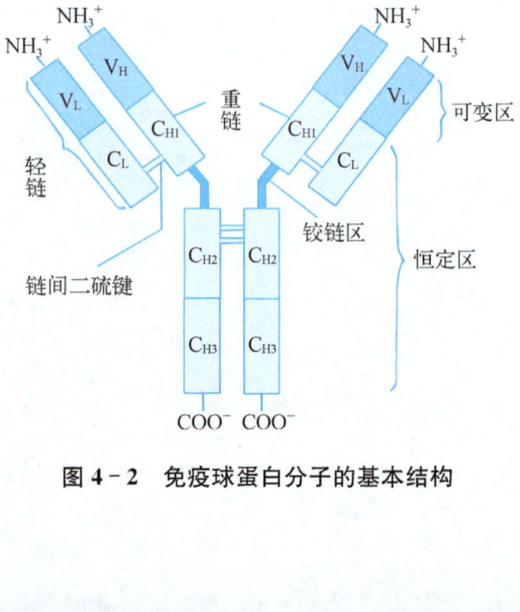

图 4-2　免疫球蛋白分子的基本结构

γ、α、δ和ε命名，其相应的免疫球蛋白分别为 IgM(μ)、IgG(γ)、IgA(α)、IgD(δ)和 IgE(ε)。同一类免疫球蛋白中，根据重链恒定区氨基酸组成的较小差异，以及二硫键位置数目不同，可将同类免疫球蛋白分为不同的亚类(subclass)。例如人 IgG 有四个亚类：IgG1、IgG2、IgG3、IgG4；人 IgA 有两个亚类：IgA1 和 IgA2。

(2) 轻链(light chain, L)：轻链大约由 214 个氨基酸残基组成，分子质量约为 25 kDa。轻链共有两型：kappa(κ)与 lambda(λ)型，对于天然免疫球蛋白分子，两条轻链的型别总是相同的，但在同一个体内可存在分别带有κ链或λ链的 Ig 分子。5 类免疫球蛋白中每类都可以有κ链或λ链，两型轻链的功能无差异。不同种属生物体内两型轻链的比例不同，正常人血清免疫球蛋白 κ∶λ 约为 2∶1，而小鼠则为 20∶1。κ∶λ 比例的异常可能反映免疫系统的异常，例如人类免疫球蛋白λ链过多，提示可能有产生λ链的 B 细胞肿瘤。根据λ链恒定区个别氨基酸的差异，又可将λ分为λ1、λ2、λ3 和λ4 四个亚型(subtype)。

2. 可变区和恒定区

(1) 可变区(variable region, V 区)：通过分析不同免疫球蛋白重链和轻链氨基酸序列时发现，在轻链靠近 N 端的 1/2 和重链靠近 N 端的 1/5 或 1/4 区域内，其氨基酸的种类、排列顺序与构型变化较大，称为可变区(variable region, V 区)。重链和轻链的 V 区分别称为 V_H 和 V_L。V_H 和 V_L 各有 3 个区域的氨基酸组成和排列序列高度可变，称为高变区(hypervariable region, HVR)。V_H 和 V_L 的这 3 个 HVR 分别称为 HVR1、HVR2 和 HVR3，一般 HVR3 变化程度更高(图 4-3)。高变区是免疫球蛋白与抗原(表位)特异性结合的部位。已证实，可变区大部分序列并不直接与抗原接触，而是形成稳定的抗原接触面，称为免疫球蛋白裂隙(cleft)，由轻链和重链各 3 个高变区形成的 3 个环状结构所组成。这些高变区序列与抗原表位在空间结构上互补，故又称为互补决定区(complementarity-determining region, CDR)，免疫球蛋白的独特型决定基(idiotypic determinant)主要也在该区域。因此，免疫球蛋白高变区、免疫球蛋白的抗原结合部位和免疫球蛋白独特型决定基这三个不同的概念，实际上建立在同一结构基础上，即免疫球蛋白分子可变区球形顶端凹陷的立体结构，亦称抗体的独特型标志。

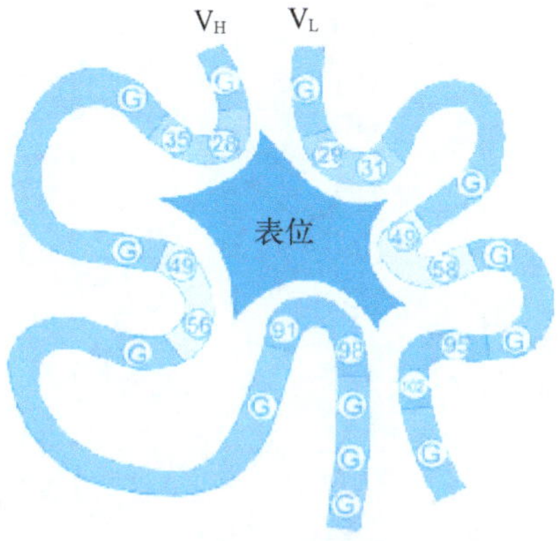

图 4-3　抗体的互补决定区与抗原表位结合示意图(G 表示相对保守的甘氨酸)

可变区中的非 CDR 部位，氨基酸组成与排列变化相对较少，这些氨基酸残基有助于使可变区的空间构象形成稳定的支架结构，夹持着 CDR，称为骨架区(framework region, FR)。V_H 和 V_L 各有 4 个 FR(分别为 FR1、FR2、FR3 和 FR4)和 3 个 CDR。V_H 和 V_L 共 6 个 CDR 共同组成免疫球蛋白的抗原结合部位(antigen-binding site)，决定着免疫球蛋白的特异性，负责识别及结合抗原，从而发挥免疫效应。

(2) 恒定区(constant region, C 区)：位于免疫球蛋白重链靠近 C 端 3/4 或 4/5 区域和轻链靠近 C 端 1/2 区域的氨基酸种类、排列顺序比较恒定，称为恒定区。重链和轻链的恒定区分别称为 C_H 和 C_L。不同型免疫球蛋白其 C_L 的长度基本一致，但不同类免疫球蛋白 C_H 的长度不一，IgG、IgA 和 IgD 的重链恒定区包括 C_H1、C_H2 和 C_H3；IgM 和 IgE 的重链恒定区包括 C_H1、C_H2、C_H3 和 C_H4。同一种属的个体，所产生针对不同抗原的同一类别免疫球蛋白，其恒定区氨基酸组成和排列顺序比较恒定，其免疫原性相同，但 V 区各异。例如人抗白喉外毒素 IgG 与人抗破伤风外毒素的抗毒素 IgG，它们的 V 区不相同，只能与相应的抗原发生特异性的结合，但其 C 区的结构是相同的，应用马抗人 IgG 第二抗体(或称抗抗体)均能与这两种抗不同外毒素的抗体(IgG)发生结合反应。

3. 铰链区(hinge region, HR)　位于 C_H1 和 C_H2 之间，含有丰富的脯氨酸，不易构成氢键，加之此区富含二硫键，阻碍螺旋结构形成，从而呈伸展状态，保持相当的柔曲性。铰链区对蛋白酶敏感，易被水解。经蛋白酶处理的免疫球蛋白，多在此区被切断。铰链区的功能为：① 免疫球蛋白与抗原结合时，该区可转动，以使免疫球蛋白分子两个可变区的抗原结合部位尽量与不同距离的两个抗原表位(epitope)配合，起弹性和调节作用;② 利于免疫球蛋白分子变构,暴露免疫球蛋白的补体结合位点。5类免疫球蛋白或亚类的铰链区不完全相同,例如IgG1、IgG2、IgG4和IgA的铰链区较短;IgG3、IgD的铰链区较长;IgM和IgE不存在铰链区。

4. 结构域 免疫球蛋白分子的两条重链和两条轻链都可折叠为数个球形结构域(domain),每个球形结构域约由110个氨基酸残基组成,其氨基酸序列具有相似性或同源性。各结构域的二级结构是由两个反向平行的β片层(anti-parallel β sheet)组成,每一β片层由3~5股多肽链折叠形成,其中心的两个半胱氨酸由一个链内二硫键垂直连接,形成一个"β桶状"(β barrel)或"β三明治"(β sandwich)结构(图4-4)。现已发现,许多膜型和分泌型分子均含这种独特的桶状结构,并被归于免疫球蛋白超家族(immunoglobulin superfamily, IgSF)。

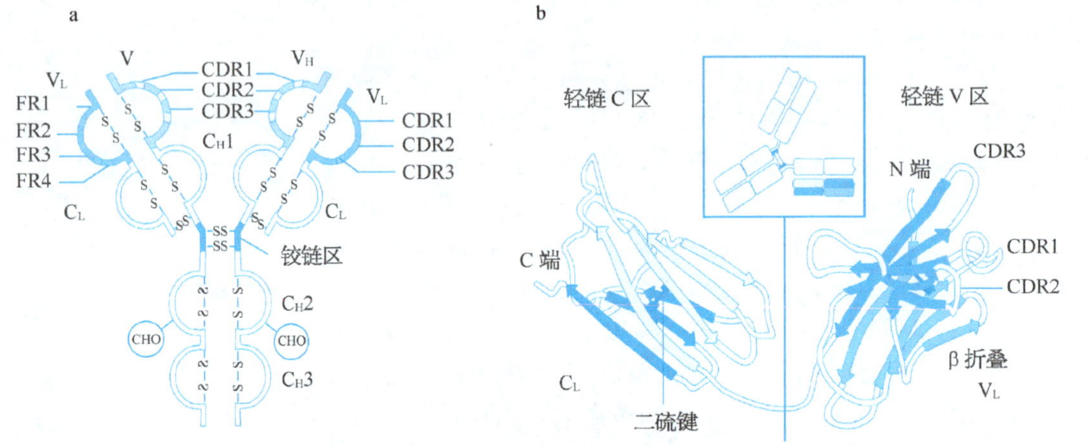

图4-4 β桶状结构及β三明治结构

A:显示轻链的V_L、C_L两个结构域和重链的V_H、C_H1、C_H2和C_H3四个结构域。其中,CDR为互补决定区,FR为骨架区。B:人Ig轻链V和C结构域结构示意图,其二级结构由几股多肽链折叠形成的两个反向平行的β片层构成,两个β片层由一个链内二硫键垂直连接,形成β"三明治"结构

免疫球蛋白轻链有V_L和C_L两个结构域,IgG、IgA和IgD的重链有4个结构域,分别为V_H、C_H1、C_H2和C_H3。IgM和IgE有5个结构域,比IgG多一个C_H4。以IgG为例,各结构域的功能为:① V_H和V_L是特异性识别和结合抗原的部位,其中HVR(CDR)是V区中与抗原决定簇互补结合的部位。V_H和V_L通过非共价键相互作用,组成一个F_V区。单体免疫球蛋白分子具有2个抗原结合位点(antigen-binding site),二聚体分泌型IgA具有4个抗原结合位点,五聚体IgM可有10个抗原结合位点;② C_H1和C_L是免疫球蛋白遗传标志所在部位,同种异体间的免疫球蛋白在该区存在着个别氨基酸排列的差异;③ IgG的C_H2区和Ig M的C_H3区有补体C1q的结合位点,可启动补体活化的经典途径;IgG的C_H2区与穿过胎盘屏障相关;④ IgG的C_H3区可与单核细胞、巨噬细胞、中性粒细胞、B细胞和NK细胞表面的IgG Fc受体(FcγR)结合;IgE的C_H2和C_H3区可与肥大细胞和嗜碱性粒细胞IgE Fc受体(FcεR)结合。

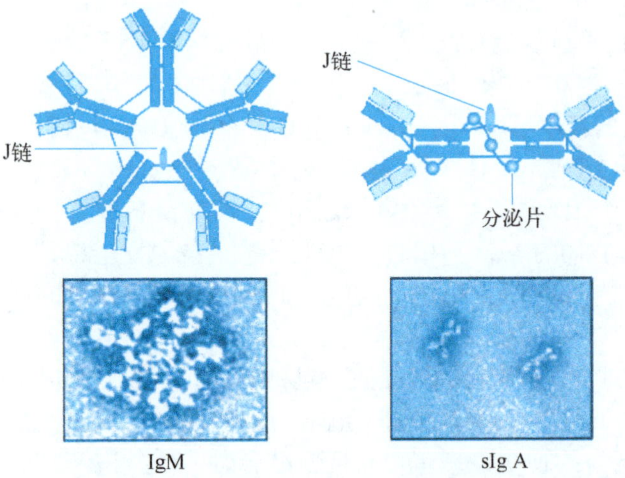

图4-5 免疫球蛋白的J链和SP结构

二、免疫球蛋白的其他结构

1. 连接链(joining chain, J链) 是分子质量约20 kDa的多肽链,含10%的糖,富含半胱氨酸,由浆细胞合成。主要功能是以二硫键形式与免疫球蛋白重链结合,将单体免疫球蛋白分子连接成二聚体或多聚体,并使之稳定。体液中IgM分子由5个免疫球蛋白单体组

成,5个单体由J链连接,组成五聚体。2个单体IgA由J链连接成二聚体,IgG、IgD和IgE为单体,无J链(图4-5)。

2. *分泌片*(secretory piece, SP) 又称为分泌成分(secretory component, SC),是分子质量为60~70 kDa的多肽链,含6%的糖,由黏膜上皮细胞合成和分泌,是分泌型IgA(sIgA)的辅助成分(图4-5)。单体IgA与J链在浆细胞内合成并连接,在穿越黏膜上皮细胞过程中,上皮细胞所合成的分泌片以非共价键形式与IgA二聚体结合,使其成为sIgA。分泌片的功能是:介导IgA转运,使IgA分泌至黏膜表面,发挥黏膜免疫效应;同时SP还可保护sIgA的铰链区,使其免受蛋白水解酶的降解。

三、免疫球蛋白的水解片段

在一定条件下,木瓜蛋白酶(papain)和胃蛋白酶(pepsin)能水解免疫球蛋白为不同片段(图4-6)。通过对免疫球蛋白水解片段的研究,有助于了解免疫球蛋白的基本结构和功能特点。

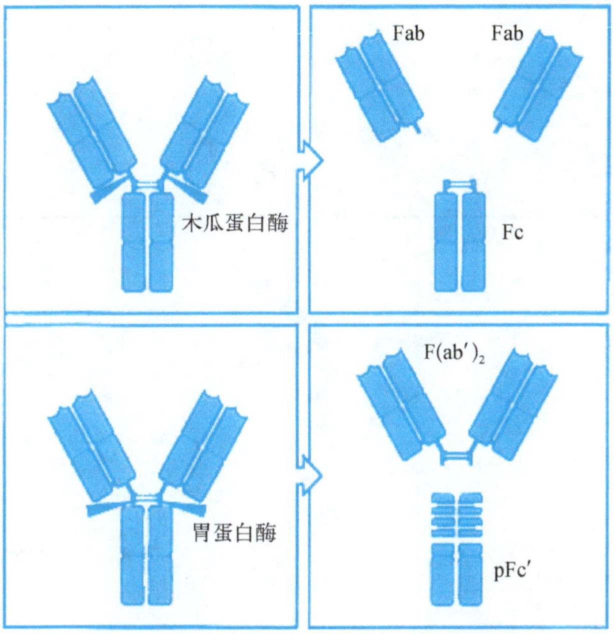

图4-6 免疫球蛋白的水解片段示意图

1. *木瓜蛋白酶(papain)水解片段* 木瓜蛋白酶将免疫球蛋白分子从重链间二硫键N端219位氨基酸上切断,将其裂解为2个完全相同的抗原结合片段(fragment antigen binding, Fab)和1个可结晶片段(fragment crystallizable, Fc)。Fab由V_L、C_L和V_H、C_H1结构域组成,为单价,能与一个抗原决定簇特异性结合,不能形成肉眼可见的凝集或沉淀反应。Fc段相当于IgG的C_H2和C_H3结构域,并携带重链的部分同种型和同种异型抗原表位,Fc无抗原结合活性,是免疫球蛋白与效应分子或细胞相互作用的部位。

2. *胃蛋白酶(pepsin)水解片段* 胃蛋白酶将免疫球蛋白分子从重链间二硫键C端232位氨基酸上切断,形成一个大片段$F(ab')_2$和一些小分子多肽碎片pFc′。$F(ab')_2$段由两个Fab段及铰链区组成,由于抗体分子的两个臂仍由二硫键连接,因此为双价,可同时结合两个抗原表位,能形成凝集反应或沉淀反应。其Fc段被胃蛋白酶裂解为若干小分子片段(pFc′),最终被降解,无生物学活性。由于$F(ab')_2$片段保留了结合相应抗原的生物学活性,又避免了Fc段免疫原性可能引起的副反应,因而对生物制品的生产及临床应用具有实际应用价值。人丙种球蛋白、白喉抗毒素、破伤风抗毒素经胃蛋白酶处理后精制提纯的制品,因去掉Fc片段而减少超敏反应的发生。

第二节 免疫球蛋白的免疫原性

免疫球蛋白是大分子的球蛋白,就其功能而言,主体成分是抗体,具有抗体的多种活性,但因其为结构复杂的大分子糖蛋白,故也具有免疫原性。将免疫球蛋白作为免疫原,可在异种动物、同种异体或自身体内诱导不同程度的免疫反应。不同免疫球蛋白分子因氨基酸组成、排列、构型及其二硫键数目和位置不同,免疫原性也不相同。根据免疫球蛋白抗原表位存在的部位及其诱导产生的免疫应答反应的差异,可将免疫球蛋白分子为同种型、同种异型和独特型三种(图4-7,表4-1)。

表 4-1 人免疫球蛋白分子上抗原决定簇的分类

分类		抗原表位存在部位	举例
同种型	类	C_H	IgM, IgG, IgA, IgD, IgE
	亚类	C_H	IgG1～4、IgA1～2
	型	C_L	κ、λ
	亚型	$C_L(\lambda)$	λ1、λ2、λ3、λ4
同种异型		$C_H(\gamma 1)$	G1m a(1)、x(2)、f(3)、z(17)
		$C_H(\gamma 2)$	G2m n(23)
		$C_H(\gamma 3)$	G3m b1(5), c3(6), b5(10), b0(11), b3(13), b4(14) s(15), t(16), g1(21), c5(24), u(26), v(27), g5(28)
		$C_H(\gamma 4)$	G4m 4a(1), 4b(1)
		$C_H(\alpha 2)$	A2m1, A2m2
		$C_H(\xi)$	Em1
		$C_L(\kappa)$	Km1, Km2, Km3
独特型		V_HV_L	极多

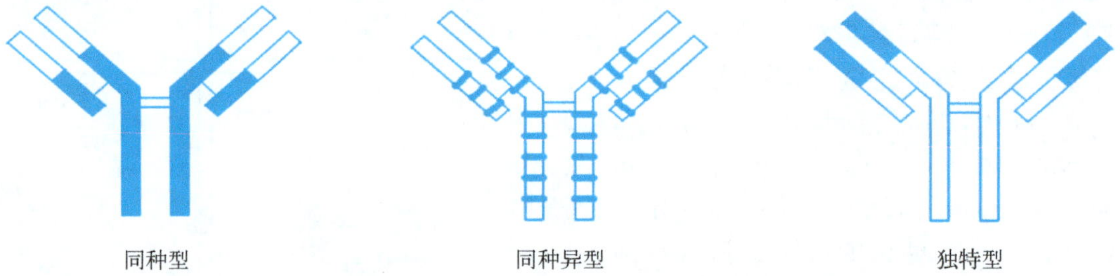

图 4-7 免疫球蛋白的抗原表位

一、同种型

同种型(isotype) 不同种属来源的免疫球蛋白分子对异种动物来说具有免疫原性,可刺激异种动物(或人)产生针对该免疫球蛋白的免疫应答。这种存在于同种免疫球蛋白分子中的抗原表位即同种型,是同一种属所有个体免疫球蛋白分子共有的抗原特异性标志,为种属型标志。同种型抗原表位位于免疫球蛋白的重链恒定区(C_H)或轻链恒定区(C_L),是划分免疫球蛋白类(class)、亚类(subclass)、型(type)和亚型(subtype)的依据。

同种型抗原可在异种动物体内诱导相应抗体产生,这些抗体可与同种属所有个体的同类免疫球蛋白结合。如用人 IgG 免疫羊得到的羊抗人 IgG 抗体,可与任何人的所有 IgG 分子结合,而不能与人的其他种类免疫球蛋白或其他种属动物的 IgG 结合,这一特性在免疫诊断方面具有非常重要的实用价值。

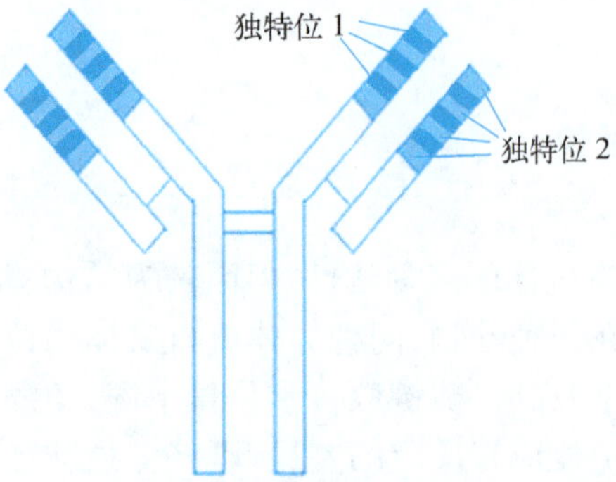

图 4-8 免疫球蛋白独特型示意图

每一 Ig 的 V 区存在 5～6 个个体特异性的氨基酸结构,称为独特位(idiotope)

二、同种异型

同种异型(allotype) 同一种属不同个体来源的免疫球蛋白分子也具有免疫原性,也可刺激不同个体产生特异性免疫应答。这种存在于同种不同个体免疫球蛋白中的抗原表位,称为同种异型,是同一种属不同个体间免疫球蛋白分子所具有的差异性抗原标志,为个体型标志。同种异型抗原表位存在于免疫球蛋白重链或轻链恒定区内,是因一个或数个氨基酸残基出现差异所致。

三、独特型

独特型(idiotype, Id) 即使是同一种属、同一个体来源的免疫球蛋白分子,其免疫原性亦不相同,称为独特型。免疫球蛋白分子每一 Fab

段均含 5～6 个独特位，均位于重链或轻链的可变区（V 区）（图 4-8）。本质上，独特型的差异主要由 V_H和 V_L高变区氨基酸序列不同所致。这种氨基酸序列差异也是免疫球蛋白特异性的分子基础，不同特异性的免疫球蛋白分子，其独特型各异。独特型可刺激异种、同种异体以及自体产生相应抗体，即抗独特型抗体（anti-idiotype antibody，AId 或 Ab2）。

第三节　免疫球蛋白的生物学功能

免疫球蛋白是体液免疫应答中发挥免疫功能最主要的免疫分子，免疫球蛋白所具有的功能是由其分子中不同功能区的特点所决定的（图 4-9）。

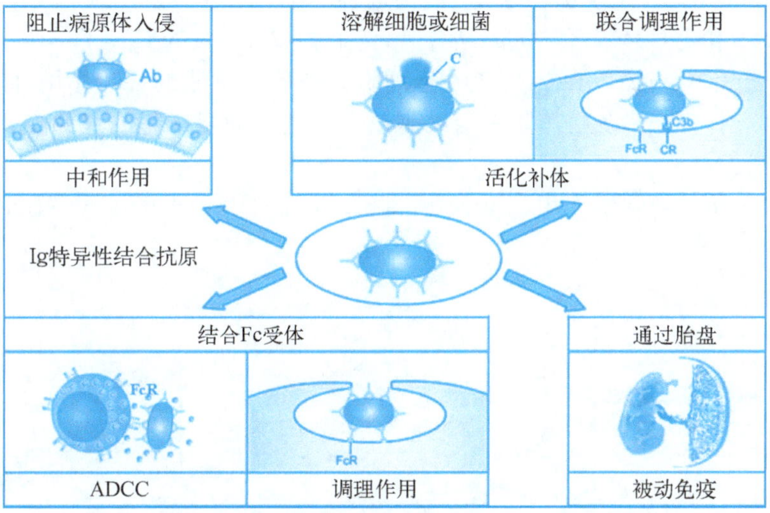

图 4-9　免疫球蛋白的主要生物学功能

一、可变区的功能

特异性结合抗原　免疫球蛋白最主要的功能是识别并特异性结合抗原，执行该功能的结构是免疫球蛋白的 V 区，其中 HVR（CDR）在识别和结合特异性抗原中起决定性作用。免疫球蛋白的 V 区在体内可结合病原微生物及其产物，直接发挥中和抗原的毒性或致病性的作用。如抗毒素可中和外毒素，保护细胞免受毒素的作用；病毒的中和抗体可阻止病毒吸附和穿入细胞；sIgA 可抑制细菌黏附宿主细胞，从而阻止病毒和细菌感染。在体外一定条件下，免疫球蛋白的 V 区与抗原结合后，借助于 C 区的作用，可与抗原结合产生凝集反应、沉淀反应等各种抗原抗体反应，有利于抗原或抗体的检测和功能判断。B 细胞膜表面的 IgM 和 IgD 等免疫球蛋白构成 B 细胞的抗原识别受体（B cell receptor，BCR），能特异性识别抗原分子，诱导免疫应答反应。

免疫球蛋白分子可有单体、二聚体和五聚体，因此结合抗原决定簇的数目（结合价）也不相同。Fab 段为单价，不能产生凝集反应和沉淀反应。$F(ab')_2$ 和单体免疫球蛋白（如 IgG、IgD、IgE）为双价，二聚体分泌型 IgA 有 4 价，五聚体 IgM 理论上应为 10 价，但实际上由于立体构型的空间位阻，一般只有 5 个结合点可结合抗原。

二、恒定区的功能

免疫球蛋白分子重链的 C 区是进一步介导免疫细胞或其他免疫分子共同实现免疫应答效应的重要部分。

1. 激活补体系统　IgM、IgG(IgG1、IgG2 和 IgG3)与相应抗原结合后，形成免疫复合物，可通过经典途径激活补体系统，产生多种效应功能。通常免疫球蛋白分子呈“T”形，与抗原结合后发生构型改变而呈“Y”形，此时免疫球蛋白分子中原来被掩盖的 $C_{H}2$/$C_{H}3$ 功能区即补体结合点暴露，从而使 C1q 与该区结合，并由此导致补体经典途径激活。其中 IgM 激活补体能力最强，IgG 中 IgG1 和 IgG3 激活补体能力较强，IgG2 较弱。IgA、IgE 和 IgG4 本身难激活补体，但形成聚合物后可通过旁路途径激活补体系统，通常 IgD 不能激活补体。补体激活后可通过攻膜复合物(MAC)破坏抗原物质，也可通过激活的各类补体片段发挥趋化、促炎等作用。

2. 介导免疫细胞活性　免疫球蛋白通过其 Fc 段能与多种细胞表面的 Fc 受体(FcR)结合。巨噬细胞、淋巴细胞、嗜碱粒细胞、肥大细胞、中性粒细胞和血小板等都表达 Fc 受体。免疫球蛋白与 Fc 受体的结合部位因免疫球蛋白类别而异，不同类的免疫球蛋白的 Fc 段可与不同细胞的 Fc 受体结合，产生多种不同的生物效应。

(1) 调理作用(opsonization)：是指免疫球蛋白促进吞噬细胞吞噬、杀伤、降解细菌等抗原的作用。细菌特异性 IgG(特别是 IgG1 和 IgG3)V 区与抗原结合后，可通过其 Fc 段的 $C_{H}3$ 区与巨噬细胞、单核细胞和中性粒细胞表面的 IgG Fc 受体(FcγR)结合，促进吞噬细胞对细菌等抗原的吞噬作用，此即为免疫球蛋白的调理作用，IgA 亦具调理作用。此外，免疫球蛋白与细胞结合后还可激发细胞的代谢变化和生物活性物质的释放(图 4-10)。

(2) 抗体依赖细胞介导的细胞毒作用(antibody-dependent cell-mediated cytotoxicity, ADCC)是指 IgG

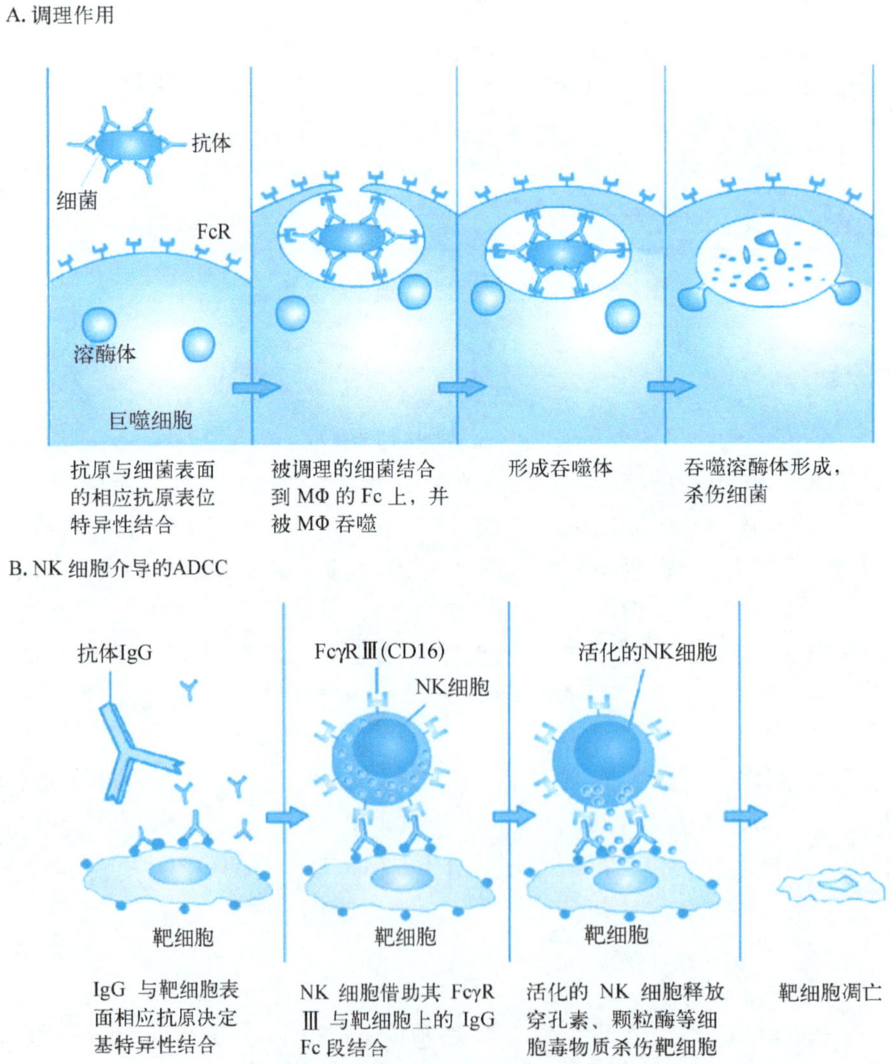

图 4-10　免疫球蛋白结合细胞表面 FcR 及其介导的功能示意图

类抗体与肿瘤或病毒感染的靶细胞结合后，可通过其 Fc 段与 NK 细胞、巨噬细胞和中性粒细胞表面相应 FcγR 结合，增强和触发上述细胞对靶细胞的杀伤作用，发挥抗体依赖细胞介导的细胞毒作用（ADCC），其中 NK 细胞是发挥 ADCC 作用的主要细胞。在抗体介导 ADCC 作用发生的过程中，抗体只能与靶细胞上的相应抗原决定簇特异性结合，而 NK 细胞等效应细胞可杀伤任何已与抗体结合的靶细胞，故抗体与靶细胞上的抗原结合是特异性的，NK 细胞等对靶细胞的杀伤作用是非特异性的。

(3) 介导Ⅰ型超敏反应：IgE 为亲细胞性抗体，可通过 Fc 段与肥大细胞或嗜碱性粒细胞表面的 IgE Fc 受体（FcεR）结合，使上述免疫细胞处于致敏状态。若相同变应原再次进入机体与致敏靶细胞表面特异性 IgE 结合，即可促使这些细胞合成和释放组胺、白三烯等生物活性介质引发Ⅰ型超敏反应（详见第十八章超敏反应）。

3. *穿过胎盘和黏膜*　在人类，IgG 是唯一可通过胎盘的免疫球蛋白。在胎盘母体一侧的滋养层细胞表达一种特异性 IgG 运输蛋白，称为新生 Fc 段受体（neonatal FcR，FcRn）。母体内的 IgG 可选择性与其结合，从而转移到滋养层细胞内，主动进入胎儿血液循环中，这是一种重要的自然被动免疫，对于新生儿抗感染具有重要意义。此外，分泌型 IgA 可被转运到呼吸道和消化道黏膜表面，是机体黏膜局部免疫的最主要因素。

第四节　各类免疫球蛋白的特性

IgG、IgA、IgM、IgD、IgE 的理化特性不尽相同，由此决定它们功能的差异（图 4－11，表 4－2）。

一、IgG

IgG 以单体形式存在，是血清和胞外液中含量最高的免疫球蛋白，占血清总免疫球蛋白的 75%～80%。根据 IgG 分子中 γ 链免疫原性差异，人 IgG 分为 4 个亚类，依其血清浓度高低，分别为 IgG1、IgG2、IgG3 和 IgG4。在个体发育过程中机体合成 IgG 的年龄要晚于 IgM，在出生后第 3 个月开始合成，3～5 岁接近成年人水平。IgG 分解缓慢，半衰期最长，20～30 d。

IgG 是再次体液免疫应答产生的主要抗体，亲和力高，在体内分布广泛，发挥重要的免疫效应，是机体抗感染的“主力军”。IgG1、IgG3、IgG4 可穿过胎盘屏障，在新生儿抗感染免疫中起重要作用。IgG1、IgG2、IgG3 与相应抗原结合后可激活补体经典途径，IgG4 凝聚物可激活补体旁路途径。IgG 与病原体等相应抗原结合后，可通过其 Fc 段与表面具有 FcγR 的吞噬细胞或 NK 细胞结合，产生促进吞噬的调理作用或 ADCC 效应。IgG1、IgG2、IgG4 可借助其 Fc 段与葡萄球菌蛋白 A（SPA）结合，借此可纯化抗体，并用于免疫诊断；某些自身抗体和引起Ⅱ、Ⅲ型超敏反应的抗体也属 IgG。

IgG 出现得晚，消失得晚，常用于回忆性诊断和机体感染能力的估计。

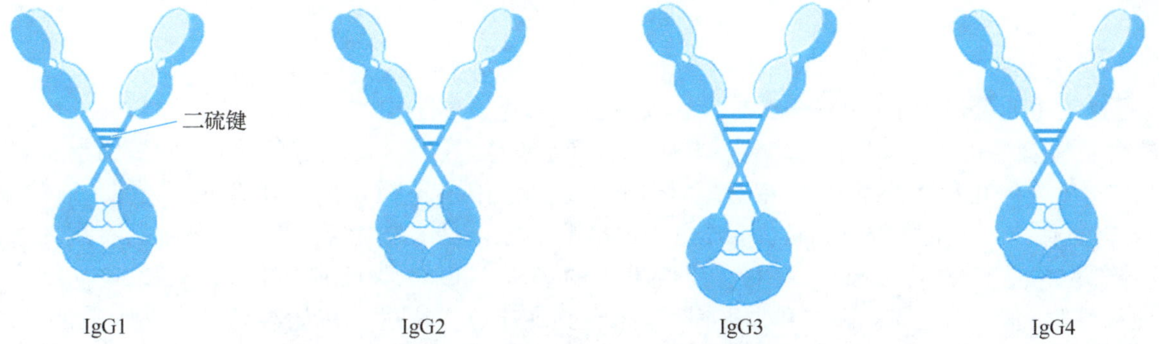

图 4－11　IgG 分子的亚类和结构

IgG 分为 4 个亚类，其主要差别位于铰链区，导致二硫键格局不同。IgG3 铰链区较长，故分子质量较大且生物学功能较强

二、IgM

IgM是相对分子质量最大的免疫球蛋白,又称巨球蛋白(macroglobulin),一般不能通过血管壁,主要存在于血液中,占血清免疫球蛋白总量的5%~10%。单体IgM以膜结合型(mIgM)表达于B细胞表面,是BCR的主要构成成分。未成熟B细胞只表达mIgM,记忆B细胞表面mIgM逐渐消失;分泌型IgM是由5个IgM单体借助J链连接而成的五聚体。五聚体含10个Fab段,具有很强的抗原结合能力,含5个Fc段,比IgG更易激活补体。

IgM是个体发育中合成和分泌最早的免疫球蛋白,在胚胎后期已能合成,IgM不能通过胎盘,若新生儿脐带血中IgM含量升高,则提示胎儿可能有风疹病毒、巨细胞病毒等宫内感染。在免疫应答过程中,IgM是初次体液免疫应答中最早出现的抗体,是机体抗感染的"先头部队",且半衰期短。血清中检出特异性IgM类抗体,则提示近期发生感染,并用于感染性疾病的早期诊断。IgM是血管内抗感染的主要抗体,对于防止菌血症、败血症发挥着重要作用。

IgM出现得早,消失得早,没有回忆反应,常用于感染早期的诊断。

三、IgA

IgA分为血清型和分泌型两种类型。血清型IgA存在于血清中,以IgA表示;分泌型IgA存在于分泌液中,以sIgA表示。血清型IgA由肠系膜淋巴组织中的浆细胞产生,主要存在于血清中,占血清免疫球蛋白总量的10%~15%,具有一定的抗感染免疫作用。

分泌型IgA(secretory IgA, sIgA)是由呼吸道、消化道、泌尿生殖道等处的黏膜固有层中的浆细胞产生,广泛分布于胃肠道和支气管分泌液、初乳、唾液和泪液中。sIgA是由两个单体IgA、一条J链和一个分泌片借二硫键连接组成的二聚体。黏膜固有层浆细胞合成IgA和J链,并在浆细胞内连接成二聚体,二聚体IgA在与黏膜上皮细胞合成的分泌片结合后,穿过黏膜上皮细胞,转运至局部黏膜表面。sIgA是参与黏膜局部免疫的主要抗体,能阻止病原微生物对黏膜上皮细胞的黏附,具有抗菌、抗病毒和中和毒素等多种作用,是机体抗感染的"边防军"。新生儿出生4~6个月后才开始合成sIgA,至青少年时期达到成人水平。新生儿可从母乳中获得sIgA,这对婴儿抵抗呼吸道和消化道病原微生物的感染具有重要意义,是一种重要的自然被动免疫。

四、IgD

IgD在血清中含量很低,仅占血清免疫球蛋白总量的0.3%。IgD在体内出现较晚,以单体形式存在,铰链区较长,易被蛋白酶水解,故半衰期很短,仅3 d。IgD分为两型:血清型和膜结合型IgD(mIgD)。血清型IgD生物学功能尚不清楚;膜结合型IgD表达于成熟B细胞膜表面,是BCR的重要组成成分,是B细胞表面的抗原受体,可接受相应抗原的刺激,并对B细胞的活化、增殖、分化产生调节作用,为B细胞分化发育成熟的标志。未成熟B细胞仅表达mIgM,成熟B细胞可同时表达mIgM和mIgD,活化的B细胞或记忆B细胞的mIgD逐渐消失。

五、IgE

IgE是血清中含量最少的一类免疫球蛋白,仅占血清总免疫球蛋白的0.02%,但在过敏体质个体血清中IgE的含量显著增高。IgE为单体结构,ε链有4个C_H(Cε1~Cε4),无铰链区,含有较多的半胱氨酸和甲硫氨酸。IgE抗体在种系进化中最晚出现,同时也是血清中最不稳定的一类免疫球蛋白,对热敏感,56℃ 30 min可使IgE丧失生物学活性。IgE主要由鼻咽部、扁桃体、支气管、胃肠等黏膜固有层的浆细胞产生,这些部位常是变应原入侵和Ⅰ型变态反应发生的场所。IgE为亲细胞抗体,其C_H2、C_H3结构域可与嗜碱性粒细胞、肥大细胞膜上高亲和力FcεRⅠ结合。变应原再次进入机体与已结合在嗜碱性粒细胞、肥大细胞上IgE结合,可引起Ⅰ型超敏反应。寄生虫感染或过敏反应发作时,局部的外分泌液和血清中IgE水平都明显升高。

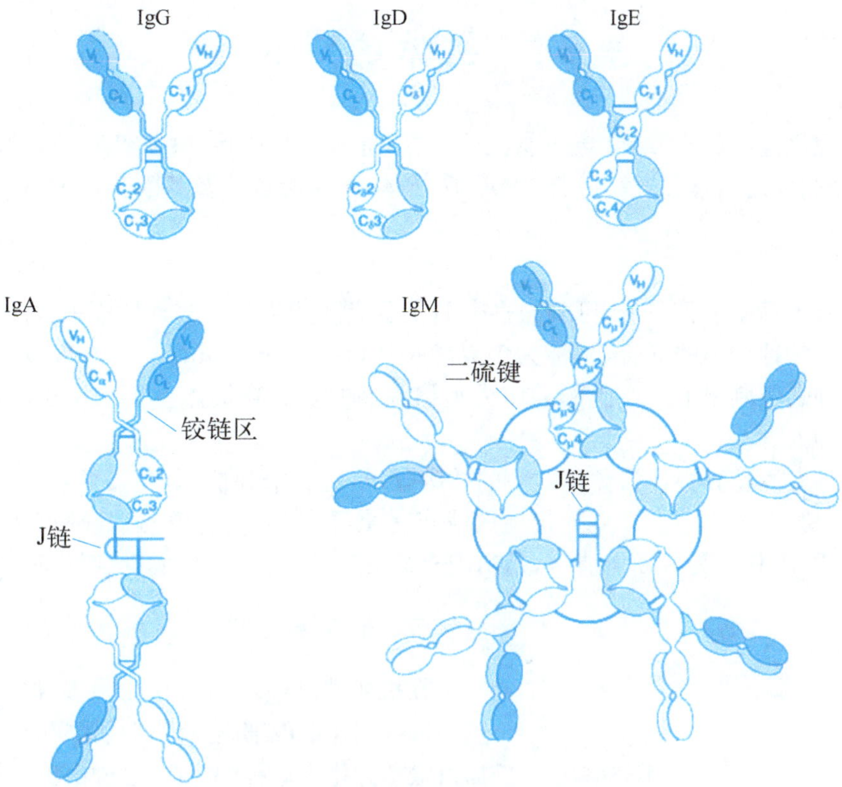

图 4-12 五类免疫球蛋白结构示意图

表 4-2 人各类免疫球蛋白主要的理化特性和生物学特性比较

	IgG	IgA/sIgA	IgM	IgD	IgE
重链名称	γ	α	μ	δ	ε
重链功能区数目	4	4	5	4	5
主要存在形式	单体	单体/二聚	五聚体	单体	单体
分子质量(kDa)	150	160/400	950	184	190
平均含碳水化合物(%)	4	10	12	18	12
血清含量(mg/mL)	9.5～12.5	1.5～2.6	0.7～1.7	0.03	0.000 3
占血清 Ig 比例	75%～85%	10%～15%	5%～10%	0.3%	0.02%
存在于外分泌液中	－	+++	+	－	－
经典途径活化补体	++(IgG3>IgG1>IgG2)	－	+++	－	－
旁路途径活化补体*	+(IgG4)	+(IgA1)	－	?	－
结合吞噬细胞	++(IgG3>IgG1)	+	－	－	+(嗜酸性粒细胞)
结合肥大细胞和嗜碱性粒细胞	－	－	－	－	+++
结合 SPA	+	－	－	－	－
半衰期(d)	23	6	10	3	2.5
开始合成时间	生后 3 个月	4～6 个月	胚胎后期	较晚	较晚
达成人水平时间	3～5 岁	4～12 岁	6 月～1 岁	较晚	较晚
通过胎盘	+	－	－	－	－
免疫作用	再次应答抗感染	黏膜免疫	初次应答早期预防	B 细胞分化成熟标志	抗寄生虫感染 Ⅰ 型超敏反应

第五节 抗体的制备

为了研究抗体的理化性质、分子结构与功能，以及应用抗体于临床疾病的诊断、治疗及预防都需要人工制备抗体。目前，根据制备的原理和方法可分为多克隆抗体、单克隆抗体及基因工程抗体三类。

一、多克隆抗体

大多数天然抗原分子具有多种表位，可刺激多个B细胞克隆产生针对多种抗原表位的不同抗体，由此所获得的免疫血清是含有多种抗体的混合物，称为多克隆抗体(polyclonal antibody, pAb)。它是由多株B细胞及其子代细胞在多种表位刺激下所产生的。作为生物制剂的多克隆抗体主要来源于动物免疫血清、恢复期患者血清或免疫接种人群。

多克隆抗体是机体发挥特异性体液免疫效应的关键分子，具有中和抗原、免疫调理、介导ADCC、补体依赖的细胞毒作用(CDC)等重要作用。多克隆抗体的优点是来源广泛，制备容易；其缺点是表位特异性不高，由于这种抗体高度异质，用其作为诊断血清时，易出现交叉反应，同时也不易大量制备，其应用受到限制。

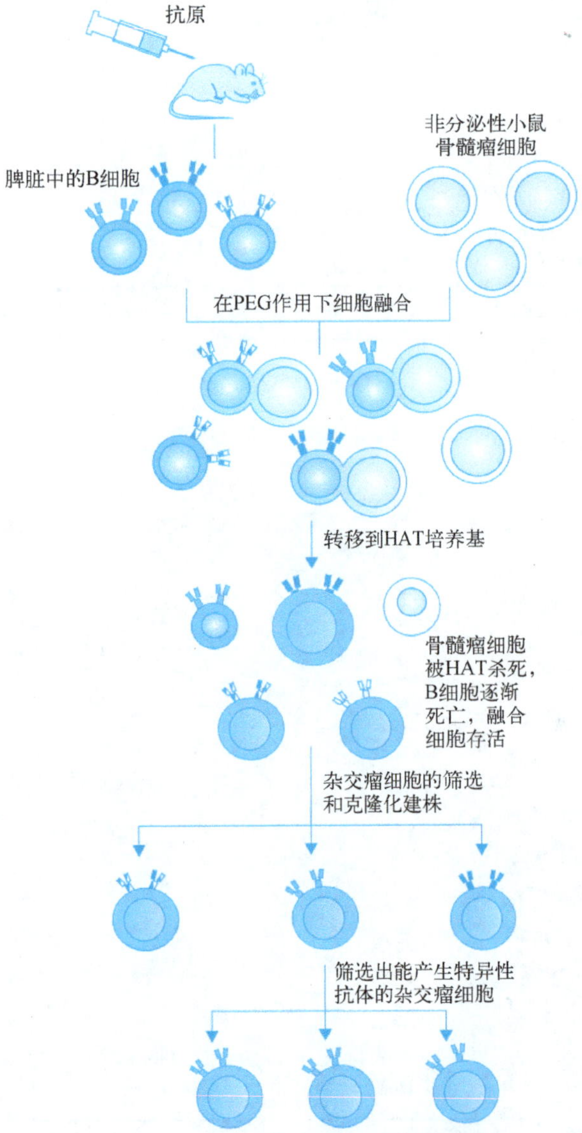

图4-13 单克隆抗体制备示意图

二、单克隆抗体

在机体淋巴组织内可存在很多种抗体形成细胞(B细胞)，每种抗体形成细胞只识别其相应的表位，当受抗原刺激后可增殖分化为一种细胞群，这种由单一细胞增殖形成的细胞群体可称为细胞克隆(clone)。单克隆抗体(monoclonal antibody, mAb)是由一个B细胞克隆产生的，只作用于单一抗原表位的高度均一的特异性抗体。

制备单一表位特异性抗体的理想方法是获得仅针对单一表位的浆细胞克隆，使其在体外扩增并分泌抗体。然而，浆细胞在体外的寿命较短，也难以培养。1975年，德国学者Kohler和英国学者Milstein首创了杂交瘤技术制备单克隆抗体。mAb技术的基本原理是：骨髓瘤细胞在体外培养能大量无限增殖，但不能分泌特异性抗体；而抗原免疫的B细胞能产生特异性抗体，但在体外不能无限增殖。将免疫脾细胞与骨髓瘤细胞融合后形成杂交瘤细胞，继承了两个亲代细胞的特性，既具有骨髓瘤细胞能无限制增殖的特性，又具有免疫B细胞合成和分泌特异性抗体的能力。经在HAT培养基[含有次黄嘌呤(H)、氨基蝶呤(A)和胸腺嘧啶核苷(T)]中进行选择性培养，未融合的脾细胞因不能在体外长期存活而死亡；未融合的骨髓瘤细胞合成DNA的主要途径被培养基中的氨基蝶呤阻断，又因缺乏次黄嘌呤-鸟嘌呤-磷酸核糖转移酶(HGPRT)，不能利用培养基中的次黄嘌呤完成DNA的合成过程而死亡。只有融合的杂交瘤细胞由于从脾细胞获得了次黄嘌呤-鸟嘌呤-磷酸核糖转移酶，因此能在HAT培养基中存活和增殖。经克隆化，可筛选能产生特异性单克隆抗体的杂交瘤细胞，在体内和体外培养，即可无限制地大量制备单克隆抗体(图4-13)。

单克隆抗体的优点是纯度高、特异性强、效价高、少或无血清交叉反应、制备成本低等，从而被广泛用于疾病诊断、特异性抗原或蛋白检测和鉴定、被动免疫治疗和生物导向药物制备等。

三、基因工程抗体

自 1975 年单克隆抗体杂交瘤技术问世以来，单克隆抗体在医学中被广泛地应用于疾病的诊断及治疗。但目前绝大多数单克隆抗体是鼠源的，对人是异种抗原，可引起人抗鼠抗体反应(HAMA 反应)，限制了单克隆抗体作为治疗性抗体在人体内的应用，因此，临床应用理想的单克隆抗体应是人源的。但人-人杂交瘤技术存在人-人杂交瘤传代不稳定，抗体亲和力低及产量不高等问题。目前较好的解决办法是研制基因工程抗体(gene engineering antibody，GEAb)以代替鼠源单克隆抗体用于临床。

基因工程抗体又称重组抗体，其原理为：借助 DNA 重组和蛋白质工程技术，按人为需要在基因水平上对免疫球蛋白分子进行切割、拼接或修饰，重新组装成新型抗体分子，也称第三代抗体。基因工程抗体保留了天然抗体的特异性和主要生物学活性，去除或减少了无关结构，并可赋予抗体分子以新的生物学活性，因此比天然抗体具有更广泛的应用前景，目前已成功构建多种基因工程抗体(图 4-14)。

(一) 鼠单抗的人源化

1. 人-鼠嵌合抗体(chimeric antibody) 抗体分子的抗原结合特异性由轻链和重链可变区决定，而作为异源蛋白诱发人抗小鼠抗体反应的主要是抗体恒定区。将小鼠单抗恒定区用人源抗体恒定区代替而拼接成嵌合抗体，这样整个分子的近 2/3 部分都是人源的，大大降低了原有单抗中鼠源蛋白的免疫原性。

2. 改型抗体(reshaped antibody) 也称 CDR 移植抗体(CDR grafting antibody)。抗体可变区 CDR 是抗体识别和结合抗原的区域，直接决定抗体的特异性。将鼠源单抗的 CDR 移植至人源抗体可变区，替代人源抗体 CDR，使人源抗体获得鼠源单抗的抗原结合特异性，同时减少其异源性。

(二) 全人源抗体的制备

1. 利用噬菌体抗体库技术获得全人源抗体 噬菌体抗体库技术是抗体工程领域的最重要进展，使抗体工程进入了一个全新的时期。噬菌体展示技术建立在噬菌体外壳具有表达抗体蛋白片段能力的基础上。这项技术的基本原理是用基因工程技术克隆人抗体可变区的全套基因，然后将克隆的基因插入噬菌体编码衣壳蛋白的基因中，建立全人源噬菌体抗体文库，从而使该异源分子呈现于噬菌体表面。通过"吸附-洗脱-扩增"的富集过程，可有效地从全人源噬菌体抗体库中筛选出特异性全人源抗体的可变区基因。

2. 转基因小鼠生产全人源抗体 转基因小鼠的免疫球蛋白基因是用人的相应基因替代，产生对人免疫系统非异种抗体，其策略是改造小鼠的体液免疫系统，将人免疫球蛋白基因微位点转入小鼠，产生能分泌人免疫球蛋白的转基因小鼠。这种转基因小鼠的不足之处在于基因片段较小，仅 30 kb 左右。另一种方法是利用基因打靶技术将编码人抗体轻重链的基因片段大约 18 Mb 的 DNA 全部转到自身抗体基因位点已被灭活的小鼠基因组中，再经过繁育筛选，建立了稳定的转基因小鼠品系。这样得到的转基因小鼠对特异的抗原能产生高亲和力的人源抗体。再用传统的杂交瘤技术，将表达特异抗体的转基因小鼠 B 细胞和骨髓瘤细胞融合，获得杂交瘤细胞系，产生全人源抗体。

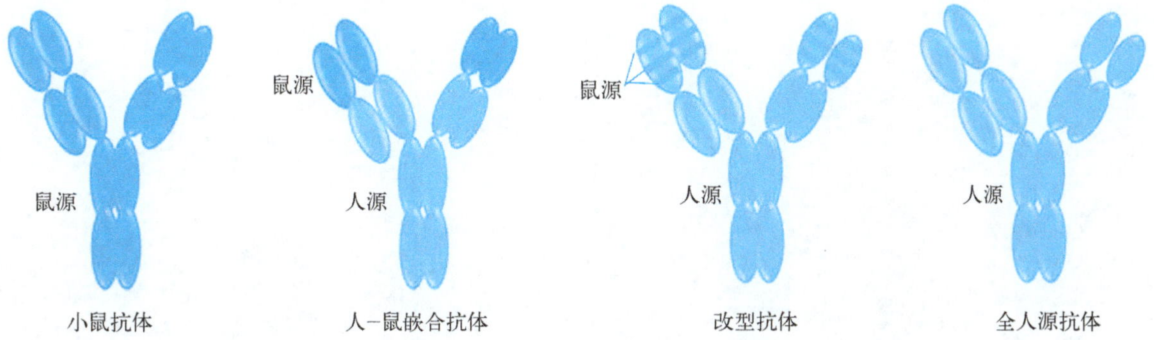

图 4-14 基因工程抗体结构示意图

小　结

抗体是体液免疫的重要效应分子,由B细胞接受抗原刺激后增殖分化为浆细胞所产生。将具有抗体活性或化学结构与抗体相似的球蛋白统称为免疫球蛋白(Ig),以分泌型和膜型两种形式存在。免疫球蛋白是由两条完全相同的重链和轻链所构成的四肽链结构。重链包括μ链、δ链、γ链、α链和ε链,其组成的免疫球蛋白分别为IgM、IgD、IgG、IgA和IgE五类。轻链有两种,分别为κ链和λ链,据此可将免疫球蛋白分为两型,即κ型和λ型。免疫球蛋白含有可变区、恒定区和铰链区。其中,可变区中的高变区是免疫球蛋白与抗原表位特异性结合的部位,决定抗体的特异性,负责识别及结合抗原。

根据免疫球蛋白抗原表位存在的部位及其诱导产生的免疫应答反应的差异,可将免疫球蛋白分子分为同种型、同种异型和独特型三种。

免疫球蛋白的功能与其结构密切相关。识别并特异性结合抗原是V区的主要功能,而C区则通过激活补体、亲细胞性和穿过胎盘发挥作用。IgG、IgA、IgM、IgD、IgE的理化特性不尽相同,由此决定它们功能的差异。

人工制备抗体包括多克隆抗体、单克隆抗体和基因工程抗体。

复习题

1. 名词解释

   抗体　免疫球蛋白　CDR　Fab　ADCC　抗体的调理作用

   抗体的独特型　多克隆抗体　单克隆抗体

2. 简答题

   (1) 简述免疫球蛋白的结构、功能区及其功能。

   (2) 简述免疫球蛋白经木瓜蛋白酶和胃蛋白酶水解后形成的片段和水解片段的功能。

   (3) 简述各类免疫球蛋白的生物学特性及功能。

   (4) 简述人工制备抗体的方法。

(袁　青)

第五章

补 体 系 统

第一节 概　　述

补体(complement, C)是存在于正常人或动物血清中的一组被激活后具有酶活性的球蛋白。早在19世纪末，Charles Bordet即证实，新鲜血清中含有能引起细菌溶解、对热不稳定的成分，这种血清蛋白成分能协助和补充特异性抗体介导的免疫溶血作用，故称为补体。目前已知补体是由30余种可溶性蛋白和膜结合蛋白组成的多分子系统，其中包括直接参与补体激活的各种补体固有成分、调控补体激活的各种因子及分布于多种细胞表面的补体受体等，故称为补体系统(complement system)。在生理情况下，多数补体成分以非活化形式存在。在补体系统激活过程中，可产生多种生物活性物质，引起一系列生物学效应，参与机体的抗微生物防御反应，扩大体液免疫效应，调节免疫应答。同时，也可介导炎症反应，导致组织损伤。

一、补体系统的组成

根据补体系统各组分的生物学功能，可将其分为三类，即补体系统的固有成分、调控补体系统活化的成分和分布于细胞膜上的补体受体分子。

二、补体系统的命名原则

(1) 补体通常以符号"C"表示。参与激活经典途径的补体固有成分按其发现的先后顺序，分别命名为C1(q、r、s)、C2、C3、C4、C5、C6、C7、C8和C9。

(2) 参与补体替代途径激活的补体其他成分以该成分英文单词大写首字母表示，如B因子、D因子、P因子、H因子。

(3) 补体调节蛋白多以其功能命名，如C1抑制物、C4结合蛋白、促衰变因子等。

(4) 补体被激活后，至少可形成两个裂解片段，一般用英文小写字母"a"表示小片段，"b"表示大片段。如C3被激活后可形成较小的C3a和较大的C3b。但C2例外，C2被激活后可形成较小的C2b和较大的C2a。

(5) 已失活的补体成分则在其符号前冠以"i"(inactivated的首字母)表示，如Ⅰ因子可将C3b水解为无活性的iC3b。

三、补体系统的理化特性和生物合成

补体系统各成分的化学组成均为糖蛋白，多数为β球蛋白，少数几种为α或γ球蛋白，分子质量25～390 kDa，补体系统各成分的主要理化特性见表5-1。某些补体成分(如C1、C2、C5、C8)性质极不稳定，加热56℃ 30 min即被灭活，室温下很快失活，在0～10℃中活性仅能保持3～4 d，故补体应保存在-20℃以下，冷冻干燥后能较长时间保存。许多理化因素如机械震荡、紫外线照射、强酸强碱、乙醇及蛋白酶等均可使补体失活。

表 5-1 补体系统固有成分的主要理化性状

补体成分	分子质量(kDa)	电泳位置	肽链数目	血清含量(g/L)	合成部位
经典激活途径组分					
C1q	390	γ2	18	0.07～0.18	* 小肠上皮细胞、脾、巨噬细胞
C1r	85	α1	1	0.035～0.11	* 小肠上皮细胞、脾、巨噬细胞
C1s	85	α1	1	0.035～0.11	* 小肠上皮细胞、脾、巨噬细胞
C4	180	β1	3	0.40～0.64	* 巨噬细胞、肝、脾、肺
C2	117	β1	1	0.025～0.03	* 巨噬细胞、肝、脾、肺、骨髓
C3	190	β1	2	1.20～1.60	* 肝、淋巴组织、巨噬细胞、骨髓
替代激活途径组分					
B因子	95	β2	1	0.225～0.25	肝
D因子	25	α	1	0.001～0.002	
P因子	220	γ2	4	0.02～0.025	
攻膜复合体组分					
C5	190	β1	2	0.075～0.08	骨髓、肝、肾、肺、* 脾
C6	128	β2	1	0.06～0.075	* 肝、巨噬细胞
C7	120	β2	1	0.05～0.065	
C8	153	γ1	3	0.05～0.08	* 脾、肺、肝、小肠、肾
C9	79	α1	1	0.06～0.09	* 肝

补体在血清中的含量约为 4 g/L,其中 C3 含量最高,高达 1.2 g/L,约为补体总量的 1/3,D 因子含量最低,仅为 0.001～0.002 g/L。不同动物血清的补体含量各有差异,豚鼠血清中补体含量丰富,故实验用的补体多取自豚鼠新鲜血清。人类胚胎发育早期即可合成补体各成分,出生后 3～6 个月达到成人水平。补体系统各固有成分 90%以上由肝细胞合成,少数由巨噬细胞、小肠上皮细胞及脾细胞等产生。

四、补体系统主要固有成分的结构

1. C1 分子的结构和功能　C1 是分子质量最大的补体成分,包含一个 C1q 分子、两个 C1r 分子和两个 C1s 分子,彼此借 Ca^{2+} 连接而成大分子复合物(图 5-1)。C1q 由 6 个相同的花蕾状亚单位组成,每个亚单位又由 A、B、C 三条肽链盘绕而成,其羧基端为球形结构,呈辐射状排列,构成 C1q 分子的头部,是 C1q 与 Ig 的 Fc 段结合的部位。C1r 起连接 C1q 和 C1s 的作用。当 C1q 与 IgM 和 IgG 的补体结合位点结合后,C1r 发生变构,成为有活性的 C1r,可以诱导 C1s 活化。C1s 平时以酶原形式存在,被 C1r 激活后成为具有酯酶活性的 C1s,可以激活补体的后续成分 C4 和 C2,进一步引起酶促连锁反应。

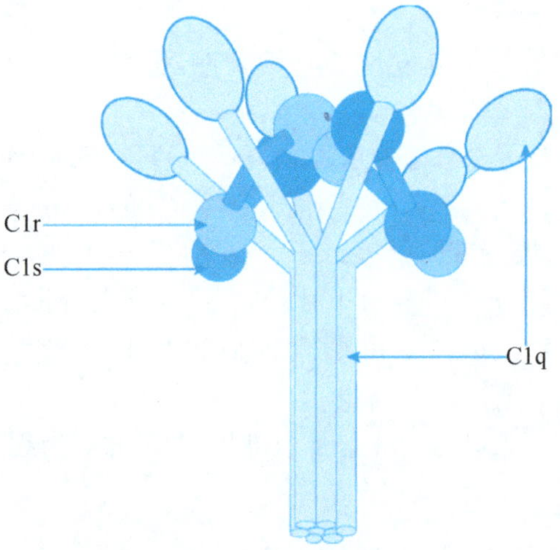

图 5-1 C1 分子结构模式图

2. C3 分子的结构、裂解片段和功能　C3 是血清中含量最高的补体成分,在补体激活中起中心和枢纽作用。C3 分子由 α、β 两条多肽链经链间二硫键连接组成,α 链较长,分子质量约为 115 kDa;β 链较短,分子质量为 70 kDa。在 α 链上有两个酶的裂解部位,第一个部位在近 N 端,可被 C3 转化酶裂解为 C3a 和 C3b 两个片段。小分子 C3a 释放至体液中,具有过敏毒素和趋化作用。大分子 C3b 可与细胞表面的 C4b2a 结合,组成 C5 转化酶。第二个裂解部位为 C3b 灭活因子(Ⅰ因子)的作用点。C3b 在Ⅰ因子和 H 因子的作用下可逐级裂解成 iC3b、C3c、C3d、C3dg、C3f、C3g 等片段,见图 5-2。C3b 也可通过 N 端与邻近细胞或抗原抗体复合物结合,再通过 C 端结合具有 C3b 受体的吞噬细胞,发挥补体介导的调理作用和免疫黏附作用。

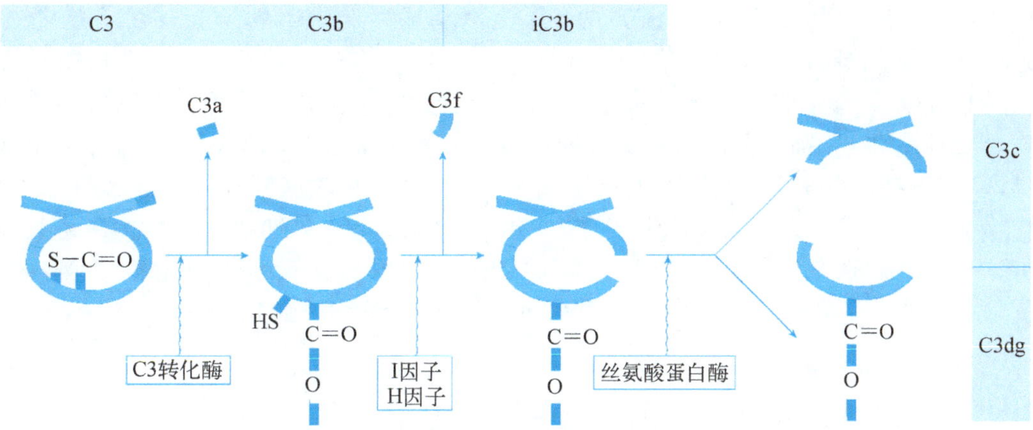

图 5-2　C3 分子及其裂解产物示意图

第二节　补体系统的激活

补体系统的激活是在某些激活物质的作用下，各补体成分按一定顺序，以连锁的酶促反应方式依次活化，并表现出各种生物学活性的过程，亦称为补体级联(complement cascade)反应。补体系统的激活主要有三条途径，从 C1q 开始激活的途径称为经典途径(classical pathway)或传统途径，从 C3 开始激活的途径称为替代途径(alternative pathway)或旁路途径，以及 MBL 途径。

一、补体激活的经典途径

参与补体经典激活途径的固有成分包括 C1～C9。按其在激活过程中的作用，可分成三组，即识别单位(C1q、C1r、C1s)、活化单位(C4、C2、C3)和膜攻击单位(C5～C9)。经典途径的主要激活物质是特异性抗体(IgG 或 IgM)与相应抗原结合所形成的免疫复合物(immune complex，IC)。除此之外，其他一些非免疫因素如 C 反应蛋白(CRP)、变性 DNA、某些 RNA 病毒包膜蛋白、胰蛋白酶、纤溶酶等也能直接激活经典途径。

经典途径的激活过程按其反应性质可分为三个阶段。

1. *识别阶段*　即 C1 识别 IC 而活化形成 C1 酯酶的阶段。抗原与特异性抗体(IgG 或 IgM)结合，导致抗体分子的构型改变，使 Fc 段上的补体结合位点(IgG 的 CH2 区或 IgM 的 CH3 区)暴露，C1q 分子识别并与之结合后，发生构象改变，使 C1r 活化，后者进而激活 C1s，从而形成具有丝氨酸蛋白酶活性的 C1 复合物，即 C1 酯酶，其天然作用底物为 C4 和 C2。每一个 C1q 分子必须同时与两个或两个以上 Ig 的 Fc 段结合，才能启动补体系统的活化。由于 IgM 分子为五聚体，至少可同时提供 5 个 Fc 段的补体结合点，故一个 IgM 分子与抗原结合即可有效地启动经典途径。IgG 分子为单体，与抗原结合则需两个相邻的 IgG 分子共同与 C1q 桥联，才能使 C1 活化。C1q 只能与 IgM 的 CH3 区、IgG 的 CH2 区结合，而且对 IgG 亚类的亲和力不同，依次为 IgG3＞IgG1＞IgG2。IgG4 和 IgA、IgE、IgD 等不能通过经典途径激活补体。

2. *活化阶段*　活化的 C1 依次裂解 C4、C2 形成具有酶活性的 C3 转化酶(C4b2a)，后者进一步裂解 C3 并形成 C5 转化酶(C4b2a3b)，即经典途径的活化阶段。C1 酯酶裂解 C4，至少产生两个片段，小分子片段 C4a 游离于液相，大分子片段 C4b 可与邻近细胞膜表面的蛋白质或多糖共价结合，使补体活化稳定而有效地进行。未能与膜结合的 C4b 在液相中很快被灭活。在 Mg^{2+} 存在时，C2 与结合在细胞膜上的 C4b 结合，继而被 C1 酯酶裂解为大分子的 C2a 和小分子的 C2b。C2b 释放入液相，C2a 则与邻近结合在细胞表面的 C4b 结合，形成稳定的 C4b2a 复合物，此即经典途径的 C3 转化酶(C3 convertase)。C4b2a 中的 C4b 可与 C3 结合，由 C2a 裂解 C3。在激活过程中，小片段 C3a 游离在液相中，大片段 C3b 与细胞膜上的 C4b2a 共价结合，形成 C4b2a3b 三分子复合物，即 C5 转化酶。

3. *膜攻击阶段*　膜攻击阶段形成攻膜复合体(membrane attack complex，MAC)，导致靶细胞溶解。C5 是

C4b2a3b 的天然底物，受其作用而裂解成 C5a、C5b 两个片段。C5a 游离于液相，具有过敏毒素和趋化作用；C5b 首先与 C6 结合成 C5b6 复合物，继而与 C7 结合形成 C5b67 三分子复合物，并通过 C7 上的疏水片段插入靶细胞膜脂质双层结构中。膜上的 C5b67 复合物对 C8 具有高亲和力，C8 结合到此复合物上，并通过其 γ 链插入靶细胞膜中，使 C5b678 复合物牢固地黏附在靶细胞膜上。C9 是一种有聚合倾向的糖蛋白，C5b678 复合物作为 C9 的受体，能催化 C9 聚合。它与 C5b678 结合并进行环状聚合，共同组成 1 个大分子量的攻膜复合体(图 5-3)。MAC 是由一个 C5b678 复合物与 12～15 个 C9 分子组成的管状复合体，此复合体贯穿整个靶细胞膜，成为内径约 11 nm 的跨膜孔道。MAC 的形成使靶细胞膜失去通透屏障作用，电解质从细胞内逸出，水大量内流，细胞膨胀而溶解。此外，MAC 嵌入靶细胞膜，亦可因致死量的钙离子被动透入细胞内，而导致不依赖渗透压作用的细胞死亡。

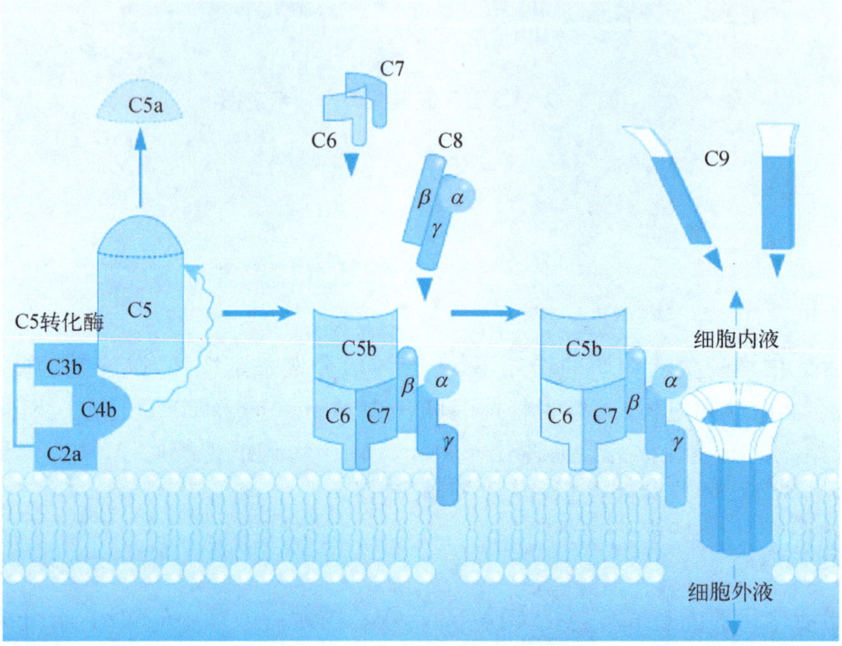

图 5-3 MAC 结构示意图

补体经典激活途径的全过程见图 5-4。

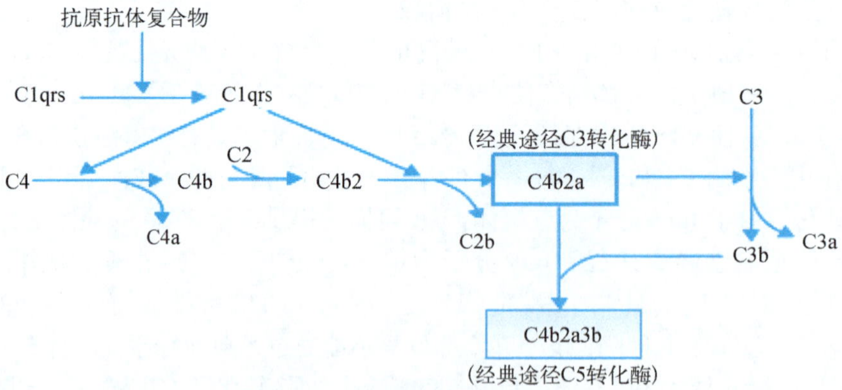

图 5-4 补体激活的经典途径

二、补体激活的旁路途径

旁路途径(alternative pathway)亦称替代途径，与经典途径的不同之处主要是不通过 C1、C4、C2 的激活而直接激活 C3，然后完成 C5～C9 的激活。参与这一激活途径的补体成分除 C3、C5～C9 外，还包括 B、D、P、H、I 等因子。替代途径的激活物质主要是细菌细胞壁成分即脂多糖、肽聚糖、磷壁酸，凝聚的 IgA 及 IgG4、眼镜蛇毒、酵母多糖等也可激活补体的旁路途径。

1. *旁路途径 C3b 和 C3 转化酶(C3bBb)的形成*　在生理条件下，血清中的 C3 可受蛋白酶等作用，缓慢、持续地裂解为少量的 C3b，释放入液相中的 C3b 迅速被Ⅰ因子灭活。在 Mg^{2+} 存在下，B 因子可与 C3b 结合形成 C3bB 复合体。体液中同时存在着无活性的 D 因子和有活性的 D 因子(B 因子转化酶)。D 因子作用于 C3bB，可使此复合物中的 B 因子裂解成 Ba 和 Bb 两个片段，前者游离于液相，后者形成 C3bBb，即替代途经的液相 C3 转化酶。C3bBb 可不断裂解 C3 产生低水平的 C3b，但此酶很不稳定，且效率低。C3bBb 可与正常血清中活化的 P 因子(备解素)结合成 C3bBbP，而使其趋于稳定，半衰期延长。体液中存在的 H 因子可置换 C3bBb 复合物中的 Bb，使 C3b 与 Bb 解离，解离或游离的 C3b 立即被Ⅰ因子灭活(图 5－5)。因此，在生理情况下，Ⅰ因子和 H 因子控制着液相中的 C3bBb，使之保持在很低的水平，避免 C3 大量裂解和后续补体成分的激活。这种 C3 的低速度裂解和低浓度 C3bBb 的形成，对补体的激活具有重要意义，可认为是生理情况下的准备阶段。

2. *C5 转化酶的形成*　替代途径的激活物质是细菌脂多糖、酵母多糖等。这些激活物质的存在为 C3b 或 C3bBb 提供了不易被Ⅰ因子、H 因子灭活的保护性微环境，使替代途径从缓和进行的准备阶段过渡到正式激活阶段。结合于细胞表面的 C3bBb 或 C3bBbP，即固相 C3 转化酶，可使 C3 大量裂解，并与其裂解产物 C3b 结合形成多分子复合物 C3bBb3b，此即替代途径的 C5 转化酶(图 5－5)，C5 转化酶一旦形成，其后续激活过程及效应与经典途径完全相同，即进入 C5～C9 的激活阶段，形成 MAC，导致靶细胞溶解。

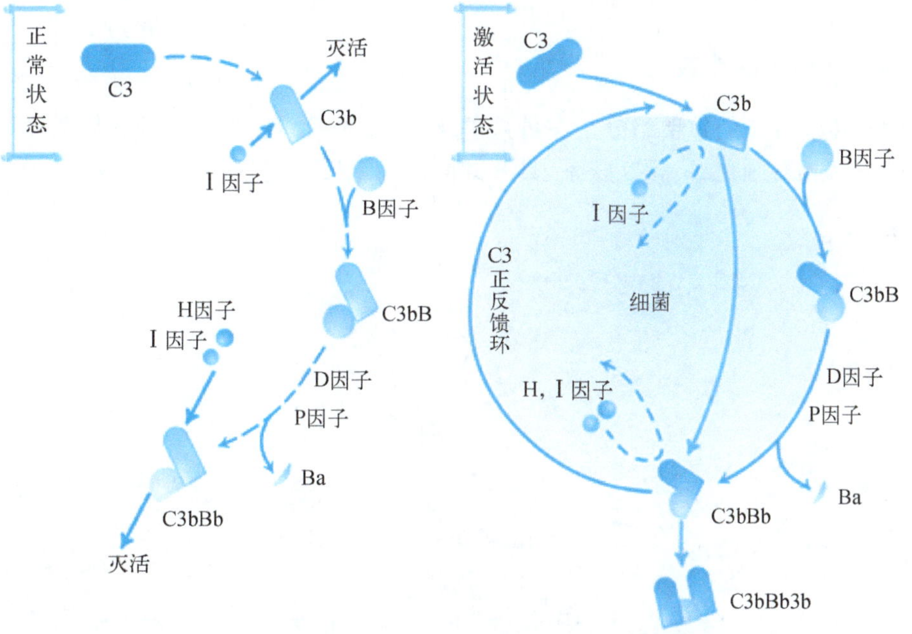

图 5－5　旁路途径 C3b 和 C3 转化酶(C3bBb)的形成

三、补体激活的 MBL 途径

补体激活的 MBL 途径即补体激活的甘露糖结合凝集素途径(mannan-binding lectin pathway，MBL 途径)，甘露聚糖结合凝集素(mannan-binding lectin，MBL)是 1978 年 Kawasaki 发现的一种钙依赖性糖结合蛋白，属于植物凝集素家族。MBL 结构含有糖识别域(carbohydrate recognition domain，CRD)，可通过 CRD 与细菌的甘露聚糖残基结合。1993 年被命名为 MBL。正常血清中的 MBL 水平极低，但在急性期反应时，水平明显升高。MBL 途径与经典途径的过程类似，只是活化起始于炎症期产生的 C－反应蛋白及 MBL 与病原体结合之后，而非依赖于抗原抗体复合物活化。在病原微生物感染的早期，体内巨噬细胞和中性粒细胞等产生的 TNF－α、IL－1、IL－6 和 IL－8 等炎症因子，产生急性期反应(acute phase response)，并诱导肝细胞合成 MBL 及 C－反应蛋白。

MBL 激活途径的主要激活物为表面含有甘露糖基、岩藻糖和 N－氨基半乳糖的病原微生物。MBL 可通过与细菌的甘露聚糖残基结合，再激活 MBL 相关丝氨酸蛋白酶(MBL-associated serine protease，MASP－1、MASP－2)，由于 MASP2 具有类似 C1s 的活性，进而依次活化 C4、C2、C3，形成和经典途径相同的 C3 与 C5 转化酶，激活补体级联酶促反应的活化途径。其后的反应过程与经典途径相同(图 5－6)。

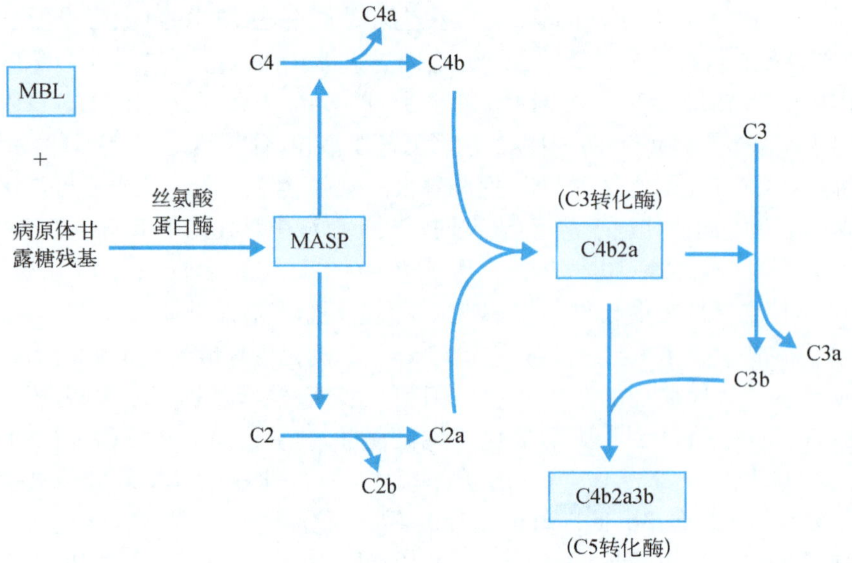

图 5-6　补体激活的 MBL 途径

四、三条补体激活途径的比较

补体系统是固有免疫分子的重要组分。在种系进化中,三条激活途径出现的先后顺序是旁路途径、MBL途径和经典途径。三者相对独立、又相互联系,具有共同的终末反应过程(图 5-7,表 5-2)。

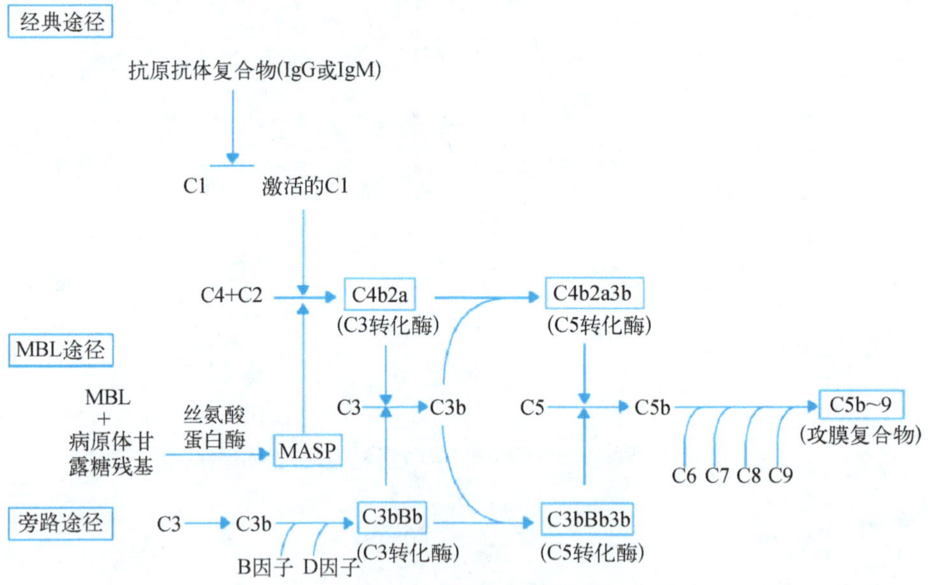

图 5-7　补体激活的三条途径

表 5-2　补体系统三条激活途径的比较

比较项目	经典途径	MBL 途径	旁路途径
激活物质	免疫复合物等	细菌表面甘露糖	细菌脂多糖、酵母多糖等
参与的补体成分	C1～9	C2～9、MBL 丝氨酸蛋白酶	C3、B 因子、D 因子、P 因子、C5～9
所需离子	Ca^{2+}、Mg^{2+}	Ca^{2+}、Mg^{2+}	Mg^{2+}
C3 转化酶	C4b2a	C4b2a/C3bBb	C3bBb
C5 转化酶	C4b2a3b	C4b2a3b/C3bBb3b	C3bBb3b
作用	参与特异性体液免疫效应阶段,在疾病的持续阶段发挥作用	参与非特异性免疫,在感染早期阶段发挥作用	参与非特异性免疫在感染早期阶段发挥作用

第三节 补体系统激活的调节

补体系统的激活反应在体内受到一系列调节机制的严格控制，以保持补体系统激活与灭活的动态平衡，防止补体成分过度消耗和对自身组织的损伤。这是机体自身稳定功能的主要表现之一。补体系统激活的调控可通过补体自身衰变以及体液中和细胞膜上存在的各种调节因子来实现。当这些调节因子缺陷时，就会引起相应的临床病症。

一、补体自身衰变的调节

补体系统活性成分的自身衰变(decay)是补体自身控制的重要机制。补体活化片段 C4b、C3b、C5b 极不稳定，若不能与细胞膜结合，很快就会失去活性；两条激活途径中的 C3 转化酶(C4b2a、C3bBb)和 C5 转化酶(C4b2a3b、C3bnBb)均易衰变失活，从而限制了后续补体成分的连锁反应。

二、体液中补体调节因子和膜结合性调节蛋白的调节

体内存在多种可溶性以及膜结合的补体调节因子，以特定方式与不同的补体成分相互作用，使补体的激活与抑制处于精细的平衡状态，从而既防止对自身组织造成损害，又能有效地杀灭外来微生物。调节蛋白的缺失有时是某些疾病发生的原因，目前已发现的补体调节蛋白有十余种，按其作用的特点可分为三类：① 防止或限制补体在液相中自发激活的抑制剂；② 抑制或增强补体对底物正常作用的调节剂；③ 保护机体组织、细胞免遭补体破坏作用的抑制剂(表 5-3)。

表 5-3 补体调节因子和膜结合性调节蛋白

种　类	分　布	作用的靶分子	功　能
C1 抑制物	血清	C1r、C1s	抑制 C1r、C1s 与无活性 C1 结合
C4 结合蛋白	血清	C4b	加速 C4b2a 衰变，辅助Ⅰ因子介导的 C4b 裂解
H 因子	血清	C3b	加速 C3bBb 衰变，辅助Ⅰ因子介导的 C3b 裂解
Ⅰ因子	血清	C3b、C4B	裂解 C3 和灭活 C3b、C4b
过敏毒素灭活因子	血清	C3a、C4a、C5a	灭活过敏毒素
S 蛋白	血清	C5b-7	连接 C5b-7 复合物，防止 MAC 插入细胞膜
SP-40	血清	C5b-9	调节 MAC 的形成
CR1(CD35)	多数血细胞、肥大细胞	C3b、C4b iC3b	加速 C3 转化酶解离 辅助Ⅰ因子介导 C3b、C4b 降解
膜辅助因子(MCP，CD46)	血细胞(除红细胞)、上皮细胞、纤维母细胞	C3b、C4b	辅助Ⅰ因子介导 C3b、C4b 降解
促衰变因子(DAF)	多数血细胞	C4b2a C3bBb	加速 C3 转化酶降解
同源限制因子(HRF，C8bp)	红细胞、淋巴细胞、单核细胞、血小板、中性粒细胞	C8、C9	抑制旁观者细胞溶解 阻止 C9 与 C8 结合 防止 MAC 插入自身血细胞膜和细胞溶解，作用限于同种的 C9、C8
膜反应性溶解抑制物(MIRL，CD59)	红细胞、淋巴细胞、单核细胞、血小板、中性粒细胞	C7、C8	抑制旁观细胞溶解 阻断 C7、C8 与 C5b 结合 防止 MAC 形成及其溶解细胞作用

三、补体激活的放大

替代途径的激活过程是补体系统的重要放大机制。因此在有激活物质存在的情况下，C3bBb 能不断地裂解 C3，产生更多的 C3b 分子，C3b 又可在 B 因子、D 因子参与作用下合成更多的 C3bBb，继而进一步使 C3 裂解产生 C3b。这样，C3b 既是 C3 转化酶的组成成分，又是 C3 转化酶的作用产物，由此形成了替代途径的正反馈放大环路，称为 C3b 正反馈环或 C3b 正反馈途径。此外，经典途径激活产生的 C3b 也能启动替代途径，替代途径 C3 转化酶对经典途径也起放大作用。

第四节 补 体 受 体

补体受体(complement receptor，CR)是表达于细胞表面能与某些补体成分或补体片段特异性结合的糖蛋白分子。补体系统激活后所产生的一系列生物效应大多是通过补体受体介导的。另外，补体受体对补体活化也可产生调节作用。不同类型的细胞可具有不同的补体受体，其表达数量也有所不同。

1. CR1(CD35) 广泛分布于各种血细胞、树突状细胞、肾小球上皮细胞，其配体为 C3b/C4b(高亲和力)及 iC3b 和 C3c(低亲和力)。CR1 的主要功能有：① 抑制补体激活：协助 I 因子裂解 C3b 和 C4b；② 调理吞噬：中性粒细胞和单核-巨噬细胞上的 CR1，可与结合在细菌或病毒上的 C3b 结合，以促进吞噬细胞的吞噬作用；③ 促进免疫复合物清除：免疫复合物与红细胞上的 CR1 结合，被携带至肝、脾等处加以清除。

2. CR2(CD21) 主要分布于 B 细胞、树突状细胞和鼻咽部上皮细胞表面，其配体为 iC3b 和 C3dg，CR2 也是 EB 病毒结合部位。CR2 的主要功能是调节 B 细胞增殖、分化、记忆和抗体产生。此外，作为 EB 病毒受体，与传染性单核细胞增多症、Burkitt 淋巴瘤或鼻咽癌的发生密切相关。

3. CR3(CD11b) 主要表达于中性粒细胞、单核吞噬细胞、肥大细胞和 NK 细胞表面，属于黏附分子整合素家族成员，其配体为 iC3b。主要功能是参与细胞黏附作用，从而介导一系列生理与病理过程，如 CR3 可介导吞噬细胞与 iC3b 包被的微生物或颗粒的黏附，促进吞噬作用，诱导呼吸爆发，促进趋化作用。

4. CR4(CD11c) CR4 是 iC3b 及 C3dg 受体，其细胞分布及功能均与 CR3 相似。

5. CR5 CR5 是 C3dg 和 C3d 受体，分布于中性粒细胞及血小板表面。主要功能是处理带有 iC3b 的免疫复合物。

第五节 补体的生物学作用

在补体系统的激活过程中，可产生多种补体成分的复合物和游离的补体裂解片断，可发挥重要的生物学作用。

一、细胞毒作用

补体系统激活后，可通过 MAC 的形成溶解多种靶细胞，包括红细胞、白细胞、血小板、细菌、支原体，和某些肿瘤细胞等。溶菌和溶细胞作用是机体抗感染的重要机制之一，可由抗体协助完成，也可由补体单独产生。如果靶细胞是自身细胞，则可损伤自身组织，临床上血型不符的输血反应或因药物引起的免疫性溶血，均是补体溶解红细胞所致。

二、调理作用

补体裂解产物(C3b、C4b)与细胞或其他颗粒性物质结合,可促进吞噬细胞对其吞噬,称为补体的调理作用(opsonization)。C3b 的氨基端可与靶细胞结合,羧基端可与带有 C3b 受体的吞噬细胞结合。使 C3b 在靶细胞(或免疫复合物)和吞噬细胞间作为桥梁使两者连接起来,从而促进吞噬作用(图 5-8)。补体成分 C3b、C4b、iC3b 均有调理作用,这种调理作用在机体的抗感染过程中具有重要意义。

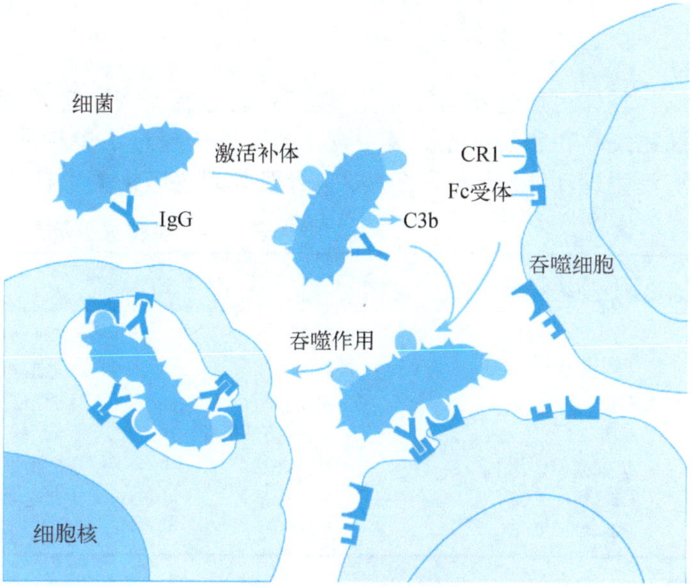

图 5-8　C3b/CR1 的调理作用

三、免疫黏附作用与清除免疫复合物

免疫黏附(immune adherence)作用是指抗原抗体复合物激活补体后,可通过 C3b 或 C4b 黏附于具有 CR1 的红细胞、血小板或某些淋巴细胞上,形成较大的聚合物,易被吞噬细胞吞噬和清除(图 5-9)。免疫黏附在抗感染免疫和免疫病理过程中具有重要意义。补体成分的存在,可减少免疫复合物的产生,并能使已生成的复合物溶解,发挥自我稳定作用,借以避免因免疫复合物过度生成和沉积所造成的组织损伤。已经证实,C3b 可嵌入免疫复合物的网格结构,与 Ig 分子结合,致使抗体与抗原之间的亲和力降低,复合物中的一部分抗原与抗体分离,导致复合物变小,易于排出和降解。此外,免疫复合物可通过 C3b 介导的免疫黏附作用结合于红细胞上,随血液进入肝和脾脏,被吞噬细胞吞噬和清除。循环中的红细胞数量大,受体丰富,因此是清除免疫复合物的主要参与者。

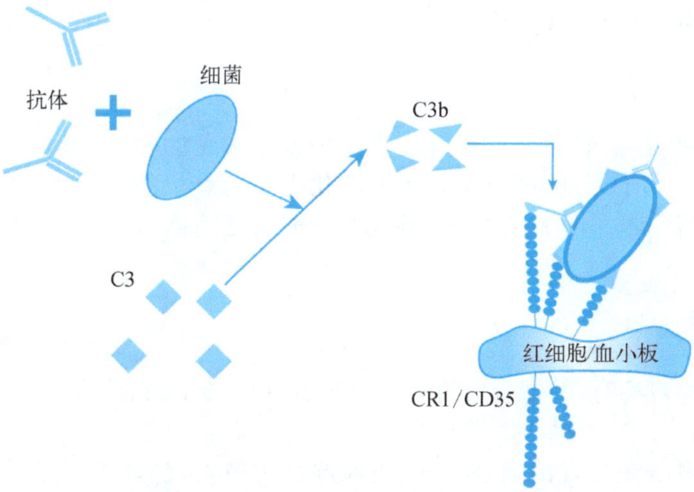

图 5-9　C3b/CR1 介导的免疫黏附作用

四、中和及溶解病毒

病毒与相应抗体结合后,在补体的参与下,可显著增强抗体对病毒的中和作用。其机理可能是直接溶解有包膜的病毒,阻止病毒对易感细胞的吸附和穿入;或干扰病毒在细胞中增殖。近年发现,C 型 RNA 病毒可不依赖抗体的参与,而能被灵长类动物新鲜血清所溶解,这种病毒溶解现象与病毒包膜上存在 C1 特异性受体有关。

五、炎症介质作用

1. *激肽样作用*　C2 裂解所产生的小分子片段 C2b 具有激肽样作用,能增加血管通透性,引起炎症性充血,故称为补体激肽。遗传性血管神经性水肿症即因先天缺乏 C1INH,血中 C2b 增高而导致水肿。

2. *过敏毒素作用*　C3a、C4a、C5a 均具有过敏毒素作用,可使肥大细胞、嗜碱性粒细胞释放组胺、白三烯及前列腺素等介质,有增加毛细血管通透性,引起血管扩张、平滑肌痉挛、局部水肿等作用。

3. *趋化作用*　C3a、C5a 和 C5b67 有趋化因子的活性,能吸引中性粒细胞和单核-巨噬细胞等向炎症部位聚集,发挥吞噬作用,增强炎症反应。

六、免疫调节作用

补体可通过参与固有免疫应答、适应性免疫应答发挥免疫调节作用,并与体内凝血系统、纤溶系统和激肽系统存在密切关系。其生物学意义远远超过了单纯非特异性防御的范畴,涉及了特异性免疫应答在内的广泛生理功能,补体系统主要成分及其裂解产物的生物活性见表 5-4。

表 5-4 补体成分及其裂解产物的生物活性

补体成分或裂解产物	生物活性	作用机制
C1～C9		嵌入细胞膜的磷脂双层结构中,使细胞膜穿孔,细胞内容物渗漏
C3b、C4b、iC3b	调理作用	与细菌或细胞结合,使之易于被吞噬细胞吞噬
C3b	免疫黏附	与免疫复合物结合后黏附于红细胞或血小板,使免疫复合物易被吞噬
C1q、C4	中和、溶解病毒	与某些 RNA 肿瘤病毒直接结合
炎症介质作用 C2b	补体、激肽	增强血管通透性
C3a、C5a、C4a	过敏毒素	与肥大细胞或嗜碱粒细胞结合,释放组胺等介质,使毛细血管扩张
C3a、C5a、C567	趋化因子	借其梯度浓度吸引中性粒细胞及单核/巨噬细胞

第六节 补体系统与疾病

补体遗传缺陷、过度活化或功能障碍与某些疾病的发生有关。

一、补体的遗传缺陷

几乎所有补体蛋白成分都可发生遗传缺陷。遗传性血管神经性水肿症是一种较为常见的补体缺陷病,为常染色体显性遗传。本病 85%患者缺乏 C1INH。由于 C1INH 缺陷,C1 的活化得不到有效的控制,致使 C4 和 C2 消耗增多,C2 的裂解产物 C2b 具有激肽样活性,能使血管扩张,毛细血管通透性增高,从而引起皮肤和黏膜水肿,严重的喉头水肿可导致窒息死亡。

二、血清补体水平与临床疾病

正常人血清中补体的含量相对稳定,但在患某些疾病时,补体蛋白的含量可显著降低,出现低补体血症。主要见于:

1. 消耗增多　主要见于 SLE、冷球蛋白血症、自身免疫性溶血性贫血、类风湿性关节炎、链球菌感染后肾小球肾炎、同种异体移植排斥反应等疾病。
2. 大量丧失　多见于大面积烧伤、大出血及肾病综合征。
3. 合成不足　多见于急、慢性肝炎,肝硬化或肝癌患者。

相比而言,补体成分的增高多见于组织损伤和感染性疾病的早期和恢复期,某些肿瘤患者可表现为高补体血症,但其生物学意义不明。

三、补体与Ⅱ、Ⅲ型超敏反应

补体系统的激活,尚可引起病理性免疫应答而导致机体组织的损伤,这种免疫病理现象属于Ⅱ型或Ⅲ型超敏反应。

小　结

补体系统包括 30 多种可溶性蛋白和膜结合蛋白,是固有免疫分子的重要组分。同时又参与和调节固有免疫和适应性免疫应答。补体可通过经典途径、旁路途径和MBL途径被激活，三条途径相对独立、相互交叉，具有共同的终末反应过程。在补体系统激活过程中，可产生多种生物活性物质，表现为一系列生物学效应，参与机体的抗微生物防御反应，扩大体液免疫效应，调节免疫应答。同时，也可介导炎症反应，导致组织损伤。机体存在针对补体激活的极为复杂和精细的调节机制。补体成分或其调节蛋白功能异常，可能导致某些病理过程的发生和发展。

思考题

1. 名词解释

补体　补体介导的调理作用　攻膜复合体　C3 转化酶　C5 转化酶

免疫黏附作用　C3 正反馈环

2. 简答题

(1) 简述补体的主要生物学活性。

(2) 比较补体三条激活途径的主要特点。

(3) 补体系统激活可主要产生哪些小分子裂解片段？这些片段有何生物学活性？

(4) 试述补体系统在抗感染过程中的作用。

(5) 试述补体激活可能对机体造成的有利或不利的影响。

（左　丽）

第六章

细 胞 因 子

第一节 细胞因子的共性和分类

细胞因子(cytokine)是由免疫原、丝裂原或其他因子刺激细胞所产生的低分子质量可溶性蛋白质,具有调节固有免疫和适应性免疫应答,促进造血,以及刺激细胞活化、增殖和分化等功能。根据其产生细胞因子的细胞种类不同,有些细胞因子曾被冠以不同的名称,如由淋巴细胞产生的细胞因子被称为淋巴因子(lymphokine),由单个核吞噬细胞产生的因子称为单核因子(monokine)。有些细胞因子根据其主要功能命名,如具有趋化作用的细胞因子被称为趋化因子,可刺激骨髓干细胞或祖细胞分化成熟的细胞因子被称为集落刺激因子。淋巴细胞、单核-巨噬细胞、树突状细胞、粒细胞以及其他非造血细胞(如成纤维细胞和内皮细胞等)均可产生细胞因子,其中辅助性 T 细胞(Th)是产生细胞因子最多的免疫细胞。

一、细胞因子的共性

机体内细胞因子种类很多,但均具有一些共同特点:① 多为小分子(8～30 kDa)多肽。② 在较低浓度下即有生物学活性。③ 通过结合细胞表面高亲和力受体发挥生物学效应。④ 以自分泌、旁分泌或内分泌形式发挥作用。例如某个 T 细胞产生的白细胞介素-2(IL-2)可刺激其自身的生长,表现自分泌作用(autocrine action)。树突状细胞产生的白细胞介素-12(IL-12)刺激邻近的 T 细胞分化,表现旁分泌作用(paracrine action)。肿瘤坏死因子(TNF)在高浓度时可通过血流作用于远处的靶细胞,表现内分泌作用(endocrine action)(图 6-1)。⑤ 具有多效性、重叠性、拮抗性或协同性。一种细胞因子刺激不同靶细胞而产生不同的生物学效应的性质被称为细胞因子的多效性,如 γ 干扰素(IFN-γ)不仅可刺激多种细胞 MHC Ⅰ类和Ⅱ类分子的上调表达,也可激活巨噬细胞和 NK 细胞;不同的细胞因子作用于同一种靶细胞,产生相同或相似的生物学效应的性质被称为细胞因子的重叠性,如 IL-2、IL-4、IL-7 和 IL-15 均可刺激 T 细胞增殖;一种细胞因子可抑制其他细胞因子的功能的特点被称为细胞因子的拮抗性,如 IL-4 抑制 IFN-γ 诱导 Th0 细胞向 Th1 细胞分化,IFN-γ 抑制 IL-4 诱导 Th0 向 Th2 分化;一种细胞因子可增强另一种细胞因子的功能,表现为细胞因子的协同性,如 IL-3 可协同多种集落刺激因子(CSF)刺激造血干/祖细胞的分化和成熟。众多细胞因子在体内相互促进或相互制约,形成十分复杂的细胞因子调节网络(也称为网络性)。

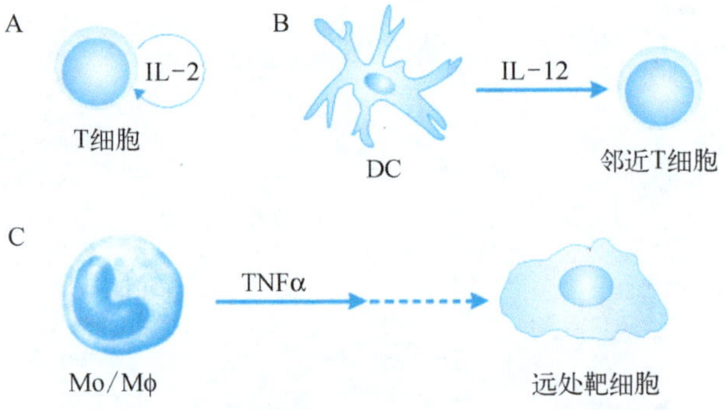

图 6-1 细胞因子以自分泌(A)、旁分泌(B)和内分泌(C)的形式作用

二、细胞因子的分类

根据结构和功能,细胞因子可分为白细胞介素、干扰素、肿瘤坏死因子家族、集落刺激因子、趋化因子和生长因子等多种类型。

1. *白细胞介素*　白细胞介素(interleukin, IL)最初是指由白细胞产生又在白细胞间发挥调节作用的细胞因子。后来发现,除白细胞外,其他细胞也可以产生白细胞介素,如基质细胞和内皮细胞等;除白细胞外,白细胞介素也作用于其他的靶细胞如内皮细胞、成纤维细胞和神经细胞等。目前已发现的白细胞介素有30余种(IL-1～IL-38)。

2. *干扰素*　干扰素(interferon, IFN)是最早发现的细胞因子,因其具有干扰病毒的感染和复制的功能而得名。根据来源和理化性质的不同,干扰素可分为Ⅰ型和Ⅱ型干扰素:Ⅰ型干扰素包括IFN-α、IFN-β、IFN-ε、IFN-ω、IFN-κ;Ⅱ型干扰素即IFN-γ。IFN-α、IFN-β和IFN-γ已被成功应用于临床某些疾病的治疗。有关这三种干扰素的产生细胞和功能见表6-1。

表6-1　干扰素的类型及其主要功能

名　称	类　型	主要产生细胞	主　要　功　能
IFN-α	Ⅰ型干扰素	浆细胞样树突状细胞,淋巴细胞,单核-巨核细胞	抗病毒,免疫调节,促进MHC Ⅰ类分子和Ⅱ类分子的表达
IFN-β	Ⅰ型干扰素	成纤维细胞	抗病毒,抗细胞增殖,免疫调节,促进MHC Ⅰ类分子和Ⅱ类分子的表达
IFN-γ	Ⅱ型干扰素	活化T细胞,NK细胞	激活巨噬细胞,抗病毒,促进MHC分子表达和抗原提呈,诱导Th1细胞分化,抑制Th2细胞分化

3. *肿瘤坏死因子*　肿瘤坏死因子(tumor necrosis factor, TNF)是在1975年发现的一种能使肿瘤发生出血、坏死的细胞因子。肿瘤坏死因子分为TNF-α和淋巴毒素(lymphotoxin, LT)。肿瘤坏死因子超家族(TNFSF)目前至少有19个成员,它们在调节适应性免疫、杀伤靶细胞和诱导细胞凋亡等过程中发挥重要作用。

4. *集落刺激因子*　集落刺激因子(colony-stimulating factor, CSF)是指能够刺激多能造血干细胞和不同发育分化阶段的造血祖细胞增殖、分化的细胞因子。目前发现的集落刺激因子有粒细胞-巨噬细胞集落刺激因子(GM-CSF)、巨噬细胞集落刺激因子(M-CSF)、粒细胞集落刺激因子(G-CSF)。此外,红细胞生成素(EPO)、干细胞因子(SCF)和血小板生成素(TPO)等也是集落刺激因子。IL-3可作用于多种早期造血祖细胞,因此也具有集落刺激因子的功能。

5. *趋化因子*　人类有约几十种趋化因子(chemokine),根据结构特征和功能分为4种亚家族:① CC亚家族:此类趋化因子的近氨基端有2个相邻的半胱氨酸(CC)。单核细胞趋化蛋白-1(MCP-1)是一种CC亚家族的趋化因子,对单核细胞、T细胞、嗜碱性细胞和树突状细胞有趋化作用。② CXC亚家族:此类趋化因子的氨基端有一个CXC基序(半胱氨酸-1个任意其他氨基酸-半胱氨酸)。IL-8是一种CXC亚家族趋化因子,可趋化多形核白细胞到达急性炎症部位。③ C亚家族:此类趋化因子近氨基端只有1个半胱氨酸(C)。淋巴细胞趋化蛋白(lymphotactin)是一种C亚家族趋化因子,对T细胞、NK细胞和树突状细胞有趋化作用。④ CX3C亚家族:此类趋化因子的近氨基端有一个半胱氨酸-3个其他任意氨基酸-半胱氨酸序列。Fractalkine是一种CX3C亚家族趋化因子,对单核细胞和T细胞有趋化作用。

6. *生长因子*　一类可促进相应细胞生长和分化的细胞因子,其种类较多,如转化生长因子-β(TGF-β)、血管内皮细胞生长因子(VEGF)、表皮生长因子(EGF)、成纤维细胞生长因子(FGF)、血小板生长因子(PDGF)、神经生长因子(NGF)等。

第二节　细胞因子的主要生物学活性

细胞因子在调节固有免疫应答、适应性免疫应答、刺激造血、诱导细胞凋亡、直接杀伤靶细胞和促进损伤组织的修复等方面发挥着重要作用。

一、调节固有免疫应答

参与机体固有免疫应答的细胞主要有树突状细胞(Dendritic cell, DC)、单核-巨噬细胞、中性粒细胞、NK 细胞、NKT 细胞、γδT 细胞、B-1 细胞以及嗜酸性粒细胞和嗜碱性粒细胞等。细胞因子对这些细胞发挥多种重要的调节作用。

1. DC　机体各部位的 DC 摄取抗原后,在 IL-1β 和 TNF-α 等细胞因子作用下 DC 从不成熟状态逐渐变成成熟细胞,并经血液和淋巴循环,迁移并归巢到淋巴结、脾、派氏集合淋巴结中的 T 细胞区,将抗原提呈给初始 T 细胞,启动适应性免疫应答。在抗原提呈过程中,IFN-γ 上调 DC 细胞表面 MHC Ⅰ类和Ⅱ类分子表达。

2. 单核-巨噬细胞　趋化因子如单核细胞趋化蛋白(MCP)可趋化单核细胞到达某些炎症部位发挥作用。IL-2、IFN-γ、M-CSF、GM-CSF 等都是巨噬细胞的活化因子。IFN-γ 通过上调 MHC Ⅰ类和Ⅱ类分子的表达,促进单核-巨噬细胞的抗原提呈作用。IL-10 和 IL-13 可抑制巨噬细胞的功能,发挥负调节作用。

3. 中性粒细胞　在急性炎症发生时,中性粒细胞迁移到急性炎症部位发挥杀伤和清除病原生物的作用。在此过程中,炎症局部产生的 IL-1β、IL-8 和 TNF-α 等细胞因子可通过上调血管内皮细胞的黏附分子,促进中性粒细胞经血管壁渗出到炎症部位。G-CSF 可激活中性粒细胞。

4. NK 细胞　在 NK 细胞分化过程中,IL-15 是关键的早期促分化因子。IL-2、IL-12、IL-15 和 IL-18 可明显促进 NK 细胞对肿瘤细胞和病毒感染细胞的杀伤作用。

5. NKT 细胞　IL-2 和 IL-12 可活化 NKT 细胞,并增强其细胞毒作用。

6. γδT 细胞　巨噬细胞或肠道上皮细胞产生的 IL-1、IL-7、IL-12 和 IL-15 等对 γδT 细胞有很强的激活作用。

二、调节适应性免疫应答

细胞因子调控 B 细胞和 αβT 细胞的发育、分化和效应功能的发挥。

1. B 细胞　IL-4、IL-5、IL-6、IL-13 和肿瘤坏死因子超家族的 B 细胞活化因子(BAFF)等可促进 B 细胞的活化、增殖和分化为抗体产生细胞。多种细胞因子调控 B 细胞分泌 Ig 的类别转换,如 IL-4 可诱导 IgG1 和 IgE 产生,TGF-β 和 IL-5 可诱导 IgA 的产生。

2. T 细胞　IL-2、IL-7、IL-18 等活化 T 细胞并促进其增殖。IL-12 和 IFN-γ 诱导 Th0 向 Th1 亚群分化,而 IL-4 促进 Th0 向 Th2 亚群分化(图 6-2)。在小鼠 TGF-β 与 IL-6 联合作用,促进 Th0 向 Th17 亚群分化(在人类则是 IL-1β 和 IL-6 联合促进 Th17 的分化),IL-23 促进 Th17 细胞的扩增。TGF-β促进调节性 T 细胞(Treg)的分化。IL-2、IL-6 和 IFN-γ 明显促进 CTL 的分化并增强其杀伤功能。

三、刺激造血

造血(hematopoiesis)主要在中枢免疫器官骨髓和胸腺中进行。骨髓和胸腺微环境中产生的细胞因子尤其是集落刺激因子对调控造血细胞的增殖和分化起着关键作用。

1. 主要作用于造血干细胞和祖细胞的细胞因子　IL-3 和干细胞因子(SCF)等主要作用于多能造血干细胞以及多种定向的祖细胞。

2. 主要作用于髓样祖细胞和髓系细胞的细胞因子　GM-CSF 可作用于髓样细胞前体以及多种髓样谱系细胞;G-CSF 主要促进中性粒细胞生成,促进中性粒细胞吞噬功能和 ADCC 活性;M-CSF 促进单核-巨噬细胞的分化和活化。

3. 主要作用于淋巴样干细胞的细胞因子　IL-7 是 T 细胞和 B 细胞发育过程中的早期促分化因子。

4. 作用于单个谱系的细胞因子　红细胞生成素(EPO)促进红细胞生成;血小板生成素(TPO)和 IL-11 促进巨核细胞分化和血小板生成;IL-15 促进 NK 细胞的分化。

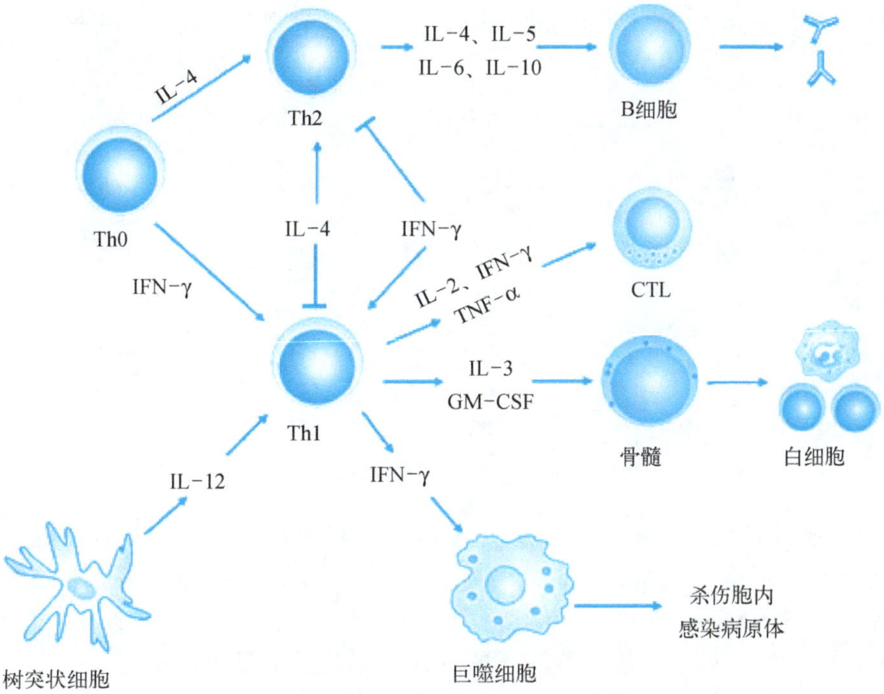

图 6-2　以 Th1 和 Th2 细胞为核心的细胞因子调节网络

四、促进凋亡、直接杀伤靶细胞

在肿瘤坏死因子超家族(TNFSF)中,有几种细胞因子可直接杀伤靶细胞或诱导细胞凋亡。如 TNF-α 和 LT-α 可直接杀伤肿瘤细胞或病毒感染细胞。活化 T 细胞表达的 Fas 配体(FasL)可通过膜型或可溶型形式结合靶细胞上的 Fas,诱导其凋亡。

五、促进创伤的修复

多种细胞因子在组织损伤的修复中扮演重要角色。如转化生长因子 β(TGF-β)可通过刺激成纤维细胞和成骨细胞促进损伤组织的修复。血管内皮细胞生长因子(VEGF)可促进血管和淋巴管的生成。成纤维细胞生长因子(FGF)促进多种细胞的增殖,有利于慢性软组织溃疡的愈合。表皮生长因子(EGF)促进上皮细胞、成纤维细胞和内皮细胞的增殖,促进皮肤溃疡和创口的愈合。

第三节　细胞因子受体

细胞因子通过结合特异性的细胞因子受体发挥生物学作用。细胞因子受体均为跨膜分子,由胞膜外区、跨膜区和胞质区组成。细胞因子和细胞因子受体的结合后启动细胞内的信号转导,调节细胞的功能。

一、细胞因子受体的分类

细胞因子受体根据其结构特征可分为免疫球蛋白超家族受体,Ⅰ类细胞因子受体、Ⅱ类细胞因子受体,肿瘤坏死因子受体超家族和趋化因子受体等多种类型(图 6-3)。

1. *免疫球蛋白超家族(Ig superfamily, IgSF)受体*　这类受体在结构上与免疫球蛋白的 V 区或 C 区相似,即具有数个 IgSF 结构域。IL-1 和 IL-18 受体以及 M-CSF 受体、SCF 受体属此类受体。

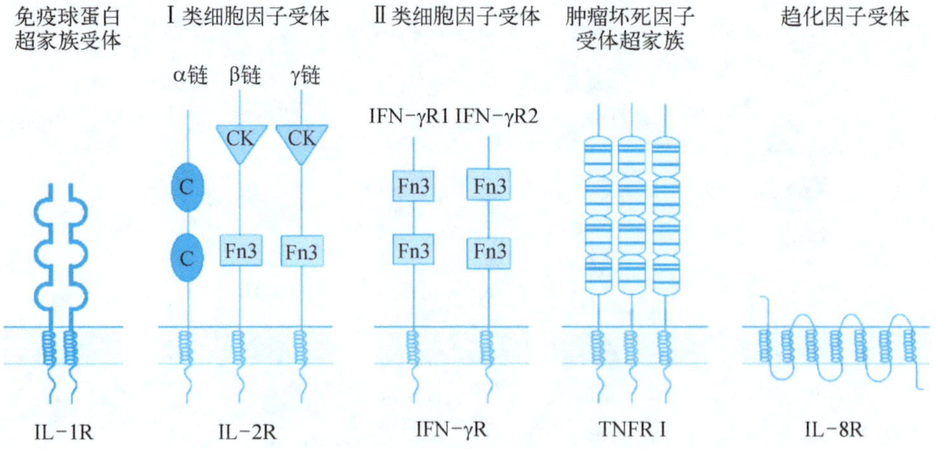

图 6-3 细胞因子受体家族

2. Ⅰ类细胞因子受体家族 大多数白细胞介素和集落刺激因子的受体都属于这一类。Ⅰ类细胞因子受体胞膜外区由细胞因子受体结构域和Ⅲ型纤连蛋白(Fn3)结构域组成。该家族成员都具有数个保守的半胱氨酸和 1 个 Trp-Ser-X-Trp-Ser(WSXWS)基序,包括 IL-2、IL-3、IL-4、IL-5、IL-6、IL-7、IL-9、IL-13、IL-15、GM-CSF 和 EPO 等细胞因子的受体。多数Ⅰ类细胞因子受体由 2 个或 3 个受体亚单位组成,其中一种亚单位是细胞因子(即配体)结合亚单位,另一种是信号转导亚单位。2 个或 3 个亚单位共同组成高亲和力受体。在细胞因子受体中,共用亚单位的现象比较普遍,如 IL-2、IL-4、IL-7、IL-9、IL-15 和 IL-21 受体中有相同的信号转导亚单位共同 γ 链(common γchain, γc)。这部分解释了这些细胞因子为什么会有相似的生物学功能。γc 基因位于 X-染色体上,γc 基因缺陷的个体会发生 X-性连锁重症联合免疫缺陷病(X-linked severe combined immunodeficiency, X-SCID)。这类患者由于 IL-2、IL-4、IL-7、IL-9、IL-15 和 IL-21 等多种受体介导的信号转导发生障碍,可出现严重的细胞免疫和体液免疫缺陷。

3. Ⅱ类细胞因子受体家族 这类受体的胞膜外区由 Fn3 结构域组成。IFN-α、IFN-β、IFN-γ 以及 IL-10 家族的受体属此类。Ⅱ类细胞因子受体由 2 个亚单位肽链组成,分别为配体结合链和信号转导链。

4. 肿瘤坏死因子受体超家族 肿瘤坏死因子受体超家族(TNFRSF)有 20 多个成员,这类受体细胞外区含有数个富含半胱氨酸的结构域,包括 TNF 受体、CD40 分子和 Fas 分子等。TNFRSF 多以同源三聚体发挥作用。

5. 趋化因子家族受体 趋化因子家族受体为 7 次跨膜的 G-蛋白偶联受体。根据其结合的趋化因子 CXC、CC、C 或 CX3C 等的不同,趋化因子家族受体可分为 CXCR、CCR、CR 和 CX3CR 等亚家族受体。CCR5 和 CXCR4 是 HIV 在巨噬细胞和 T 细胞上的辅助受体,CCR5 的小分子拮抗肽可抑制 HIV 感染巨噬细胞。CCR5 的编码基因为多态性基因。携带缺失了 32 个碱基的 CCR5 等位基因的纯合子个体即使多次接触 HIV 也不发生感染。

二、可溶型细胞因子受体和细胞因子受体拮抗剂

1. 可溶型细胞因子受体 绝大多数细胞因子受体在体液中存在着可溶型形式。可溶型细胞因子受体仍可结合细胞因子,与相应的膜型受体竞争结合配体而起到抑制细胞因子功能的作用。检测某些可溶型细胞因子的水平有助于某些疾病的诊断及病程发展和转归的监测。

2. 细胞因子受体的拮抗剂 一些细胞因子的受体存在天然拮抗剂,如 IL-1 受体拮抗剂(IL-1Rα)是一种由单核-巨噬细胞产生的、与 IL-1 有一定同源性的多肽,可以竞争结合 IL-1 受体,从而抑制 IL-1 的生物学活性。有些病毒可产生细胞因子结合蛋白,抑制细胞因子与相应受体的结合从而干扰机体的免疫功能。

第四节　细胞因子与临床

一、细胞因子与疾病的发生

细胞因子和其他免疫分子一样，也是“双刃剑”，即可发挥免疫调节作用，在一定条件下也可参与多种疾病的发生。在类风湿关节炎、强直性脊柱炎、银屑病关节炎和银屑病患者体内均可检测到过高水平的 TNF-α，拮抗 TNF-α 的生物制剂对上述疾病有治疗作用。多种趋化因子促进类风湿关节炎、肺炎、哮喘和过敏性鼻炎的发展。多种肿瘤细胞分泌的 TGF-β 可抑制机体的免疫功能，与肿瘤逃逸有关。

近来，在感染 H5N1 禽流感病毒的人类个体观察到了“细胞因子风暴”的现象。细胞因子风暴(cytokine storm)是指由于机体感染微生物后引起体液中多种细胞因子如 TNF-α、IL-1、IL-6、IL-12、IFN-α、IFN-β、IFN-γ、MCP-1 和 IL-8 等迅速大量产生的现象。细胞因子风暴也是引起急性呼吸窘迫综合征(ARDS)和多器官功能衰竭的重要原因。

二、细胞因子及其相关生物制品的应用

采用现代生物技术研制开发的重组细胞因子、细胞因子抗体和细胞因子受体拮抗蛋白已获得了广泛的临床应用。

1986 年，美国国家食品和药品管理局(FDA)批准重组 α 干扰素(Intron-A)治疗人毛细胞白血病。这是世界上第一个获得临床应用的商品化细胞因子类药物。此后，重组 IFN-α 又被批准治疗艾滋病患者发生的 Kaposi's 肉瘤、慢性髓样白血病、滤泡性非霍奇金氏淋巴瘤、T 淋巴瘤、肾细胞癌、黑色素瘤、尖锐湿疣、丙型肝炎和乙型肝炎等疾病。

1989 年，重组促红细胞生成素(EPO)成为治疗慢性肾衰竭引起的重度贫血的生物制剂。1991 年，重组 EPO 又被用于治疗抗艾滋病药物引起的严重贫血。

1990 年，重组 γ 干扰素(IFN-γ)成为治疗慢性肉芽肿疾病的药物。IFN-γ 可激活巨噬细胞杀伤胞内寄生菌，防止或减轻肉芽肿的形成。

1991 年，重组粒细胞集落刺激因子(G-CSF)和粒细胞-巨噬细胞集落刺激因子(GM-CSF)进入市场。G-CSF 被批准和化学药物联合应用治疗某些实体肿瘤。G-CSF 和 GM-CSF 可促进骨髓移植患者白细胞的生成。

1993 年，重组 β 干扰素(IFN-β)被批准治疗多发性硬化；重组 IL-11 被批准治疗化疗引起的血小板减少症。

1997 年，TNF-α 嵌合抗体被批准治疗类风湿炎、克隆氏病、银屑病性关节炎、溃疡性结肠炎和强直性脊椎炎。抗 IL-2 受体 α 链(CD25)人源化抗体被用于预防肾移植引起的急性排斥反应。

1998 年，重组 IL-1 受体拮抗蛋白被批准治疗类风湿性关节炎。

2001 年，人 TNF-α 单克隆抗体被批准治疗克隆氏病(节段性回肠炎)和类风湿性关节炎。2002 年，TNF-受体-Ig 融合蛋白被批准治疗类风湿性关节炎。

2004 年，抗 EGFR 嵌合抗体治疗转移性结肠直肠癌和头颈部肿瘤。抗 VEGF 人源化单克隆抗体治疗转移性结肠癌。

2006 年，抗 VEGF 人源抗体被批准治疗年龄相关的黄斑变性(AMD)。

小　结

细胞因子是由免疫原、丝裂原或其他刺激剂诱导多种细胞产生的低分子量高活性、可溶性蛋白质，具有

调节免疫应答、血细胞生成、细胞生长以及损伤组织修复等多种功能。细胞因子通过旁分泌、自分泌或内分泌等方式发挥作用,具有多效性、重叠性、拮抗性和协同性。细胞因子可被分为白细胞介素、干扰素、肿瘤坏死因子家族、集落刺激因子、趋化因子和生长因子等。众多细胞因子在机体内相互促进或相互制约,形成十分复杂的细胞因子调节网络。细胞因子通过结合细胞表面的细胞因子受体而发挥生物学作用。细胞因子受体分为免疫球蛋白超家族受体,Ⅰ类和Ⅱ类细胞因子受体家族,肿瘤坏死因子受体超家族和趋化因子家族受体等。

复习题

1. 名词解释

   细胞因子　细胞因子受体　干扰素　白细胞介素　肿瘤坏死因子　趋化因子　集落刺激因子
   可溶性细胞因子受体

2. 简答题

   (1) 细胞因子有哪些共同特征?
   (2) 简述细胞因子的分类。

(商正玲)

第七章

主要组织相容性复合体及其编码分子

在不同种属或同种不同系的动物个体间进行正常组织或肿瘤移植会出现排斥，这是供者与受者组织不相容的反映。排斥反应本质上是免疫应答，是由组织表面的同种异型抗原诱导的。这种代表个体特异性的同种抗原称为组织相容性抗原(histocompatibility antigen)或移植抗原(transplantation antigen)。机体内与排斥反应有关的抗原系统中，能引起强而迅速排斥反应者称为主要组织相容性抗原，其编码基因是一组紧密连锁的基因群，称为主要组织相容性复合体(major histocompatibility complex, MHC)。而能引起缓慢排斥反应者称为次要组织相容性抗原，其编码基因称为次要组织相容性复合体(mino histocompatibility complex, mHC)。现已证明，控制机体免疫应答能力与调节功能的基因(immune uesponse gene, Ir gene)也存在于MHC内。因此，MHC不仅与移植排斥反应有关，也广泛参与免疫应答的诱导与调节。不同种属的哺乳类动物其MHC及编码的抗原系统有不同的命名，小鼠的主要组织相容性抗原系统称为H-2系统，人类则称为人类白细胞抗原系统(human leucocyte antigen, HLA)。

第一节 主要组织相容性复合体

一、MHC的结构及其多基因特性

MHC是存在于大多数脊椎动物基因组中的一个基因家族，与免疫系统的功能密切相关。由于人类主要组织相容性抗原首先在白细胞表面被发现，故称其为人类白细胞抗原(human leucocyte antigen, HLA)，并将人类的MHC，即编码HLA的基因群称为HLA复合体。HLA复合体位于人第6号染色体短臂6P21.31，长3 600 kb，共有224个基因座位，其中128个为有产物表达的功能性基因，96个为假基因。根据编码分子的分布与功能的不同，HLA复合体分为Ⅰ类基因、Ⅱ类基因区和Ⅲ类基因区(图7-1)。

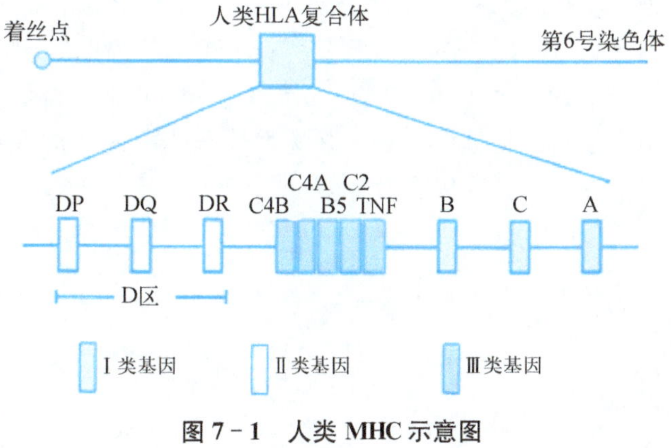

图7-1 人类MHC示意图

HLA Ⅰ类基因：在Ⅰ类基因区内，存在31个Ⅰ类基因座位，已识别并命名的有8个基因，其中HLA-A、HLA-B、HLA-C为经典的HLA Ⅰ类基因。

HLA Ⅱ类基因：在Ⅱ类基因区包括约30个基因座位，经典的Ⅱ类基因指HIA-DR、DP和DQ，编码的产物均为双肽链(α、β)分子。陆续发现了一些位于Ⅱ类基因区的新基因座，其中某些基因的产物与内源性抗原的处理与提呈有关。

HLA Ⅲ类基因：现已发现HLA Ⅲ类基因区至少有36个基因座位。其中C2、C4A、C4B、Bf座位编码相应的补体成分，另外包括21羟化酶基因(CYP21A、B)、肿瘤坏死因子基因(TNFA、B)以及热休克蛋白70

(heat shock protein70, HSP70)基因等。

免疫功能相关基因：近年来，还发现了一些位于Ⅱ类基因区的新基因座位，其编码产物参与免疫应答的启动，其中部分基因的产物及功能已清楚，包括：① 肽链转运蛋白基因(即 TAP1 和 TAP2)，其编码的产物与细胞内的肽转运有关，已被命名为抗原处理相关的转运蛋白(transporter associated with antigen processing, TAP)或抗原肽链转运肽(transporter of antigen peptide)。② 蛋白酶体相关基因(proteasome-related gene)即 LMP2 和 LMP7，其产物参与内源性抗原处理和递呈，已被命名为低分子量多肽(low molecular weight polypepetide, LMP)或巨大多功能蛋白酶(large multifunctional protease)。

二、HLA 的遗传特征

1. 单体型遗传　HLA 复合体是一组紧密连锁的基因群。这些连锁在一条染色体上的 HLA 等位基因的组合称为单体型(haplotype)。单体型遗传指连锁在一条染色体上的等位基因很少发生同源染色体间的交换，在遗传过程中，HLA 单体型作为一个完整的遗传单位由亲代传给子代。人是二倍体生物，每一细胞均有两个同源染色体组，分别来自父母双方。当亲代遗传信息传给子代的时候，HLA 单体型作为一个单位遗传下去。子女的 HLA 染色体中，子女和父母之间的 HLA 总是有一半相同，也只能有一个单体型相同。在兄弟姐妹之间比较 HLA 单体型型别只会出现下列三种可能性：① 两个单体型完全相同的概率为 25%。② 两个单体型完全不同的概率为 25%。③ 有一个单体型相同的概率为 50%。这一遗传特点可应用于器官移植中供者的选择和法医中的亲子鉴定。

2. 多态性现象　多态性(polymorphism)是指在一随机婚配的群体中，染色体同一基因座位有两种以上基因型，即可能编码两种以上的产物。HLA 的多态性现象可能是由于复等位基因(multiple alleles)和共显性(codominance)遗传所致。HLA 复合体的每一座位均存在为数众多的复等位基因，这是 HLA 高度多态性的最主要原因。由于各个座位基因组合是随机的，故人类 HLA 的基因型可达 10^8 之多。HLA 复合体中每一对等位基因均为共显性。共显性大大增加了人群中 HLA 表型的多样化，达到 10^7 数量级。

3. 连锁不平衡　HLA 多基因座位组成单体型时，连锁的基因不是随机组合在一起的，而是某些基因总是较经常在一起出现，而另一些又较少地在一起出现。这种单体型基因非随机分布的现象称为连锁不平衡(linkage disequilibrium)。例如，在北欧白人中 HLA－A1 和 HLA－B8 频率分别为 0.17 和 0.11。若随机组合，则单体型 A1－B8 的预期频率应为 0.17×0.11＝0.019。但实际所测得的 A1－B8 单体型频率是 0.088，即 A1－B8 处于连锁不平衡。实测频率与预期频率间的差值(△＝0.088－0.019＝0.069)为连锁不平衡参数。连锁不平衡如何产生，并如何维持，可能与自然选择有关，尚需深入探讨。多态性与连锁不平衡以一对矛盾形式在群体中存在。多态性使群体中的个体保持其个体特异性以相互区别，连锁不平衡则造成某些个体间的相似甚至完全相同。

第二节　主要组织相容性抗原

HLA 分子是 HLA 复合体编码的蛋白抗原，不同 HLA 分子的结构、组织分布不同，功能也有差异。

一、HLA 分子的结构

(一) HLA Ⅰ类分子的结构

HLA Ⅰ类分子结构示意图见图 7－2，是由经典的 HLA －A、B、C 和非经典的 E、F、G、H、K 和 L 等基因编码。经典的 HLA Ⅰ类分子是由非共价键连接的两条肽链组成的糖蛋白；其中一条称为重链或 α 链，由 MHC Ⅰ类基因编码；另一条为轻链或称为 β2 微球蛋白(β2m)，由另一条染色体(人第 15 号染色体，小鼠第 2 号染色体)β2m 基因编码。

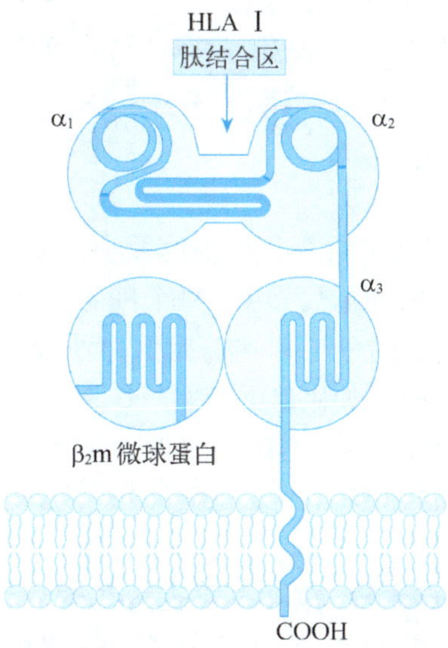

图 7-2 HLA Ⅰ类分子结构示意图

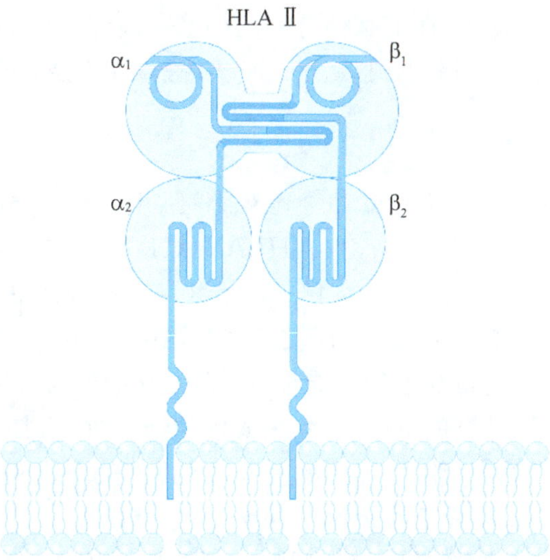

图 7-3 HLA Ⅱ类分子的结构示意图

1. 重链 分子质量为 40 kDa。HLA Ⅰ类抗原 α 链上有 1 个 N-连接的寡糖，成熟的 α 链为糖蛋白，分子质量 44 kDa。α 链为跨膜结构，可分为肽结合区和免疫球蛋白样区组成的胞膜外区，跨膜区以及胞质区。

(1) 肽结合区(peptide-binding region)：利用 X 线结晶衍射图分析，阐明了 HLA Ⅰ类分子的三维结构(图 7-3)，证明 α1 和 α2 功能区共同构成了槽形的抗原肽段结合部位，也决定了Ⅰ类分子与抗原结合的特异性；α3 功能区具有与 CD8 分子结合的空间构型。Ⅰ类分子与抗原的结合有一定的选择性，但是没有抗体和 TCR 与抗原结合的特异性高。

(2) 免疫球蛋白样区(immunog lobulin-like region)：α3 约含 90 个氨基酸残基，氨基酸组成十分保守，与 IgC 区同源，在二级结构上，α3 组成 Ig 样折叠(Ig fold)，即七个 β 折叠形形成两个平面，由二硫键相连，属免疫球蛋白超家族(IGSF)中 C1 结构。α3 结构域是 α 重链的非多态部分(nonpol ymorphic)，通过 MHC 分子突变分析证实，此区是与 CD8 分子相互作用的位置。

(3) 跨膜区(transmembrane region) α3 结构域的羧基端侧有一段较短的连接区(conn-ecting region)，穿膜区约由 25 个疏水性氨基酸残基所组成，可能形成 α 螺旋穿过双层脂质的细胞膜，并使 α 链锚在细胞膜上。

(4) 胞质区(cytoplasmic region) 含约 30 个氨基酸残基，并具有数个 cAMP 依赖的蛋白激酶(蛋白激酶 A，PKA)和 PP60 Src 酪氨酸激酶的磷酸化位点。此外，在羧基端含有一个谷氨酰胺残基，作为转谷氨酰胺酶转肽作用的底物。上述结构可能在 MHC Ⅰ类分子与其他膜蛋白或细胞骨架成分相互作用中起作用，去除 MHC Ⅰ类分子胞质羧基端可抑制Ⅰ类分子的内化。

2. 轻链 HLA Ⅰ类分子的轻链含 99 个氨基酸残基，分子质量为 12 kDa，电泳位于 β2 区，称 β2 微球蛋白(β2-microglobulin，β2m)，HLA-A、B、C 抗原所含轻链均一致。β2m 氨基酸排列与 IgG CH2 约有 30% 序列同源，故 β2m 有游离免疫球蛋白结构域(free immunoglobulin domain)之称，属免疫球蛋白超家族 C1 结构，不同种动物之间 β2m 很少有区别。β2m 不穿过细胞膜，也不与细胞膜接触，而是以非共价形式附着于 α3 的功能区上。虽然 β2m 不直接参与 HLA Ⅰ类分子的抗原提呈过程，但在维系 MHC Ⅰ分子的 α 链的结构稳定性方面有重要作用。

(二) HLA Ⅱ类分子的结构

HLA Ⅱ类分子结构见图 7-4，人类的 MHC Ⅱ类分子由 HLA 复合体中的 D 区基因编码，经典的 HLA Ⅱ类分子包括 HLA-DR、DP 和 DQ 抗原。HLA Ⅱ类分子是由非共价连接的两条多肽链组成，分别称为 α 链和 β 链；与 HLA Ⅰ类分子不同的是，两条链均由 HLA 复合体编码。α 链的分子质量约 34 kDa，β 链约 29 kDa；两条肽链均嵌入细胞膜，伸入胞质之中；其膜外区各有两个 Ig 样的功能区(图 7-3)，分别称为 α1、α2、β1 和 β2 功能区。X 射线衍射图显示，HLA Ⅱ类分子的 α1 和 β1 功能区共同形成一个与Ⅰ类分子相似的槽型结构的多肽结合区。α1 和 β1 各有一个螺旋，形成槽的两侧壁，其余部分形成片层，构成槽的底部。Ⅱ类分子的多态性也体现在多肽结合槽的侧壁和底部，所以其空间构型依编码基因的不同而异。HLA Ⅱ类分子的抗原结合特性与 HLA Ⅰ类分子一样，特异性不强，每个分子可能与多种抗原肽结合。

二、HLA 分子的组织分布和功能

1. HLA Ⅰ类分子的组织分布和功能　HLA Ⅰ类分子分布在几乎所有有核细胞及血小板表面，但不同组织细胞的表达水平差异很大。HLA－A、B 抗原在人类淋巴细胞表面浓度最高，每个细胞约有 10^3～10^5 个分子，占淋巴细胞表面蛋白的 1%。肾、肝、肺、心及皮肤次之，肌肉和内分泌细胞上最少；而成熟红细胞、胎盘滋养层细胞、神经细胞和精细胞上未能检出，血清、尿液及初乳等体液中有可溶性 HLA Ⅰ类抗原存在。HLA Ⅰ类分子的重要生理功能是对 $CD8^+$ T 细胞的抗原识别功能起限制性作用。$CD8^+$ T 细胞只能识别与 HLA Ⅰ类分子结合的抗原(多为内源性的细胞抗原，如病毒感染的细胞和肿瘤细胞等)。HLA Ⅰ类分子主要介导 Tc 细胞的细胞毒作用，也是重要的移植抗原。

2. HLA Ⅱ类分子的组织分布和功能　HLA Ⅱ类分子的分布比较局限，主要表达在树突状细胞、单核巨噬细胞和 B 细胞等抗原提呈细胞上，精细胞和活化的 T 细胞上也有 HLA Ⅱ类分子。一些在正常情况下不表达 HLA Ⅱ类分子的细胞，在免疫应答过程中受细胞因子的诱导可表达 HLA Ⅱ类分子。细胞表面 HLA Ⅱ类分子的表达被看成是具有抗原提呈能力的标志。有些组织细胞在病理条件下也可表达 HLA Ⅱ类抗原，如胰岛 β 细胞、甲状腺细胞等。HLA Ⅱ类分子的功能主要是在免疫应答的始动阶段将经过处理的抗原片段提呈给 $CD4^+$ T 细胞。$CD4^+$ T 细胞只能识别与 HLA Ⅱ类分子结合的抗原片段。HLA Ⅱ类分子主要参与外源性抗原的提呈，在一些条件下也可递内源性抗原。在组织或器官移植过程中，经典的 HLA Ⅱ类分子是引起移植排斥反应的重要靶抗原。在免疫应答中，HLA Ⅱ类抗原主要是协调免疫细胞间的相互作用，调控体液免疫和细胞免疫应答。

3. HLA Ⅲ类基因编码分子　HLA Ⅲ类基因编码的分子主要是存在于体液中的补体成分、TNF－α,β 和热休克蛋白 70(heat shock protein70, HSP70)等。

MHC 三类基因产物的特征及其功能见表 7－1。

表 7－1　MHC 三类基因产物特征及其功能

	Ⅰ类	Ⅱ类	Ⅲ类
基因产物	HLA　A、B、C	HLA D/DP、DQ、DR	C4、C2、Bf
分　布	所有有核细胞表面	B 细胞、活化 T 细胞、巨噬细胞、树突状细胞等	血清及组织液
多肽链组成	α β	α β	C4α β γ C2 Bf
功　能	为同种异体抗原，诱导同种异体排斥反应，诱导抗体和 Tc 形成；Tc 杀伤病毒感染靶细胞 MHC 限制	为同种异体抗原，诱导同种异体排斥反应，诱导抗体产生及 Th 细胞增殖，体外刺激 MΦ、LC 提呈抗原作用；免疫调节(*Ir* 基因)，约束 MΦ－T、T－B 间相互作用	形成 C3 转化酶等

三、HLA 与抗原肽的相互作用

MHC 基因及其产物的高度多样性造成不同 MHC 分子结构上的差异，这些差异主要集中于 MHC 分子的肽结合槽，从而决定了特定型别的 MHC 分子和抗原肽的结合具有一定的选择性。MHC 分子高亲和力与抗原肽结合成为复合物，这是保证 MHC 分子有效提呈抗原的重要前提。MHC Ⅰ分子的肽槽由 α1 和 α2 结构域组成，而 MHC Ⅱ分子的肽槽由 α1 和 β1 结构域组成。前者的两端处于封闭状，而后者的凹槽两端开放。MHC Ⅰ分子只能接纳 8～10 肽，而 MHC Ⅱ分子可容纳的抗原多肽长度可达到 13～17 个氨基酸残基，甚至更多。HLA Ⅰ类和Ⅱ类分子抗原结合槽示意见图 7－4。

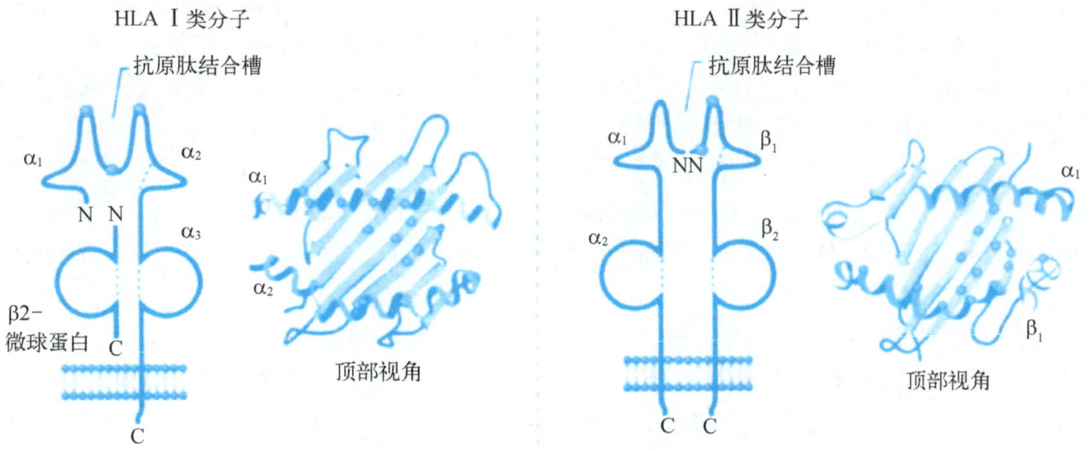

图 7-4　HLA Ⅰ类和Ⅱ类分子抗原结合槽示意图

1. *抗原肽和 HLA 分子相互作用的分子基础*　分析从 HLA 分子抗原结合槽中洗脱下来的各种天然抗原肽的一级结构，发现都带有两个或两个以上与 MHC 分子凹槽相结合的特定部位，称锚定位。该位置的氨基酸残基称为锚定残基(anchor residue)。由此得出，两种 HLA 类分子接纳抗原肽时，各自有特定的共用基序(consensus motif)，分别为 x-x-x-x-Y/F-x-x-L 和 Y-x-x-x-x-x-x-V/I/L(x 代表任意氨基酸残基)。

2. *抗原肽和 MHC 分子相互作用的特点*

(1) MHC 接纳与提呈抗原肽有一定的选择性，这种选择性可导致不同个体对同一抗原出现应答强弱的差异。特定的 MHC 分子可凭借所需要的共用基序选择性地结合抗原肽，两者的结合具有一定的专一性。因此，不同的 MHC 等位基因产物有可能提呈同一抗原分子的不同表位，造成不同个体对同一抗原应答强度的差异。这是 MHC 以其多态性参与和调控免疫应答的一种重要机制。

(2) MHC 分子接纳和提呈抗原肽又显示相当的灵活性。也即 MHC 分子对抗原肽识别的专一性并不是非常严格，而仅仅体现在可以识别并结合符合其特征性共用基序的肽段。因而一些结构相似的抗原肽，皆可被同一类 MHC 等位基因分子所接纳。这种灵活性可导致带有某些特定等位基因的个体，对一定类别范围的抗原呈现免疫应答。研究发现，MHC 分子对抗原肽的识别并非呈现严格的一对一关系，而是一种类型的 MHC 分子可以识别一群带有特定共同基序的肽段，由此构成 MHC 分子与抗原肽相互作用的包容性(flexibility)。这一包容性可表现在不同层次：首先，共同基序中以 x 表示的氨基酸，其顺序和结构可以改变；其次，同一 MHC 分子(特别是Ⅱ类分子)被提呈肽段的锚定残基往往不止一种氨基酸，因而符合某一共同基序的肽段数量可以相当地多，造成一种 MHC 分子有可能结合多种抗原肽，活化多个抗原特异 T 细胞克隆；最后，不同 MHC 分子接纳的抗原肽，也可以拥有相同的共用基序。例如，在 HLA Ⅰ类分子中至少已经确认了 A2、A3、B4、B44 四个家族，这些家族中的成员可选择性地共同识别拥有相同或相似锚定残基的抗原肽。这意味着能够被某一 HLA 分子识别和提呈的抗原肽，也可被该家族其他分子所提呈。这一点对应用肽疫苗或 T 细胞疫苗进行免疫预防和免疫治疗提供了便利。

(3) MHC 分子与抗原肽结合具有低亲和性。两者的结合与解离均很缓慢，一旦结合，可维持数小时甚至数天，有利于被 T 细胞识别。

第三节　主要组织相容性抗原的生物学功能

一、参与抗原的提呈

HLA 分子在多个环节参与对抗原处理。外源性蛋白质被 APC 摄入细胞内，在溶酶体内被水解成肽段。

同时,MHC Ⅱ类分子在内质网中装配成 α、β 异二聚体,由高尔基器转送到溶酶体,与该处带有免疫原性抗原决定簇的抗原肽相结合形成抗原肽/MHC 复合物,被转运到 APC 表面,被 $CD4^+$ T 细胞所识别,从而保证了多肽不被进一步降解为氨基酸。内源性抗原如病毒 DNA 整合到细胞核 DNA 中,通过转录和翻译,在胞质内生成特异的病毒蛋白质抗原,继而被蛋白酶体(proteasome)摄取并酶解成肽段。与此同时,内质网腔中合成 HLA Ⅰ类抗原及 β2 微球蛋白。加工处理后的肽段进入内质网腔与 HLA Ⅰ类抗原结合形成稳定的聚合体之后,被高尔基器运往细胞表面,被 $CD8^+$ T 细胞所识别。HLA Ⅱ类基因 DQ 和 DP 之间的蛋白酶体相关基因(proteasome-relatedgenes)和肽链转运蛋白基因(TAP1 和 TAP2)产物参与内源性抗原的处理和抗原片段的转运。

LMP 及 TAP 参与 MHC Ⅰ类分子对细胞内抗原的递呈。这两种蛋白的基因与 MHC Ⅱ类基因紧密连锁于 1 kb DNA 序列中。LMP 由许多低分子蛋白聚合而成,具有蛋白水解酶的性质,能参与各种蛋白基质的降解。该分子集团中有多个催化位点,可使同一基质蛋白同步产生多种适合 MHC Ⅰ类分子结合的肽段,例如具有疏水性羧基末端的 9 肽。TAP 是内质网上的异源性二聚体,由 TAP-1 及 TAP-2 基因编码,其功能是将胞质中 LMP 加工后的抗原片段转运至内质网,并在内质网腔内组装免疫原性多肽——MHC Ⅰ类分子复合体。与抗原肽结合的 MHC Ⅰ类分子其稳定性增加。LMP 及 TAP 均具多态性,在不同个体中 LMP 有不同的蛋白结合位点,催化水解的位点不同,产生的肽段及抗原决定簇也不同。TAP 的多态性能使不同的肽转运至内质网内。因此,不同个体的 MHC Ⅰ类分子对同一大分子提呈的抗原片段可不同,从而使不同机体对同一抗原的免疫应答可表现出个体差异,或产生保护性免疫,或产生免疫耐受,或有自身免疫倾向,或表现出 MHC 相关疾病。

二、约束免疫细胞间相互作用

研究发现,细胞毒性 T 细胞只杀伤具有同一 MHC 表型的病毒感染的靶细胞。这意味着 T 细胞识别细胞表面抗原决定簇的同时,还须识别细胞上的 MHC 分子。只有具有同一 MHC 表型的免疫细胞间才能有效地相互作用,即 MHC 限制性(MHC restriction)。不仅 Tc 与靶细胞之间,而且 MΦ-Th,Th-B 以及 Th-Tc 间的相互作用也存在 MHC 限制性。MΦ 与 Th 细胞间的相互作用受 MHC Ⅱ类分子的限制,外来抗原进入机体,被 MΦ 摄取、处理,然后抗原的关键性片段以配位与 MΦ 内 MHC Ⅱ类分子的肽结合区形成复合物,后者转运至 MΦ 膜表面。Th 的 TCR 联合识别免疫原性多肽片段的表位(epitope)以及 MHC Ⅱ分子 α1、β1 功能区的多态性决定簇,同时,Th 细胞表面的 CD4 分子识别 MHC Ⅱ类分子 α2、β2 功能区的非多肽性决定簇,由此启动免疫应答。因此,只有 MHC Ⅱ类分子阳性细胞才具有抗原呈递能力,且细胞表面Ⅱ类分子密度与其抗原提呈能力呈正相关。Tc 与病毒感染的靶细胞相互作用受 MHC Ⅰ类抗原的约束。Tc 的 TCR 联合识别靶细胞表面的病毒抗原以及 MHC Ⅰ类分子 α2 和 β2 功能区的多态性决定簇。同时,Tc 表面的 CD8 分子识别Ⅰ类分子 α3 区的非多态性决定簇。一种例外的情况是,Tc 细胞对同种异体靶细胞的杀伤作用不存在自身 MHC 限制性。

三、参与对免疫应答的遗传控制

机体对某种抗原物质是否产生应答以及这种应答的强弱是受遗传控制的。Benacerraf 首先证实豚鼠和小鼠对人工合成抗原的免疫应答能力受单个常染色体显性基因的控制,并将这种控制免疫应答的基因称为免疫应答(immuneresponsegene, Ir)基因,该基因的编码产物称为免疫应答相关抗原(immuneresponse associated antigen, Ia 抗原),并证实 *Ir* 基因位于小鼠 H-2 Ⅰ区内,人的 *Ir* 基因定位于 HLA Ⅱ类等位基因。豚鼠对白喉毒素结核菌素的易感性在不同品系间有很大差异,人类变态反应性疾病的发生与遗传因素有关后来发现实际上就是 MHC Ⅱ类基因及其抗原。Ⅱ类分子调控免疫应答的机制尚未清楚,可能是不同Ⅱ类分子与抗原结合的部位不同,因此提呈给 Th 细胞的抗原表位也不相同。

四、诱导自身或同种淋巴细胞反应

MHC 分子可作为自身或同种反应的刺激分子从而诱导免疫应答或参与免疫调节。MHC 分子是一种同种异型抗原，可诱导同种反应的发生，典型的例子是体外的同种异型混合淋巴细胞反应和体内同种移植排斥反应。在这两种情况下，反应性 T 细胞对非己 MHC 抗原的识别不受自身 MHC 限制。

五、参与免疫调节

MHC 分子可参与抗原提呈并制约免疫细胞间的相互作用，*Ir* 基因可控制免疫应答的发生及其强度，这表明 MHC 在多个方面参与了免疫调节。此外还发现，非 T 细胞在体外能诱导自身 T 细胞发生增殖反应，称为自身混合淋巴细胞反应（AMLR）。在 AMLR 中非 T 细胞表面的刺激决定簇是 MHC－DQ 抗原。自身反应性 T 细胞激活后可表达 MHC－DR 抗原，后者又可作为刺激决定簇激活某些 T 细胞。一般认为，AMLR 代表体内免疫细胞间的一种调节机制，有助于维持免疫自稳，故 MHC Ⅱ类分子通过诱发 AMLR 而参与免疫调节。MHC 从多方面参与了机体免疫应答的发生和调节，尤其是 MHC 分子参与对抗原的处理，与之结合并将其提呈给 T 细胞，这是免疫应答的诱导和调节的最基本点。

六、参与 T 细胞分化过程

MHC 分子参与早期 T 细胞在胸腺中的分化过程。MHC Ⅰ、Ⅱ类分子阳性细胞分别与 $CD8^+$T 细胞和 $CD4^+$T 细胞的分化发育有关。早期 T 细胞在胸腺中发育为成熟 T 细胞的过程中，伴随着一系列表面标志的变化。MHC 分子对 T 细胞的分化发育起着重要作用，早期 T 细胞必须与表达 MHC Ⅰ或Ⅱ类抗原的胸腺上皮细胞接触才能分别分化成 $CD8^+$ 或 $CD4^+$T 细胞。

第四节　HLA 与临床

一、HLA 与排斥反应

移植排斥反应的本质是免疫应答，故移植器官的长期存活关键取决于供者和受者之间的 MHC 型别是否相符，即 MHC 各基因位点上相同的等位基因数目。经典的 HLA Ⅰ类和 HLA Ⅱ类分子是引起同种异体移植排斥反应的主要抗原，供者与受者 MHC 的相似程度直接反映两者的相容性；供-受者间的 MHC 相似性越高，移植成功的可能性越大。同卵双胎或多胎兄弟姐妹之间进行移植时几乎不发生排斥反应；亲子之间有一条 HLA 单倍型相同，移植成功的可能性也较大；而在无任何亲缘关系的个体之间进行器官移植时存活率要低得多。在肾脏移植中，各 MHC 座位配合的重要性依次为 MHC－DR、MHC－B、MHC－A。为了降低移植排斥反应，延长移植物的存活时间，移植前的重要工作就是通过 HLA 检测的方法进行组织配型，选择 HLA 抗原与受者尽量相同的供者；在移植后发生排斥反应时进行恰当的免疫抑制（详见第二十二章）。移植物存活率很大程度上取决于供者和受者之间 HLA 型别相合的程度。在肾移植中，各 HLA 座配合的重要性依次为 HLA－DR、HLA－B、HLA－A。近年来特别重视 HLA－DP 对移植器官长期存活的意义。在骨髓移植中，为预防严重的移植物抗宿主反应（graft versus host reaction，GVHR），一般要求从同胞中选择 HLA 全相同的个体作为供者。此外，某些输血反应以及习惯性流产也与 HLA 不相容所导致的排斥反应有关。

二、HLA 与临床疾病

（一）HLA 与临床疾病的关联

研究 MHC 与疾病的关系，实质上是研究疾病发生发展的遗传倾向，因此必须首先明确两个基本概念。一是关联，指两个遗传学性状在群体中同时出现时呈非随机性分布。若无关联呈随机性分布。二是连锁，指在一条染色体上，不同座位的基因结合在一起遗传的频率不同于按分离率所期望的频率。基因的连锁表示它们处在同一染色体上，而且其座位是很靠近的。家系分析表明双亲的 MHC 各座位的基因总是以特定的单体型为单位一起遗传给后代而很少发生交换，若患者的单体型呈现非随机性分布，即连锁不平衡，说明此病与 MHC 有连锁。关联和连锁是两个不同的概念，与 MHC 有关联的疾病不一定有连锁，反之，与 MHC 有连锁的疾病在群体中不一定查得出有明显的关联。

目前，已发现 50 余种人类疾病与 HLA 的一种或数种抗原相关，例如某些传染病和自身免疫病，强直性脊柱炎(alkylosing spondylitis, AS)尤为典型。在美国白人中，90%的强直性脊柱炎患者为 HLA-B27，而正常人 HLA-B27 仅为 9%，表明 HLA-B27 与强直性脊柱炎的发生呈高度相关。需要指出的是，这种"相关性"只是一种统计学的概念，并不表明两者之间有绝对的因果关系，因为除了 HLA 之外，其他基因及许多未知的环境因素都可能影响疾病的发生。HLA 与某疾病的相关程度常用相对危险性(relative risk, RR)表示，这是带有某种 HLA 抗原的人群发生某种疾病的频率与不带该抗原的人群发生某病频率的比值，其公式为：

$$RR=患者(Ag^{+}/Ag^{-})/对照(Ag^{+}/Ag^{-})$$

RR 数值越大，表示某病与该抗原的相关性越强。一般地说，RR 值大于 3 就表示相关性较强；但是如果某抗原在患者中出现的频率低于 20%，即使 RR 值很大，也无明显意义。

表 7-2 显示了与 HLA 呈现较强相关性的部分疾病，和 HLA 关联的疾病达 500 种以上，多数是自身免疫性疾病，也包括部分传染性疾病和肿瘤。

表 7-2 与 HLA 呈较强相关性的部分疾病

疾病	HLA	相对危险率(RR)
与Ⅰ类 HLA-B27 抗原相关的疾病		
强直性脊柱炎	DR27	103.5
Reiter 氏病	DR27	37.0
沙门氏菌感染后的关节炎	DR27	29.7
耶尔森菌感染后的关节炎	DR27	17.6
前葡萄膜炎	DR27	14.6
与Ⅰ类其他抗原相关的疾病		
亚急性甲状腺炎	B35	13.6
寻常型牛皮癣	Cw6	13.3
血色素沉着病	A3	8.2
重症肌无力	88	4.4
与Ⅱ类抗原相关的疾病		
淋巴瘤甲状腺炎	DR5	3.2
类风湿性关节炎	DR4	5.8
疱疹样皮肤病	DR3	56.4
慢性活动性肝炎	DR3	13.9
粥样泻	DR3	10.8
干燥综合征	DR3	9.7
阿狄森病	DR3	6.3
胰岛素依赖型糖尿病	DR3	5.0
	DR4	6.8
	DR3/4	14.3
	DR2	0.25
	DR3,DQ8	100.0
甲状腺毒症	DR3	3.7
肺-肾综合征	DR2	13.1
结核样型麻风	DR2	8.1
多发性硬化症	DR2	4.8
嗜睡病	DR2	100.0

（二）HLA 表达异常与疾病的关系

HLA 表达异常即细胞表面 HLA 分子质与量的异常，可参与疾病发生。

1. HLA Ⅰ类抗原表达异常　在小鼠及许多人类肿瘤或肿瘤衍生的细胞株均已发现 MHC Ⅰ类抗原表达缺失或密度降低。若将Ⅰ类基因传染给肿瘤细胞株，则恶变细胞可发生逆转，且浸润性与转移性消失或降低。这可能是由于 MHC－Ⅰ类抗原缺失的肿瘤细胞不能补 Tc 识别并攻击，从而导致肿瘤免疫逃逸(sneaking through)。

2. HLA Ⅱ类抗原表达异常　器官特异性自身免疫性疾病的靶细胞可异常表达 HLAⅡ类抗原。如 Graves 病患者的甲状腺上皮细胞、原发性胆管肝硬化患者的胆管上皮细胞、1 型糖尿病患者的胰岛 β 细胞等均可发现 HLAⅡ抗原异常表达。其机制可能是局部感染诱生 IFN－γ，后者诱导Ⅱ类抗原表达。Ⅱ类抗原乃抗原提呈的效应分子，一旦靶细胞异常表达Ⅱ类抗原，就可能以组织特异性方式把自身抗原提呈给自身反应性 T 细胞，从而启动自身免疫反应。激活的自身反应性 Th 又可分泌大量 IFN－γ，诱导更多的靶细胞表达Ⅱ类抗原，加重和延续自身免疫反应，最终导致迁延不愈的自身组织损伤。

3. MHC 与母胎关系　成熟的胎盘滋养层细胞不表达经典 MHC Ⅰ类抗原，从而保护了携带父方 MHC 单体型的胎儿不被母体排斥。目前已有报道，采用输入第三者或丈夫的淋巴细胞以激发孕妇同种异体反应的方法治疗习惯性流产。

三、HLA 与法医学

HLA 复合体是体内最复杂的多态性基因系统，其表型数以亿计，两个无血缘关系的个体很难具有完全相同的 HLA，MHC 分子是每一个体的特异性生物学标志，且终生不变。同时，由于 MHC 系统的高度多态性，在无血缘关系的人群中，MHC 表现型完全相同者是罕见的。在同一家庭内 MHC 的遗传是以单体为单位从亲代遗传给子代，子代的两个 MHC 单体型各来自双亲一方，因此 HLA 检测至少具有两方面的意义：① 由于 HLA 具有单倍型遗传的特点，每个子代均从其父母各得到一个单倍型，因此可用于亲子关系鉴定。② 如用分子生物学方法，尚可对极少量的陈旧性标本进行检测，在法医学上可用于凶犯身份鉴定和死者身份鉴定。

四、HLA 与人类学研究

HLA 复合体系统的多态性是人类进化的产物，因此各人种、各民族的 HLA 抗原分布、基因频率、单体型组合及频率能为研究民族和种族的起源、演变、进化和迁移提供极为有价值的信息，IHWC 已组织两次以上世界范围内的不同水平上的 HLA 抗原及等位基因调查，并绘制了系统树。我国 HLA 工作者也已对我国南北汉族的 HLA 多态性分布进行了调查，发现高加索人种起源的 MHC 抗原(A1、A3、B7、B8、B14)在华北人中有较高频率而向着南方降低，而起源于东南亚的 HLA 抗原(A11、B46)则在华南人中有较高频率而向着北方降低的梯度分布。根据遗传距离聚类分析，表明中华民族包含华北、华南两大群体，提出中华民族双重起源学说。对我国西双版纳傣族群体 HLA Ⅱ类的基因分析，也发现 DR、DQ、DP 等位基因频率与连锁不平衡单体型明显有别于白种人及其他人种而具有该民族的独特性。

小　结

机体内与排斥反应有关的抗原系统中，能引起强而迅速排斥反应者称为主要组织相容性抗原，其编码基因是一组紧密连锁的基因群，称为主要组织相容性复合体(major histocompatibility complex，MHC)，不仅与移植排斥反应有关，也广泛参与免疫应答的诱导与调节。人的 MHC 编码的抗原系统称为人类白细胞抗原系统(human leucocyte antigen，HLA)。HLA 复合体分为Ⅰ类基因、Ⅱ类基因区和Ⅲ类基因区。HLA 的遗传特征包括单体型遗传、多态性现象和基因连锁不平衡。不同 HLA 分子的结构、组织分布不同，功能也有差异。MHC 分子高亲和力与抗原肽结合成为复合物，这是 MHC 分子有效提呈抗原的重要前提。主要组织相容性抗原的生物学功能包括通过参与对抗原的加工处理、约束免疫细胞间相互作用、参与对免疫应答的遗传控制、诱导自身或同种淋巴细胞反应和参与T细胞分化过程,从而参与对机体免疫应答的调节。HLA表达异常与疾病的发生有关。

复习题

1. 名词解释

   MHC　HLA复合体　HLA　MHC限制性

2. 简答题

   (1) 请描述MHC的基因组成及定位。

   (2) 请从MHC分子的分布、结构与功能三个方面分析与其功能的关系。

   (3) 请简要回答MHC分子的基因分布情况及其在抗原递呈中的作用。

(左　丽)

第八章

白细胞分化抗原和黏附分子

免疫应答过程有赖于免疫系统中细胞间的相互作用，包括细胞间直接接触和通过分泌细胞因子或其他生物活性分子介导的作用。免疫细胞之间相互识别的分子基础是表达于细胞表面的多种功能分子，包括细胞表面的多种抗原、受体和其他膜分子等。有些细胞表面功能分子也称为细胞表面标志(cell surface marker)。

第一节 人白细胞分化抗原

一、人白细胞分化抗原的概念

(一) 白细胞分化抗原的概念

白细胞分化抗原(leukocyte differentiation antigen)主要是指造血干细胞在分化成熟为不同谱系(lineage)、各个谱系分化的不同阶段，以及细胞活化过程中，出现或消失的细胞膜表面分子。白细胞分化抗原除表达在白细胞外，还表达在红系和巨核细胞/血小板谱系，并广泛分布于许多非造血细胞如血管内皮细胞、成纤维细胞、上皮细胞、神经内分泌细胞等。白细胞分化抗原大多数是跨膜糖蛋白，其结构可分为胞膜外区、跨膜区和胞质区；有些白细胞分化抗原是以糖基磷脂酰肌醇(glycosyl-phosphatidylinositol, GPI)连接方式，锚定在细胞膜上。少数白细胞分化抗原是碳水化合物。

根据人白细胞分化抗原胞外区结构特点，可将其分为不同的家族(family)或超家族(superfamily)。常见的有免疫球蛋白超家族(IgSF)、C型凝集素超家族、整合素家族、选择素家族等。

(二) CD的概念

国际专门命名机构应用以单克隆抗体鉴定为主的方法，将来自不同实验室的单克隆抗体所识别的同一种分化抗原归为同一个分化群，简称CD(cluster of differentiation)。在许多情况下，抗体及其识别的相应抗原都用同一个CD编号，在阅读教科书和文献时需加注意。人CD的编号已从CD1命名至CD363，可大致划为14个组。

二、人白细胞分化抗原的功能

人白细胞分化抗原按其执行的功能，主要可分为受体、共刺激(或抑制)分子以及黏附分子等，其中受体可包括特异性识别抗原受体及其辅助受体、模式识别受体(pattern-recognition receptor, PRR)、细胞因子受体、补体受体、NK细胞受体以及IgFc受体等。有关T细胞受体(TCR)、B细胞受体(BCR)、补体受体和细胞因子受体的主要功能(图8-1)等内容在本书相关章节中介绍。

第二节 黏附分子

细胞黏附分子(cell adhesion molecule, CAM)是介导细胞与细胞之间或细胞与细胞外基质(extracellular

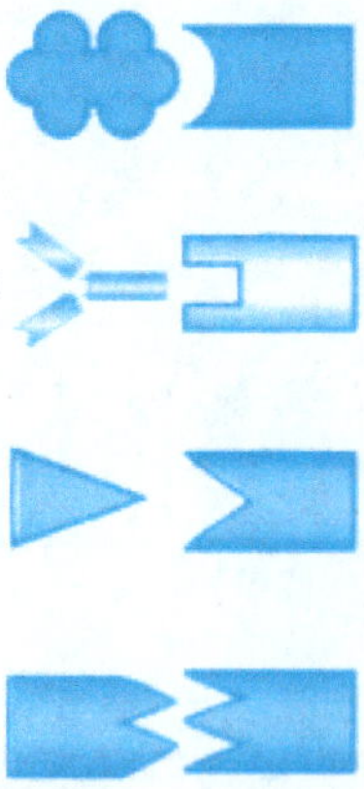

图 8-1 免疫细胞表面相关受体与配体结合后发挥的主要功能

matrix, ECM)间相互接触和结合的分子统称。黏附分子以受体-配体结合的形式发挥作用,参与细胞间的相互识别,细胞的活化和信号转导,细胞的增殖与分化,细胞的伸展与迁移,是免疫应答、炎症发生、凝血、肿瘤转移以及创伤愈合等一系列重要生理和病理过程的分子基础。

一、黏附分子分类

黏附分子与 CD 分子是从不同角度来命名。黏附分子是以黏附功能来归类,其配体有膜分子、细胞外基质以及血清等体液中的可溶性分子(如 C3 片段,抗体的 Fc 段)。大部分黏附分子已有 CD 的编号,但也有部分黏附分子尚无 CD 编号。黏附分子根据其结构特点可分为免疫球蛋白超家族、整合素家族、选择素家族、黏蛋白样血管地址素、钙黏蛋白家族等,此外还有一些尚未归类的黏附分子。有关免疫球蛋白超家族中某些常见的黏附分子如 CD4、CD8、CD22、CD28、CTLA-4、ICOS、ICAM-1、CD80 和 CD86 等在本书相应章节中加以介绍。本节简要介绍整合素家族和选择素家族。

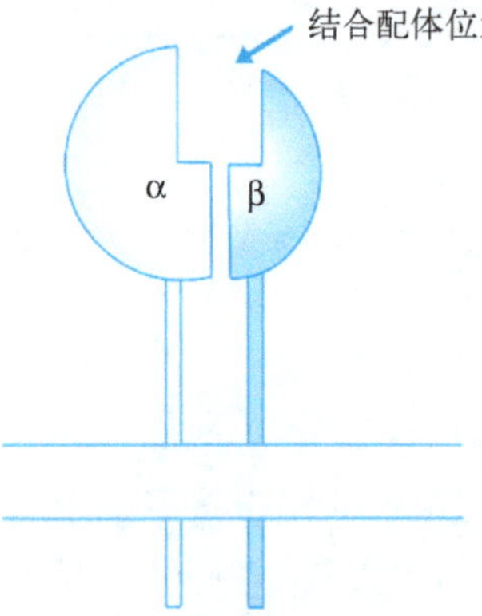

图 8-2 整合素分子的基本结构示意图

(一) 整合素家族

整合素家族(integrin family)最初是因该类黏附分子主要介导细胞与细胞外基质的黏附,使细胞得以附着而形成整体(integration)而得名。

1. 整合素分子的基本结构 整合素家族的成员都是由 α、β 两条链(或称亚单位)经非共价键连接组成的异源二聚体。α、β 链共同组成识别配体的结合点(图 8-2)。

整合素分子由 α 亚单位和 β 亚单位组成,在胞膜外区共同组成识别配体部位。

2. 整合素家族的成员组成 整合素家族中至少有 18 种 α 亚单位和 8 种 β 亚单位,以含有 β 亚单位的不同可将整合素家族分为 8 个组(β1 组~β8 组)。同一个组内不同成员的 β 链均相同,但 α 链不同。大部分 α 链可结合一种 β 链,但有的 α 链可分别结合两种或两种以上的 β 链。表 8-1 列举了整合素家族 β1、β2、β3 三个组中某些成员的结构、分布、相应配体和主要功能。

3. 整合素分子的分布 整合素分子在体内分布十分广泛,一种整合素可分布于多种细胞,同一种细胞也往往有多种整合素的表达。某些整合素的表达具有显著的细胞特异性,如白细胞黏附受体组(β2 组)主要分布于白细胞,gpⅡbⅢa 分布于巨核细胞和血小板(表 8-1)。整合素分子的表达水平可随细胞活化和分化状态发生改变。

表 8-1 整合素家族β1、β2、β3 组中某些成员的主要特征(举例)

分组	成员举例	亚单位结构	分布	配体	主要功能
VLA 组(β1 组)	VLA-4 (CD49d/CD29)	α4 β1	淋巴细胞,胸腺细胞 单核细胞,嗜酸性粒细胞	FN, VCAM-1 MAdCAM-1	参与 T 细胞活化

续表

分　组	成员举例	亚单位结构	分　布	配　体	主 要 功 能
白细胞黏附受体组(β2 组)	LFA－1 (CD11a/CD18)	αL β2	淋巴细胞，髓样细胞	ICAM－1,2,3	参与 T 细胞活化、淋巴细胞再循环和炎症等
	Mac－1 (CR3，CD11b/CD18)	αM β2	髓样细胞，淋巴细胞	iC3b，Fg ICAM－1	参与细胞黏附、炎症和调理吞噬
血小板糖蛋白组 (β3 组)	gpⅡbⅢa (CD41/CD61)	αIIb β3	血小板，内皮细胞 巨核细胞	Fg，FN，vWF TSP	血小板活化和凝集

注：Fg：血纤蛋白原；FN：纤连蛋白；iC3b：灭活 C3b 片段；ICAM－1(2,3)：细胞间黏附分子－1(2,3)；LFA－1：淋巴细胞功能相关抗原 1；MAdCAM－1：黏膜地址素细胞黏附分子 1；TSP：血小板反应蛋白；VCAM－1：血管细胞黏附分子－1；VLA：迟现抗原；vWF：冯·维勒布兰德因子。

(二) 选择素家族

选择素家族(selectin family)成员有 L－选择素、P－选择素和 E－选择素，在白细胞与内皮细胞黏附，炎症发生以及淋巴细胞归巢中发挥重要作用。

1. *选择素分子的基本结构*　选择素为跨膜分子，选择素家族各成员胞膜外区结构相似，均由 C 型凝集素样(CL)结构域、表皮生长因子(EGF)样结构域和补体调节蛋白(CCP)结构域组成。其中 CL 结构域可结合某些碳水化合物，是选择素结合配体部位(图 8－3)。选择素分子胞质区与细胞骨架相连。

2. *选择素家族的组成*　选择素家族有 L－选择素(CD62L)、P－选择素(CD62P)和 E－选择素(CD62E)三个成员，L、P 和 E 分别表示这三种选择素最初发现表达在白细胞、血小板或血管内皮细胞(图 8－3)。

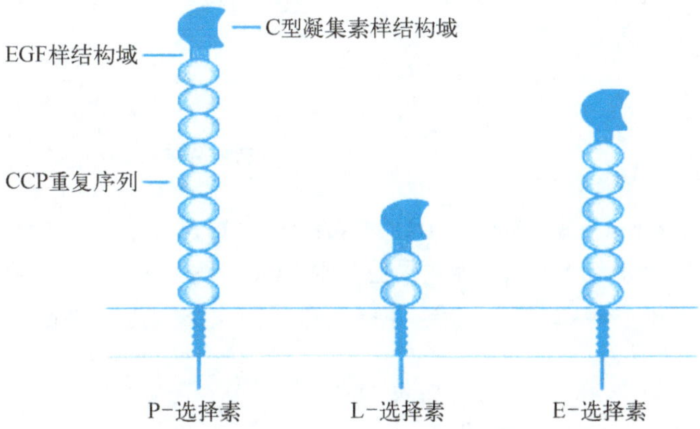

图 8－3　选择素分子的结构

3. *选择素分子识别的配体*　与大多数黏附分子所结合的配体不同，选择素识别的是一些寡糖基团，主要是唾液酸化的路易斯寡糖(sialyl-Lweis^{x}，sLe^{x} 即 CD15s)或类似结构分子，这些配体主要表达于白细胞和内皮细胞表面。

二、黏附分子的功能

黏附分子参与机体多种重要的生理功能和病理过程，概述如下：

1. *参与免疫细胞之间的相互作用*　免疫细胞之间的相互作用均有黏附分子的参与，如 T 细胞与 APC 之间的相互作用包括：CD4－MHC Ⅱ类分子、CD8－MHC Ⅰ类分子、CD28－CD80 或 CD86、CD2－CD58、LFA－1－ICAM－1 等。T 细胞识别 APC 细胞提呈的抗原后，专职 APC 上表达的 CD80(或 CD86)分子与 T 细胞表达的 CD28 结合，提供 T 细胞活化的第二信号，刺激 T 细胞活化、增殖和分化；如 APC 细胞不表达 CD80/CD86，则 T 细胞缺乏 CD80/CD86－CD28 相互作用提供的辅助刺激信号，抗原刺激后的 T 细胞会处于免疫应答无能(anergy)状态。

2. *白细胞与血管内皮细胞间黏附参与炎症过程*　以中性粒细胞为例，在炎症发生初期，中性粒细胞表面的唾液酸化的路易斯寡糖(sLe^{x})与内皮细胞表面炎症介质所诱导表达的 E－选择素的相互作用，介导了中性粒细胞沿血管壁的滚动和最初的结合；随后，在某些炎症因子刺激下中性粒细胞表面 LFA－1 和 Mac－1 等整合素分子表达上调，与内皮细胞表面表达的 ICAM－1 结合，导致中性粒细胞与内皮细胞紧密的黏附、迁移到炎症部位(图 8－4)。

3. *淋巴细胞归巢(lymphocyte homing)*　是淋巴细胞的定向迁移，包括成熟淋巴细胞向外周免疫器官以及淋巴细胞向炎症部位迁移。其分子基础是表达于淋巴细胞表面，称之为淋巴细胞归巢受体(lymphocyte

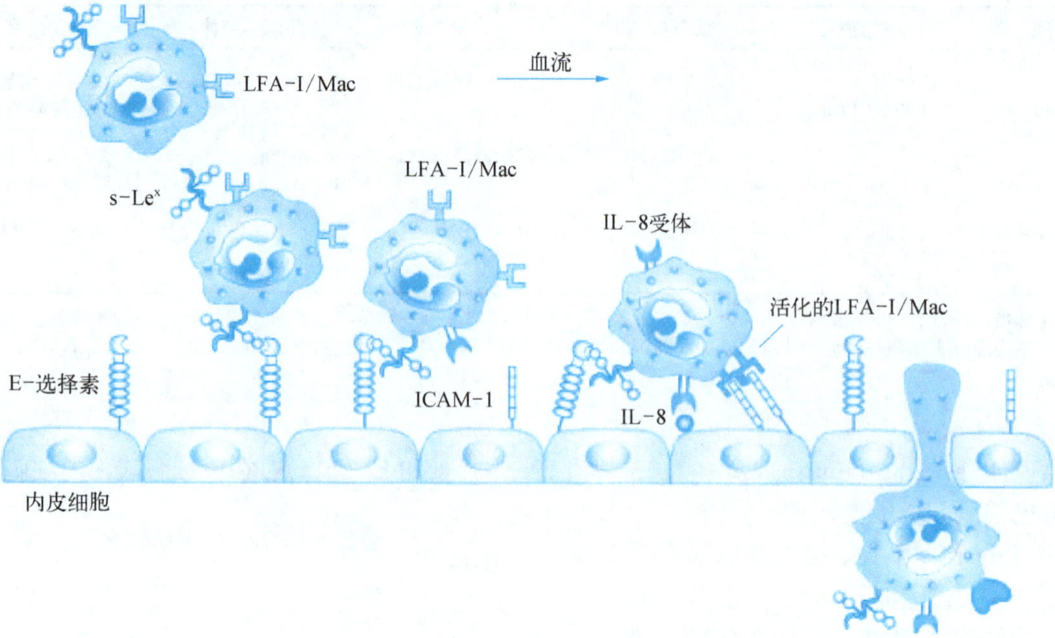

图 8-4　黏附分子介导中性粒细胞与血管内皮细胞的相互作用

homing receptor，LHR)的黏附分子，通过与表达于内皮细胞上，称之为血管地址素(vascular addressin)的配体分子相互作用，导致淋巴细胞归巢。图 8-5 列举了在淋巴细胞再循环中，初始 T 细胞与淋巴结中的高内皮微静脉(HEV)结合，并穿出血管内皮细胞进入淋巴结过程中所参与的黏附分子。

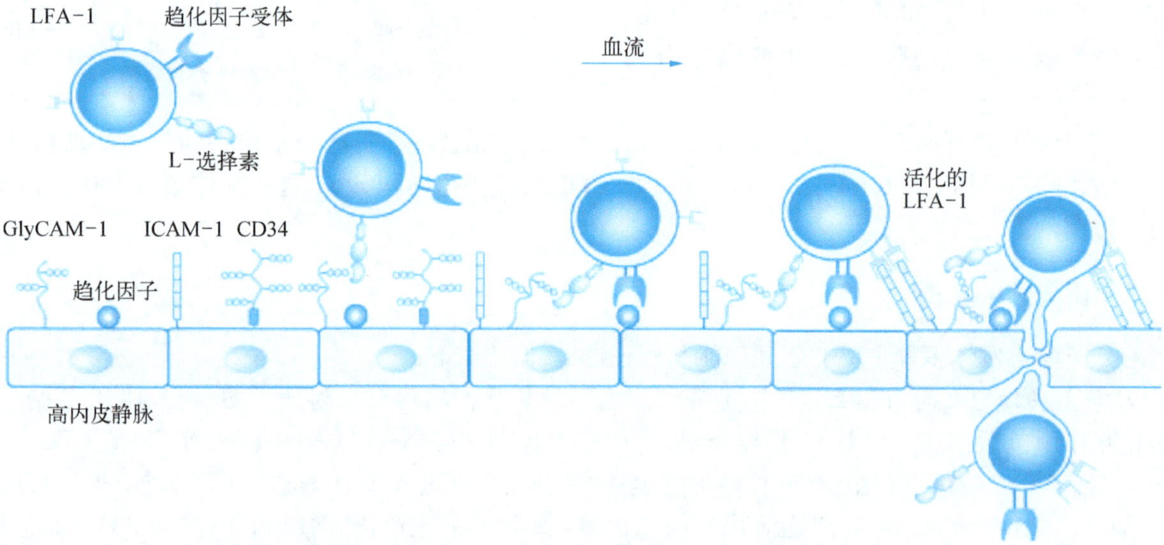

图 8-5　初始 T 细胞进入淋巴结中与高内皮静脉表达的黏附分子相互作用

第三节　CD 和黏附分子及其单克隆抗体的临床应用

CD 和黏附分子及其相应的单克隆抗体已在临床免疫学中得到十分广泛的应用，此处仅就在疾病的发病机制、诊断、预防和治疗中的应用举例加以介绍。

一、在发病机制研究中的应用

CD4 分子胞膜外区第一个结构域是人类免疫缺陷病毒(human immunodeficiency virus, HIV)囊膜糖蛋白 gp120 识别的部位,因此人类 CD4 分子是 HIV 入侵的人类宿主细胞的主要受体。HIV 感染 $CD4^+$ T 细胞后,选择性地使 $CD4^+$ T 细胞数量锐减和功能降低。由于 $CD4^+$ T 细胞是免疫系统中重要的免疫效应细胞和免疫调节细胞,因此 HIV 感染后临床上突出的表现是获得性免疫缺陷综合征(acquired immunodeficiency syndrome, AIDS)(详见第十九章)。

CD18(β2 整合素)基因缺陷导致 LFA-1(CD11a/CD18)、Mac-1(CD11b/CD18)等整合素分子功能不全,导致白细胞不能黏附和穿过血管内皮细胞,由此引起一种称为白细胞黏附缺陷症(leukocyte adhesion deficiency, LAD)的严重免疫缺陷病。

二、在疾病诊断中的应用

检测 HIV 患者外周血 CD4 阳性细胞绝对数,对于判断艾滋病病情有重要参考价值。正常人外周血 $CD4^+$ T 细胞绝对数在 500 个/μL 以上,当 HIV 感染患者 $CD4^+$ T 细胞降至 200 个/μL 以下,提示病情恶化。

此外,CD 单克隆抗体为白血病、淋巴瘤的免疫学分型提供了精确的手段,用单克隆抗体免疫荧光染色和流式细胞术分析,可进行白血病和淋巴瘤的常规免疫学分型。

三、在疾病预防和治疗中的应用

抗 CD3、CD25 等单克隆抗体(McAb)作为免疫抑制剂在临床上用于防治移植排斥反应,取得明显疗效。例如,体内注射一定剂量抗 CD3 McAb 后,抗 CD3 McAb 与 T 细胞结合,通过活化补体溶解 T 细胞,抑制机体细胞免疫功能,达到防治移植排斥反应目的。抗 B 细胞表面标记 CD20 的 McAb 靶向治疗来源于 B 细胞的非霍奇金淋巴瘤(non-Hodgkin's lymphoma, NHL),有较好的疗效。

小　结

白细胞分化抗原和黏附分子是免疫细胞表面重要的功能分子。许多白细胞分化抗原以 CD 加以命名。黏附分子根据其结构特征可分为 IgSF、整合素家族、选择素家族、钙黏蛋白家族等,广泛参与免疫应答、炎症发生、淋巴细胞归巢等生理和病理过程。CD 和黏附分子及其单克隆抗体在基础医学和临床医学中的应用十分广泛。

复习题

1. 名词解释

   白细胞分化抗原　黏附分子　CD 分子

2. 简答题

   (1) 试举 3 例说明白细胞分化抗原的功能?

   (2) 简述黏附分子的功能?

(商正玲)

第三篇

免疫细胞

第九章

T 细胞

T 细胞也称 T 淋巴细胞，是胸腺依赖淋巴细胞（thymus-dependent lymphocyte）的简称。造血干细胞（hemopoietic stem cell, HSC）在骨髓微环境的影响下，分化为淋巴干细胞，进一步分化为祖细胞（progenitor，包括祖 T 细胞和祖 B 细胞等）。从胚胎发育的第 11 周起，来自卵黄囊、胚肝以及骨髓的祖 T 细胞（pro-T），经血液输送到胸腺，在胸腺中分化、发育为成熟 T 细胞，然后移行至外周血液和淋巴组织，接受抗原刺激后，分化成效应 T 细胞和记忆 T 细胞，参与机体的免疫应答和免疫记忆的维持。

第一节 T 细胞的分化发育

胸腺是 T 细胞分化发育和成熟的主要场所，在胸腺中处于不同分化阶段的 T 细胞统称为胸腺细胞（thymocyte）。T 细胞的分化发育和成熟受到胸腺微环境中细胞因子、胸腺基质细胞（thymus stromal cell, TSC）以及胸腺上皮细胞的诱导和调控：胸腺基质细胞可通过细胞表面的黏附分子与胸腺细胞相互作用，其中的“抚育细胞”（nurse cell）对于 T 细胞的分化和成熟起到重要的调节作用。胸腺基质细胞分泌的多种细胞因子（如 IL－1、IL－6 和 IL－7）和胸腺激素（如胸腺素和胸腺生成素）可诱导胸腺细胞分化，而胸腺细胞也可分泌多种细胞因子（如 IL－2 和 IL－4）调节自身的分化和成熟。此外，胸腺内上皮细胞、巨噬细胞和树突状细胞对于胸腺细胞在分化过程中形成自身耐受、MHC 限制性以及 T 细胞功能性亚群起着决定性作用。

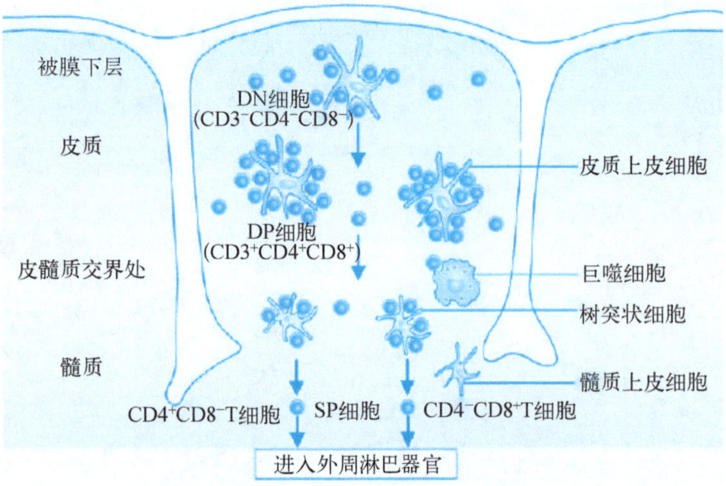

图 9－1　T 细胞在胸腺的发育阶段

祖 T 细胞进入胸腺后，沿胸腺浅皮质区向深皮质区、髓质区移行，细胞表面分子也随之变化。这些表面分子，尤其是 TCR、CD3、CD4 和 CD8 分子，不仅是不同发育阶段 T 细胞的表面标志，也在一定程度上影响着 T 细胞在胸腺的发育。根据 T 细胞表达的表面分子的不同，可将 T 细胞在胸腺内的发育大体上分为三个阶段：早期 T 细胞的表型为 $CD4^-$ $CD8^-$，称为双阴性细胞（double negative cell, DN），主要在皮质区域分化；随后分化为 $CD4^+CD8^+$ 双阳性细胞（double positive cell, DP），开始表达 TCR，并进入髓质区。DP 细胞经过阳性选择和阴性选择，最终发育为成熟的、仅表达 $CD4^+$ 或 $CD8^+$ 的单阳性细胞（single positive cell, SP）。图 9－1 表示了 T 细胞在胸腺发育的各阶段表面标志及相互作用的细胞。

一、T 细胞受体（TCR）的发育

根据组成肽链的不同，可将 TCR 分为 TCRαβ 和 TCRγδ。TCR 的发育和成熟涉及 T 细胞中一系列基因

的有序表达和关闭。最早表达的 T 细胞特异性基因是 CD3δ，随即出现 pre－TCR 替代轻链 pTα(gp33)的 mRNA，以及 TCRβ 的胚系转录本，其后是重组活化基因 1、2(recombination activating genes 1，RAG－1、2)的表达。在 RAGs 的作用下，DN 细胞的 TCRβ 基因开始进行 V、D、J 区重排，表达出 β 链蛋白，并与 pTα 组装成 pre－TCRpTα：β，表达于细胞表面，和低水平表达的 CD3γ、δ、ε 链共同开始行使信号转导功能，诱导 T 细胞进一步克隆扩增，并关闭 TCRβ 基因的进一步重排。待细胞分化至 $CD4^+CD8^+$ pTα：$βCD3^{low}$ 的 DP 阶段，细胞停止增殖，并启动 TCRα 基因的重排。胸腺细胞此时开始表达成熟的具有功能性的 TCRαβ，这为其经历后续的选择过程做好了准备。

二、T 细胞发育过程中的阳性选择

阳性选择(positive selection)发生在胸腺深皮质区，参与细胞包括胸腺皮质上皮细胞。在此过程中，未成熟的双阳性 T 细胞(DP)通过其 TCR 识别胸腺上皮细胞表面的自身肽－MHC 分子复合物，若 TCR 能以适当亲和力与之结合，该细胞可以存活下来并继续分化成 $CD4^+$ 或 $CD8^+$ 的单阳性 T 细胞(SP)：其中可识别 MHC Ⅰ类分子的 DP 细胞中 CD8 分子表达升高，CD4 分子表达下降直至丢失，成为 $CD8^+$ 单阳性 T 细胞；而识别 MHC Ⅱ类分子的 DP 细胞中 CD4 分子表达升高，CD8 分子表达下降直至丢失，成为 $CD4^+$ 单阳性细胞。那些 TCR 不能与自身肽－MHC 复合物有效结合，或亲和力过高的 DP 细胞则在胸腺皮质中发生凋亡，此类凋亡细胞占 DP 细胞的 95%以上。这一过程称为 T 细胞的阳性选择，历经阳性选择而存活下来的 T 细胞具备了自身 MHC 的限制性(图 9－2)。

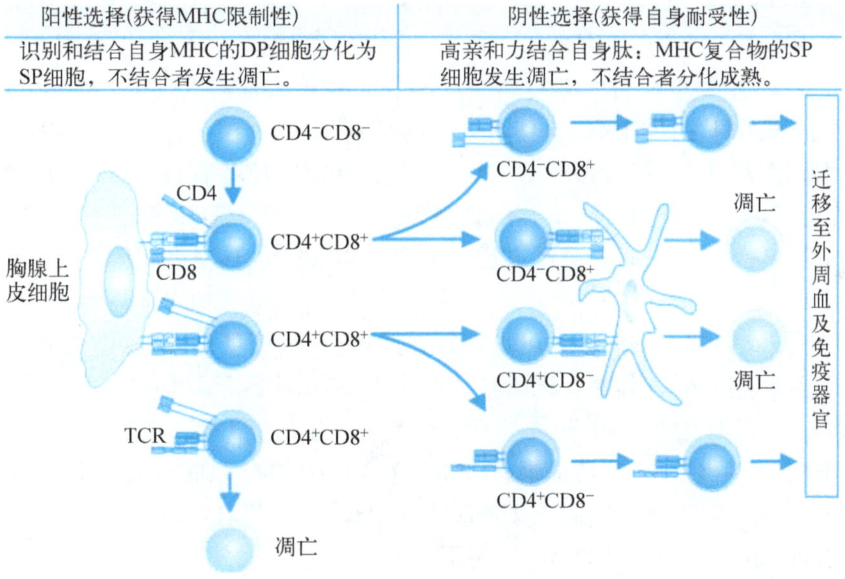

图 9－2 T 细胞发育过程中的阳性选择和阴性选择

三、T 细胞发育过程中的阴性选择

阴性选择(negative selection)发生在胸腺皮髓质交界处及髓质区，参与细胞有胸腺树突状细胞和巨噬细胞。经历了阳性选择的 $CD4^+$ 或 $CD8^+$ 的 SP 细胞若能通过 TCR 与这些细胞表面的自身抗原肽－MHC 分子复合物发生高亲和力结合，即被诱发凋亡或失能，反之则继续发育为成熟的、能识别外来抗原的 T 细胞，这一过程称为 T 细胞的阴性选择。阴性选择清除了自身反应性的 T 细胞克隆，从而获得对自身抗原的耐受性，是 T 细胞获得中枢免疫耐受的主要机制。但一些不在胸腺中表达的自身抗原，其对应的自身反应性 T 细胞仍能发育成熟，并输出至外周，其可能会通过其他机制，在外周建立免疫耐受(图 9－2)。

T 细胞在胸腺内经历了上述复杂的过程，包括分化抗原的表达、各种细胞受体，尤其是 TCR 的表达，并通过阳性选择和阴性选择，最终只有不到 5%的胸腺细胞分化发育为成熟的 $CD4^+CD8^-$ 或 $CD8^+CD4^-$ T 细胞，形成具有免疫功能的 T 细胞库。成熟的 T 细胞具有多样性 TCR、MHC 限制性和自身耐受性，由胸腺迁出，大部分通过皮髓连接处的毛细血管后静脉进入血液,少数通过淋巴管入血,它们通过细胞表面的归巢受体(如 L-选择素)到达外周淋巴组织的胸腺依赖区定居。在受到相应抗原刺激后,即发生活化、增殖和分化,发挥相应的免疫功能。

第二节 T 细胞的主要表面分子

T 细胞在不同分化阶段可表达不同种类和数量的表面分子,包括各种表面抗原和表面受体,它们是 T 细胞与其他细胞和分子间相互识别、作用的物质基础。这些表面分子参与 T 细胞对抗原的识别、T 细胞的活化、增殖、分化以及发挥效应的过程。其中有些表面分子还是 T 细胞重要的表面标志,通过对这些分子的检测可以鉴定 T 细胞的种类、亚群,反应 T 细胞分化成熟、活化状态和功能状态,并可用于 T 细胞分离。

一、TCR - CD3 复合物

TCR - CD3 复合物表达在所有成熟的 T 细胞表面,参与 T 细胞的抗原识别和活化信号的传递。T 细胞受体(T cell receptor, TCR)是 T 细胞特异性识别抗原的结构单位。TCR 与 CD3 分子通过非共价键结合,形成 TCR - CD3 复合物,T 细胞通过 TCR 特异性识别抗原,再由 CD3 分子向 T 细胞内传递信号。

(一) TCR

TCR 是由二硫键连接的异二聚体分子,由 α 链和 β 链,或 γ 链和 δ 链组成,因此 TCR 可分成 αβ 和 γδ 两种类型。外周成熟 T 细胞中 90%以上表达 αβTCR,具有高度多样性,在适应性免疫应答中处于核心地位。而 γδT 细胞的多样性较少,主要参与机体固有免疫。每个 T 细胞表面有 3 000～30 000 个 TCR。

编码人类 TCR 的 α 链的基因位于第 14 号染色体,编码 β 链的基因位于第 7 号染色体。α 链基因含 *V*、*J*、*C* 片段,而 β 链基因则由 *V*、*D*、*J*、*C* 片段组成。*V*、*D*、*J*、*C* 基因座位各有数量不等的等位基因,它们在 T 细胞胸腺发育的早期经历基因重排,再翻译、组装出具有高度多样性的 αβTCR 分子。编码 γ 链的基因位于第 7 号染色体,其结构与 β 链基因相似。而 δ 链的基因位点较为特殊,位于 Vα 基因区内。γ、δ 链基因重排的机制与 TCRα、β 基因相同。

1. $\alpha\beta^+$TCR　由一条 α 链和一条 β 链组成,这两条链均是跨膜糖蛋白,两条链之间由二硫键相连。每条链可分为胞外区、跨膜区和胞质区。其胞外区折叠成两个 Ig 样功能区,即可变区(V 区)和恒定区(C 区)。与抗体分子的结构相似,$\alpha\beta^+$TCR 的 V 区中同样具有 3 个互补决定区(CDR),这是 TCR 与抗原肽- MHC 分子复合物直接接触的部位。其中 CDR3 与抗原肽- MHC 复合物中的抗原肽结合,CDR1 和 CDR2 则与 MHC 的相应位点结合(图 9 - 3)。因此,TCR 在识别抗原肽- MHC 分子复合物时具有双重特异性,即所谓"双识别",在识别抗原肽的同时也要识别自身的 MHC 分子。

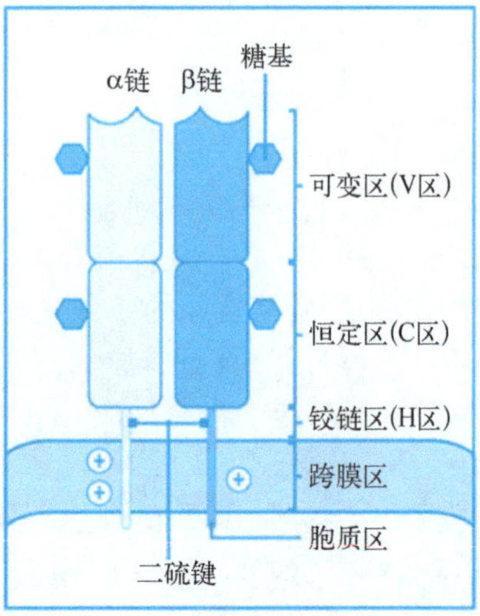

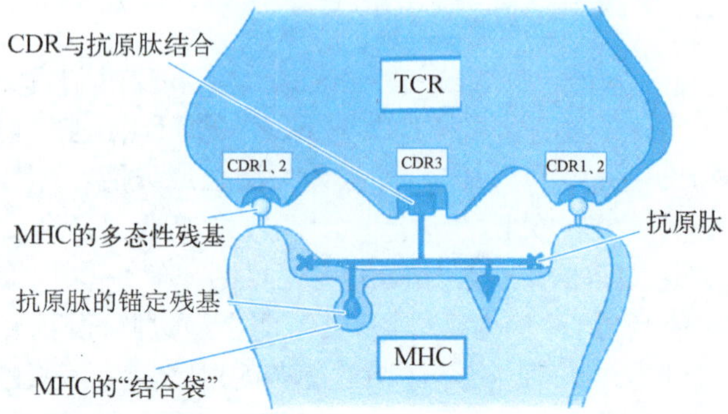

图 9 - 3　TCR 结构示意图

$\alpha\beta^+$ TCR 的跨膜区含有带正电荷的氨基酸残基，它们与 CD3 分子跨膜区带负电荷的氨基酸残基间形成盐桥，这对 TCR-CD3 复合物的形成以及胞内信号转导都很重要。$\alpha\beta^+$ TCR 的胞质区很短，只含 3～12 个氨基酸残基，因此 TCR 分子本身不能向细胞内转导活化信号。

2. $\gamma\delta^+$ TCR　其基本结构与 $\alpha\beta^+$ TCR 相同，由 γ 链和 δ 链组成，也与 CD3 分子形成复合物，但其多样性远低于 $\alpha\beta^+$ TCR。

（二）CD3

CD3 分子包括 γ、δ、ε、ζ、η 五种肽链。它们通过非共价键组成异源二聚体或同源二聚体：ε-δ、ε-γ 和 ζ-ζ（或 ζ-η）。五种肽链均为跨膜糖蛋白，跨膜区有带负电荷的氨基酸残基，与 TCR 跨膜区带有正电荷的氨基酸残基形成盐桥。CD3 分子的五种肽链均能转导 TCR 识别的抗原信号，因为它们的胞质区都有免疫受体酪氨酸活化基序（immune receptor tyrosine based activation motif, ITAM），此基序与 T 细胞识别抗原后的活化及信号转导有密切关系。ITAM 中含有 2 个酪氨酸-x-x-亮氨酸（x 代表任意氨基酸）保守序列。该序列中的酪氨酸被 T 细胞内的酪氨酸蛋白激酶 $p56^{Lck}$ 磷酸化后，引起信号转导的级联反应，导致 T 细胞的活化。CD3γ、ε、δ 各含 1 个 ITAM；η 链含 2 个 ITAM；ζ 链的胞外区很短，但其胞内段较长，含有 3 个 ITAM。ITAM 在 TCR 活化信号转导中起关键作用，CD3 肽链缺失可致 T 细胞活化缺陷（图 9-4）。

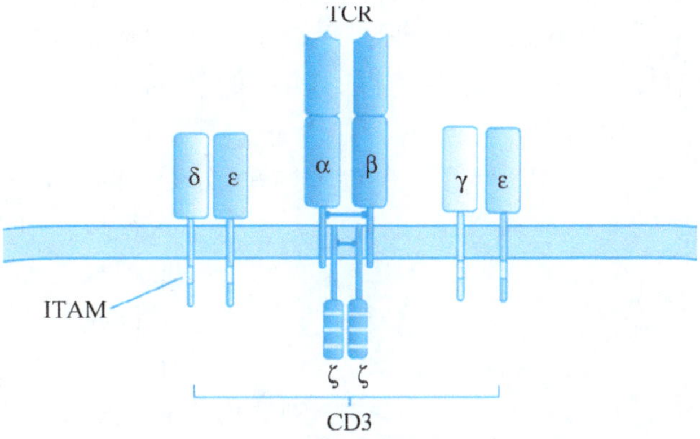

图 9-4　TCR-CD3 复合物结构示意图

二、共受体 CD4 和 CD8

成熟 T 细胞只能表达 CD4 或 CD8 分子，约 65%外周成熟 T 细胞表面表达 CD4 分子，这些细胞被称为 $CD4^+$ T 细胞，其余的则表达 CD8 分子，称 $CD8^+$ T 细胞。

1. CD4 分子　为单链跨膜糖蛋白，是辅助性 T 细胞（helper T cell, Th）的重要表面标志。胞膜外区具有 4 个 IgV 样功能区，属免疫球蛋白超家族成员。CD4 的第 1 和第 2 个功能区与 MHC Ⅱ类分子的非多态区 β2 结构域结合，辅助 TCR 识别结合抗原肽-MHC Ⅱ类分子复合物。CD4 分子胞质区与酪氨酸蛋白激酶 $p56^{Lck}$ 相联，对 T 细胞抗原识别信号的转导起重要作用（图 9-5）。

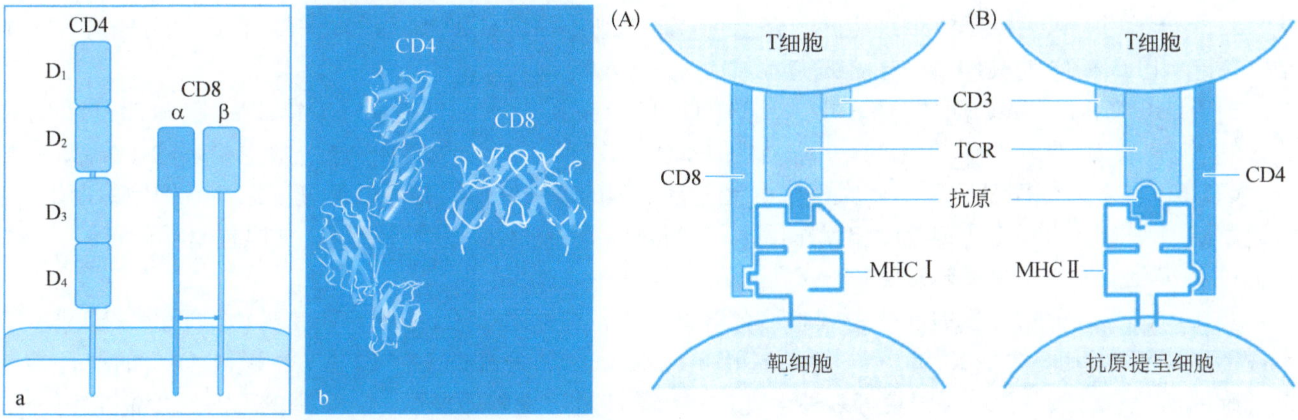

图 9-5　CD4 和 CD8 分子的结构与功能

CD4 分子也是人类免疫缺陷病毒（HIV）的特异性受体，它能与 HIV 包膜蛋白 gp120 结合，从而参与介导 HIV 感染 $CD4^+$ T 细胞。

2. CD8 分子　是细胞毒 T 细胞（cytotoxic T lymphocyte, CTL）的重要表面标志，是由 α 和 β 两条多肽

链组成的跨膜糖蛋白,也属免疫球蛋白超家族成员。CD8 的 α 和 β 链的胞外区各有一个 IgV 样功能区,CD8 分子通过该区和 MHC Ⅰ类分子的非多肽区 α3 结构域结合,增强 CTL 与靶细胞的相互作用。目前发现 CD8 也与蛋白酪氨酸激酶 $p56^{Lck}$ 相关,在 T 细胞增殖和分化的信号转导中起重要作用(图 9-5)。

三、协同刺激分子

初始 T 细胞的活化需要两个信号的刺激:第一信号来自抗原,是抗原提呈细胞表面的抗原肽-MHC 分子复合物与 TCR-CD3、CD4 或 CD8 的相互作用和结合;第二信号来自协同刺激分子对,是 APC 表面的协同刺激分子与 T 细胞表面的相应受体的相互作用。当 T 细胞只有第一信号而缺乏第二信号时,T 细胞处于无应答状态。目前已知多种协同刺激分子对,其中发现最早、作用机制较清楚、较重要的一对分子是:表达在 APC 表面的 B7 分子和 T 细胞表面的 CD28 分子。两者结合后由 CD28 分子向 T 细胞内传递信号,促进 T 细胞应答。其他的协同刺激分子及受体有 LFA-1/ICAM-1、CD2/LFA-3、CD40/CD40L 等。

1. CD28 和 CTLA-4　CD28 分子为同源二聚体结构,属于 IgSF 成员,由两条 44 kDa 多肽链借助二硫键连接。CD28 分子表达于 90% 的 $CD4^+$ T 细胞表面和 50% 的 $CD8^+$ T 细胞表面。CTLA-4(cytotoxic T lymphocyte antigen 4,细胞毒 T 细胞抗原 4,CD152)与 CD28 分子的结构有高度同源性,主要表达于活化的 T 细胞表面,静止 T 细胞不表达。CD28 和 CTLA-4 的天然配体都是 B7 分子,包括 B7-1(CD80)和 B7-2(CD86)。B7 主要表达于专职 APC 表面,与表达于静止 T 细胞表面的 CD28 结合,为 T 细胞活化提供重要的第二信号,能促进 T 细胞活化增殖并分泌 IL-2 等细胞因子。而活化的 T 细胞开始表达 CTLA-4,它与 B7 的亲和力明显高于 CD28 分子。CTLA-4 与 B7 结合后,其胞质区的免疫受体酪氨酸抑制基序(immunoreceptor tyrosine-based inhibition motif, ITIM)中的酪氨酸残基被磷酸化,形成募集蛋白酪氨酸磷酸酶的停靠位点,这些磷酸酶可催化活化信号蛋白的去磷酸化,从而抑制 T 细胞的活化信号,避免 T 细胞的过度激活。这是机体调控免疫应答强度的一个重要反馈机制(图 9-6)。

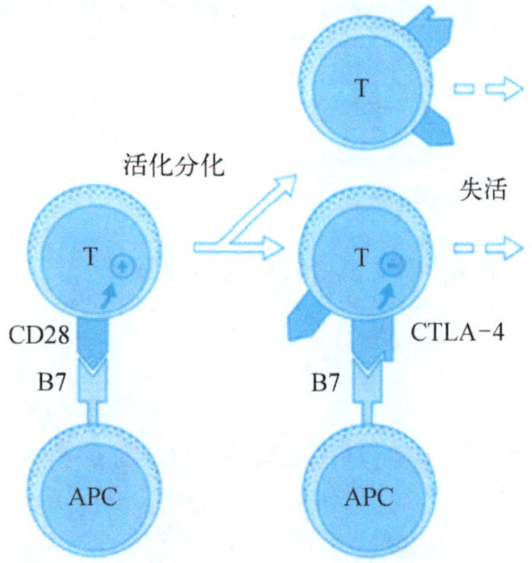

图 9-6　CD28 与 CTLA-4 分子的作用机制

2. CD2　即淋巴细胞功能相关分子 2(lymphocyte function-associated antigen 2, LFA-2)又称绵羊红细胞受体,属于 IgSF 成员,表达于 90% 以上的 T 细胞、50%～70% 的胸腺细胞表面,其配体是 LFA-3(CD58)、CD59 或 CD48 分子。CD2 与其配体结合后,能加强 T 细胞与其他细胞间的黏附,促进 T 细胞的活化。CD2 分子还可以直接介导 T 细胞的旁路活化:即 T 细胞在没有 TCR-CD3 信号时,CD2 分子与其配体结合,能活化 T 细胞,使其增殖并分泌细胞因子。

3. CD40 配体　CD40 配体(CD40L, gp39, CD154)主要表达于活化的 $CD4^+$ T 细胞和部分活化的 $CD8^+$ T 细胞表面,是 T 细胞活化的一个重要的标志,与其相互作用的 CD40 分子则主要表达于专职 APC 上。CD40L 与表达在 B 细胞的 CD40 结合,可促进 B 细胞的增殖、分化,并可以促进记忆性 B 细胞的产生,挽救凋亡的 B 细胞。CD40L/CD40 的相互作用,可以刺激 APC 表达 B7 分子,增强其抗原提呈功能;另一方面也促进了 T 细胞本身的进一步活化。

4. LFA-1　分布广泛,是属于白细胞整合素家族的一类黏附分子,是由 α 和 β 亚单位通过二硫键连接形成的异二聚体,其配体是 ICAM-1(intercellular adhesion molecule-1)。LFA-1/ICAM-1 的结合参与 T 细胞的活化、增殖、分化以及归巢等多种生理过程。静止淋巴细胞即表达一定水平的 LFA-1,但它们分布分散,当 T 细胞受到外来抗原等信号刺激后,LFA-1 分子可定向靠拢聚集,在局部形成高密度的 LFA-1 区域,大大提高了与 ICAM-1 结合的亲和力。

四、其他分子

T 细胞还表达许多其他的表面分子,如 CD45、CD31 和 CD25、丝裂原受体、细胞因子受体、FcR、补体受体、MHC分子及诱导细胞凋亡的FasL等，它们在T细胞特异性识别、活化以及与其他免疫细胞相互作用中发挥重要功能。

1. CD45 是位于白细胞表面的白细胞共同抗原（leukocyte common antigen，LCA）。CD45可以高水平表达在淋巴细胞以及除了红细胞和血小板之外的其他所有的造血细胞表面。CD45为单链跨膜蛋白，包括三个不同的区域：一个长的C端胞质区，由两个串联的具有蛋白酪氨酸磷酸酶（PTPase）活性的结构域组成；跨膜区；胞膜外糖基化N端区，具有结合配体的功能。CD45胞内结构具有酪氨酸磷酸酶活性，在信号转导过程中起重要作用。

CD45分子存在着结构和分子质量不同的异构型。除了蛋白骨架成分存在多样性外，翻译后糖基化修饰不同，更增加了CD45分子的多样性。CD45异构型可分为CD45RA、CD45RB、CD45RC及CD45RO。不同的T细胞亚群表达的CD45分子不同，而不同的CD45异构型可与不同配体结合。CD45RA分子主要表达在初始T细胞上，CD45RO分子存在于活化或记忆T细胞上，据此可根据T细胞表达的CD45分子的类别的不同，将T细胞分为$CD45RA^+$初始T细胞和$CD45RO^+$记忆T细胞。

2. CD31 是一种血小板-内皮细胞黏附分子，分子质量为140 kDa，属于IgSF成员。CD31主要表达在$CD45RA^+CD4^+$T细胞表面，是一种新的、激活后表达水平不发生明显变化的抑制细胞诱导亚群的表面标记。外周血$CD4^+$T细胞中，$CD31^+$亚群多表达CD45RA分子，对B细胞合成IgG辅助作用不明显，对ConA和自身MHC反应较为敏感；而$CD31^-$的$CD4^+$T细胞群中，有大量能辅助B细胞合成IgG的活性细胞和对某些抗原刺激产生免疫记忆效应的细胞。$CD45RA^+CD4^+$T细胞被激活后，尽管细胞表面CD45RA表达下调，但CD31的表达不发生明显变化；而$CD45RO^+CD45RA^-$的$CD4^+$T细胞激活后没有CD31的表达。由于CD31在$CD4^+$T细胞激活后不发生明显变化，而在不同的T细胞亚群上有不同的表达，因此CD31对于鉴别抑制细胞诱导亚群和辅助细胞诱导亚群是一种有用的标志。

3. CD25 CD25即IL-2Rα，为IL-2高亲和力受体的α链，是活化和记忆T细胞相关的表面标志之一。

4. *有丝分裂原受体* T细胞表面表达多种有丝分裂原的受体，包括植物血凝素（PHA）、刀豆蛋白A（ConA）和美洲商陆（PWM）的受体。淋巴细胞在体内外接受有丝分裂原的刺激后，静止淋巴细胞向母细胞转化。这种转化过程对研究淋巴细胞功能变化及淋巴细胞早期活化过程的生化变化甚为重要。在实践中，常利用淋巴细胞对有丝分裂原刺激的反应性（淋巴细胞转化实验），来检测机体免疫系统的功能状态。

5. *细胞因子受体* 各种生理状态的T细胞都会表达多种细胞因子受体，可以接受不同细胞因子的调控。

6. *MHC分子* 所有T细胞均表达MHC Ⅰ类分子，活化的人T细胞还表达MHC Ⅱ类分子，后者可被视为活化T细胞的表面标志。

第三节 T细胞的亚群及功能

成熟的T细胞是一群高度异质性的淋巴细胞，根据其表型和功能特征，可以将其进一步分为不同的亚群，各亚群的表型、生物学特性和功能各不相同。根据TCR二肽链构成的不同，可分为αβT细胞和γδT细胞；根据T细胞表面CD4和CD8分子的表达，可分为$CD4^+$T细胞和$CD8^+$T细胞；根据T细胞在免疫应答中的功能不同，可分为辅助性T细胞（Th）、细胞毒性T细胞（CTL）和调节性T细胞（Treg）；根据T细胞所处的活化阶段、表达的细胞表面分子及功能的不同，可分为初始T细胞、效应T细胞和记忆T细胞等。

一、根据TCR分亚群

T细胞表达不同类型的TCR，它们与CD3分子以非共价键相连，以TCR-CD3复合物的形式表达于T细胞表面。按照TCR的多肽链构成的不同，可以将TCR分为$\alpha\beta^+$TCR和$\gamma\delta^+$TCR，并据此把表达$\alpha\beta^+$TCR

和 $\gamma\delta^{+}$ TCR 的 T 细胞分别称为 αβT 细胞和 γδT 细胞。大多数成熟的 T 细胞是 αβT 细胞，少量是 γδT 细胞。

1. αβT 细胞　即通常所指的 T 细胞，其 TCR 分子是由一条 α 链和一条 β 链组成，是参与机体适应性免疫应答的主要 T 细胞亚群。该群 T 细胞占外周血成熟 T 细胞的 90%～95%。成熟的 αβT 细胞的表型多为 $CD4^{+}$ 或 $CD8^{+}$ 的单阳性细胞。因此，可以根据 CD4 和 CD8 分子的表达不同，将 αβT 细胞进一步分为 $CD4^{+}$ T 细胞和 $CD8^{+}$ T 细胞。

2. γδT 细胞　γδT 细胞的 TCR 由一条 γ 链和一条 δ 链组成。γδT 细胞主要分布于皮肤、小肠、肺及生殖器官等黏膜及皮下组织，是构成皮肤的表皮内淋巴细胞和黏膜组织的上皮内淋巴细胞的主要成分之一，占外周成熟 T 细胞的 2%～7%。γδT 细胞对抗原识别的特异性低，主要识别未被处理的多肽抗原(而非抗原肽-MHC 分子复合物)和 CD1 分子提呈的脂类或多糖类抗原，无 MHC 限制性，并对热休克蛋白具有特殊的亲和力。成熟的 γδT 细胞多为 $CD4^{-}CD8^{-}$ 双阴性细胞，部分为 $CD8^{+}$ T 细胞。γδT 细胞可能是机体固有免疫防御的重要组成部分，尤其是在皮肤和黏膜局部及肝脏等部位的抗感染免疫中起到重要作用(详见固有免疫章节)。

二、根据 CD 分子分亚群

根据成熟 T 细胞是否表达 CD4 和 CD8 分子，将其分为 $CD2^{+}CD3^{+}CD4^{+}CD8^{-}$ 和 $CD2^{+}CD3^{+}CD8^{+}CD4^{-}$ T 细胞，简称 $CD4^{+}$ T 细胞和 $CD8^{+}$ T 细胞。外周淋巴组织中 $CD4^{+}$ T 细胞约占 65%，$CD8^{+}$ T 细胞约占 35%。

1. $CD4^{+}$ T 细胞　$CD4^{+}$ T 细胞识别抗原提呈细胞表面的抗原肽-MHC Ⅱ类分子复合物，活化后主要通过分泌多种细胞因子而发挥作用，可辅助体液免疫和细胞免疫。$CD4^{+}$ T 细胞能促进 B 细胞、T 细胞和其他免疫细胞的增殖与分化，协调免疫细胞间的相互作用。$CD4^{+}$ T 细胞是功能上具有异质性的 T 细胞亚群，主要为辅助性 T 细胞(Th)，少部分 $CD4^{+}$ T 细胞具有杀伤作用，称为 $CD4^{+}$ CTL。辅助性 T 细胞根据分泌细胞因子的不同，可以进一步分为 Th1、Th2、Th17、Th22、Th9 和 Tfh 细胞等。

近年发现一类具有明显负向调节作用的 $CD4^{+}CD25^{+}$ T 细胞，又称 Treg 细胞。此外根据 $CD4^{+}$ T 细胞不同的表型和功能特征，应用 CD45RA、CD45RO 和 CD31 单克隆抗体，可将其分为诱导型抑制细胞亚群和诱导型辅助细胞亚群。

2. $CD8^{+}$ T 细胞　$CD8^{+}$ T 细胞识别靶细胞(如病毒感染细胞、肿瘤细胞等)表面的抗原肽-MHC Ⅰ类分子复合物，可直接特异性杀伤靶细胞，故被称为细胞毒性 T 细胞(CTL 或 Tc)。$CD8^{+}$ T 细胞的亚群主要包括杀伤性 T 细胞(Tc)和抑制性 T 细胞(Ts)。根据 $CD8^{+}$ Tc 细胞分泌的细胞因子的不同，可进一步将其分成 Tc1 和 Tc2 两类。Tc1 能分泌细胞因子 IL-2、TNF-β 和 IFN-γ 等，主要介导 CTL 的细胞毒活性。Tc2 能分泌细胞因子 IL-4、IL-5 和 IL-10 等，参与对 B 细胞的辅助。

三、根据功能分亚群

根据 T 细胞在免疫应答中的功能不同，可以将其分为辅助性 T 细胞、细胞毒性 T 细胞和调节性 T 细胞。

(一) Th 细胞

Th 细胞(helper T cell, Th)，又称辅助性 T 细胞，是辅助 T、B 细胞应答的亚群。Th 细胞由 $CD4^{+}$ T 细胞接受抗原刺激后，活化、增殖、分化而来。以往研究认为初始 $CD4^{+}$ T 细胞接受抗原刺激后首先分化为 Th0 细胞，受局部微环境中的细胞因子的影响，Th0 细胞继续分化为 Th1 和 Th2 亚群。随着研究进展，多种新的 $CD4^{+}$ T 细胞亚群被发现，如 Treg、Th17、Th22、Th9 以及 Tfh 等。

1. Th0 细胞　指未完全分化的 Th 细胞，是 Th1 或 Th2 细胞的前体，可分泌低水平的 IL-4 和 IFN-γ。局部微环境中细胞因子是调控 Th0 细胞分化的关键因素。此外，细胞膜表面分子、抗原的种类和剂量、抗原提呈细胞等，也可影响 Th 细胞分化。

2. Th1 和 Th2 细胞　Th0 细胞在 IFN-γ 和 IL-12 等细胞因子的作用下可分化为 Th1 细胞。Th1 细胞可对多种免疫细胞发挥调控作用，并参与某些免疫病理过程的发生和发展。Th1 细胞能分泌 IL-2、IFN-γ 和 LT 等，通过促进巨噬细胞、NK 细胞和 CTL 细胞等的活化和增殖，介导细胞毒效应，在抵抗某些胞内寄生病原体感染(包括病毒、细菌和寄生虫等)中发挥重要作用;Th1 细胞还可以辅助 B 细胞产生具有调理作用的抗体,进一步促进巨噬细胞吞噬病原体;Th1 细胞产生的 IL-2 等细胞因子,可促进其他 T 细胞亚群的活化和增殖,从而放大免疫效应;而 TNF-β 和 IFN-γ 等可募集、活化中性粒细胞等炎性细胞,因此 Th1 细胞介导的细胞免疫应答常和炎症反应及组织损伤有关,表现为迟发型超敏反应(DTH),最典型的例子就是机体对分枝杆菌感染的免疫应答。此外,Th1 细胞还参与移植排斥反应及某些自身免疫病的发生和发展。

Th0 细胞在 IL-4 等细胞因子的作用下可分化为 Th2 细胞。Th2 细胞的主要功能是分泌多种细胞因子刺激 B 细胞增殖,并产生抗体,参与体液免疫应答。Th2 细胞分泌的细胞因子包括 IL-4、IL-5 等。IL-4 可诱导 B 细胞分化成浆细胞合成 IgE,IL-5 可诱导嗜酸性粒细胞活化,故由 Th2 细胞介导的免疫反应(过敏反应和抗寄生虫感染)中常伴有高水平的 IgE 和活化的嗜酸性粒细胞。Th2 细胞还分泌 IL-10、IL-13 和 TGF-β 等,具有抗炎作用:IL-4 和 IL-13 可抑制 IFN-γ 对巨噬细胞的活化;IL-10 则直接抑制巨噬细胞的功能;TGF-β 可抑制中性粒细胞的活化增殖等。因此,Th2 细胞可以通过细胞因子的作用抑制炎症反应。在 Th1 细胞介导的炎症反应的晚期,往往会有逐渐增强的 Th2 细胞反应出现,其作用是阻止 Th1 细胞反应导致的组织损伤。Th2 细胞不仅是免疫效应细胞,也是一种具有免疫调节功能的细胞。

生理条件下,机体内的 Th1 细胞和 Th2 细胞间处于互相调节、互相制约的动态平衡。Th1 细胞分泌的 IFN-γ 可抑制 Th2 细胞的分化、增殖,而 Th2 细胞分泌的 IL-4 和 IL-13 等共同抑制 Th1 细胞的分化和功能;Th2 细胞所分泌的 IL-10 可抑制 Th1 型细胞因子的产生,并间接促进 Th2 细胞分化。当 Th1 和 Th2 细胞之间的平衡遭受破坏,或产生偏移时,会诱发机体的病理改变,导致某些感染性疾病以及自身免疫性疾病的发生(图 9-7)。

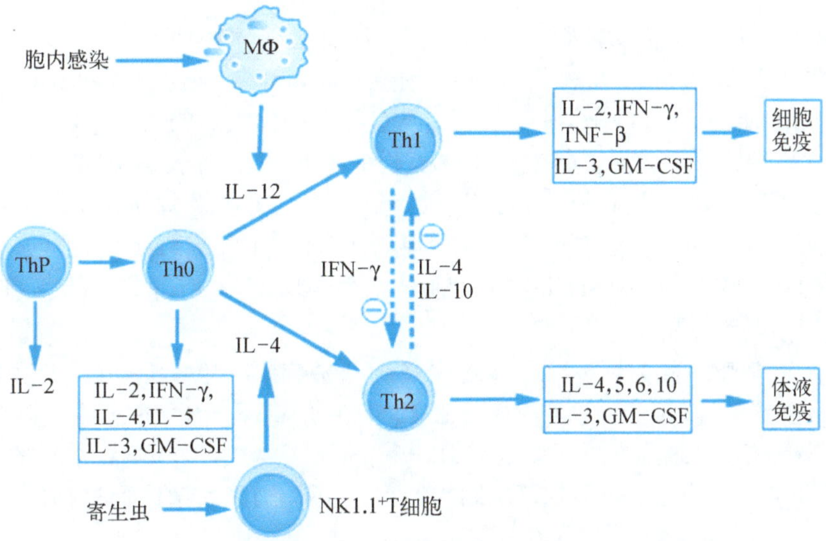

图 9-7 细胞因子对 Th1 细胞和 Th2 细胞分化的调节

3. Th17 细胞 Th17 是新近发现的一种 Th 细胞亚群,因其分泌的细胞因子主要是 IL-17,故被命名为 Th17。研究表明 TGF-β 和 IL-6 可诱导 Th0 向 Th17 的分化,IL-23 则对其分化后的增殖和维持起重要作用,RORγ 是其重要的转录因子。Th17 细胞主要分泌 IL-17、IL-22 和 IL-21 等促炎因子,参与多种慢性炎症反应、自身免疫性疾病、移植排斥反应和肿瘤的发生和发展。

$CD4^+$ Th 细胞在微环境特定细胞因子的诱导下,可分化为不同功能亚群;各类细胞亚群之间相互调节,互相制约,它们的失调与感染性疾病及自身免疫性疾病的发生相关。

(二) CTL 细胞

CTL 即细胞毒性 T 细胞,主要是 $CD8^+$ CTL,包括少许 $CD4^+$ CTL。CTL 可以直接杀伤靶细胞,在 T 细胞免疫应答过程中起重要作用。CTL 通过其 TCR 识别 MHC Ⅰ类分子提呈的抗原肽,从而选择性杀伤携带特定抗原的自身细胞。CTL 通常以前体形式(CTL-P)存在,活化后成为效应性 CTL。CTL 对靶细胞的杀伤具有高效、连续、特异性的特点,在抗病毒感染、抗肿瘤和诱导急性同种异型移植物排斥反应中发挥重要作用。

CTL 对靶细胞的杀伤作用是抗原特异性的，即只杀伤表达特异性抗原肽-MHC Ⅰ复合物的靶细胞，对其他细胞无损伤作用。CTL 杀伤靶细胞的整个过程可分为三个时相：接触相，即 CTL-靶细胞的结合阶段；分泌相，即 CTL 极化阶段；裂解相，即致死性攻击阶段(详见细胞免疫应答章节)。

CTL 通过诱导凋亡方式破坏靶细胞，对机体清除病毒感染细胞有重要意义。靶细胞的内源性 DNA 内切酶无种属特异性，在裂解自身 DNA 分子的同时也可裂解靶细胞内的病毒 DNA。因此在 CTL 杀死靶细胞的同时，也阻止了病毒的继续复制和释放，较之单纯的细胞裂解导致病原体的释放、并再次感染邻近正常细胞更具优越性。因此，CTL 能有效杀伤病毒感染靶细胞，并有效清除病毒，在抗病毒感染中发挥非常重要的作用。

$CD4^+$ Th1 细胞中有少量具明显细胞毒作用的 CTL，即 $CD4^+$ CTL。与 $CD8^+$ CTL 相比，该细胞群体有以下特点：① MHC 限制性：$CD8^+$ CTL 在免疫应答的整个过程中都要受到 MHC Ⅰ类分子的限制，而 $CD4^+$ CTL 在活化阶段受 MHC Ⅱ类分子限制，但在效应阶段不受 MHC Ⅱ类分子限制，也没有抗原特异性，主要是通过旁观者杀手效应发挥作用；② 杀伤机制：$CD4^+$ CTL 细胞毒效应的主要机制是通过 Fas/FasL 途径介导细胞凋亡，释放颗粒酶的功能较弱；而 $CD8^+$ CTL 则主要是通过颗粒酶途径杀伤靶细胞；③ 生物学功能：$CD8^+$ CTL 主要识别和杀伤病毒感染的细胞和肿瘤细胞；而 $CD4^+$ CTL 主要参与清除活化的 APC(如巨噬细胞、B 细胞等)和活化的 T 细胞，从而对免疫应答发挥负反馈调节效应，控制免疫应答的发生强度。同时，由于 $CD4^+$ CTL 主要通过旁观者效应杀伤靶细胞，所以容易对自身组织造成损伤，诱发并参与了自身免疫性疾病的某些病理过程。

(三) 调节性 T 细胞

近年来陆续发现了一类具有免疫抑制作用的 $CD4^+$ T 细胞，统称为调节性 T 细胞(regulatory T cell, Treg 或 Tr)。调节性 T 细胞可分为天然调节性 T 细胞(natural Treg, nTreg)和诱导型调节性 T 细胞(inducible Treg, iTreg)，如 Th3、Tr1 等，其异常表达与自身免疫性疾病的发生密切相关。

1. 天然调节性 T 细胞　一些天然产生的 $CD4^+$ T 细胞组成性高表达 CD25(IL-2Rα)和转录因子 Foxp3，这类细胞即为 $CD4^+CD25^+$ Treg，约占正常人或小鼠外周血及脾脏 $CD4^+$ T 细胞的 5%～10%。Foxp3 不仅是 $CD4^+CD25^+$ Treg 的标志分子，还直接影响 $CD4^+CD25^+$ Treg 的功能。分泌 TGF-β 和 IL-10，此类细胞可通过抑制 $CD4^+$ T 细胞和 $CD8^+$ T 细胞的活化与增殖，并能抑制初始 T 细胞和记忆 T 细胞功能，在免疫应答中发挥负调节作用。

2. 诱导型调节性 T 细胞　此类调节性 T 细胞是在小剂量抗原或免疫抑制性细胞因子诱导下由外周初始 T 细胞发育而成，包括 Tr1、Th3 等细胞，主要分泌 IL-10 和 TGF-β，发挥免疫负调控作用。

(1) Tr1 细胞：多为 $CD4^+$ 细胞在抗原刺激和 IL-10 诱导下生成，能分泌高水平的 IL-10 和中等水平的 TGF-β、IFN-γ 和 IL-5 等。Tr1 细胞可抑制初始和记忆 T 细胞增殖或通过抑制巨噬细胞的功能间接阻碍 Th1 细胞的活化。

(2) Th3 细胞：是在研究口服抗原诱导免疫耐受机制的过程中发现的一类 $CD4^+$ T 细胞。被抗原特异性激活后可分泌 TGF-β 和不同水平的 IL-4 和 IL-10。对 Th1 和 Th2 细胞均有抑制作用。

(四) NKT 细胞

NKT 细胞又称 NK1.1^+ T 细胞，它在表达 TCRαβ 的同时表达 NK 细胞的受体 NK1.1 或 NK161 分子，该群细胞的 TCR 不具有多样性，识别由 CD1 分子提呈的脂类抗原。激活的 NKT 细胞一方面可以分泌大量 IL-4、IL-10 等 Th2 型细胞因子，分泌 IL-13 调节 $CD8^+$ T 细胞功能，从而控制多种自身免疫性疾病的发生；另一方面通过分泌 IFN-γ、TNF 等 Th1 型细胞因子，增强抗肿瘤免疫。NKT 细胞具有细胞毒作用，可杀伤靶细胞，杀伤机制与 NK 细胞有类似之处。此外，NKT 细胞还可分泌大量 IL-4 和 IL-10 等，诱导 Th0 向 Th2 分化，参与体液免疫应答。

四、根据所处活化阶段分亚群

根据 T 细胞的分化状态、表达的 CD 分子及功能的不同，可以将其分为初始 T 细胞、效应 T 细胞和记忆

T 细胞。

1. *初始 T 细胞(naive T cell)*　是指未经抗原刺激的成熟 T 细胞,在胸腺中发育成熟后迁移至外周淋巴组织。初始 T 细胞处于细胞周期的 G0 期,处于相对静止状态,存活期短,表达 CD45RA 和高水平的 *L*-选凝素(CD62L),可参与淋巴细胞的再循环。初始 T 细胞在 TCR 结构上显示高度的异质性,能识别结合不同的特异性抗原。初始 T 细胞在外周淋巴器官内接受抗原刺激后迅速增殖,最终可分化为效应 T 细胞和记忆 T 细胞。

2. *效应 T 细胞(effector T cell, Te)*　是指执行免疫效应的 T 细胞,由初始 T 细胞受到抗原刺激后分化而来。效应 T 细胞存活期短,表达高水平的高亲和力 IL-2 受体、CD45RO 和黏附分子(整合素和 CD44),不参与淋巴细胞的再循环,但效应 T 细胞可向抗原入侵的局部组织迁移和浸润。在抗原应答的后期,绝大部分效应性 T 细胞发生凋亡,少量存活下来的 T 细胞分化成记忆 T 细胞,可参与再次免疫应答。

3. *记忆 T 细胞(memory T cell, Tm)*　由初始 T 细胞接受抗原刺激后分化而来,处于细胞周期的 G0 期,处于相对静止状态。记忆 T 细胞表达 CD45RO 和黏附分子(整合素和 CD44),能向外周炎症组织迁移。记忆 T 细胞接受相同抗原刺激后可迅速活化,分化成效应 T 细胞和新生记忆 T 细胞,参与再次免疫应答和免疫记忆的维持。在缺乏抗原或 MHC 分子刺激的情况下,记忆 T 细胞可以长期存活,它们有规律地进行自发增殖来补充其数量,使其维持在一定的水平。IL-7 在维持记忆 T 细胞的存活中起着十分重要的作用。

小　结

来源于骨髓干细胞的前体 T 细胞,在胸腺微环境作用下分化发育,经过 TCR 基因重排,表达成熟的功能性的 TCR,并经历阳性和阴性选择过程,分化发育为具有多样性 TCR、MHC 限制性和自身耐受性的 $CD4^+$ 或 $CD8^+$ 的 T 细胞,迁移至外周淋巴组织的胸腺依赖区定居,成为具有免疫功能的 T 细胞库。T 细胞在不同分化阶段可表达不同种类和数量的表面膜分子,它们是 T 细胞与其他细胞和分子间相互识别、作用的物质基础。根据构成 TCR 二肽链的不同、T 细胞表面 CD4 和 CD8 分子的表达情况、T 细胞在免疫应答中的不同功能、T 细胞所处的活化阶段、细胞表面分子及功能的不同等,可将 T 细胞分为不同的亚群。分别执行辅助、杀伤和抑制功能。

复习题

简答题

(1) 试述 T 细胞在胸腺中的阳性选择和阴性选择的过程及意义。

(2) T 细胞表面参与 T 细胞活化的分子主要有哪些?

(3) Th1 细胞和 Th2 细胞的生物学功能有哪些区别?

(朱彤波)

第十章

B 细胞

B 细胞(B lymphocyte)也称 B 淋巴细胞，是由哺乳动物骨髓或鸟类法氏囊中的淋巴样前体细胞分化成熟而来。哺乳动物的 B 细胞在胚胎早期位于胚肝，晚期至出生后则在骨髓内分化成熟。成熟 B 细胞主要定居于淋巴结皮质浅层的淋巴小结和脾脏红髓及白髓的淋巴小结内。在外周血中，B 细胞约占淋巴细胞总数的 10%～20%。B 细胞是体内唯一能产生抗体的细胞，其特征性表面标志是膜表面免疫球蛋白，作为特异性 B 细胞抗原受体的重要组成部分，通过识别不同抗原表位而使 B 细胞激活，分化成浆细胞，进而产生特异性抗体，发挥体液免疫功能。

第一节　B 细胞的分化发育

一、B 细胞的分化发育

早期 B 细胞分化和发育与骨髓造血微环境密切相关。B 前体细胞在骨髓中必须经历选择过程，才能发育为成熟 B 细胞。B 细胞分化的阶段可以分为在中枢免疫器官中的抗原非依赖期和在外周免疫器官中的抗原依赖期。

骨髓基质细胞的抚育作用是 B 细胞在骨髓中发育的必要条件。多能前体细胞(MPPs)表达受体酪氨酸激酶 FLT3，与骨髓基质细胞表面的 FLT3L 相互作用传导信号，促使向共同淋巴细胞前体(CLP)分化；在 CLP 阶段，首先 CLP 通过黏附分子 VLA－4 与基质细胞表面 VCAM－1 互相紧密结合，CLP 通过表达 IL－7 受体与基质细胞分泌的 IL－7 相互作用，促使向祖 B 细胞阶段分化。同时，基质细胞分泌的趋化因子 CXCL12，有助于潴留 CLP；在祖 B 细胞阶段，B 细胞表面受体酪氨酸激酶 Kit(CD117)与基质细胞表面干细胞因子 SCF 作用，相应信号诱导 B 细胞前体大量增殖，并向前 B 细胞分化(图 10－1)。

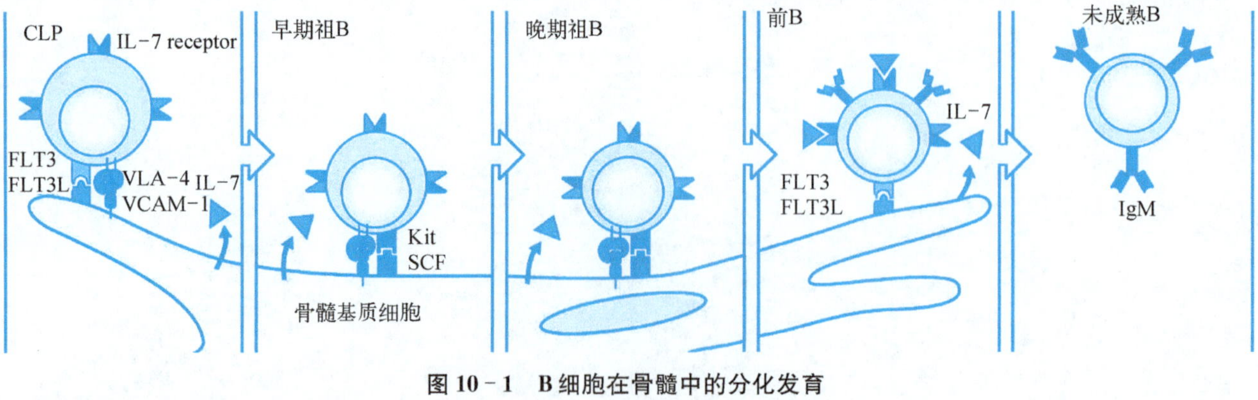

图 10－1　B 细胞在骨髓中的分化发育

(一) B 细胞分化发育的抗原非依赖期

1. 祖 B 细胞(pro B cell)　祖 B 细胞发生在人胚胎约第 9 周，小鼠胚胎约第 14 日。尚未表达 B 细胞系的特异表面标志，也未发生 Ig 基因重排，仍处于胚系基因(germline)阶段。晚期祖 B 细胞中的 Ig 重链基因开始重排，胞质中出现 μ 链，但此时轻链还没有重排，故祖 B 细胞膜表面没有 mIg 分子表达。此阶段 B 细胞不具有抗原反应能力。

2. 前 B 细胞(pre B cell) 前 B 细胞产生一种替代轻链，替代轻链与 μ 链结合，组成类似 Ig 分子，表达在 B 细胞表面。在前 B 细胞的后期，Ig 轻链开始重排。末端脱氧核苷酸转移酶(terminal deoxynucleotidyl transferase，TdT)以及共同型急性淋巴母细胞白血病抗原(common acute lymphoblastic leukaemia antigen，CALLA)即 CD10 可表达在前 B 细胞，进入未成熟 B 细胞后这两种标志消失，因此 TdT 和 CD10 对于区分前 B 细胞与 B 细胞其他发育阶段非常有用。CD19、CD20 和 MHC Ⅱ类分子在此阶段开始表达。前 B 细胞对抗原也无应答能力。

3. 未成熟 B 细胞(immature B cell) 未成熟 B 细胞中 Ig 基因的轻链发生重排，产生 κ 或 λ 链，与 μ 链结合，形成 IgM，表达在细胞膜上，成为未成熟 B 细胞的标志。此阶段 B 细胞已具有抗原反应能力。在此阶段 B 细胞发生阴性选择，主要机制为：只表达 mIgM 的未成熟 B 细胞的 BCR 如果能与骨髓细胞表面的自身膜抗原发生反应，则该细胞的发育成熟被阻滞，被阻滞的未成熟 B 细胞通过受体编辑机制改变其受体特性，成为对自身抗原无反应性的克隆而继续发育成熟；若受体编辑不成功，则该细胞死亡，出现克隆清除，发生免疫耐受，这是 B 细胞自身耐受的主要机制(图 10－2)。若未成熟 B 细胞的 BCR 识别可溶性自身抗原，则 mIgM 表达下降，该 B 细胞克隆虽可进入外周，但对抗原刺激不产生应答，称为失能(anergy)。这种失能状态可因抗原消失而逆转。决定克隆清除或克隆失能的主要原因是受体交联信号的强度：强信号诱导克隆清除，弱信号则出现克隆失能。未成熟 B 细胞 CD19、CD20 和 MHC Ⅱ类分子表达量增加，并可开始表达 CD21。

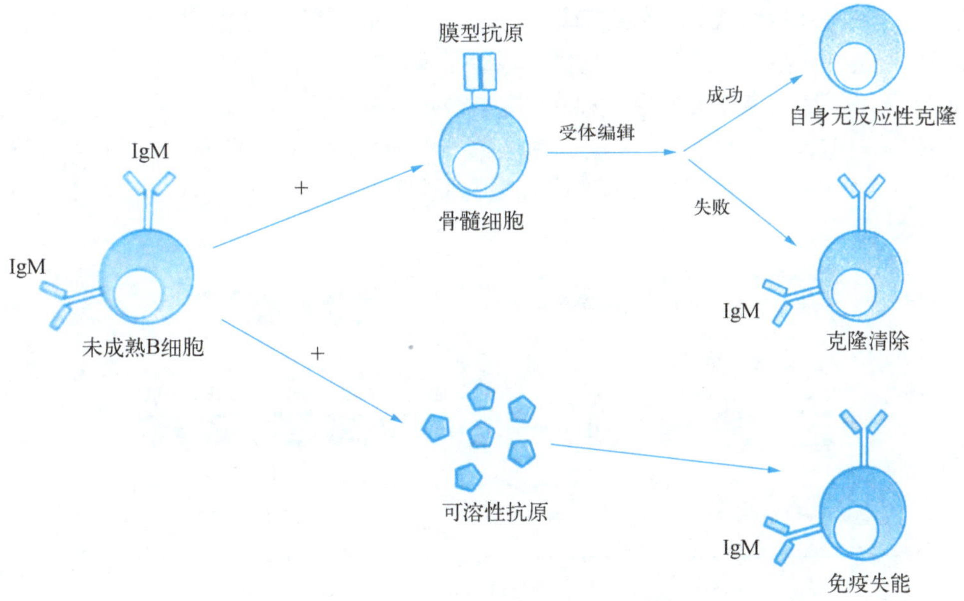

图 10－2 B 细胞在中枢发育过程中的阴性选择

4. 成熟 B 细胞(mature B cell) 未成熟 B 细胞经过阴性选择后，继续发育为成熟 B 细胞，成熟 B 细胞表面除了表达 mIgM 外还表达 mIgD。mIgD 的出现标志着 B 细胞分化成熟。mIgD 的表达防止了 B 细胞与抗原结合后所引起的免疫耐受。成熟 B 细胞还表达补体受体 1(CR1)、有丝分裂原受体以及多种细胞因子受体。发育成熟的 B 细胞离开骨髓，到达外周免疫器官。

(二) B 细胞分化发育的抗原依赖期

在外周免疫器官，成熟 B 细胞接受抗原刺激后，在淋巴滤泡增殖形成生发中心，并发生广泛的 Ig 可变区体细胞高频突变。突变后的 B 细胞凡能与滤泡树突状细胞表面抗原以低亲和力结合或不能结合者，则发生凋亡，这是 B 细胞发育中的阳性选择；能与抗原高亲和力结合的 B 细胞则表达 CD40，便于接受 T 细胞 CD40L 的刺激，免于凋亡，继续发育成分泌抗体的浆细胞或分化成长寿命的记忆 B 细胞。这个过程不但促进了抗体的成熟,而且同时伴有 Ig 重链类别转换。所分泌的抗体可更有效地保护机体。

1. 活化 B 细胞(activated B cell) 成熟 B 细胞被相应抗原或多克隆刺激剂刺激后成为活化 B 细胞,继而发生增殖和分化,在此过程中,膜结合型 Ig 水平逐渐降低,而分泌型 Ig 逐渐增加,并可发生免疫球蛋白基因重链类别的转换。活化 B 细胞中的一部分可分化为记忆 B 细胞,停止增殖和分化,并可存活数月至数年,当再次与同一抗原接触时,很快发生活化和分化,产生抗体的潜伏期短,抗体水平高,维持时间长。

2. 浆细胞(plasma cell, PC) 又称抗体分泌细胞(antibody secreting cell)。成熟 B 细胞接受抗原刺激后,在抗原提呈细胞和 Th 细胞的辅助下成为活化 B 细胞,进而分化为浆细胞,合成和分泌各类免疫球蛋白,同时获得了 PC-1(plasma cell antigen-1,浆细胞抗原-1)等浆细胞特异性标志,而 mIg、MHC Ⅱ类分子、CD19、CD20、CD21 等标记消失。

二、BCR 的基因结构与重排

BCR 是表达于 B 细胞表面的免疫球蛋白,即膜型免疫球蛋白(membrane immunoglobulin, mIg)。B 细胞通过 BCR 识别抗原,接受抗原刺激,启动体液免疫应答。编码 BCR 的基因在胚系阶段以分隔的、数量众多的基因片段(gene segment)的形式存在。在 B 细胞的分化发育过程中,这些基因片段发生重排(rearrangement)和组合,从而产生数量巨大、能识别特异性抗原的 BCR。TCR 和 BCR 的基因结构以及发生重排的机制十分相似,本节以 BCR 为例简述其基因结构和重排特征。

(一) BCR 的胚系基因结构

Ig 轻链和重链基因位于不同的染色体上。人重链基因位于第 14 号染色体的长臂,有编码可变区的 *V* 基因片段(variable gene segment)、*D* 基因片段(diversity gene segment)和 *J* 基因片段(joining gene segment)以及编码恒定区的 *C* 基因片段组成。人轻链基因分为 κ 基因和 λ 基因,分别定位于第 2 号染色体长臂和第 22 号染色体短臂。轻链 V 区基因只有 *V*、*J* 基因片段。

轻重链每种基因片段是以多拷贝的形式存在,其中编码重链 V 区的 V_H,D_H 和 J_H 的基因片段数分别为 40、25 和 6 个;编码 κ 轻链 V 区的 $V\kappa$ 和 $J\kappa$ 基因片段数分别为 40 和 5 个,编码 λ 轻链 V 区的 $V\lambda$ 和 $J\lambda$ 基因片段数分别为 30 和 4 个;重链 C 基因片段有 9 个,其排列顺序是 5'-Cμ-Cδ-Cγ3-Cγ1-Cα1-Cγ2-Cγ4-Cε-Cα2-3'(图 10-3)。

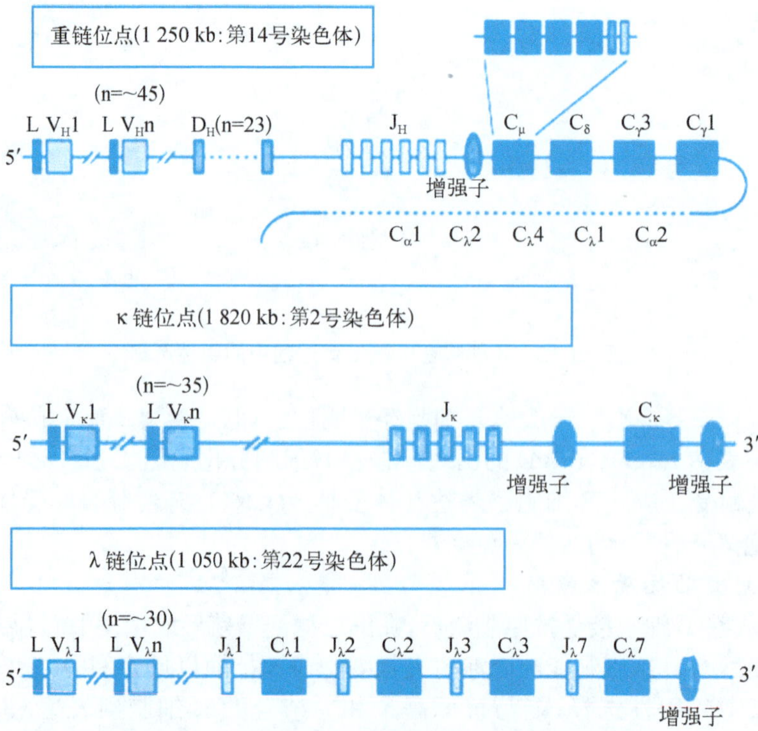

图 10-3 人 BCR 重链和轻链的胚系基因结构示意图

（二）BCR 的基因重排及其机制

1. BCR 的基因重排　Ig 胚系基因是以被分隔开的基因片段的形式成簇存在的，只有通过基因重排形成 V(D)J(重链)或 V－J(轻链)连接后，再与 C 基因片段连接，才能编码完整的 Ig 多肽链，进一步加工、组装成有功能的 BCR。IgV 区基因的重排主要是通过重组酶(recombinase)的作用来实现的，其作用包括识别位于 V(D)J 基因片段两端的保守序列，切断、连接以及修复 DNA 等。

2. 参与重排的重组酶　在 V(D)J 重排过程中涉及一些酶的参与，这些参与重排的酶称为重组酶。主要有：① 重组激活酶基因(recombination activating gene，RAG)编码重组激活酶，有 RAG1 和 RAG2 两种，形成 RAG1/RAG2 复合物，只表达于不成熟阶段的 T 细胞和 B 细胞，可特异性识别并切除 V、(D)、J 基因片段两侧称为重组信号序列(recombination signal sequence，RSS)的保守序列；② 末端脱氧核苷酸转移酶(terminal deoxynucleotidyl transferase，TdT)可将数个核苷酸(称之为 N－核苷酸)通过一种非模板编码(non-template encoded)的方式插入到 V、(D)、J 基因重排过程中出现 DNA 的断端；③ 其他如 DNA 外切酶、DNA 合成酶等。

通过重组酶的作用，可以从众多的 V(D)J 基因片段中将 1 个 V 片段，一个 D 片段(轻链无 D 片段)和一个 J 片段重排在一起，形成 V(D)J 连接，最终表达为有功能的 BCR。Ig 胚系基因重排的发生具有明显的程序化，首先是重链发生基因重排，随后是轻链重排(图 10－4)。经过 Ig 胚系基因的重排，B 细胞的 DNA 序列与其他体细胞有很大不同，这是存在于 B 细胞和 T 细胞中非常独特的生物学现象。

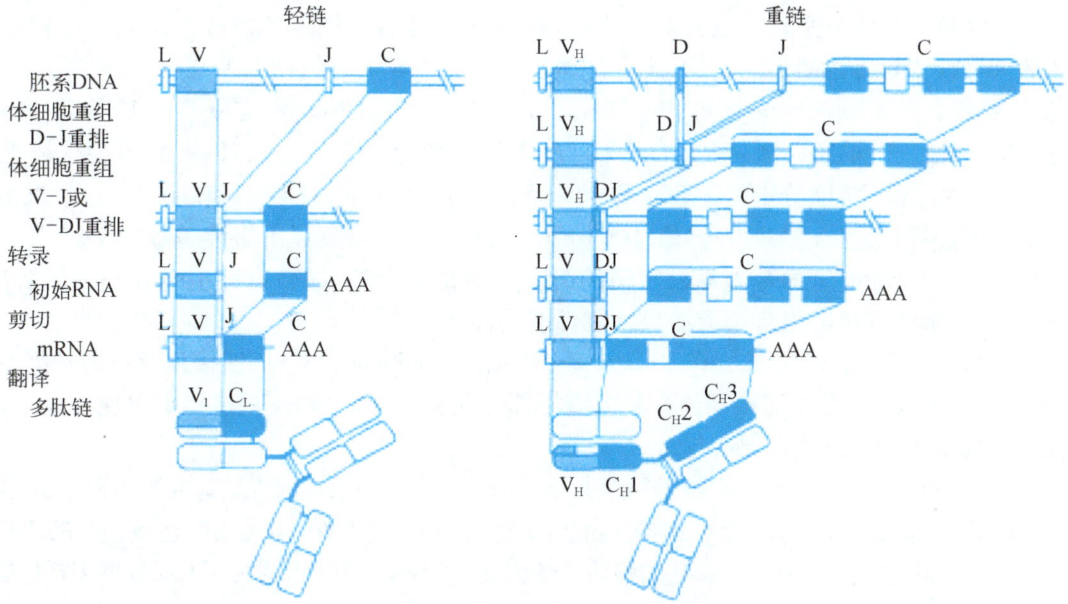

图 10－4　人 BCR 重链和轻链的胚系基因重排示意图

（三）等位基因排斥和同种型排斥

一个 B 细胞克隆只表达一种 BCR，只分泌一种抗体。对于遗传上是杂合子的个体来说，保证 B 细胞克隆单一的特异性以及只表达一种 Ig 型的轻链，主要是通过等位基因排斥(allelic exclusion)和同种型排斥(isotype exclusion)的机制来实现的。等位基因排斥是指 B 细胞中位于一对染色体上的轻链和重链基因，其中只有一条染色体上的基因得到表达，先重排成功的基因抑制了同源染色体上另一等位基因的重排。同种型排斥是指 κ 轻链和 λ 轻链之间的排斥，κ 轻链基因的表达成功抑制 λ 轻链基因的表达。

（四）Ig 重链基因类别转换

Ig 类别转换(class switch)或称同种型转换(isotype switch)是指一个 B 细胞克隆在分化过程中 VH 基因片段保持不变，而发生 CH 基因片段的重排。比较 CH 基因片段重排后基因编码的产物，V 区相同而 C 区不同，即识别抗原特异性不变，而类或亚类发生改变。CD40 和细胞因子可影响和调节免疫球蛋白类别的转换，缺乏 CD40 或其配体可导致类别转换的缺失，这种个体对蛋白质类抗原的应答由 IgM 占绝对支配地位，很少出现其他类别的免疫球蛋白分子。而细胞因子在类别转换中更是起重要的作用。例如 IL－4 是 IgE 产生的主要类别转换因子。而 IgG2a 的产生则依靠 IFN－γ 的存在(图 10－5)。

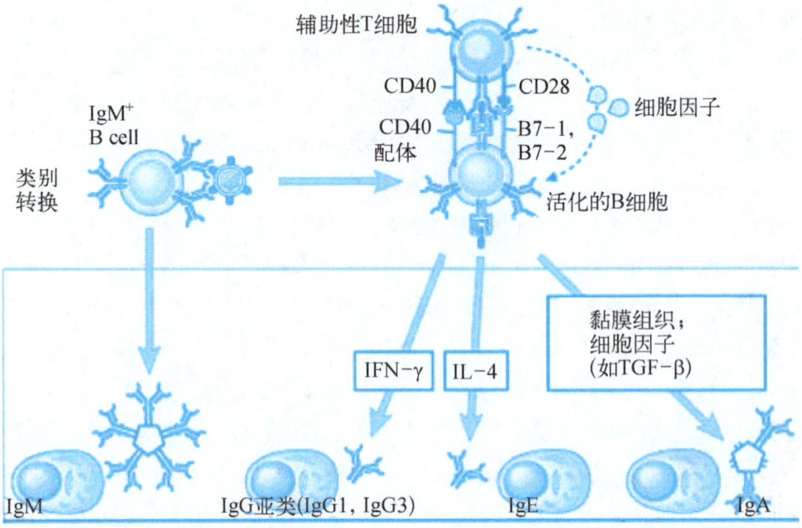

图 10-5 Ig 类别转换

(五) 免疫球蛋白的多样性产生的机制

人们很早就注意到抗体分子具有庞大的多样性,机体几乎可以对外界各种抗原刺激产生相应的特异性抗体。抗体的多样性主要是由遗传决定的,决定抗体多样性的因素主要包括以下几方面。

1. 组合造成的多样性(combinatorial diversity) 胚系中未重排的 DNA 有众多的 *V* 基因片段以及一定数量的 *D*、*J* 基因片段。以小鼠为例:*VH*、*DH* 和 *JH* 基因片段分别为 1 000、12 和 4,单独重链重组的多样性可达 4.8×10^4 左右;Vκ 和 Jκ 分别约为 250 和 4,κ 轻链 V-J 重排的多样性为 1.0×10^3。经重链与 κ 轻链随机配对后推算的多样性为$(4.8\times10^4)\times(1.0\times10^3)=4.8\times10^7$。但实际由组合造成的多样性要远少于理论的推算的数值,这是因为一方面基因片段之间的组合并不是完全随机的,有些组合并不一定会出现;另一方面,也不是所有重链和轻链的组合都会形成功能性的受体。

2. VDJ 连接的多样性(junctional diversity) 轻链基因重排过程中 V-J 连接以及重链基因重排过程中 D-J 以及 V-D-J 连接,都会在连接部位移除或增添部分碱基序列,这种连接过程中出现的变化,是免疫球蛋白多样性最大的来源。其形式主要有 3 种。

(1) VL-JL 连接的柔性:VL 与 JL 重组连接时,重组酶可以将相隔很远的 VL 基因的 3′端与 JL 基因的 5′端的 RSS 拉拢,依靠反向重复的序列形成茎状结构。由核酸内切酶切除茎状结构,再由酶连接切断的序列,实现 VL 和 JL 的重组连接。重组连接处可有几个碱基的移动,导致 1~2 个密码的突变,增加了 CDR3 的多样性(图 10-6)。

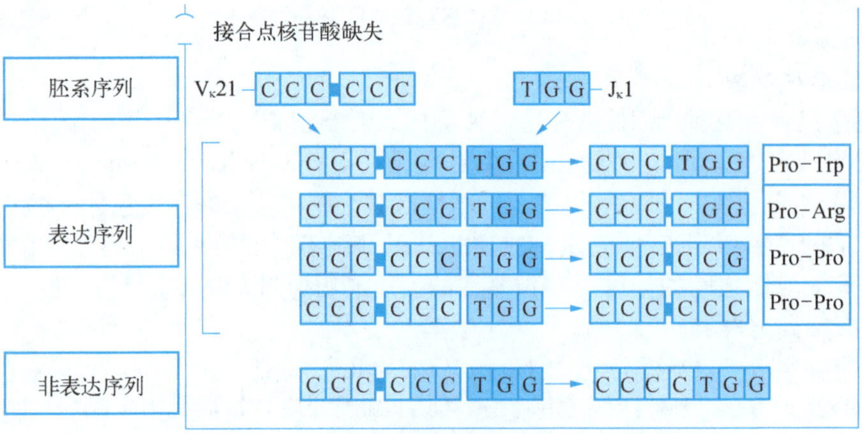

图 10-6 VL-JL 连接的柔性造成的多样性

(2) P 区插入:当 RAG 酶剪切基因片段形成茎状环的时候,切断的末端通常都是不均衡的,因此经常造成 DNA 链一条长些一条短些。短链须以长链为模板将短少的核苷酸补齐,然后基因片段之间才能重新连接，补上的这些核苷酸就被称为 P 核苷酸。

（3）N 区的插入：在 Ig 重链基因片段重排过程中，有时可通过无模板指导的机制（non-temple directed mechanism）在重组后 *D* 基因片段的两侧即 VH－DH 或 DH－JH 连接处插入称为 N 区的几个核苷酸。N 区不是由胚系基因所编码。在 N 区插入前，先通过外切酶切除 VH－DH 或 DH－JH 连接处的几个碱基对，然后通过末端脱氧核苷酸转移酶连接上 N 区。由于额外插入了 N 区，可发生移码突变（frameshift mutation），使插入部位以及下游密码子发生改变，从而编码不同的氨基酸，增加了抗体的多样性（图 10－7）。

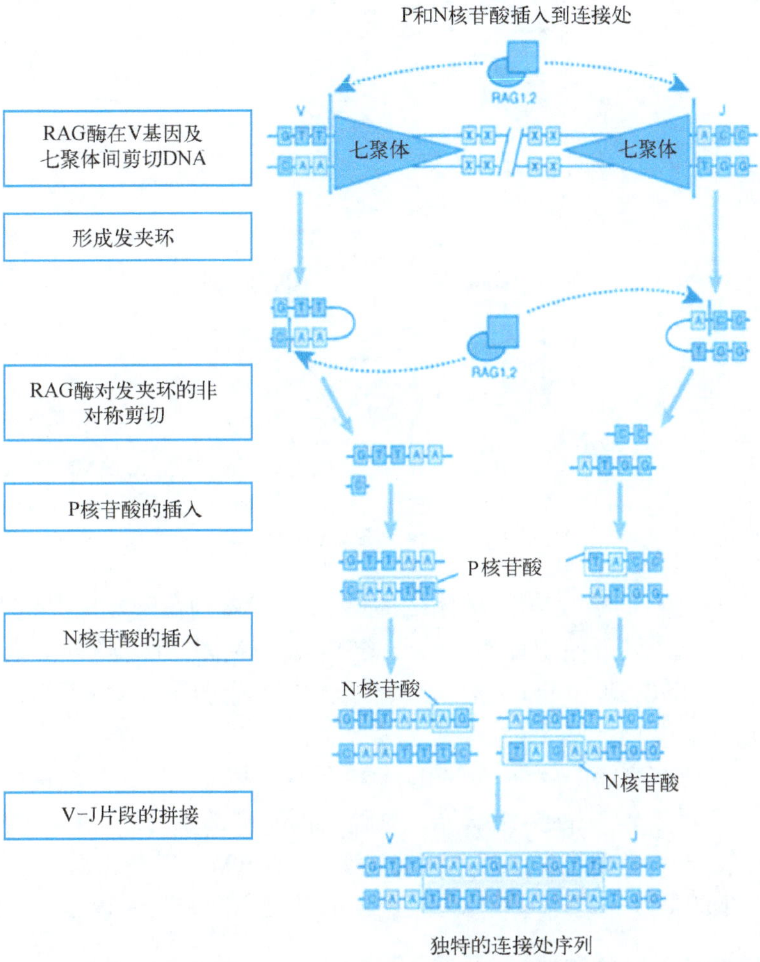

图 10－7　P 核苷酸插入和 N 核苷酸插入

3. 体细胞高频突变（somatic hypermutation）　与组合和连接造成的多样性不同，体细胞高频突变造成的多样性是在已成熟的 B 细胞即已完成 *V* 基因重排的基础上发生的，B 细胞在外周受到抗原刺激后进入生发中心，在生发中心中 B 细胞经历了体细胞高频突变和亲和力成熟。在每次细胞分裂中，IgV 区基因中大约每 1 000 bp 中就有一对发生突变，其频率是其他体细胞突变频率的 $10^3 \sim 10^4$ 倍，故被称为高频突变。突变后抗体结合抗原的亲和力发生改变，亲和力提高的细胞被选择生存下来，而那些亲和力下降的细胞则被淘汰，随着免疫应答的进行，B 细胞抗原受体的亲和力不断上升，这就是亲和力成熟现象。

第二节　B 细胞的主要表面分子

不同种类的淋巴细胞很难从形态上区分，但是它们各自表达一些特征性的表面分子。这些分子不仅是一种标志，还与细胞的功能密切相关。B 细胞表面有众多的膜分子，它们参与 B 细胞对抗原的识别，并对 B

细胞的功能进行精密调控。

一、B细胞抗原受体复合体

B细胞表面最重要的分子是B细胞抗原受体(B cell receptor, BCR)复合体。BCR复合体是由识别和结合抗原的膜性免疫球蛋白(mIg)和可转导抗原刺激信号的Igα(CD79a)/Igβ(CD79b)异二聚体组成(图10－8)。

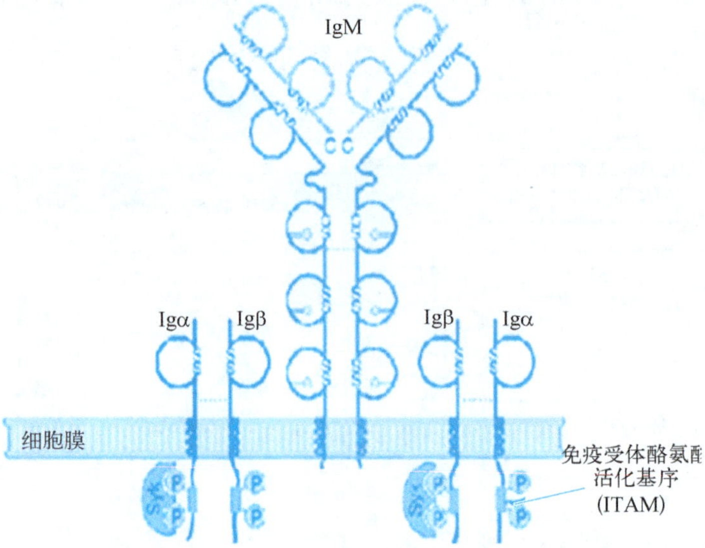

图10－8 BCR复合体的结构

1. mIg 膜表面免疫球蛋白的结构与Ig单体结构基本相同,差别在于mIg是跨膜蛋白,故其重链的Fc段有跨膜区和胞内区。mIg的表达开始于骨髓中的未成熟B细胞阶段,此阶段B细胞表达mIgM。B细胞成熟后,表面同时表达mIgM和mIgD。mIg的作用是结合抗原,但因为mIg胞内区很短,不能传递抗原刺激信号,因而需要辅助分子Igα/Igβ的参与。

2. Igα/Igβ 属于Ig基因超家族的成员,分别由mB1和B29基因编码。其结构可分为胞外区、跨膜区和胞内区,Igα/Igβ通过胞外区的二硫键相连,组成异二聚体。同时借助于跨膜区的静电吸引与mIg组成复合体。Igα/Igβ胞内区相对较长,含有免疫受体酪氨酸活化基序(ITAM),磷酸化后可以招募下游信号分子,转导抗原与BCR结合所产生的信号。此外Igα/Igβ还参与Ig从胞内向胞膜的转运。

二、B细胞辅助受体(又称为B细胞共受体)

CD19/CD21/CD81(TAPA－1)是B细胞表面的活化性辅助受体,它们以非共价键结合。其中CD21是补体受体CR2,即C3d受体,通过结合BCR所识别的抗原上包被的补体成分,将共受体与BCR交联在一起,但CD21胞内区无酪氨酸残基,故不能传导信号。结合于抗原的补体成分C3d与CD21结合,使CD19/CD21交联。CD19分子有一个较长的位于胞内的尾部,上面的6个酪氨酸残基在BCR信号刺激的蛋白激酶的催化作用下发生磷酸化,磷酸化后的CD19能够招募多种信号分子,从而放大BCR传递的活化信号。CD81与CD21不直接发生关系,但与CD19在胞外区相连。CD81与CD225相连。该辅助受体可增强B细胞对抗原刺激的敏感性(图10－9)。

三、协同刺激分子

B细胞的BCR识别抗原后通过Igα/Igβ向胞内传递活化信号,这是B细胞活化的第一信号。B细胞的完全活化,仅有第一信号是不够的,还需要第二信号。B细胞活化的第二信号是由T细胞的协同刺激分子提供的。B细胞又是抗原提呈细胞,可以为T细胞的活化提供协同刺激信号,这一信号是B细胞上的协同刺激分子提供的。

1. CD40 CD40分子组成性表达于成熟B细胞表面,属于肿瘤坏死因子受体家族。其配体是CD40L

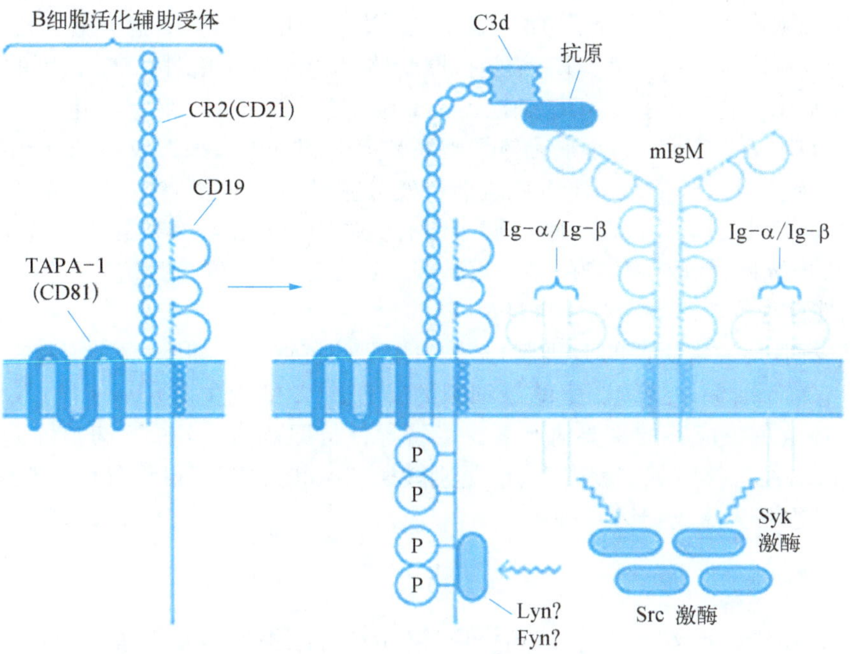

图 10-9　B 细胞活化辅助受体

(CD154),表达于活化的 T 细胞表面。CD40 与 CD40L 作用,可为 B 细胞的活化提供第二活化信号。

2. CD80 和 CD86　CD80(B7-1)和 CD86(B7-2)表达于活化 B 细胞表面,其配体是表达于 T 细胞表面的 CD28 分子。CD80 和 CD86 与 CD28 作用,为 T 细胞的活化提供第二活化信号。

四、其他分子

1. 丝裂原受体　B 细胞表面的丝裂原受体与 T 细胞不同,因此刺激 B 细胞转化的丝裂原也不同。如脂多糖与外周血淋巴组织共同培养时,B 细胞相应受体可与之结合而被激活,并进行增殖分化为淋巴母细胞,称为 B 细胞有丝裂原反应,可用于对 B 细胞的功能检测。

2. Fc 受体　大多数 B 细胞表面具有 IgG FcRⅡ(FcγR),能与 IgG Fc 段结合。活化 B 细胞此受体密度明显增高,分化至晚期又下降。FcγR 可与免疫复合物结合,有利于 B 细胞对抗原的捕获和结合,以及 B 细胞的活化和抗体产生。如将鸡红细胞(E)与其 IgG 抗体(A)结合形成的复合物与 B 细胞混合后,可见 B 细胞周围有红细胞黏附形成的花环,称为 EA 花环,也是检测 B 细胞的一种方法。

3. 补体受体　大多数 B 细胞表面有能与 C3b 和 C3d 结合的受体,分别称为 CRⅠ和 CRⅡ(即 CD35 和 CD21)。CR 可与抗原和抗体及补体形成的免疫复合物结合,促进 B 细胞的活化,CRⅡ也是 EB 病毒的受体。

4. 细胞因子受体　活化 B 细胞可表达多种细胞因子受体,如 IL-1、IL-2、IL-4、IL-5 以及 IFN-γ 的受体等,与相应因子结合可促进 B 细胞的增殖和分化。

5. 主要组织相容性抗原　B 细胞发育未成熟时,已表达 MHC Ⅱ类分子,活化 B 细胞 MHC Ⅱ类分子表达明显增多。MHC Ⅱ类分子能增强 B 细胞和 T 细胞间的黏附作用,同时也是提呈抗原的分子。MHC Ⅱ类分子交联与信号传导有关,可促进 B 细胞的活化。

第三节　B 细胞的亚群及功能

一、B 细胞的亚群

根据 B 细胞的表型、组织定位、功能以及在个体发育中产生的先后,成熟 B 细胞可以分为 B1 和 B2 两大亚群。

1. B1 细胞　B1 细胞高表达 CD5 分子,而不表达或低表达 mIgD。B1 细胞产生于胚胎发育过程,出生后主要通过现存细胞的分裂实现自我更新。B1 细胞抗原受体可变区序列相对保守,识别的主要是广泛存在于多种病原体表面的碳水化合物类的抗原,其活化无须 T 细胞的辅助。B1 细胞活化后,很少发生 Ig 类别转换,产生的主要是 IgM 类抗体。同时由于缺乏体细胞高频突变和抗体亲和力成熟,所产生的抗体的亲和力较低。此外,即使没有明显外来抗原刺激,B1 细胞也能自发分泌针对微生物脂多糖和某些自身抗原的 IgM 类抗体,即所谓的天然抗体。因此,B1 细胞一般被归于固有免疫细胞。在经常接触微生物的腹膜腔等部位,B1 细胞能迅速产生 IgM 类抗体,构成抗感染的第一道防线。B1 细胞产生的自身抗体可能有助于清除变性的自身抗原,但一些致病性自身抗体可能会诱导自身免疫病。

2. B2 细胞　B2 细胞即通常所说的 B 细胞,是体内主要的抗体产生细胞。B2 细胞在个体发育中出现较晚,而且群体的维持有赖于骨髓中持续产生的新细胞的补充。B2 细胞主要定居于脾脏、淋巴结及黏膜相关淋巴组织,是适应性体液免疫应答的主要执行者。受特异性抗原刺激后,在 T 细胞辅助下,B2 细胞大量增殖,形成生发中心,在此,经历体细胞高频突变、Ig 类别转换和亲和力成熟,最终分化成浆细胞,产生高亲和力抗体。同时有少量 B2 细胞分化成记忆 B 细胞。

二、B 细胞的功能

B 细胞的基本功能是产生抗体,介导体液免疫应答,还在抗原提呈中发挥重要作用,并通过分泌的细胞因子,参与免疫调节。

1. 介导体液免疫应答　B 细胞接受抗原刺激后,在辅助性 T 细胞的辅助下活化、增殖、分化,成为浆细胞,产生特异性抗体,介导体液免疫应答。发挥体液免疫的效应功能,如中和作用、激活补体作用、调理作用、ADCC 作用等。

2. 提呈抗原　专职 APC 中的树突状细胞和巨噬细胞能高效吞噬颗粒抗原,却不能有效摄取可溶性抗原。而 B 细胞借其表面的 BCR 的作用,能通过受体内化使所结合的抗原进入 B 细胞内,抗原经加工后,以抗原肽- MHC 分子复合物形式提呈给 T 细胞。因此 B 细胞在可溶性抗原加工与提呈方面发挥着独特的作用。静息状态的 B 细胞一般不表达协同刺激分子,但多种导致 B 细胞活化的刺激,如 TLR 介导的信号能诱导 CD80、CD86 的表达,从而赋予其抗原提呈的能力。

3. 免疫调节　活化的 B 细胞分泌大量的细胞因子,如 IL－10、IL－12、IL－13、IL－14 等,参与免疫调节、炎症反应及造血过程。

小　结

B 细胞的发育分中枢免疫器官骨髓的抗原非依赖期(从祖 B 细胞发育为未成熟 B 细胞)和外周免疫器官的抗原依赖期(B 细胞活化阶段)。在 B 细胞发育过程中,要经历基因片段重排,从无转录功能的胚系型转变成重排后有转录功能的基因。B 细胞表面有众多的膜分子,它们参与 B 细胞对抗原的识别,并对 B 细胞的功能进行精密调控。成熟 B 细胞可以分为 B1 和 B2 两大亚群。B1 细胞一般被归于固有免疫细胞。B2 细胞的基本功能是产生抗体,介导体液免疫应答,还在抗原提呈中发挥重要作用,并通过分泌的细胞因子,参与免疫调节。

复习题

1. 名词解释

体细胞高频突变　BCR 复合体　攻膜复合体　C3 转化酶　C5 转化酶　免疫黏附作用　C3 正反馈环

2. 简答题

(1) 简述 B 细胞在骨髓中发育的各阶段及特点。

(2) 简述 B 细胞的功能。

(吴利先)

第十一章

其他免疫细胞

第一节 单核吞噬细胞系统

单核吞噬细胞系统(mononuclear phagocyte system, MPS)包括游离于血液中的单核细胞(monocyte)及存在于体腔和各种组织中的巨噬细胞(macrophage)。这些细胞均来源于骨髓干细胞,在形态和功能上相似。血液中的单核细胞从血管内移出并分布到全身各组织中,成为巨噬细胞。它们是机体重要的免疫细胞,具有抗感染、抗肿瘤、参与免疫应答和免疫调节等多种生物学功能。

一、单核巨噬细胞的来源和表面标志

(一) 单核巨噬细胞的来源

骨髓多能干细胞衍生的髓样干细胞受骨髓微环境的作用首先发育成前单核细胞,前单核细胞在 M-CSF 等细胞因子的刺激下,发育为成熟的单核细胞。单核细胞占血液中单个核细胞总数的 3%～8%,体积比淋巴细胞略大,胞质内有大量的溶酶体颗粒,其内含有过氧化物酶、酸性磷酸酶、非特异性酯酶和溶菌酶等多种酶类物质。

单核细胞在血液中仅存留 12～24 h,循血流进入结缔组织和其他组织器官,转变成巨噬细胞。单核巨噬细胞具有变形运动,对玻璃和塑料表面有很强的黏附能力,借此可将单核巨噬细胞与淋巴细胞彼此分离(图 11-1)。

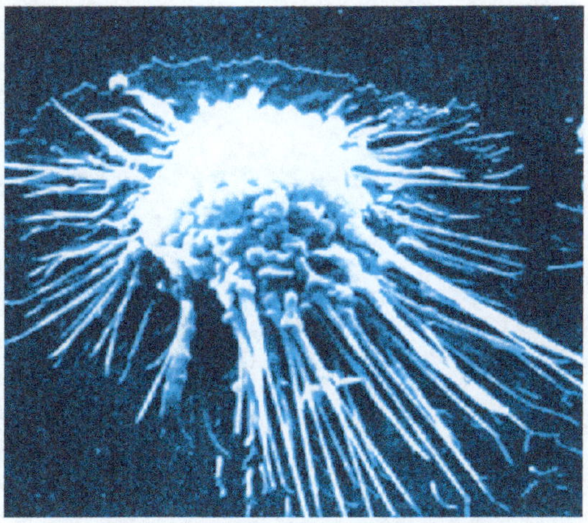

图 11-1 扫描电镜显示腹腔巨噬细胞黏附于玻璃表面

巨噬细胞可分为定居的巨噬细胞和游走的巨噬细胞两大类。定居的巨噬细胞广泛分布于全身各组织器官,其命名随分布组织不同而异。游走的巨噬细胞其体积数倍于单核细胞,寿命长,在组织中可存活数月。巨噬细胞胞质内含丰富的溶酶体、线粒体及粗面内质网,具有强大的吞噬杀菌、清除衰老损伤细胞及其他异物的功能,不仅是固有免疫主要的效应细胞,同时也在适应性免疫应答的过程中发挥重要作用。

(二) 巨噬细胞表面受体及其识别的配体

巨噬细胞可表达多种表面标志,包括多种模式识别受体、补体受体、细胞因子受体以及 MHC Ⅰ/Ⅱ类分子、共刺激分子等。这些细胞表面标志多为跨膜蛋白或糖蛋白,参与单核吞噬细胞的迁移、黏附、识别抗原、吞噬等多种功能,并在机体免疫防御、炎症反应、组织修复等生理、病理过程中发挥重要作用。

1. 模式识别受体(pattern-recognition receptor, PRR) PRR 是指固有免疫细胞表面或胞内器室膜上能够直接识别病原微生物或凋亡细胞表面共有的特定分子结构的受体。包括分泌型 PRR:如存在于血清中 MBL、C-反应蛋白等;膜型 PRR:如甘露糖受体、清道夫受体和 Toll 样受体等(表 11-1)。

表 11-1 常见的模式识别受体和相应的病原相关模式分子

模式识别受体(PRR)	病原相关模式分子(PAMP)
膜型 PRR	
甘露糖受体(MR)	细菌甘露糖、岩藻糖
清道夫受体(SR)	细菌磷壁酸、脂多糖
$TLR_{2,6,1}$	细菌肽聚糖、磷壁酸、酵母多糖细菌和支原体脂蛋白、脂肽
CD_{14} TLR_4	细菌脂多糖、热休克蛋白
TLR_5	细菌鞭毛蛋白
$TLR_{7,8}$	病毒单股 RNA
TLR_9	细菌或病毒非甲基化的
CpGDNA 分泌型 PRR	
甘露糖结合凝集素(MBL)	甘露糖、岩藻糖和 N-乙酰葡萄糖胺残基
C-反应蛋白	细菌细胞壁磷酰胆碱
脂多糖结合蛋白	脂多糖

PRR 的特征：较少多样性；非克隆性表达，即同一类型细胞表达的 PRR 具有相同的特异性；介导快速的生物学反应，无须细胞增殖

(1) 甘露糖受体(Mannose receptor, MR)：能与广泛表达于病原体(如分枝杆菌、克雷伯菌、卡氏肺孢菌和酵母菌等)细胞壁糖蛋白和糖脂分子末端的甘露糖、岩藻糖残基结合，介导吞噬或胞饮作用。在高等真核生物中，甘露糖残基通常深埋于糖蛋白分子内，因而不能与 MR 结合。

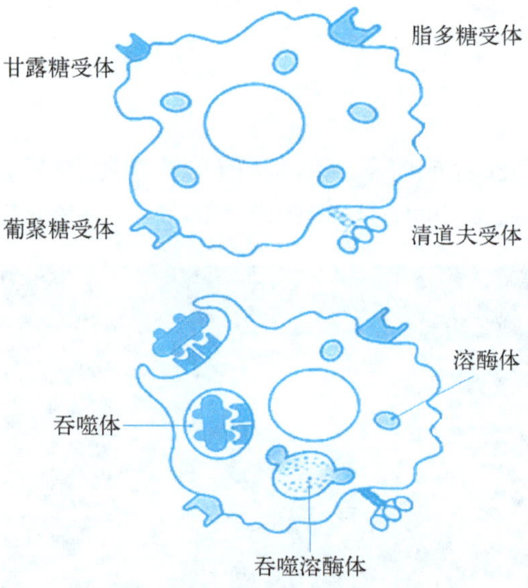

图 11-2 巨噬细胞表面的 PRR 以及其介导的内化作用

(2) 清道夫受体(Scanvenger receptor, SR)：可识别乙酰化低密度脂蛋白、G^- 菌脂多糖(LPS)、G^+ 菌的磷壁酸以及磷脂酰丝氨酸(凋亡细胞表面标志)。参与对病原体、衰老红细胞和某些凋亡细胞的识别和清除(图 11-2)。

(3) Toll 样受体(Toll liker receptor, TLR)：目前，已经发现的人 TLRs 家族成员有 11 个，它们分布于不同的免疫细胞。如 TLR_1 能在单核细胞，多形核细胞，T、B 细胞及 NK 细胞等多种细胞中表达；TLR_2、TLR_4、TLR_5 只在髓源性细胞(如单核巨噬细胞)上表达；而 TLR_3 只能特异性表达于树突状细胞。

人 TLRs 家族分为两类，其一是表达在细胞膜上的 $TLR_{1,2,4,5,6}$，主要识别病原微生物某些共有的特定分子结构，如 G^+ 菌肽聚糖和磷壁酸、某些细菌和支原体的脂肽、鞭毛蛋白、分枝菌属的阿拉伯糖脂和酵母菌的酵母多糖等；其二是表达于胞内器室膜上的 $TLR_{3,7,8,9}$，主要识别胞质中的病毒 RNA、非甲基化的 CpG DNA 等，可诱导细胞产生促炎细胞因子和Ⅰ型干扰素，引起炎症反应并参与免疫调节。(图 11-3)

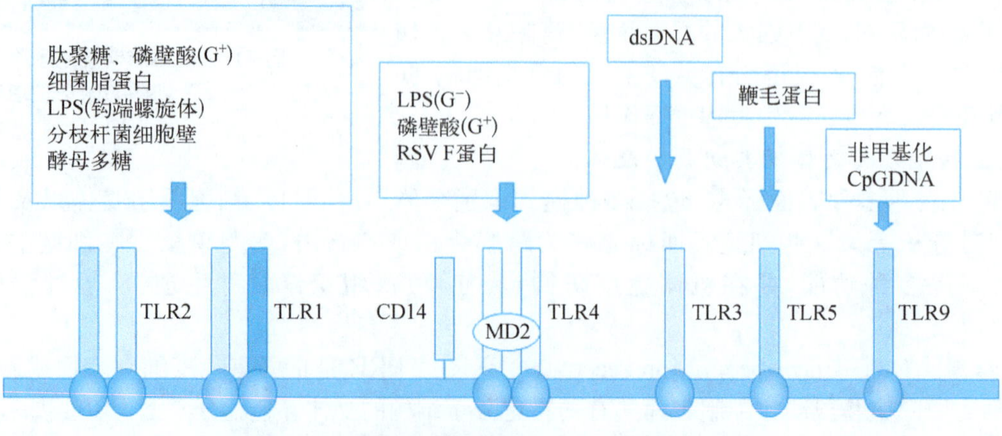

图 11-3 吞噬细胞细胞表达的 TLR 和相应配体

2. 病原相关模式分子(pathogen associated molecule pattern, PAMP) 主要指病原微生物表面某些高度保守的分子结构或凋亡细胞表面共有的特定分子结构。例如：G^-菌的脂多糖、G^+菌肽聚糖和脂磷壁酸、细菌和真菌的甘露糖、分枝杆菌和螺旋体的脂蛋白、病毒的 dsRNA 和 ssRNA 以及细菌或病毒的非甲基化的 CpG DNA 等。

PAMP 的特征：通常为病原微生物所特有，而宿主细胞不产生；为微生物的生存或致病性所必需；为宿主天然免疫细胞泛特异性识别的分子基础。

3. 调理性受体 巨噬细胞表面参与调理作用的受体包括 IgG Fc 受体(FcγR)和补体受体($C_{3b}R/C_{4b}R$)，巨噬细胞通过这些调理性受体识别、摄取与抗体 IgG 或补体(C_{3b}/C_{4b})结合的病原体等抗原性异物，从而促进和增强巨噬细胞的吞噬、杀菌能力。

(1) IgG Fc 受体介导的调理作用：抗原异物与相应的 IgG 结合后，通过 IgG Fc 段与中性粒细胞、巨噬细胞表面的 IgG FcR 结合，产生促进吞噬和激活效应。

(2) 补体受体介导的调理作用：补体激活后，其裂解产物 C_{3b}、C_{4b}以及$_iC_{3b}$均可黏附在病原体等抗原性异物表面，再通过与吞噬细胞表面 CR_1 结合促进吞噬细胞对抗原的吞噬。

4. 细胞因子受体 巨噬细胞表达的单核细胞趋化蛋白-1 受体(MCP-1R)、巨噬细胞炎症蛋白-1α/β受体(MIP-1α/βR)接受相应细胞因子的刺激，使巨噬细胞被募集至抗原存在部位。巨噬细胞表达的 IFN-γR、M-CSFR、GM-CSFR 与相应细胞因子结合活化巨噬细胞。

二、单核吞噬细胞的生物学功能

体内的单核巨噬细胞一般处于静止状态，抗原和某些细胞因子可激活单核巨噬细胞(图 11-4)，使其功能明显增强。单核巨噬细胞有识别、清除异物、参与促进炎症反应、杀伤肿瘤和病毒感染细胞、提呈抗原和免疫调节等重要功能。

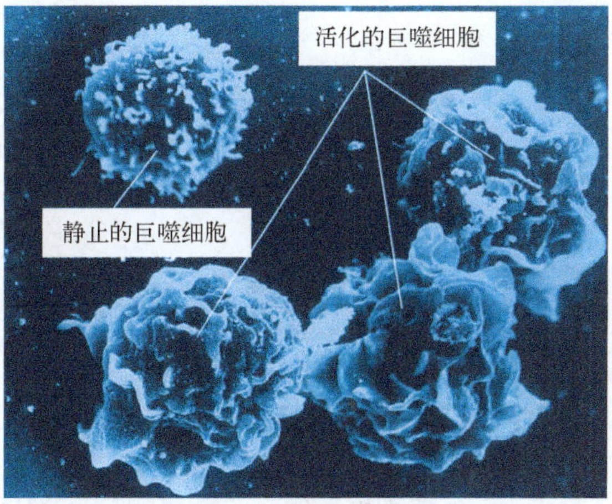

图 11-4 巨噬细胞

(一) 识别、清除、杀伤病原体

1. 巨噬细胞的识别 在生理状态下巨噬细胞不能损伤正常组织细胞而只能吞噬、杀伤异常细胞的事实表明巨噬细胞有识别“自己”和“非己”的能力。目前已知巨噬细胞的识别作用是通过其表达的 PRR 对病原体表达的 PAMP 泛特异识别来实现的。

2. 巨噬细胞清除、杀伤病原体 巨噬细胞借助表面的 PRR 和调理性受体，经吞噬或吞饮作用将病原体等摄入胞内形成吞噬体(图 10-6)。在吞噬体内通过氧依赖和氧非依赖杀菌系统杀伤病原体，随后在吞噬溶酶体内多种水解酶如蛋白酶、核酸酶、脂酶和磷酸酶等作用下将其进一步消化降解，并将大多数产物经胞吐作用排除到胞外。少数被加工处理为具有免疫功能的小分子肽段，与 MHC 分子结合形成抗原肽-MHC 分子复合物，表达于巨噬细胞表面供 T 细胞识别，启动特异性免疫应答(图 11-5)。

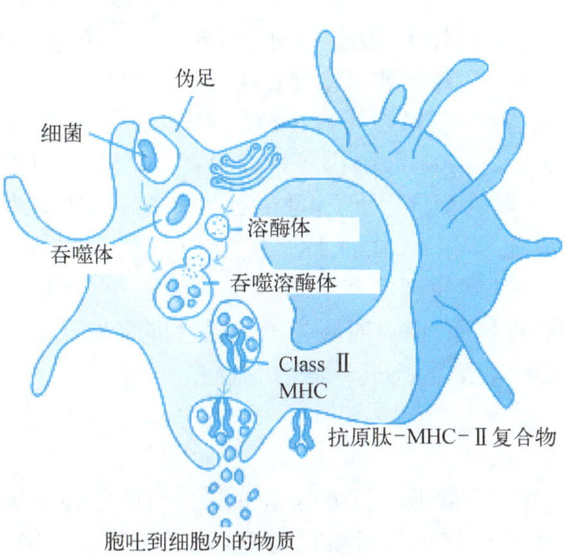

图 11-5 巨噬细胞清除、杀伤病原体

(二) 参与和促进炎症反应

感染部位组织细胞产生的 MCP-1、GM-CSF 和 IFN-γ等细胞因子与巨噬细胞表面相应受体结合，募集巨噬细胞到感染部位并发生活化，参与和促进炎症反应。

(1) 活化的巨噬细胞分泌巨噬细胞炎症蛋白-1α/β、MCP-1 和 IL-8 等趋化性细胞因子，募集、活化更多的巨噬细胞、中性粒细胞和淋巴细胞，发挥抗感染作用。

(2) 分泌多种促炎性细胞因子，如 IL-1、TNF-α、IL-

6、前列腺素、白三烯、血小板活化因子等参与和促进炎症反应。

(三)杀伤肿瘤和病毒感染细胞

只有活化的巨噬细胞才能有效杀伤肿瘤和病毒感染细胞。巨噬细胞活化后,其表面的 PRR 和调理性受体表达增加,捕捉摄取抗原的能力增加;细胞内溶酶体数目及其反应性氧中间物、反应性氮中间物和各种水解酶浓度显著增高,杀伤、消化降解功能增强;同时分泌大量 TNF-α,可诱导肿瘤或病毒感染细胞发生凋亡。在抗肿瘤和抗病毒特异性抗体参与下,还可通过 ADCC 杀伤肿瘤细胞和病毒感染细胞。

(四)加工提呈抗原

巨噬细胞是专职的抗原提呈细胞,可将抗原加工处理后与 MHC Ⅱ/Ⅰ分子结合形成 MHC-抗原肽复合物并表达于巨噬细胞表面,供 $CD4^+$/$CD8^+$ T 细胞识别。在再次免疫应答中发挥重要作用。

(五)免疫调节作用

巨噬细胞可产生和分泌多种细胞因子,参与免疫调节。如分泌 IL-1 和 IFN-γ 上调 APC 表达 MHC 分子,促进 T、B 细胞的活化;分泌 TNF-α 促进 CTL 的活化、增殖和分化;分泌 IL-12、18 激活 NK 细胞,促进 T 细胞增殖分化;分泌 IL-10 抑制单核巨噬细胞和 NK 细胞的活化,抑制巨噬细胞的抗原提呈。

第二节 树突状细胞

树突状细胞(dendritic cell, DC)是由美国学者 Steinman 于 1973 年发现的,是目前所知的功能最强的抗原提呈细胞,因其成熟时伸出许多树突样或伪足样突起而得名。

一、DC 的表面标志

DC 主要有三类表面标志。

1. 与 DC 鉴定相关的表面标志 虽然目前尚未准确鉴定出 DC 的特异性分子标志,但已公认 CD1a、CD11 和 CD83 是 DC 相对特异性的分子标志。

2. 与摄取抗原有关的表面标志 包括 IgG FcR、补体受体、甘露糖受体等。

3. 抗原提呈相关分子 如 MHC Ⅰ、MHC Ⅱ、共刺激分子(B7\CD40\CD40L 等)。

二、DC 的来源与分布

DC 的来源有两条途径:其一,髓样干细胞在 GM-CSF 的刺激下分化为 DC,称为髓样 DC(myeloid dendritic cell, MDC),与单核细胞和粒细胞有共同的前体细胞;其二,来源于淋巴样干细胞,称为淋巴样 DC(Lymophiod dendritic cell, LDC)或浆细胞样 DC(plasmacytoid dendritic cell, pDC),与 T 细胞和 B 细胞有共同的前体细胞。

树突状细胞广泛分布于除脑组织以外的全身各个脏器,数量较少,不足外周血单核细胞的 1%。根据分布不同,可将其分为:① 淋巴样组织中的 DC,主要包括并指状 DC(interdigitating DC, IDC)和滤泡样 DC(follicular DC, FDC)。IDC 存在于外周淋巴组织的 T 细胞区,高表达 MHC 分子,是在启动和激发初次免疫应答的主要 APC,其抗原提呈功能强于其他 APC。② 非淋巴样组织中的 DC,主要包括间质性 DC(interstitial DC)和朗格汉氏细胞(Langerhans cell, LC)。间质性 DC 主要是存在于某些非淋巴组织间质,LC 是位于表皮和胃肠道黏膜上皮,二者均能有效摄取、加工和处理抗原,但一般认为不能提呈抗原和激发免疫应答。③ 体液中的 DC,包括存在于输入淋巴管和淋巴液中的隐蔽细胞(veiled cell)、血液 DC。

三、DC 的功能

1. 处理与提呈抗原 这是 DC 最重要的功能。DC 也是体内功能最强的抗原提呈细胞。当抗原刺激机体时,广泛分布于各脏器中的未成熟 DC 摄取、加工处理抗原,然后迁移至邻近淋巴器官,在迁移的过程中,未成熟 DC 逐渐发育为摄取抗原能力下降,抗原提呈功能增强的成熟 DC。在淋巴器官内,DC 和 T 细胞相互作用将抗原的信息传递给 T 细胞而启动免疫应答(详见第 12 章)。

2. *参与 T 细胞的发育、分化和激活*　胸腺 DC 是胸腺微环境的重要组分,通过阴性选择清除自身反应性 T 细胞或诱导自身反应性 T 细胞无能,从而诱导中枢免疫耐受形成。DC 对外周 T 细胞的分化也起重要作用,DC 分泌的 IL-12 可诱导 Th0 向 Th1 细胞分化;DC 高表达多种共刺激分子(尤其是 B7 分子),可通过其与 T 细胞表面相应受体结合,提供 T 细胞激活的协同刺激信号。此外,DC 还可分泌多种细胞因子参与 T 细胞的增殖。

3. *参与 B 细胞的发育、分化与激活*　外周淋巴器官 B 细胞依赖区的 FDC 不表达 MHC-Ⅱ类分子,而表达大量的 FcR 和补体受体,这些受体可结合免疫复合物并使这些免疫复合物长期保存在 FDC 表面,向 B 细胞提供抗原信号及共刺激信号,诱导 Ig 类别转换、亲和力成熟和免疫记忆。同时,DC 通过诱导初始 T 细胞活化,辅助 B 细胞发挥体液免疫功能。

4. *免疫调节*　DC 可分泌多种细胞因子,如人 DC 分泌 IL-1α、IL-8、TNF-α、IFN-α 和 GM-CSF 等发挥调节免疫功能作用。DC 还可分泌多种趋化因子,介导其他免疫细胞的趋化作用。DC 可以激活不同亚群的 T 细胞或使 Th 细胞向不同方向分化,形成 Th1、Th2 或 Th3 细胞,从而诱导不同类型的免疫应答。此外,成熟 DC 表达的 FasL 能诱导表达 Fas 的淋巴细胞凋亡,参与免疫应答的负向调控。

第三节　自然杀伤细胞

自然杀伤细胞(natural killer, NK)来源于骨髓淋巴样干细胞,其发育成熟依赖于骨髓微环境。NK 细胞主要分布于外周血和脾脏,在淋巴结和其他组织中也有少量存在。NK 细胞不表达特异性抗原识别受体,是不同于 T 细胞、B 细胞的第三类淋巴细胞,因其胞质内含有大型嗜天青颗粒,又称大颗粒淋巴细胞(large granular lymphocyte, LGL)。NK 细胞可表达多种表面标志,目前将 TCR^-、mIg^-、$CD56^+$、$CD16^+$ 淋巴细胞鉴定为 NK 细胞。此外,NK 细胞表面还具有多种与其杀伤活化或杀伤抑制有关的受体,借此来调节 NK 细胞的杀伤效应。

NK 细胞发挥杀伤靶细胞作用时无须抗原预先致敏,也无 MHC 限制,因此在机体抗肿瘤和早期抗病毒或胞内寄生菌感染的免疫过程中起重要作用。在肿瘤或病毒特异性 IgG 抗体存在条件下,NK 细胞也可通过表面 IgG Fc 受体(FcγRⅢ)介导,发挥 ADCC 作用。NK 细胞活化后,还可通过分泌 IFN-γ、IL-2 和 TNF 等细胞因子发挥免疫调节作用。

一、NK 细胞活性调节

NK 细胞活性受其表面多种调节性受体的调控。正常情况下,NK 细胞能够杀伤某些病毒感染的细胞和肿瘤细胞,而对宿主正常组织细胞不具细胞毒作用,表明 NK 细胞具有识别宿主自身正常组织细胞和体内异常组织细胞的能力。

(一) 识别 HLA Ⅰ类分子的 NK 细胞活化或抑制性受体

NK 细胞表面有多种识别 HLA Ⅰ类分子的受体,按其功能可以分为活化性受体和抑制性受体。生理状态下抑制性受体占主导地位,与细胞表面的 HLA Ⅰ类分子结合后传递抑制性信号,抑制活化性受体的功能,使 NK 细胞保持静止状态,表现为不损伤正常组织细胞。病理状态下,病毒感染细胞和肿瘤细胞等靶细胞 HLA Ⅰ类分子表达下降或缺失,抑制性受体无法发挥作用,此时活化性受体和靶细胞表面相应配体有效结合,导致 NK 细胞活化发挥细胞毒作用杀伤靶细胞(图 11-6)。

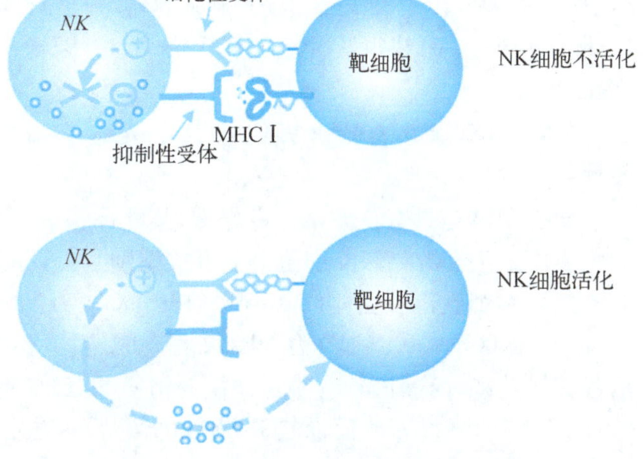

图 11-6　NK 细胞对靶细胞的识别和活化

根据受体分子结构不同,将识别 HLA Ⅰ类分子的 NK 细胞活化或抑制性受体分为两类:其一是杀伤细胞免疫球蛋白样受体(killer immunoglobulin-like receptor, KIR);其二是杀伤细胞凝集素样受体(killer lectin-like receptor, KLR)。

1. 杀伤细胞免疫球蛋白样受体(KIR) KIR 为跨膜糖蛋白,属免疫球蛋白超家族成员,其胞外区含有能与 HLA Ⅰ类分子结合的结构域。根据胞外区 Ig 样结构域的数目可将其分为 KIR2D 和 KIR3D 两个亚类。这两个亚类中,其中一部分胞质区氨基酸序列较长(longer),含免疫受体酪氨酸抑制基序(ITIM),称为 KIR2DL 和 KIR3DL,此种受体为抑制性受体,转导抑制信号;另一部分胞质区氨基酸序列短小(shorter)且不具信号转导功能,称为 KIR2DS 和 KIR3DS。KIR2DS 和 KIR3DS 跨膜区含有带正电荷的赖氨酸,借此能与跨膜区含有带负电荷的天冬氨酸且胞质区含免疫受体酪氨酸活化基序(ITAM)的 DAP-12 分子非共价结合,由此而获得转导活化信号的功能,因此为活化性受体(图 11-7)。

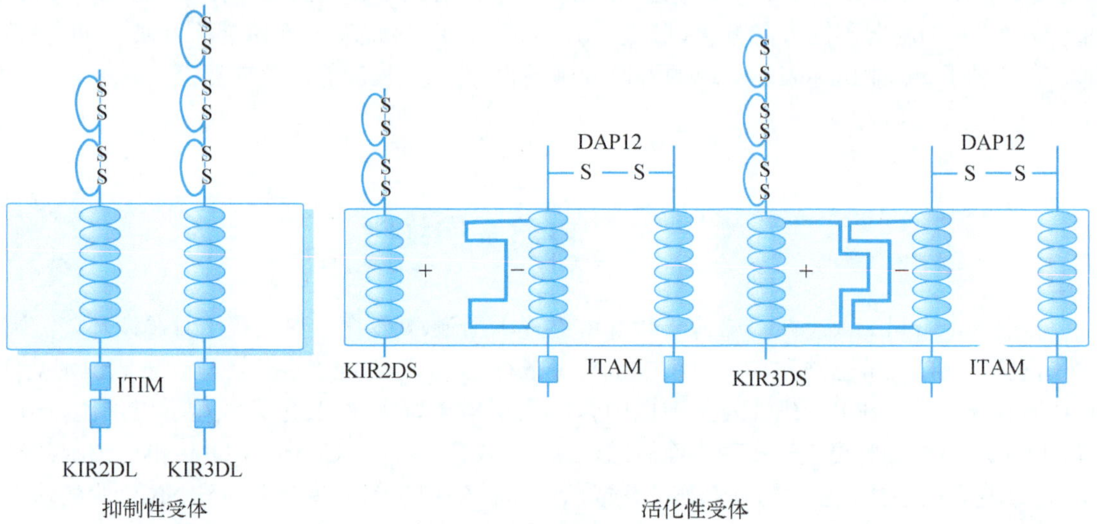

图 11-7 KIR 结构

2. 杀伤细胞凝集素样受体(KLR) KLR 是 CD94 与 NKG2 家族不同成员通过二硫键共价结合组成的异二聚体。CD94 和 NKG2 家族成员胞外区均有能与 HLA Ⅰ类分子结合的结构域。CD94 没有转导信号的功能,CD94 与 NKG2A(胞质内含 ITIM 基序)结合组成的 CD94/NKG2A 异二聚体为抑制性受体,转导抑制信号。CD94 与 NKG2C 结合组成的 CD94/NKG2C 异二聚体也不具信号转导功能,但他们可通过 NKG2C 跨膜区带正电荷的赖氨酸,与跨膜区带负电荷天冬氨酸、胞质区含 ITAM 基序的 DAP-12 非共价结合,而获得转导活化信号的功能,因此为活化性受体(图 11-8)。

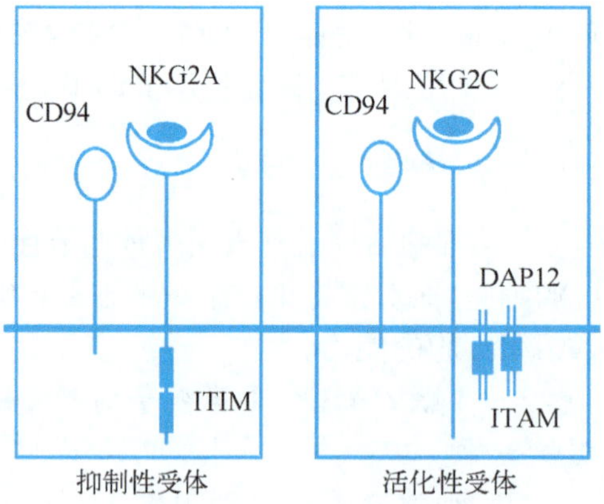

图 11-8 KLR 结构

(二) NK 细胞表面识别非 HLA Ⅰ类分子配体的杀伤活化受体

此类受体是具有自然细胞毒作用,其配体主要表达于某些病毒感染细胞和肿瘤细胞表面,而在正常组织细胞表面缺失。借此 NK 细胞也能有效识别"自己"与"非己",选择性攻击杀伤肿瘤和病毒感染的靶细胞。主要包括自然细胞毒性受体(natural cytotoxicity receptor, NCR)、NKG2D 等。

1. NKG2D NKG2D 为 NKG2 家族成员,主要表达于 NK 细胞和 $\gamma\delta$T 细胞表面,其胞质区氨基酸不具信号转导功能,跨膜区含有带正电荷的精氨酸,借此能与跨膜区带负电荷天冬氨酸、胞质区含 ITAM 基序的 DAP-10 非共价结合,而获得转导活化信号的功能。NKG2D 识别的配体是 MHC Ⅰ类相关分子(MHC class-Ⅰ chain-related molecules A/B, MIC A/B)。主要表达于乳腺癌、卵巢癌、结肠癌、胃癌和肺癌等上皮肿瘤细胞表面，而在正常组织细胞表面水平低下或缺失。

2. 自然细胞毒性受体　自然细胞毒性受体(NCR)只表达于NK细胞表面，是NK细胞特有的标志，通常在KIR/KLR丧失识别"自我"能力时发挥杀伤作用。NCR识别的配体表达于某些病毒感染和肿瘤细胞表面，而在正常组织细胞表面不表达的非HLA Ⅰ类分子，但其具体识别的配体目前还不十分清楚。

二、NK细胞杀伤靶细胞的作用机制

NK细胞与靶细胞密切接触后，可通过多种途径发挥细胞毒作用。

1. 穿孔素/颗粒酶作用途径　穿孔素是储存于NK细胞胞质颗粒内的细胞毒性物质，其生物学效应与补体膜攻击复合物类似。在钙离子存在条件下，可在靶细胞膜上形成多聚穿孔素"孔道"，使水、电解质迅速进入胞内，导致靶细胞裂解。颗粒酶通过穿孔素在靶细胞膜上形成的"孔道"进入胞内，激活凋亡相关的酶系统导致靶细胞凋亡。

2. Fas与FasL作用途径　活化NK细胞高表达FasL，FasL与靶细胞表面的Fas结合后，可在靶细胞表面形成Fas三聚体，从而使其胞质内的死亡结构域(death domain, DD)相聚成簇。继而招募Fas相关死亡结构域蛋白(Fas-associated death domain protein, FADD)，激活半胱天冬蛋白酶级联反应，最终导致靶细胞发生凋亡。

3. TNF-α与TNFR-Ⅰ作用途径　活化NK细胞分泌TNF-α，TNF-α与靶细胞表面相应受体即Ⅰ型TNF受体(TNFR-Ⅰ)结合后，可使之形成TNF-R三聚体，从而导致胞质内的死亡结构域相聚成簇，吸引胞质内的TNF受体相关死亡结构域蛋白(TNF receptor-associated death domain protein, TRADD)，激活半胱天冬蛋白酶级联反应，诱导靶细胞发生凋亡。

第四节　粒细胞

一、中性粒细胞

中性粒细胞来源于骨髓的造血干细胞，在骨髓中分化发育后，进入血液或组织，正常成年人血液中中性粒细胞的数量占白细胞总数的60%～70%。中性粒细胞胞质颗粒中含有髓过氧化物酶、磷酸酶、溶菌酶、防御素等多种杀伤、消化降解病原体的物质，且具有很强吞噬功能。感染发生时，中性粒细胞可迅速穿过血管内皮细胞进入感染部位，对侵入的病原体发挥吞噬杀伤和清除作用。同时，中性粒细胞表面具有IgG Fc受体和补体C3b受体，也可通过调理作用或ADCC作用促进和增强其吞噬、杀伤能力。故中性粒细胞是机体抗感染尤其是抗化脓性细菌感染的重要组成成分。

中性粒细胞可引起感染部位的炎症反应并参与某些型别超敏反应的发生过程，从而导致免疫病理损害。

二、嗜碱性粒细胞和肥大细胞

嗜碱性粒细胞和肥大细胞生物学性状非常相似，肥大细胞主要分布于皮肤、呼吸道和消化道黏膜下结缔组织以及血管壁周围组织中；嗜碱性粒细胞(basophile)主要分布在外周血中，是人血液中数量最少的白细胞，仅占白细胞总数的0.2%。二者胞质中均有粗大的嗜碱性颗粒，储存有肝素、白三烯、组织胺和嗜酸性粒细胞趋化因子等生物活性介质。嗜碱性粒细胞和肥大细胞胞膜上均表达高亲和力的IgE Fc受体(FcεRI)和过敏毒素C3a/C5a的受体，这些受体和相应配体结合后导致嗜碱性粒细胞和肥大细胞致敏或活化。活化的嗜碱性粒细胞和肥大细胞通过释放生物活性介质引发炎症反应，从而在抗感染、免疫调节中发挥作用。

变应原与致敏的嗜碱性粒细胞和肥大细胞表面的特异性IgE结合，可激活嗜碱性粒细胞和肥大细胞，导致生物活性介质的大量释放，引发Ⅰ型超敏反应。

三、嗜酸性粒细胞

嗜酸性粒细胞占血液白细胞总数的1%～3%,在血液中停留时间6～8 h后进入结缔组织,胞质内含有粗大的嗜酸性颗粒,其主要成分是碱性蛋白、嗜酸性粒细胞过氧化物酶、芳基硫酸酯酶和组胺酶。嗜酸性粒细胞可通过释放芳基硫酸酯酶和组胺酶,灭活肥大细胞脱颗粒释放的组胺和白三烯等生物活性介质,对炎症反应起到一定的抑制作用。嗜酸性粒细胞有一定的吞噬杀菌能力,特别是在抗寄生虫免疫过程中具有重要作用。

小　结

机体主要的固有免疫细胞包括单核巨噬细胞、树突状细胞、自然杀伤细胞和粒细胞。单核巨噬细胞通过其表面表达的多种PRR泛特异性识别微生物或凋亡细胞的PAMP;通过调理性受体有效摄取抗原异物,实现单核巨噬细胞识别、清除、杀伤病原体;参与和促进炎症反应;杀伤肿瘤和病毒感染等靶细胞;加工提呈抗原和免疫调节等多种生物学作用。NK细胞在其细胞膜表面多种调节性受体的调控下,通过自然杀伤和ADCC途径发挥细胞毒作用杀伤靶细胞。

复习题

1. 名词解释

   PRR　PAMP

2. 简答题

   (1) 单核吞噬细胞具有哪些主要的生物学功能?

   (2) 简述NK细胞杀伤靶细胞的机制。

   (3) 简述PRR和PAMP的概念和特征。

(杨晓燕)

第四篇

免疫应答

第十二章

抗原提呈细胞和抗原提呈

第一节　抗原提呈细胞

抗原诱导机体发生适应性免疫应答时需要 Th 细胞对抗原的有效识别，而 Th 细胞只能识别 MHC -抗原肽复合物。抗原提呈细胞(antigen presenting cell, APC)即是一类能摄取、加工处理抗原，并将抗原信息以 MHC -抗原肽的形式提呈给 T 细胞的一类细胞，在抗原的识别、适应性免疫应答的启动以及免疫调节中起重要作用。

根据 APC 的生物学特性和功能差异，可将其分为专职性抗原提呈细胞(professional antigen presenting cell, PAPC)和非专职性抗原提呈细胞(non-professional antigen presenting cell, NAPC)两类。专职性抗原提呈细胞能组成性表达 MHC Ⅱ类分子和 T 细胞活化所需的共刺激分子，具有强大的摄取、加工和提呈抗原的能力，这类细胞包括巨噬细胞、树突状细胞和 B 细胞。非专职性抗原提呈细胞正常情况下不表达 MHC Ⅱ类分子和共刺激分子，但在炎症刺激或 IFN - γ 等细胞因子诱导下可表达 MHC Ⅱ类分子和协同刺激分子，由此而具有一定的抗原处理提呈功能，这类细胞包括内皮细胞、上皮细胞、成纤维细胞等。

一、树突状细胞(DC)

树突状细胞是功能最强的抗原提呈细胞，它能高效地摄取、加工处理和递呈抗原。其最显著的特点是能够刺激初始 T 细胞(naive T cells)活化增殖，故 DC 是机体适应性免疫应答的始动者。

不同成熟程度的 DC 具有不同的生物学功能(表 12 - 1)。人体内大部分 DC 处于非成熟状态，表达低水平的 MHC Ⅱ分子、共刺激分子和黏附分子，不能有效提呈抗原、激活免疫应答。但未成熟的 DC 能表达多种介导抗原摄取的膜受体，如 Fc 受体、补体受体和甘露糖受体等，具有极强的抗原摄取、加工和处理能力。DC 摄取抗原后，通过输入淋巴管和(或)血循环迁移进入次级淋巴器官，将抗原的信息传递给 T 细胞，在这个迁移过程中，未成熟 DC 逐渐发育成熟，成熟的 DC 表达高水平的 MHC Ⅱ分子、共刺激分子和黏附分子，使其具有强大的抗原提呈功能，但摄取、处理抗原的能力显著减弱(图 12 - 1)。

表 12 - 1　非成熟 DC 和成熟 DC 生物学特性比较

	非成熟 DC	成熟 DC
主要存在部位	非淋巴组织	外周淋巴器官
调理性受体表达	高表达	低表达
甘露糖受体表达	高表达	低表达
MHC Ⅱ类分子表达	低表达	高表达
共刺激分子表达	低表达	高表达
摄取、加工处理抗原能力	强	弱/无
抗原提呈能力	弱/无	强

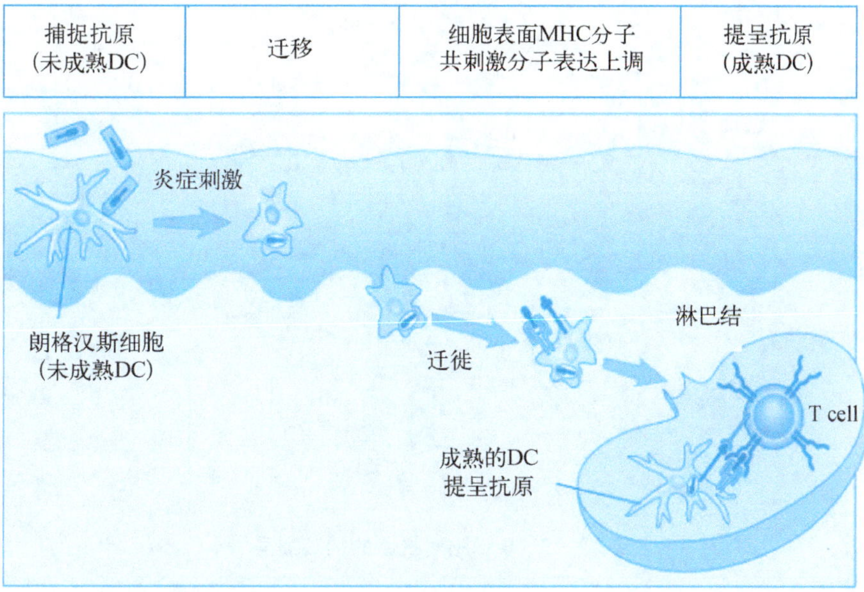

图 12-1　DC 的发育

二、单核巨噬细胞

在免疫应答中，绝大多数 TD 抗原都需单核巨噬细胞加工处理。单核巨噬细胞可通过吞噬、胞饮和受体介导等内化作用，捕获、加工和处理抗原性异物，并将处理好的抗原肽与胞内合成的 MHC 分子结合形成的抗原肽- MHC 分子复合物转运至细胞表面，供 T 细胞的 TCR 识别。单核/巨噬细胞表面有许多黏附分子，可与 T 细胞表面的共刺激分子受体结合，产生协同刺激信号，诱导 T 细胞的活化，激发免疫应答反应(图 12-2)。

图 12-2　单核巨噬细胞提呈抗原

正常情况下，大多数单核巨噬细胞表达 MHC 分子和协同刺激分子水平较低，虽然抗原的摄取和加工处理能力很强，但其抗原提呈能力较弱。在炎症刺激或 IFN-γ 等作用下细胞活化，其 MHC 分子和协同刺激分子水平显著升高，抗原提呈能力增强，充分发挥专职性 APC 的功能。

三、B 细胞

B 细胞作为专职 APC 主要通过膜表面受体 BCR 特异性识别和结合抗原，然后内吞入胞内进行加工处理，也可通过非特异性胞饮作用摄取抗原。再次免疫应答中，尤其是抗原浓度很低(0.001 mg/L)时，B 细胞的抗原提呈功能显得更为重要。B 细胞通过表面高亲和力的 BCR 浓集抗原并使之内化，经加工、处理后与 MHC Ⅱ类分子结合成 MHC-抗原肽复合物，并转移至 B 细胞表面，提呈给 T 细胞，表现出高效提呈低浓度抗原的特点(图 12-3)。

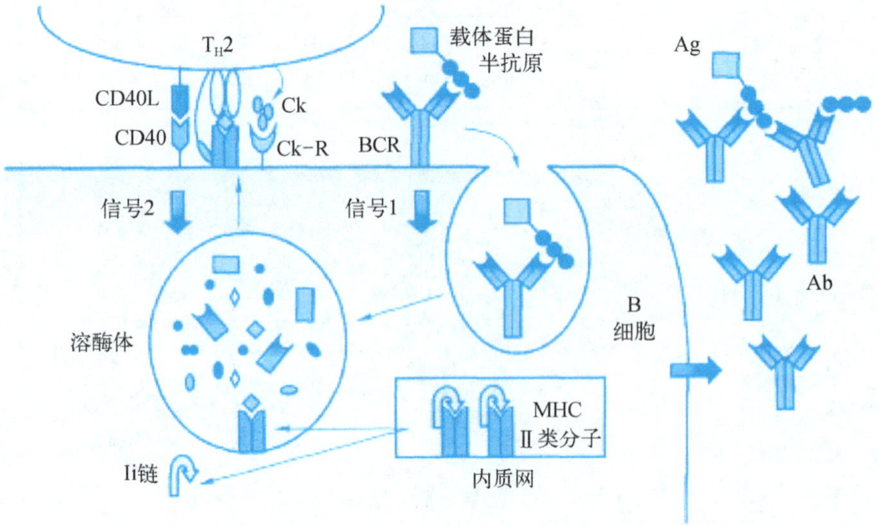

图 12-3 B 细胞对抗原的加工提呈

第二节 抗原的处理和提呈

APC 首先要将抗原分子酶解、加工处理为一定大小的多肽片段,并与细胞内 MHC 分子结合形成MHC-抗原肽并表达于 APC 细胞膜表面,该过程称为抗原处理。APC 与 T 细胞相互作用时,T 细胞的 TCR 特异性识别 APC 表面的 MHC-抗原肽复合物,由此将抗原的信息传递给 T 细胞,该过程称为抗原提呈。

根据被提呈抗原与 APC 的关系、可将抗原分为外源性抗原(exogenous antigen)和内源性抗原(endogenous antigen)。前者指 APC 外的抗原分子,如被吞噬的细菌、细胞和某些自身组织成分;后者是指 APC 内合成的抗原,包括病毒感染细胞内合成的病毒蛋白以及细胞发生突变所产生的肿瘤抗原等。根据抗原的性质和来源不同,APC 以不同的方式和机制通过以下四种途径加工、处理和提呈两种不同类型的抗原:外源性抗原提呈途径、内源性抗原提呈途径(表 12-2)、交叉抗原提呈途径和脂类抗原的 CD1 分子提呈途径。

表 12-2 内源性抗原提呈途径和外源性抗原提呈途径比较

	内源性抗原提呈途径	外源性抗原提呈途径
抗原主要来源	内源性抗原	外源性抗原
处理和提呈抗原的细胞	所有有核细胞	专职 APC
抗原降解的部位	蛋白酶体	内体
抗原肽与 MHC 分子结合部位	内质网	内体中 MⅡC
提呈抗原肽的 MHC 分子	MHC Ⅰ类分子	MHC Ⅱ类分子
抗原提呈的对象	$CD8^+$ T 细胞	$CD4^+$ T 细胞

一、外源性抗原提呈途径

由于外源性抗原的加工处理是在溶酶体中进行,该途径又称溶酶体途径(endocytosed pathway)。此过程需 MHC Ⅱ类分子的参与,故又称为 MHC Ⅱ类分子途径。主要是由专职 APC 来完成。

1. APC 对外源性抗原的摄取、加工和处理 外源性抗原被 APC 识别后,通过吞噬、吞饮或受体介导的内吞(receptor-mediated endocytosis)作用摄入细胞形成内体(endosome),随后内体逐渐向胞质深处移行与溶酶体融合形成内体/溶酶体。溶酶体中含有多达 40 余种酶，且为酸性环境，外源性抗原在酸性环境下被蛋白酶降解为大小 10～30 个氨基酸残基的肽段。

2. *抗原肽- MHC Ⅱ类分子复合物的形成和转运*　MHC Ⅱ类分子的 α 链和 β 链在 APC 粗面内质网(ER)腔中合成，并与粗面内质网膜上的 Ia 相关恒定链(Ia-associated invariant chain, Ii)结合形成 $(\alpha\beta Ii)_3$ 九聚体，Ii 与 MHC Ⅱ类分子抗原肽结合槽的结合避免了抗原肽结合槽被 ER 中的其他肽段占据。九聚体离开 ER 腔经高尔基体转运，与内体/溶酶体融合形成 MHC Ⅱ类小室(MHC class Ⅱ compartment, MⅡC)。在 MⅡC 内 Ii 链被蛋白酶部分水解，在Ⅱ类分子的抗原肽结合槽中只保留一个小片段，称为Ⅱ类相关的恒定链肽段(Class Ⅱ-associated invariant chain peptide, CLIP)。MHC Ⅱ类分子抗原肽结合槽两端开放，最适合与含 13～18 个氨基酸残基的肽段结合。在 MⅡC 中，HLA - DM 分子辅助 CLIP 与抗原肽结合槽解离，随即 MHC Ⅱ类分子抗原肽结合槽的中 CLIP 被待提呈的抗原肽置换，最终形成稳定的抗原肽- MHC Ⅱ类分子复合物。该复合物通过胞内转运和胞吐作用表达于 APC 表面，提呈给 $CD4^+$ T 细胞识别(图 12 - 4)。

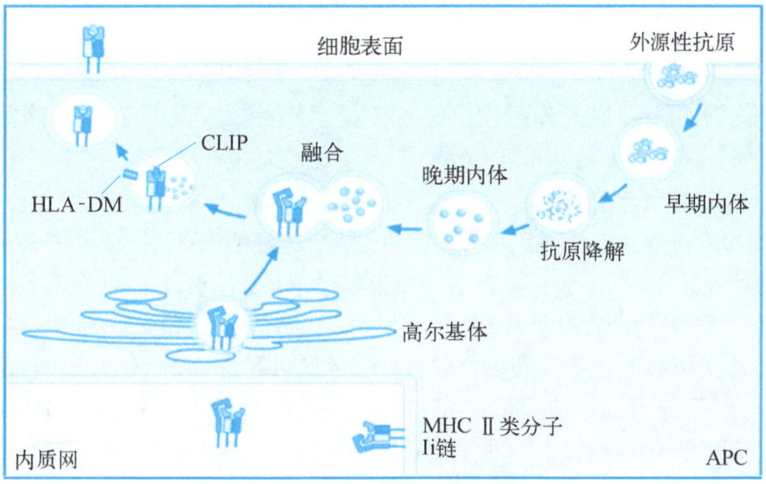

图 12 - 4　外源性抗原提呈途径

二、内源性抗原提呈途径

内源性抗原提呈过程主要在细胞的胞质溶胶(cytosol)中进行，该途径又称胞质溶胶途径(cytosolic pathway)。此过程需 MHC Ⅰ类分子参与，故又称为 MHC Ⅰ类分子途径。由于所有的有核细胞都能表达 MHC Ⅰ类分子，故所有的有核细胞均具有通过此途径提呈抗原的能力。

1. *内源性抗原在胞质溶胶中的加工处理*　胞质中的蛋白酶体是细胞内一种大分子的蛋白水解酶复合体，主要负责将溶酶体外的蛋白质降解为多肽。内源性抗原可被胞质内的蛋白酶体水解形成 6～30 个氨基酸残基的肽段。

2. *内源性抗原肽- MHC Ⅰ类分子复合物的形成和转运*　由蛋白酶体处理的多肽片段经抗原加工相关转运体(transporters associated with antigen processing, TAP)转运至 ER 腔。TAP 是 HLA Ⅱ类基因编码产物，由两个亚单位组成异二聚体(TAP1/TAP2)，在 ER 上跨膜 6 次，形成孔道。TAP 对含 8～13 个氨基酸残基的多肽亲和力最高，胞质中的抗原肽与 TAP 结合后，导致 TAP 变构，孔道开放，大小合适的抗原肽得以进入 ER 腔与 MHC Ⅰ类分子抗原结合槽结合，形成抗原肽- MHC Ⅰ类分子复合物。该复合物经高尔基体转运至细胞膜，供 $CD8^+$ T 细胞识别(图 12 - 5)。

三、其他途径

1. *交叉提呈途径*　现已证实 MHC 分子对抗原的提呈有交叉提呈的现象。某些外源性抗原从内体逸出进入胞质溶胶，启动内源性抗原加工途径。而某些内源性抗原在特殊情况下也可循外源性抗原提呈途径被提呈。可能的机制是在应激情况下，胞质内出现自吞现象，产生包含胞内蛋白质抗原的自吞小泡。自吞小泡

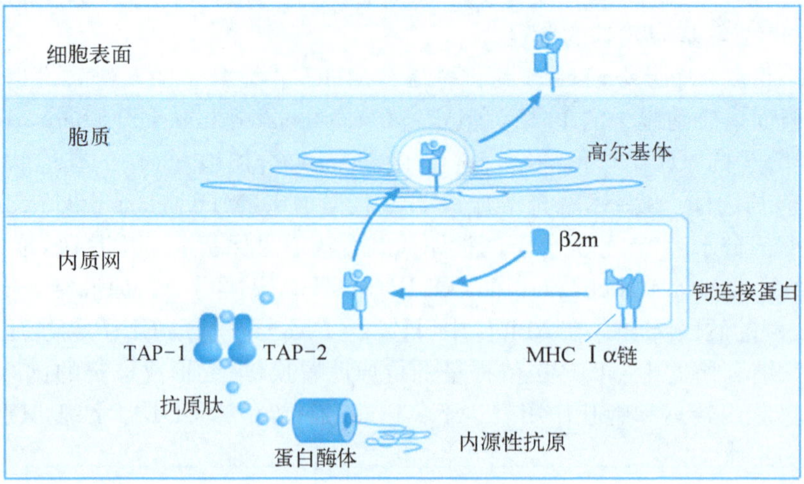

图 12-5 内源性抗原提呈途径

与内体/溶酶体融合,使内源性蛋白进入外源性抗原加工提呈途径。交叉抗原提呈途径可与上述两条主要途径并存,使一种抗原可通过不同的途径被加工提呈,扩大了免疫应答的范围。但是这种提呈途径不是抗原提呈的主要方式。发生机制尚不完全清楚。

2. CD1 分子提呈途径 哺乳动物不能将脂类抗原处理成为能与 MHC 结合的多肽,T 细胞的 TCR 也就不能识别脂类抗原。目前发现脂类抗原可与表达在细胞膜上的 CD1 分子结合而实现提呈。

CD1 蛋白与 MHC Ⅰ类分子的结构非常相似,它们都是通过由 α1 和 α2 功能区构成的抗原结合槽,识别抗原并与之结合。但二者在拓扑学及氨基酸种类及性质上有明显的差异,CD1 分子的抗原结合槽是由疏水性氨基酸组成,有利于与脂质分子的结合,而不利于与蛋白抗原的结合。这就决定了 CD1 分子途径提呈的抗原是脂类或糖脂类抗原。CD1 通过高尔基复合体转运至 MⅡC 内与相应抗原结合,随即再转运到细胞膜上,以 CD1-抗原复合物的形式提呈给 CD1 限制性细胞,包括双阴性的 αβTL 和 γδTL、$NK1^{+}$ TL 等。

小 结

专职性的抗原提呈细胞包括树突状细胞、单核巨噬性细胞和 B 细胞。树突状细胞主要激活初始的 TL,启动适应性免疫应答;B 细胞通过膜表面受体 BCR 特异性识别和结合抗原,尤其在抗原浓度低时能有效提呈、浓集抗原。抗原攻击机体时,抗原提呈细胞通过溶酶体途径提呈外源性抗原;通过胞质溶胶途径提呈内源性抗原;通过 CD1 途径提呈脂质抗原,将抗原的信息传递给 TL。

复习题

1. 名词解释

抗原提呈 APC

2. 简答题

(1) 比较外源性抗原提呈途径和内源性抗原提呈途径的特点。

(2) 比较三类专职抗原提呈细胞提呈抗原的特点。

(杨晓燕)

第十三章

T 细胞介导的免疫应答

细胞免疫应答是 T 细胞通过抗原识别受体对抗原肽-MHC 分子复合物进行特异性识别后而导致其本身活化、增殖并分化成效应细胞，通过其所分泌的细胞因子或对靶细胞的直接作用发挥免疫学效应的过程。

细胞免疫由 T 细胞介导，细胞内感染的病原微生物，如病毒和细胞内感染细菌，可以在吞噬细胞和宿主其他细胞内增殖，因此可以逃避抗体的攻击。针对这些抗原异物，细胞免疫可通过活化吞噬细胞及细胞毒性 T 细胞(CTL)直接杀伤被感染细胞及其内部的微生物，达到清除抗原异物的目的。

第一节　T 细胞对抗原的识别

在中枢免疫器官-胸腺内发育成熟的初始 T 细胞(naive T lymphocyte)进入血液循环，到达外周免疫器官和组织，并在血液和外周淋巴组织之间再循环，以便随时识别特异性抗原。机体 T 细胞特异性地识别抗原肽-MHC 分子复合物启动了 T 细胞免疫应答活化和效应阶段(图 13-1)。

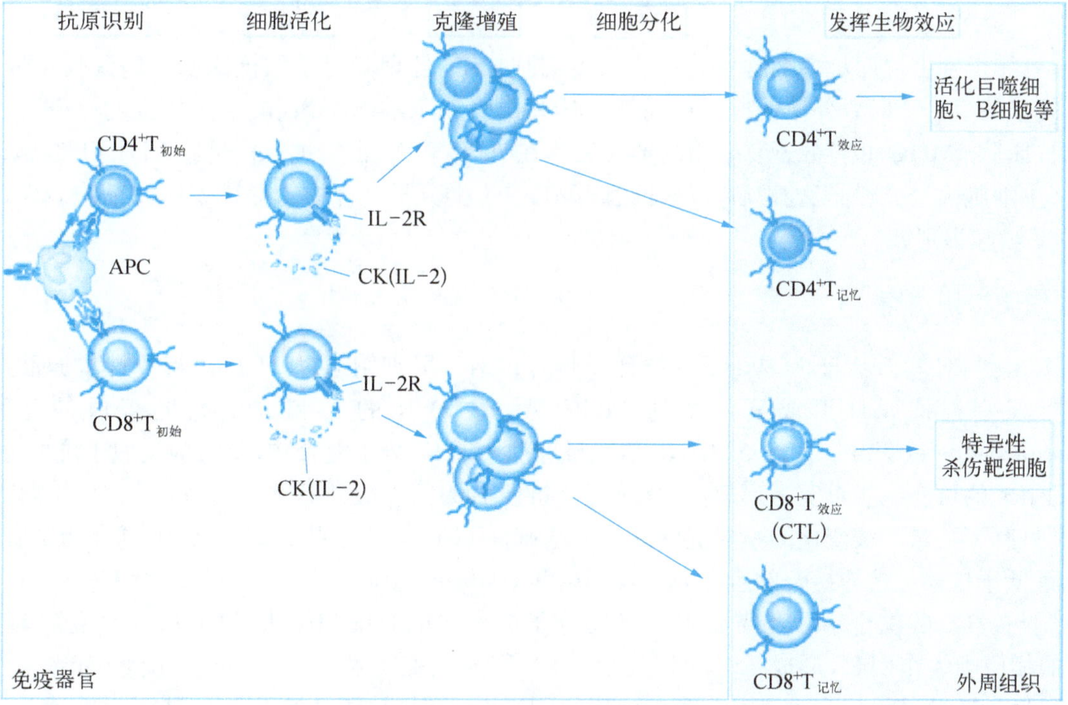

图 13-1　T 细胞介导的细胞免疫应答的各个时相

一、APC 提呈抗原

抗原提呈细胞(APC)提呈特定的抗原给初始 T 细胞，从而激发免疫应答。多数 T 细胞只能通过其 TCR

识别 APC 提呈的抗原肽- MHC 分子复合物。因此,T 细胞介导的细胞免疫只能被蛋白质抗原所诱发,其细胞只能识别由 APC 处理、加工并提呈的抗原肽- MHC 复合物。

APC 在 T 细胞活化中发挥两个重要作用:① APC 将蛋白质抗原加工、处理成短肽,并以抗原肽- MHC 分子复合物的形式表达在细胞的表面供 T 细胞识别;② APC 提供了使 T 细胞活化的协同共刺激分子(costimulatory molecule),使 T 细胞的 TCR 识别抗原肽- MHC 分子复合物的同时,T 细胞表面其他分子与 APC 的共刺激分子结合,导致 T 细胞的活化(图 13 - 2)。

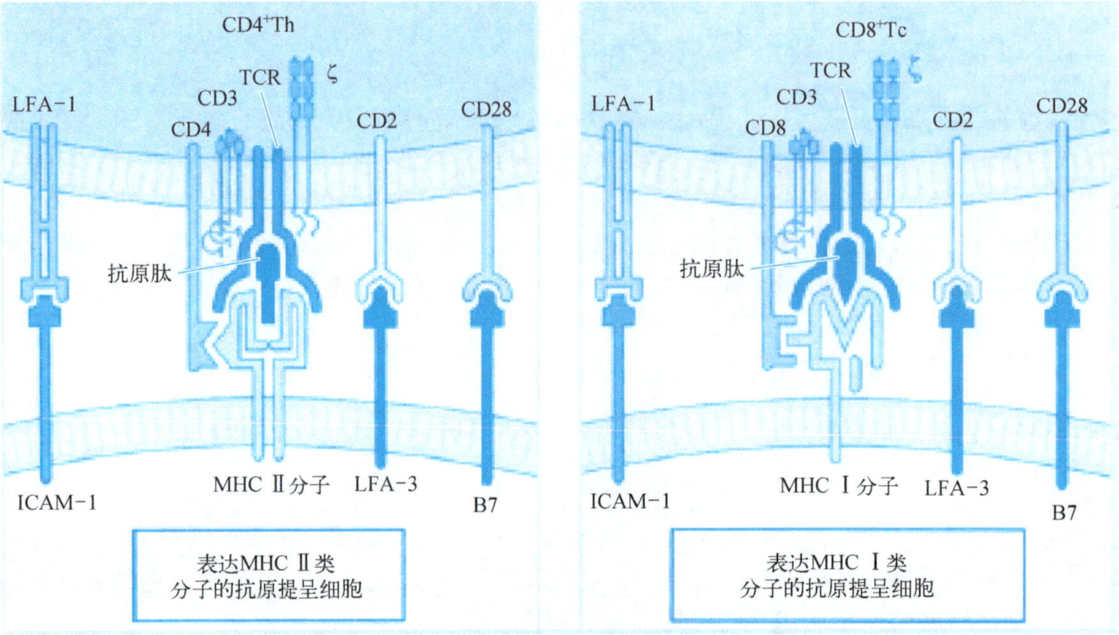

图 13 - 2 T 细胞与 APCs 表面分子的相互作用

T 细胞只能识别由抗原呈递细胞(APC)或宿主细胞加工、处理和提呈的抗原肽。内源性抗原和外源性抗原处理、提呈的机制不同。外源性抗原在局部或从局部引流至淋巴组织,被这些部位的 APC 摄取、加工、处理后,以抗原肽- MHC Ⅱ类分子复合物的形式表达在 APC 表面,再将抗原提呈给 $CD4^+$ T 细胞识别;内源性抗原在宿主细胞内合成、加工处理后,以抗原肽- MHC Ⅰ类分子复合物的形式表达在细胞表面,再将其提呈给 $CD8^+$ T 细胞识别。

二、T 细胞识别抗原

1. *TCR 对 APC 表面抗原肽- MHC 分子复合物的识别* T 细胞通过 TCR 对特异性抗原肽进行识别,但必须同时识别与抗原肽形成复合物的 MHC 分子。TCR 的 α 和 β 链共同组成的互补决定区(complementarity determining region, CDR)识别抗原肽- MHC 分子复合物,此结构类似于抗体分子由重链和轻链共同组成的可变区。事实上,只有一个或两个抗原肽的氨基酸残基侧链与 TCR 直接接触,此机制是 T 细胞识别只有少数氨基酸变化的不同抗原的分子基础。TCR 与抗原肽- MHC 分子复合物结合的亲和力比较低,远远低于抗体与抗原结合的亲和力。其解离常数(dissociation constant, Kd)为 $10^{-7} \sim 10^{-5}$ mol/L。因此,T 细胞与 APC 的稳定结合还需要多种辅助分子的参与。T 细胞膜表面的 TCR 和各种辅助分子与 APC 表面的相应配体作用时,形成暂时的超分子结构,称为免疫突触(immunological synapse)。其启动了 TCR 介导的信号转导过程。TCR 胞质区很短,需与 CD3 分子形成 TCR 复合体后进行信号转导(详见下述细胞活化)。

T 细胞通过 TCR 对抗原肽- MHC 分子复合物的识别为 T 细胞活化提供第一信号。

2. *共受体 CD4 和 CD8 分子与 MHC 分子结合* 所有表达 TCR 的成熟 T 细胞同时表达 CD4 或 CD8 分子,它们被称为共受体(coreceptor)。在 T 细胞的 TCR 识别抗原肽- MHC 分子复合物的同时,CD4 分子和

CD8 分子分别识别和结合 APC 表面的 MHC Ⅱ类分子及 MHC Ⅰ类分子，一方面增强 TCR 与抗原肽-MHC 分子复合物的亲和力，同时形成在识别抗原时的 MHC 限制(MHC restriction)。

3. 协同刺激分子与相应配体间的结合　能同时提供活化信号给 T 细胞的分子被称为协同刺激分子(costimulatory molecule)。表达在细胞(如 APC、血管内皮细胞、细胞外基质)上的协同刺激分子可以特异性结合 T 细胞膜表面表达的一些辅助分子(accessory molecule)。由此，可以和 TCR 与抗原肽-MHC 分子复合物结合后的活化第一信号共同作用激活初始 T 细胞。能够激活 T 细胞最强的协同刺激分子为 B7-1(CD80)和 B7-2(CD86)，可以与 T 细胞表面的配体 CD28 分子结合，后者表达在 90%的 $CD4^+$ T 细胞上和 50%的 $CD8^+$ T 细胞上，CD28 与 B7-1 和 B7-2 结合后可以提供 T 细胞活化的第二信号。B7 分子的配体还有 CTLA-4(CD152)。CTLA-4 与 CD28 分子结构上有同源性，但是 CTLA-4 只表达在活化的 $CD4^+$ T 细胞和 $CD8^+$ T 细胞上，可竞争性地与 APC 等细胞上表达的 B7 结合，启动抑制性信号，可有效地调节免疫应答。

4. 其他辅助分子的作用　CD2 分子是表达在 90%以上成熟 T 细胞表面的糖蛋白，其配体是白细胞功能相关抗原-3(leukocyte function associated antigen-3, LFA-3 or CD58)。CD2 分子与相应配体的结合，不仅起到黏附作用，也可起到转导信号的作用。

当 TCR 与抗原肽-MHC 分子复合物结合后，导致 T 细胞表面 CD45 分子构象变化，并向 CD4 或 CD8 分子靠拢，其胞质区酪氨酸磷酸酶活性部位作用于 CD4 或 CD8 分子胞内区相结合的酪氨酸激酶 Lck，使此区酪氨酸残基脱磷酸化而失活。CD45 是 T 细胞胞质内具有酪氨酸磷酸酶结构域(tyrosine phosphatase domain)的细胞膜表面糖蛋白，在抗原受体相关性 PTK 的活化过程中起重要作用。

5. T 细胞表面的黏附分子(adhesion molecules)　在 T 细胞与 APC 相互作用中起到非常重要的作用。成熟的 T 细胞表面表达整合素家族中的白细胞功能相关抗原-1(leukocyte function associated antigen-1, LFA-1, or CD11aCD18)，其配体为细胞间黏附分子-1(intercellular adhesion molecule-1, ICAM-1, or CD54)，ICAM-1 表达在许多血细胞及非血细胞表面，如 B 细胞、T 细胞、树突状细胞、巨噬细胞、内皮细胞等。表达于内皮细胞的 ICAM-2 和表达于淋巴细胞 ICAM-3 也可以作为 LFA-1 的配体。T 细胞表面黏附分子主要的功能是介导 T 细胞与 APC、内皮细胞和细胞外基质的黏附。当 T 细胞 TCR 识别抗原肽-MHC 分子复合物后，整合素与其相应配体的亲和力增强，从而稳定和延长 T 细胞与 APC 间的黏附。

第二节　T 细胞的活化、增殖和分化

一、T 细胞活化的双信号

T 细胞的活化需要两个信号，第一信号即为 TCR 与抗原肽-MHC 分子复合物结合后(同时 CD4 或 CD8 共受体结合 MHC 分子)引发的信号；第二信号为 APC 表面协同刺激分子提供的活化信号。当缺乏活化第二信号时，T 细胞接触抗原后无免疫应答产生，并且可以导致 T 细胞的凋亡或处于免疫无能状态(immune anergy)(图 13-3)。

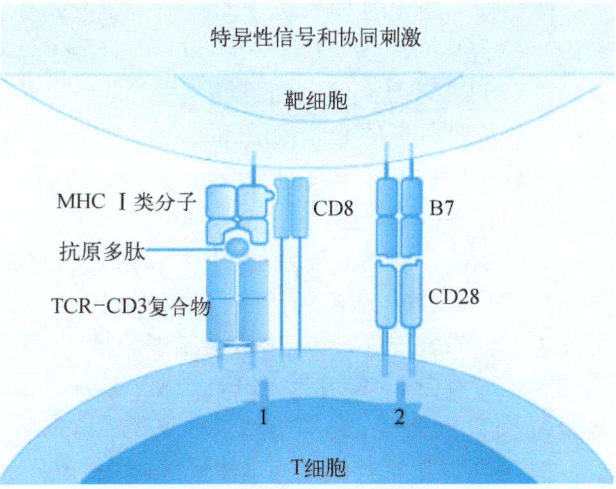

图 13-3　T 细胞活化的双信号

T 细胞表面的 CD3 分子与 TCR 形成复合物，称为 TCR 复合物，当 TCR 识别抗原肽-MHC 分子复合物后，CD3 分子转导信号进一步引起 T 细胞的活化。CD3 分子肽链的胞内区均带有一段保守的序列称为免疫受体酪氨酸活化基序(immunoreceptor tyrosine-based activation motif, ITAM),在T细胞信号转导中具有核心的地位。在TCR与抗原肽-MHC分子复合物结合后,ITAMs中的酪氨酸残基被T细胞内的蛋白酪氨酸激酶$p56^{LCK}$磷酸化,与具有SH2(Src homology 2)结构域的蛋白酪氨酸激酶,包括ZAP-70(70-kD ζ-associated protein)和Fyn蛋白激酶结合,激活这些蛋白激酶,从而启动信号转导途径,最终导致T细胞基因表达的改变,表达的基因编码了许多介导T细胞生物学效应的蛋白质。

1. T细胞对TCR信号的整合　TCR与抗原肽-MHC分子复合物的亲和力很低,因此,TCR和APC的抗原肽-MHC分子的结合非常弱,一个T细胞的激活需要多个TCR与抗原肽-MHC分子结合。因此,T细胞就像一个信号的整合者,将许多的TCR和抗原肽-MHC分子结合的信号整合。当T细胞的信号达到一定程度,导致T细胞的完全激活,进一步导致各种可能的生物学反应。而不完全的信号可能导致无免疫应答,在部分激活的情况中,一些生物学反应不能发生,或T细胞的功能不完全被激活,称为免疫忽视(immunological ignorance),是免疫耐受的重要机制。

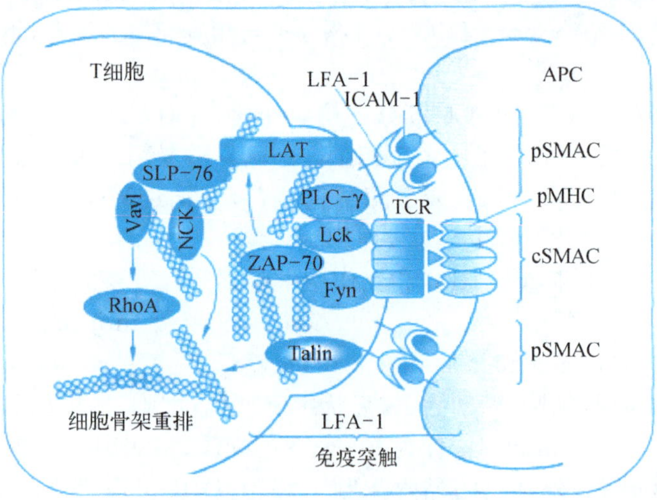

图13-4　免疫突触

2. 免疫突触的形成　当TCR识别抗原肽-MHC分子复合物以后,T细胞表面的多种膜蛋白和细胞内信号分子被快速动员至T细胞和APC接触点。这个T细胞和APC接触的物理位点称为免疫突触(immunological synapse)或超分子激活簇(supramolecular activation cluster, SMAC)(图13-4)。T细胞快速动员的分子包括TCR复合体、CD4或CD8共受体、协同刺激分子的受体(如CD28)以及与跨膜受体胞质内尾部相关的酶和受体蛋白。整合素仍存在于突触的周围,起到稳定T细胞和APC结合的作用。突触中的分子启动并放大了TCR诱发的信号,一些信号可以在突触形成前就被抗原受体触发,并且可能是膜分子移动到突触部位所必需的。

3. 酪氨酸激酶的活化及胞内信号转导的主要途径　识别后结合了特异性抗原肽-MHC分子复合物的TCR复合体和共受体是蛋白酪氨酸激酶(protein tyrosine kinases, PTK)的激活物,蛋白酪氨酸激酶可以催化酪氨酸残基磷酸化(phosphorylation)。当TCR与抗原肽-MHC复合物结合后,CD4或CD8分子结合MHC Ⅱ类或Ⅰ类分子的非多肽区,与CD4或CD8分子胞质内相关的Src家族蛋白酪氨酸激酶Lck接近CD3分子的ITAM。Lck可以自发磷酸化而被激活,活化的Lck可以使CD3分子胞质内ITAMs中的酪氨酸磷酸化。

酪氨酸磷酸化的CD3分子ζ链中ITAMs成为蛋白酪氨酸激酶ZAP-70的"停靠点"(docking site)。ZAP-70包含两个SH2(Src homology 2)结构域,可以和磷酸酪氨酸(phosphotyrosines)结合。CD3分子ζ链的每个ITAM具有两个酪氨酸残基,两个都必须磷酸化才可以形成ZAP-70分子的停靠点。结合的ZAP-70成为邻近的Lck作用底物,使ZAP-70中的酪氨酸磷酸化。进而,ZAP-70可以磷酸化其他胞质内信号分子。ZAP-70一旦被激活,本身还可以自身磷酸化。ZAP-70分子在TCR识别抗原后信号级联反应中起到核心的作用。

T细胞信号通路中激酶的活性可以被蛋白酪氨酸磷酸化酶调节。这些磷酸化酶可以从激酶酪氨酸残基移除磷酸,从而抑制激酶的活性。活化的ZAP-70可以磷酸化多种可结合信号分子的受体蛋白。受体蛋白可使多种信号分子进入特定的细胞器内从而启动信号转导通路。T细胞活化最初阶段由ZAP-70介导的膜锚定受体蛋白LAT(linker of activation of T cells)酪氨酸磷酸化。LAT的磷酸化酪氨酸可以作为其他受体蛋白SH2结构域的停靠点和信号级联反应的酶。活化的LAT直接结合磷脂酶Cγ1,并使之活化。磷脂酶Cγ1又可以激活其他一些受体蛋白,如SLP-76(SH2-binding leukocyte phosphoprotein of 76-kD)和Grb-2。由此,LAT可作为TCR信号通路中与上游激活物紧密联系的下游物质(图13-5)。

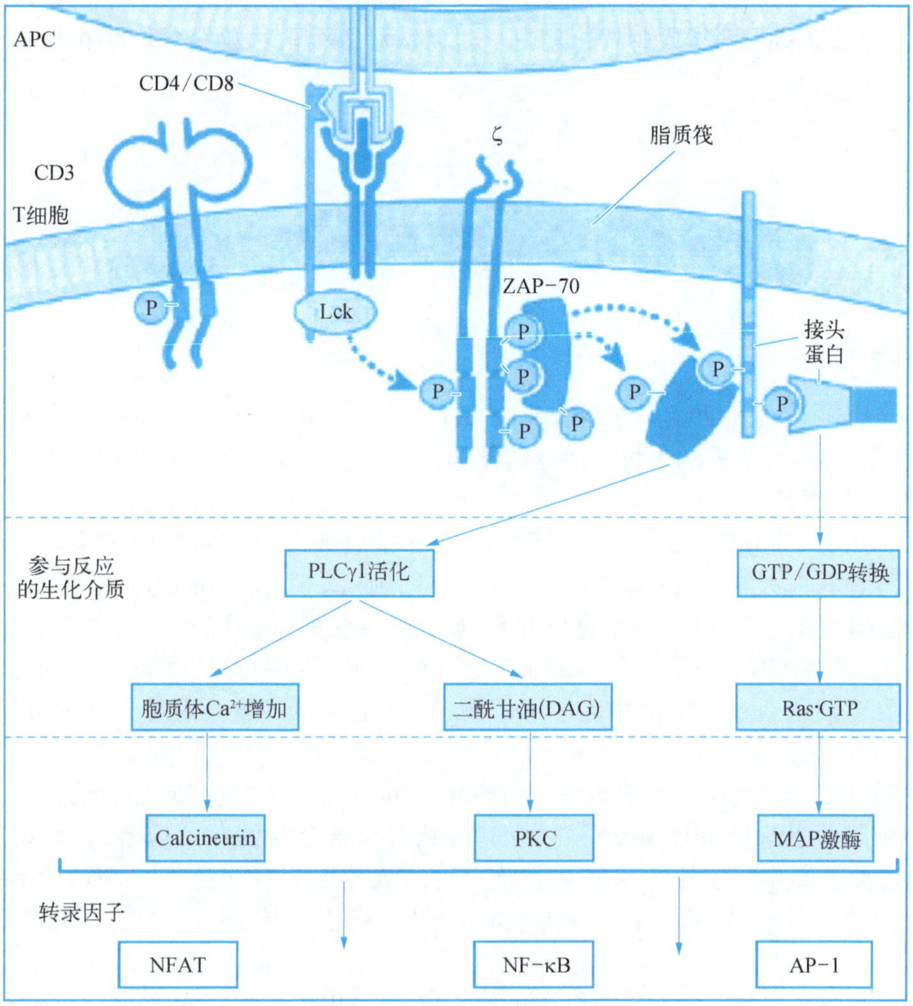

图 13-5　T细胞活化及胞内信号转导的主要途径

二、T 细胞的增殖和分化

（一）T 细胞的克隆扩增

T 细胞活化信号通过 PLCγ 活化途径和 Ras-MAP 激酶途径，产生磷酸化的级联反应，将活化信号转入核内，导致某些基因开始转录。多数 T 细胞自分泌细胞因子 IL-2，特异性 T 细胞识别相应抗原后产生 IL-2 和表达高亲和力 IL-2 受体。这样，在 IL-2 的作用下，T 细胞开始增殖。除了 IL-2 外，由 APC 和其他非淋巴细胞产生的 IL-15 也具有与 IL-2 类似的作用，可以刺激 $CD8^+$ T 细胞的增殖，尤其是记忆性 $CD8^+$ T 细胞的增殖。在接触抗原前，针对某个特异性抗原的初始 T 细胞频率为 $1/(10^5 \sim 10^6)$，而接触抗原后，特异性 T 细胞可以增至 1/10 的 $CD8^+$ T 细胞和 1/(100～1 000)的 $CD4^+$ T 细胞。在清除抗原后，特异性 T 细胞的数量又快速下降，存活的记忆性 T 细胞（Tm）大约为 $1/10^4$。

（二）效应性 T 细胞的分化

1. $CD4^+$ T 细胞的分化　抗原刺激初始 $CD4^+$ T 细胞后，使之分化为效应细胞。后者活化巨噬细胞和 B 细胞。效应 $CD4^+$ T 细胞包括不同的细胞亚群，分泌不同的细胞因子和有不同的功能，如辅助 T 细胞亚群 1（Th1）和辅助 T 细胞亚群 2（Th2）。Th1 亚群细胞主要介导细胞免疫应答，Th2 亚群细胞主要介导体液免疫应答。同时，部分活化 T 细胞可分化为长寿的 Tm，在再次免疫应答中起重要作用。

2. $CD8^+$ T 细胞的分化　初始 $CD8^+$ T 细胞分化成为功能性细胞毒性 T 细胞（CTL），CTL 细胞具有特异性杀伤靶细胞的能力。T 细胞的分化与转录基因合成所编码的效应分子相关，如细胞因子的分泌和 CTL 颗粒酶的释放，以及 CD40L 和 FasL 的表达。

3. 记忆性 T 细胞(memory T cell, Tm)的分化　一些抗原刺激的 T 细胞分化发育成长寿命的、功能静止的记忆性细胞。虽然 T 细胞对抗原刺激的应答只持续数天或数星期，但是 Tm 仍可以在抗原被清除后存活很长一段时间。

第三节　效 应 作 用

一、Th 细胞的效应

$CD4^+$效应 T 细胞也称为辅助性 T 细胞(helper T cell, Th)，在不同类型的抗原刺激后，Th 细胞可以分化为 Th1 和 Th2 两个亚群。它们的生物学活性的差异主要表现在所产生的细胞因子不同。至今仍没有其他表型的差别可以区分两者。

1. Th1 细胞的效应　Th1 细胞的主要功能是活化巨噬细胞参与的对胞内感染微生物的防御反应。活化的巨噬细胞是吞噬消灭细胞内病原微生物的效应细胞。Th1 效应细胞可以分泌细胞因子，尤其是 IFN-γ，并且表达 CD40L。IFN-γ 是活化巨噬细胞的最主要的细胞因子。巨噬细胞处理提呈抗原给 T 细胞，同时 T 细胞表面 CD40L 结合巨噬细胞表面 CD40 分子，CD40L-CD40 的相互作用，活化了巨噬细胞。活化的巨噬细胞通过产生活性氧中间产物、一氧化氮和溶酶体酶等途径杀伤被吞噬的病原微生物。

2. Th2 细胞的效应　Th2 细胞主要负责防御寄生虫和节肢动物的感染以及变态反应。Th2 细胞的主要功能是分泌细胞因子激活 IgE 和嗜酸性粒细胞/肥大细胞参与的免疫应答。这些反应在 IL-4、IL-5 和 IL-13 的诱导下发生。这些细胞因子诱导产生的抗体不具有促进吞噬和活化补体效应。另外，Th2 细胞所产生的细胞因子，如 IL-4、IL-13 和 IL-10，可以对抗 IFN-γ 的功能以及抑制巨噬细胞活性。

3. Th17 细胞的效应　Th17 细胞产生和分泌 IL-17，刺激内皮细胞、上皮细胞、巨噬细胞和成纤维细胞等分泌多种细胞因子，参与了炎症反应、自身免疫病和感染性疾病的发生。另外，IL-17 可以募集和激活中性粒细胞等，对固有免疫具有重要意义。

二、CTL 细胞的效应

1. $CD8^+$效应 T 细胞免疫效应　初始 $CD8^+$T 细胞分化成为 $CD8^+$效应 T 细胞即 CTL，CTL 识别并杀伤表达非己抗原肽-MHC Ⅰ类分子复合物的靶细胞。CTL 最重要的特征是具有包含穿孔素(perforin)和颗粒酶(granzyme)的胞质颗粒。它们具有杀伤靶细胞的作用。另外，分化成熟的 CTL 可以分泌与 Th1 细胞相似的细胞因子，如 IFN-γ、淋巴毒素、TNF，其功能为活化巨噬细胞和介导炎症反应。能够刺激初始 $CD8^+$T 细胞分化为 CTL 的信号包括抗原、共刺激分子和辅助性 T 细胞。$CD4^+$T 辅助细胞可以分泌细胞因子，如 IL-2，刺激 $CD8^+$T 细胞的克隆增殖和分化。

2. CTL 杀伤靶细胞的机制　CTL 介导的细胞杀伤具有抗原特异性和直接杀伤的特点，包括以下几个步骤。

(1) 抗原的识别和 CTL 的活化：CTL 通过 TCR 和辅助分子结合表达特异性抗原的靶细胞。为了有效活化 CTL，靶细胞必须表达 MHC Ⅰ分子-抗原肽复合物和细胞间黏附分子-1(LFA-1 的配体)。CTL 首先识别 MHC Ⅰ类分子提呈的抗原肽，识别后诱导 T 细胞受体形成免疫突触，产生活化 T 细胞的生物化学信号。共刺激分子和细胞因子是初始 $CD8^+$T 细胞分化成效应 CTL 所必需的，但在引发 CTL 效应功能时不是必需的。因此，一旦 $CD8^+$T 细胞特异性识别抗原并且分化成为功能性 CTL 后，就可以杀伤表达特异性抗原的任何有核细胞。

(2) CTL 的极化和致死性杀伤：CTL 的 TCR 识别靶细胞表达的抗原肽-MHC Ⅰ类分子复合物后，

TCR 及辅助受体向接触部位聚集，导致 CTL 内细胞骨架系统（如微管）向接触部位重新分布和排列。同时，胞质内颗粒也开始向相同的部位聚集，颗粒膜与胞质膜融合，从而保证 CTL 分泌的颗粒内容物作用于所接触的靶细胞表面。在 CTL 杀伤功能中，颗粒内的穿孔素和颗粒酶是最重要的杀伤蛋白。穿孔素（perforin）是一种小孔形成蛋白（pore-forming protein），以单体形式存在于 CTL 的颗粒中。当被分泌到细胞外后，穿孔素的单体可以插入靶细胞膜，在钙离子存在的情况下，聚合成内径为 16 nm 的孔道，使水、电解质迅速进入细胞，导致靶细胞的崩解。颗粒酶（granzyme）是一种丝氨酸蛋白酶，可以通过穿孔素形成的孔道进入靶细胞，激活与凋亡相关的酶系统 caspase，导致靶细胞凋亡（图 13－6）。

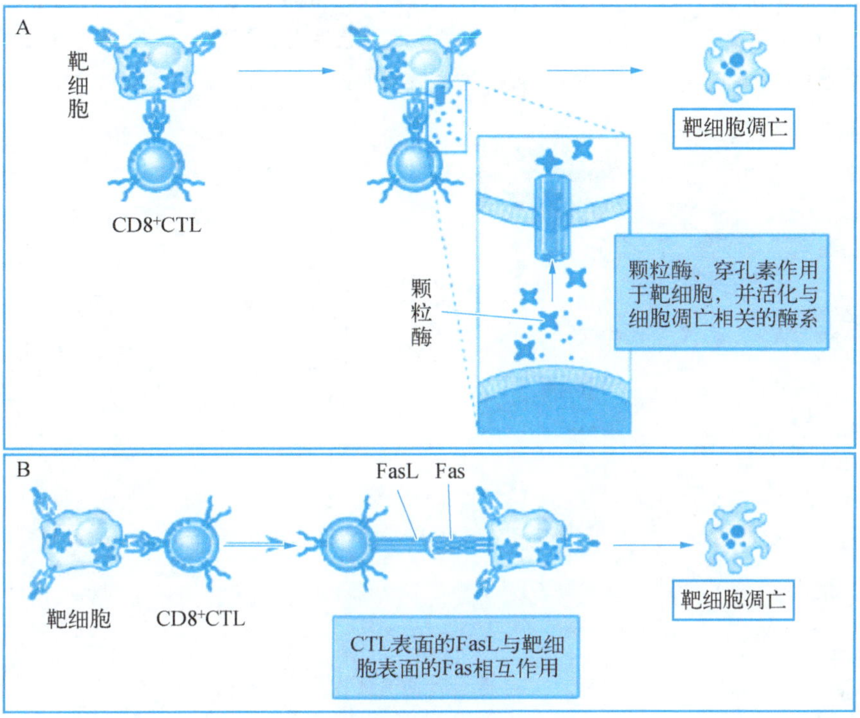

图 13－6　CTL 杀伤靶细胞的机制

A. 穿孔素、颗粒酶途径；B. Fas/FasL 途径

三、记忆性 T 细胞

记忆性 T 细胞（Tm）能在机体内生存多年甚至几十年，长期保护机体。这是应用疫苗保护机体免受相应病原体感染的理论基础。Tm 对再次入侵机体的相应抗原可以产生比初始 T 细胞更快、更强的免疫应答。因而，Tm 在机体遭遇相同抗原的再次免疫应答中发挥重要作用，可介导再次免疫应答。记忆性细胞的存活不需要对特异性抗原的识别。IL－7、IL－15 在维持记忆性 $CD8^{+}$ T 细胞的数量上非常重要，但是对记忆性 $CD4^{+}$ T 细胞却相对没有作用。Tm 具有区别于初始 T 细胞和效应 T 细胞的一些膜表面标志物，和效应性 T 细胞一样，Tm 高表达整合素和 CD44，促使其向感染和炎症部位迁移。但是，Tm 不表达活化的标志，如 IL－2 受体的 α 链，这些就解释了 Tm 在再次受到抗原刺激前保持功能相对静止、不快速增殖和不履行效应功能的原因。

小　结

T 细胞通过 TCR 识别 APC 提呈的抗原肽－MHC 复合物（同时 CD4 或 CD8 共受体结合 MHC 分子），启动了 T 细胞的激活，在协同刺激分子提供的第二活化信号的协同作用下，T 细胞进一步得到有效的活化，在此过程中T细胞与APC发生相互作用时在细胞与细胞接触部位形成一个特殊结构—T细胞免疫突触，此结构促进免疫分子的相互作用及T细胞信号转导。活化信号传至细胞内，首先活化蛋白酪氨酸激酶(PTK)，继而启动胞内信号转导的级联反应。

参与特异性细胞免疫应答的效应细胞主要是$CD4^+$ Th细胞和$CD8^+$CTL细胞。在不同类型的抗原刺激后，Th细胞主要可以分化为Th1和Th2两个亚群。Th1细胞的主要功能是活化巨噬细胞参与的对胞内感染微生物的防御反应。Th2细胞主要负责防御寄生虫和节肢动物的感染以及变态反应。另外，近年还发现了一群Th细胞即Th17细胞，Th17细胞参与机体的炎症反应、自身免疫病和感染性疾病的发生。$CD8^+$效应T细胞即CTL，CTL识别并杀伤表达非己抗原肽-MHC Ⅰ类分子复合物的靶细胞。CTL最重要的特征是具有包含穿孔素和颗粒酶的胞质颗粒。它们具有杀伤靶细胞的作用。特异的细胞免疫应答在清除胞内病原感染、排斥同种异体移植物及抗肿瘤免疫反应中起重要作用。

复习题

1. 名词解释

   共受体　协同刺激分子　免疫突触

2. 简答题

   试述T细胞介导的细胞免疫应答是如何发挥效应的。

(刘杰麟)

第十四章

B 细胞介导的体液免疫应答

体液免疫应答是机体免疫系统受到抗原刺激后，B 细胞通过抗原识别受体对抗原进行特异性识别后而导致其本身活化、增殖并分化成浆细胞和记忆细胞，通过浆细胞所分泌的抗体发挥免疫学效应的过程。

体液免疫(humoral immunity)由浆细胞产生的抗体介导，抗体通过多种机制识别抗原、中和抗原的感染性或毒性、消灭病原微生物。体液免疫主要针对细胞外感染病原微生物及其毒素，因为抗体可以结合在这些微生物和毒素上，使其丧失致病作用。

体液免疫最初开始于 B 细胞对特异性抗原的识别。抗原结合在初始 B 细胞膜抗原识别受体(BCR)上，进一步活化 B 细胞。B 细胞活化包括一系列反应，最终导致抗原特异性 B 细胞的克隆扩增，并且进一步分化成为可以分泌抗体的浆细胞和记忆性 B 细胞。

活化 B 细胞的抗原分为两类：一类是活化 B 细胞时需要 $CD4^+$ Th 细胞辅助的抗原，称为胸腺依赖性抗原(thymus-dependent antigen, TD antigen)，主要为蛋白质抗原；另一类不需要抗原特异性 $CD4^+$ Th 细胞辅助就可以活化 B 细胞的抗原，称为胸腺非依赖性抗原(thymus-independent antigen, TI antigen)，主要为多糖类和脂类抗原。活化的 B 细胞分化成为抗体形成细胞，即浆细胞，可以在很长一段时间内生产特异性抗体，另一部分成为长寿命的记忆性细胞。

第一节　B 细胞对 TD - Ag 的应答

B 细胞对 TD 抗原的免疫应答包括 BCR 识别抗原、辅助性 T 细胞与 B 细胞的相互作用、B 细胞增殖、抗体产生、Ig 类别转换等多个连续的步骤(图 14 - 1)。

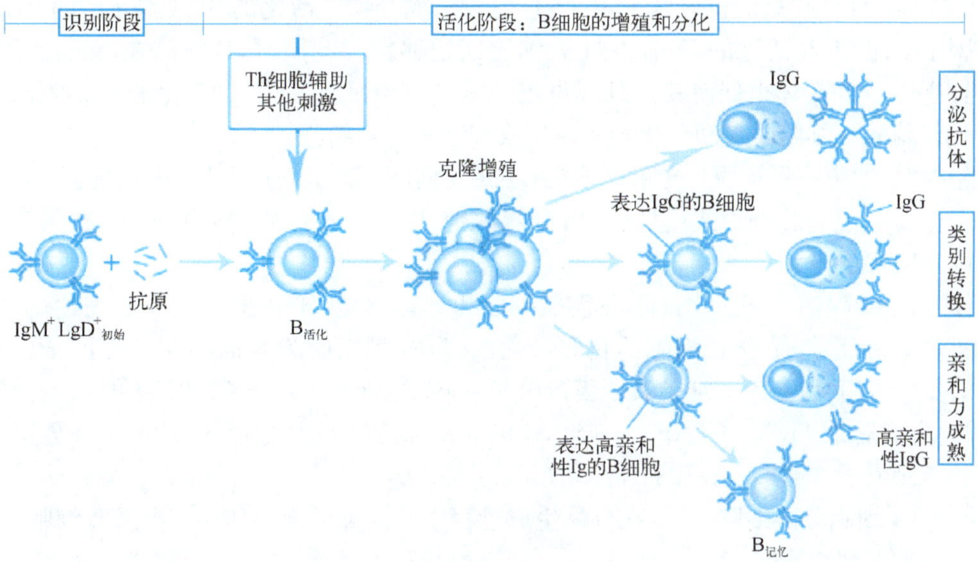

图 14 - 1　体液免疫应答的各个时相

一、B 细胞对抗原的识别

B 细胞最初通过 BCR 即膜免疫球蛋白(membrane immunoglobulin, mIg)分子识别特异性抗原。成熟的初始 B 细胞在外周淋巴组织(如脾脏、淋巴结和黏膜淋巴组织)的淋巴滤泡定居并不断循环。抗原通过血液或淋巴液进入 B 细胞定居的器官并且通过 BCR 结合在 B 细胞表面。BCR 在 B 细胞活化中发挥两个重要作用：第一,抗原结合、活化 BCR 传递的生物化学信号是 B 细胞活化的第一信号;第二,BCR 结合抗原并且将其内化、加工处理,再将抗原肽-MHC Ⅱ类分子复合物提呈在 B 细胞表面供辅助性 T 细胞识别。

二、B 细胞活化的双信号

1. B 细胞活化的第一信号

(1) BCR 复合物的作用：当两个或更多 BCR 分子结合多价抗原发生交联时,BCR 向 B 细胞传递活化信号。膜型 IgM 和 IgD 是初始 B 细胞的 BCR,其胞质内只有由三个氨基酸组成短的尾部,不足以传递由聚合 Ig 产生的活化信号。Ig 参与的活化信号由另外两个分子 Igα 和 Igβ 转导。Igα 和 Igβ 与膜型 Ig 一起被称为 B 细胞受体复合物(BCR complex)。Igα 和 Igβ 具有和 CD3 分子相同的功能,其胞质内区也有 ITAM,可使信号向下游传递。BCR 复合体的信号转导与 TCR 复合体相似。

(2) B 细胞补体受体的作用：B 细胞活化还需要补体活化的共刺激信号。微生物感染机体可以直接激活补体或通过抗原抗体复合物激活补体。补体的激活可以导致补体裂解,C3 可裂解为 C3b,C3b 可以结合在微生物的表面,C3b 进一步裂解成 C3d。B 细胞表达 C3d 的受体,即补体受体 2(the type 2 complement receptor, CR2 or CD21)。B 细胞通过 BCR 识别抗原、CR2 识别 C3d,这样 C3d-抗原复合物或 C3d-抗原-抗体复合物结合在 B 细胞上。成熟 B 细胞表面 CR2-CD19-CD81 常被称作 B 细胞共受体复合体。B 细胞 CR2 与 C3d 结合后导致 CD19 靠近 BCR 相关的蛋白激酶,CD19 胞质区有 9 个保守的酪氨酸残基。被磷酸化的 CD19 激活信号转导通路,尤其是依赖 PI-3 激酶的蛋白通路,从而活化 B 细胞。另外,与 Src 家族蛋白激酶相连的 CD21 也可以磷酸化 ITAM,增大 BCR 介导的信号。

2. B 细胞活化的第二信号——Th 细胞与 B 细胞的相互作用　抗原刺激后的 B 细胞仍表现低的增殖和抗体产生能力,B 细胞的大量增殖和 Ig 类别转换还需要 Th 细胞的辅助,为其提供第二活化信号。

抗原刺激后的 B 细胞表面 MHC Ⅱ类分子和协同刺激分子(如 B7 分子)表达增加,使之比初始 B 细胞能更有效地活化 Th 细胞;同时,由于 T 细胞分泌的细胞因子的受体表达也增加,使 B 细胞能更好地对 Th 细胞做出反应。

(1) 抗原诱导的 B 细胞和 Th 细胞的迁移：在抗原进入机体后 1～2 d 内,初始 $CD4^+$ T 细胞在外周淋巴器官的 T 细胞区识别 APC 提呈的抗原肽-MHC Ⅱ类分子复合物。活化的 T 细胞表达的 CCR7 是 T 细胞区产生的细胞因子受体,因此活化的 T 细胞向 T 细胞区迁移。与此同时,B 细胞在淋巴滤泡识别抗原后,CCR7 的表达也增加,这些受体也促使其向外周淋巴器官的 T 细胞区迁移。活化的 Th 细胞表达膜表面分子、分泌细胞因子,刺激 B 细胞增殖和分化为抗体生成细胞——浆细胞。

(2) B 细胞向 Th 细胞提呈抗原：抗原特异性 B 细胞通过膜 Ig 识别抗原后,内化抗原,经处理加工后以 MHC Ⅱ类分子-抗原肽复合物的形式提呈给 Th 细胞识别,同时高表达协同刺激分子,提供 Th 细胞活化的双重信号,使 Th 细胞活化。

(3) B 细胞在 Th 细胞辅助下活化：Th 细胞被抗原和 B7 共刺激分子激活后,开始表达 CD40L(CD154),与 B 细胞表面 CD40 结合后,促进 B 细胞活化和分化。CD40 是细胞膜表面肿瘤坏死因子(tumor necrosis factor, TNF)的受体。CD40L 是 T 细胞表面膜蛋白,是肿瘤坏死因子和 FasL 的结构同源分子。CD40L 结合 CD40 后,诱导胞质蛋白 TRAFs(TNF-associated factors)到达 CD40 胞质区。TRAFs 募集 CD40 触发酶级联反应导致核转录因子如 NF-κB 和 AP-1 的激活。

同时,活化的 Th 细胞分泌细胞因子,在抗体生成过程中发挥重要两个作用：增强 B 细胞的增殖和分化,同时促进抗体重链的类别转换(图 14-2)。

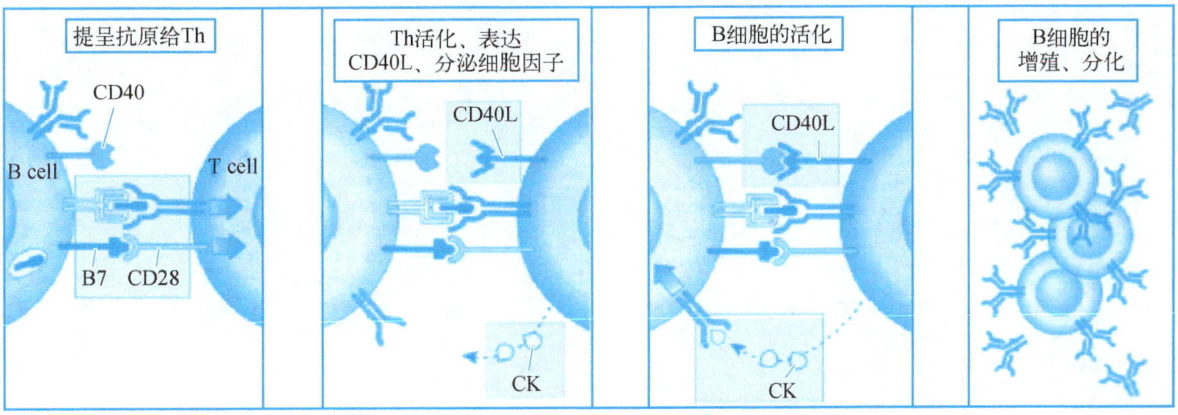

图 14-2　Th 细胞辅助 B 细胞活化的机制

三、B 细胞在生发中心的分化成熟

1. *B 细胞分化为抗体分泌细胞*　B 细胞受抗原刺激和在活化 Th 细胞的辅助下增殖分化成为抗体生成细胞，可以合成和分泌抗体。CD40 介导的信号和细胞因子的作用激活转录因子，导致了 Ig 基因的转录和 Ig 的合成。各种细胞因子，如 IL-2、IL-4 和 IL-6 都具有活化 B 细胞刺激抗体合成和分泌的功能。在淋巴器官中，抗体生成细胞定位于淋巴滤泡外，如脾脏的红髓和淋巴结的髓质。这些浆细胞也可以迁移到骨髓，在免疫后 2～3 周，骨髓成为主要的抗体产生部位，在骨髓中的浆细胞可以持续产生抗体几个月甚至几年，这些抗体可以对再次进入的抗原快速产生应答。

2. *抗体重链类别转换*　一些活化的 B 细胞开始产生除了 IgM 和 IgD 外的其他类型的抗体，这个过程称为重链类别转换(heavy chain class switching)。在受 CD40 和细胞因子作用后，一些生成 IgM 和 IgD 的活性 B 细胞发生重链类别转换，开始生成重链为 γ、α 和 ε 的 IgG、IgA 和 IgE 型抗体。抗体类别转换发生在外周淋巴组织，CD40 的信号促进了 B 细胞 Ig 重链类别转换。同时，一些细胞因子也调节了特定重链类别转换，如 IL-4 促进向 IgE 型抗体转换。针对不同类型的微生物感染的抗体重链类别转换由辅助性 T 细胞调节。例如，对于有聚糖荚膜的细菌感染，最具保护性的体液免疫应答为 IgM 型抗体，IgM 结合在细菌表面，激活补体，导致细菌的溶解。聚糖类抗原不能引起 T 细胞的应答，因此 B 细胞活化缺乏 Th 细胞辅助，只能产生 IgM 型抗体。病毒和许多细菌可以活化 Th 细胞中的 Th1 细胞，Th1 细胞可以产生 IFN-γ，诱导 B 细胞向分泌 IgG 型抗体转换，IgG 型抗体可以阻断微生物进入宿主细胞，还可以加强巨噬细胞的吞噬作用。而蠕虫感染时活化 Th2 细胞，Th2 细胞产生 IL-4，诱导 B 细胞发生向 IgE 型类别转换。另外，B 细胞在不同的解剖部位转换成不同类别的抗体生成细胞，在黏膜组织的 B 细胞抗体重链类别转换后分泌 IgA(图 14-3)。

抗体类别转换过程中的基因变化称为转换重组(switch recombination)，与 B 细胞 VDJ 基因与 C 基因重组有关。

3. *抗体亲和力成熟*　活化 B 细胞产生的抗体与抗原结合的亲和力越来越高，称为抗体亲和力成熟(affinity maturation)，导致抗体对特定抗原的亲和力增加，是 Ig 基因的成熟和高亲和力 B 细胞的选择性成熟的结果。

生发中心内增殖的 B 细胞 Ig V 基因点突变的频率非常高，大约 $1/10^3$，是一般基因自发突变的 10^3～10^4倍。Ig 基因超突变导致抗体分子 V 区的变化，可加强或者减弱抗体与抗原之间的亲和力。如果 Ig 基因的突变导致 BCR 对抗原亲和力增加，B 细胞在抗原浓度较低的时候也能获得足够的信号，维持产生高亲和力抗体的浆细胞进一步的扩增，使血清中高亲和力的抗体比例越来越高，即实现了抗体亲和力的成熟。

4. *效应作用*　详见抗体的生物学功能章节。

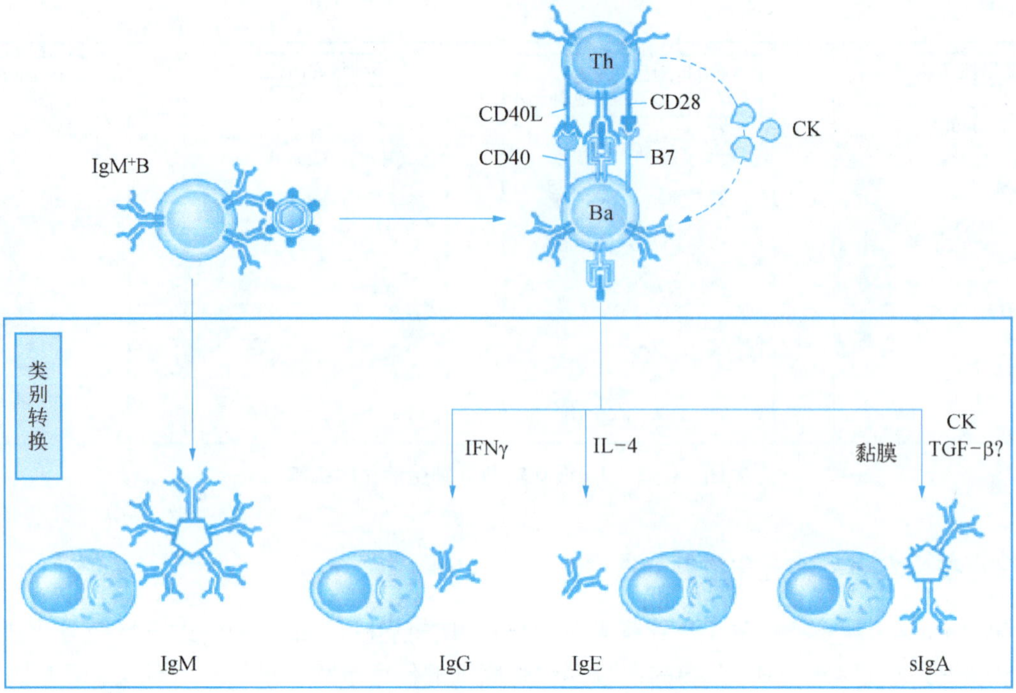

图 14-3 不同类别抗体的产生

体液免疫由抗体介导,其生物学功能为抵御细胞外微生物及其毒素。B 细胞活化后分化成可产生抗体的浆细胞,浆细胞所分泌的抗体的效应功能表现在中和微生物及其毒素、调理吞噬、ADCC、激活补体等。

第二节 B 细胞对 TI-Ag 的应答

许多非蛋白类抗原,如聚糖和脂类,在没有 Th 细胞的辅助下刺激 B 细胞产生抗体,这些抗原称为胸腺非依赖(TI)抗原,TI 抗原与 TD 抗原在引起机体免疫应答上有很多不同。TD 抗原诱导抗体产生过程中需要 Th 细胞参与提供活化第二信号,还需要 Th 细胞作用下进行 Ig 类别转换和亲和力成熟、形成长寿命记忆性细胞。而 TI 抗原刺激机体产生抗体不需要 Th 细胞辅助,一般产生低亲和力抗体,且抗体类型通常为 IgM,很少发生类别转换。

最重要的 TI 抗原是多糖、聚酯和核酸,这些抗原不能被 MHC 分子处理和提呈,因此这些抗原不能被 Th 细胞识别。大多数 TI 抗原都是多价抗原,具有多个重复的表位。这些重复的表位可以诱导特异性 B 细胞表面膜 Ig 的最大交联,可以在没有 Th 细胞的辅助下活化 B 细胞。

一、B 细胞对 TI-1 Ag 的应答

TI-1 Ag 是多克隆激活剂,具有丝裂原特性的 B 细胞丝裂原。其中包括革兰阴性细菌脂多糖(LPS)和革兰阳性细菌磷壁酸,可直接引导 B 细胞增殖。高剂量 TI-1 Ag 可与 B 细胞丝裂原受体结合,非特异性激活多克隆 B 细胞增殖和产生抗体。低剂量 TI-1 Ag 激活表达特异性 BCR 的 B 细胞增殖和产生特异性抗体。但是,TI-1 Ag 刺激 B 细胞应答不能诱导抗体亲和力成熟和记忆细胞产生。

二、B 细胞对 TI-2 Ag 的应答

TI-2 Ag 是细菌、真菌等来源的多糖和多聚物,如细菌荚膜多糖等,具有高密度重复表位,可以与抗原特异性 B 细胞 BCR 交联,诱导产生 IgM 类抗体。TI-2 Ag 仅激活成熟 B 细胞,所以婴幼儿常缺乏 B 细胞对 TI-2 Ag 的应答。

第三节　体液免疫应答的一般规律

体液免疫应答分为初次免疫应答（primary immune response）和再次免疫应答（secondary immune response）。初次免疫应答和再次免疫应答产生的抗体从类型和数量上都明显不同（表 14－1）。

表 14－1　初次和再次免疫应答的特点

特　　点	初次免疫应答	再次免疫应答
出现时间	5～10 d	1～3 d
抗体产生量	较少	较多
抗体类型	IgM＞IgG	IgG、IgA 或 IgE
抗体亲和力	较低	较高
诱发抗原	所有免疫原	蛋白质抗原
获得性免疫	较高抗原量	低剂量抗原

1. *初次免疫应答*　初次免疫应答是未受过抗原刺激的初始 B 细胞发生的应答。抗原刺激后，在血清中能检测到特异性抗体之前的时期成为潜伏期（lag phase）。潜伏期的长短与抗原的性质、抗原进入机体的途径等有关，如颗粒性抗原的潜伏期一般为 5～7 d，可溶性抗原一般为 2～3 周。潜伏期后，进入抗体产生的对数期，血液中开始出现特异性抗体，并呈幂次方增加。随后进入平台期（stead-state phase），血清中抗体浓度不升高也不降低，平台期可以很短，也可以长达几周，此后进入下降期（decline phase），抗体合成速度低于分解速度，血清中抗体浓度逐渐下降。初次免疫应答的特点是潜伏期长；产生的抗体滴度低；在体内持续的时间短；抗体与抗原的亲和力低，以 IgM 为主，后期可产生 IgG。

2. *再次免疫应答*　再次免疫应答是记忆性 B 细胞受刺激后的细胞克隆扩增过程，机体免疫系统可以迅速、高效地产生特异性免疫应答。再次免疫应答与初次免疫应答的不同之处为：再次免疫应答比初次免疫应答发生快速，潜伏期短；可以产生更大量的抗体（平台期高）；在体内持续的时间长（平台期长）；可以发生抗体的重链类别转换和亲和力成熟，因此抗体的亲和力高，一般以 IgG 为主（图 14－4）。

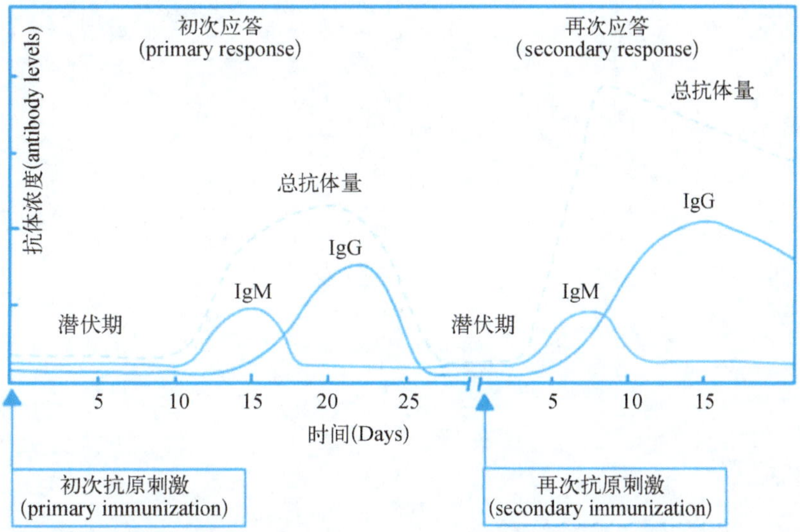

图 14－4　初次和再次免疫应答抗体产生规律示意图

小 结

体液免疫应答是机体免疫系统受到抗原刺激后,B细胞通过抗原识别受体对抗原进行特异性识别后而导致其本身活化、增殖并分化成浆细胞和记忆细胞,通过浆细胞所分泌的抗体发挥免疫学效应的过程。

B细胞对TD抗原的免疫应答始于BCR(mIg)对TD抗原的识别,所产生的抗原识别信号经由Igα和Igβ向胞内传递。因为Igα和Igβ具有和CD3分子相同的功能,其胞质内区也有ITAMs,可使信号向下游传递。通过一系列信号的级联反应最终活化转录因子,导致B细胞表达活化功能相关蛋白的编码基因,同时BCR共受体复合物加强第一活化信号的传导。抗原刺激后的B细胞仍表现低的增殖和抗体产生能力,B细胞的大量增殖和Ig类别转换还需要Th细胞的辅助,为其提供第二活化信号。Th细胞通过与B细胞表面分子的相互作用(CD40/CD40L等)及分泌的细胞因子向B细胞提供第二活化信号。B细胞受抗原刺激和在活化Th细胞的辅助下增殖分化成为抗体生成细胞,可以合成和分泌抗体。

而TI抗原刺激机体产生抗体不需要Th细胞辅助,一般产生低亲和力抗体,且抗体类型通常为IgM,很少发生类别转换。

体液免疫应答分为初次免疫应答和再次免疫应答。初次免疫应答潜伏期长;产生的抗体滴度低;在体内持续的时间短;抗体与抗原的亲和力低,以IgM为主,后期可产生IgG。再次免疫应答比初次免疫应答发生快速,潜伏期短;可以产生更大量的抗体(平台期高);在体内持续的时间长(平台期长);可以发生抗体的重链类别转换和亲和力成熟,因此抗体的亲和力高,一般以IgG为主。

复习题

1. 名词解释

   体液免疫　抗体亲和力成熟　Ig类别转换

2. 简答题

   (1) 简述Th细胞如何辅助B细胞的免疫应答。

   (2) 简述体液免疫应答的一般规律。

(刘杰麟)

第十五章

固有免疫应答

第一节　固有免疫应答系统的组成和作用

固有免疫应答(innate immune response)亦称天然免疫(natural immunity)或非特异性免疫(nonspecific immunity),是指机体在种系发生和进化过程中逐渐形成的一种天然免疫防御功能,它与生俱来、受遗传控制、作用迅速而广泛,不仅构成机体抵御病原生物入侵的第一道防线,也在清除体内衰老、损伤或突变细胞,维持机体内环境稳定等方面发挥重要作用。固有免疫应答系统(innate immune response system)由屏障结构、固有免疫细胞和固有免疫分子组成。

一、屏障结构及其作用

(一) 皮肤黏膜屏障

覆盖在体表的皮肤以及外界相通的各腔道表面的黏膜和附属成分,共同构成机体防御感染的外部屏障,它们主要通过以下三种方式发挥作用。

1. 物理屏障　皮肤表面覆盖的多层鳞状上皮细胞以及坚实的间质连接具有机械屏障作用,能有效地阻挡大多数微生物和其他有害物质的侵袭;黏膜仅有单层柱状细胞,机械性阻挡作用不如皮肤,但黏膜上皮细胞的迅速更新、黏膜具有的多种附件和分泌液的冲洗作用均有助于清除黏膜表面的微生物。例如呼吸道黏膜上皮细胞的纤毛运动、口腔唾液的吞咽和肠蠕动等,可将停留在黏膜表面的未定居的病原体排出体外。

2. 化学屏障　皮肤、黏膜附属的腺体可分泌多种抑菌和杀菌物质,如汗腺分泌的乳酸,皮脂腺分泌的不饱和脂肪酸,胃液中的胃酸,广泛存在于唾液、泪液、乳汁及呼吸道、消化道和泌尿生殖道黏液中溶菌酶、抗菌肽和乳铁蛋白等共同构成防御病原微生物入侵的化学屏障。

3. 微生物屏障　人体体表以及与外界相通腔道中有大量的正常菌群寄生。这些正常菌群通过与病原微生物竞争在皮肤黏膜表明的寄居地;争夺营养物质;以及其分泌抑菌、杀菌代谢产物等发挥拮抗病原微生物生长的作用。如口腔中的唾液链球菌可分泌 H_2O_2 杀伤白喉杆菌和脑膜炎球菌。在临床治疗中,如果滥用广谱抗生素,则有可能杀伤或抑制肠道中的正常菌群,导致耐药性葡萄球菌和白色念珠菌的大量繁殖,引发假膜性肠炎和念珠菌病的发生。

(二) 体内屏障

1. 血脑屏障　血脑屏障由软脑膜、脉络丛的脑毛细血管壁和壁外的星状胶质细胞构成(图 15-1),能阻挡血液中的病原菌及其毒性代谢产物进入脑组织及脑室,从而保护中枢神经系统。血脑屏障随个体发育而逐渐成熟,婴幼儿期因血脑屏障发育不完善,故较易发生脑膜炎、脑炎等中

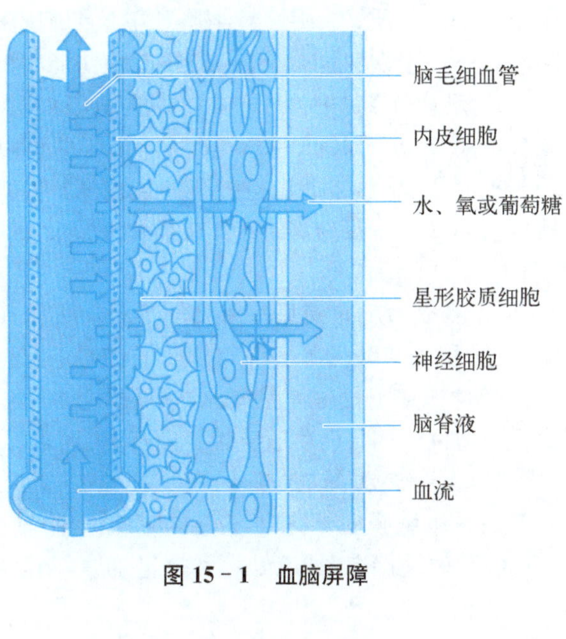

图 15-1　血脑屏障

枢神经系统感染性疾病。

2. *血胎屏障* 血胎屏障由母体子宫内膜的基蜕膜和胎儿的绒毛膜滋养层细胞共同构成,可以防止母体感染的病原体及其有害产物进入胎儿体内。妊娠早期(3个月内),此屏障发育尚未完善,若在此期间孕妇发生某些病毒(如风疹病毒、巨细胞病毒、单纯疱疹病毒等)感染,则病毒有可能通过胎盘侵入胎儿,造成畸形、流产或死胎。

二、参与固有免疫应答的细胞

固有免疫细胞包括吞噬细胞(中性粒细胞和单核巨噬细胞)、树突状细胞、NK细胞、NKT细胞、B1细胞、γδT细胞、肥大细胞、嗜碱性粒细胞和嗜酸性粒细胞等。

(一)吞噬细胞

吞噬细胞(phagocyte)包括大吞噬细胞和小吞噬细胞,前者是指血液中的单核细胞和分布在多种组织器官中的巨噬细胞,后者是指血液中的中性粒细胞。当病原体等抗原异物突破屏障结构进入体内时,在体液中首先遇到的是吞噬细胞强大的吞噬杀伤作用。感染发生时,补体活化过程中的裂解片段(C3a、C5a)、组织细胞分泌的细胞因子(IL-1、IL-8等)、细菌成分及其代谢产物等具趋化作用的物质的共同作用,导致吞噬细胞被定向募集到感染存在的部位并活化,发挥识别、吞噬、杀伤和清除病原体的功能,同时引发炎症反应。

1. *吞噬细胞对病原体等抗原的识别* 模式识别受体(PRR)的模式识别作用赋予了固有免疫应答系统识别"自己"与"非己"能力。吞噬细胞通过其表面的PRR识别病原体表达的病原体相关模式分子(PAMP)后被激活,无须克隆扩增即可迅速发挥吞噬杀伤功能。(详见第11章)

2. *吞噬细胞对病原体的吞噬、杀伤* 吞噬细胞通过其表面的模式识别受体和调理素受体,将抗原异物摄入胞内形成吞噬体,通过氧依赖和氧非依赖性杀菌系统杀伤病原体。

(1) 氧非依赖性杀菌系统及其作用:指一种不需要氧分子参与的杀菌系统。其作用机制包括:① 酸性环境:吞噬体或吞噬溶酶体内糖酵解作用增强,乳酸积累可使pH降至3.5~4,故有杀菌或抑菌作用;② 溶酶体内的溶菌酶在酸性条件下可破坏G^{+}菌胞壁的肽聚糖结构,而产生杀菌作用;③ 防御素(defensin),是一组耐蛋白酶、富含精氨酸的小分子多肽,通过对病原体膜性结构的破坏发挥杀伤作用。

(2) 氧依赖性杀菌系统及其作用:中性粒细胞和活化巨噬细胞吞噬病原等抗原后,通过反应性氧中间物(reactive oxygen intermediates, ROI)和反应性氮中间物(reactive nitrogen intermediates, RNI)系统产生大量氧化杀伤物质和一氧化氮,杀伤病原体。

1) 反应性氧中间物(ROI)系统:① 吞噬作用激发吞噬细胞发生呼吸爆发,激活细胞膜上的还原性辅酶Ⅰ和还原性辅酶Ⅱ使分子氧活化,产生超氧阴离子(O^{2-})和过氧化氢(H_2O_2)等具有强烈氧化作用和细胞毒作用的杀菌物质;② 中性粒细胞和单核细胞中的髓过氧化物酶(myeloperoxidase, MPO)能够利用过氧化氢和氯离子产生次氯酸盐,并形成具有杀伤能力的自由基,发挥抗微生物作用。

2) 反应性氮中间物(RNI)系统 ① 巨噬细胞受到IFN-γ的刺激而活化,产生高水平的诱导型一氧化氮合成酶(inducible nitric oxide synthase, iNOS),iNOS在NADPH和四氢生物蝶呤存在时,催化L-精氨酸与氧分子反应,生成瓜氨酸和一氧化氮(NO);② TNF可以活化iNOS和辅助分子四氢生物蝶呤,催化L-精氨酸与氧分子反应,生成瓜氨酸和一氧化氮(NO)。一氧化氮对细菌和肿瘤细胞均具杀伤和细胞毒作用(图15-2)。

3. *吞噬细胞对病原的消化与清除* 被杀伤或破坏的病原体等抗原异物,在吞噬溶酶体内的蛋白酶、核酸酶、脂酶和磷酸酶等多种水解酶的作用下,进一步消化降解,最后大部分产物通过胞吐作用排除胞外;还有一些产物被加工处理为免疫原性肽段,与MHC分子结合形成抗原肽MHC分子复合物,表达于巨噬细胞表面供T细胞识别,启动适应性免疫应答。

(二)树突状细胞

因其细胞膜向外突出,形成与神经细胞轴突相似的膜性树状突起而得名。树突状细胞(dendritic cell, DC)能高效地摄取、加工处理和提呈抗原,刺激初始T细胞(naive T cell)增殖,是功能最强的抗原提呈细胞。

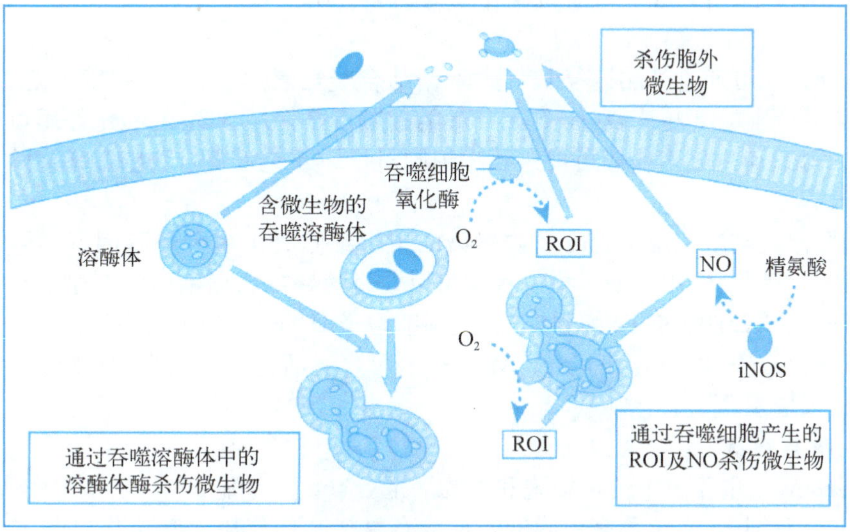

图 15-2　吞噬细胞对病原体的杀伤作用

DC 还具有多种免疫受体，能够有效地识别入侵的病原微生物，通过释放大量细胞因子参与固有免疫应答，因此 DC 被视为连接固有免疫和适应性免疫的“桥梁”，处于启动、调控、并维持免疫应答的中心环节（详见第 11 章）。

（三）自然杀伤细胞

自然杀伤细胞（NK 细胞）通过自然杀伤和 ADCC 发挥细胞毒效应。在病毒感染第 4 日，NK 细胞通过趋化作用聚集于感染病灶，病毒感染细胞和 NK 细胞本身均可分泌 IFN-γ，借此可以增强 NK 细胞的细胞毒效应，对病毒感染细胞发挥非特异性杀伤功能。NK 细胞的这种杀伤作用无须抗原致敏，发生于在适应性免疫建立之前，因此在机体早期抗病毒感染方面起重要作用。

NK 细胞可直接杀伤肿瘤细胞，也可通过 ADCC 效应杀伤特异性 IgG 包被的肿瘤细胞。NK 细胞在免疫监视、杀伤突变的肿瘤细胞方面，可能比 T 细胞具有更重要的作用。其可通过监视 MHC Ⅰ类分子表达的改变，杀伤试图通过减少或丢失 MHC Ⅰ类分子、逃避 Tc 细胞杀伤的感染细胞和肿瘤细胞（详见第 11 章）。

（四）γδT 细胞

大多数为 CD4 和 CD8 分子双阴性的 T 细胞，少数可表达 CD8 分子。主要分布于黏膜和上皮组织中，其细胞表面抗原受体缺乏多样性，可直接识别热休克蛋白、受感染细胞表面的脂蛋白、某些病毒蛋白和分枝杆菌产生的小磷酸化非肽分子。γδT 细胞主要的功能是杀伤某些病毒和胞内寄生菌如李斯特菌感染的靶细胞，其杀伤机制和 $CD8^+$ αβT 细胞基本相同，在黏膜免疫过程中可能起重要作用。

（五）NKT 细胞

同时具有 NK 细胞和 T 细胞某些特征的一类免疫细胞，既能表达 NK 细胞受体又能表达 TCR-CD3 复合物。CD56（小鼠 NK1.1）是 NKT 细胞最主要的表面标记。NKT 细胞主要分布在骨髓、肝脏和胸腺，在脾、淋巴结和外周血中也有少量存在。NKT 细胞可被 CD1 分子提呈的脂类抗原所激活，而发挥杀伤肿瘤细胞、病毒或胞内寄生菌感染细胞的效应。NKT 细胞的 TCR 缺乏多样性，故主要表现为泛特异杀伤效应，其作用不受 MHC 限制，杀伤机制类似于 NK 细胞样细胞毒活性。另外，NKT 细胞受到刺激后，可以分泌大量的 IL-4、IFN-γ、M-CSF、IL-13 等其他细胞因子和趋化因子，发挥免疫调节作用。

（六）B1 细胞

表达 CD5 分子的 B 细胞亚群。B1 细胞主要存在于腹腔和胸腔，表达 mIgM，但很少表达 mIgD，其抗原受体缺乏多样性，抗原识别谱狭窄，B1 细胞可通过表面抗原受体，直接与相应多糖抗原配体交联结合而被激活，48 小时之内即可产生以 IgM 为主的低亲和力抗体，但不产生 Ig 类别转换，无免疫记忆。

三、固有免疫分子及其主要作用

体液中的多种固有免疫分子可通过不同机制抑制、杀伤和清除进入血液和组织中的抗原，主要包括补体系统、急性期蛋白、细胞因子、抗菌肽和具有抗菌作用的酶类物质。

(一) 补体系统

在感染早期,补体系统可通过旁路途径和甘露聚糖结合凝集素途径被激活,发挥溶菌、溶解病毒感染细胞的作用。补体活化后产生的某些片段,如 C3a/C5a 的过敏毒素作用、C5a 的趋化作用可引发和增强炎症反应;C3b/C4b 的调理作用、免疫黏附作用可促进吞噬细胞对抗原或免疫复合物的吞噬清除。

(二) 细胞因子

感染发生时,病原体可刺激免疫细胞以及被感染的组织细胞分泌多种细胞因子,导致炎症反应,发挥抗菌、抗病毒、抗肿瘤和免疫调节作用。如Ⅰ型干扰素可以通过诱导抗病毒蛋白的产生,干扰病毒的复制;Ⅱ型干扰素可激活巨噬细胞、NK 细胞和 Tc 细胞,并能上调细胞表面 MHC 分子的表达,从而发挥抗病毒、抗肿瘤和免疫调节的作用;趋化因子(IL-8、MCP-1、MIP-1α)可募集活化吞噬细胞;致炎细胞因子(IL-1、IL-6、TNF-α)可促进炎症反应发生。

(三) 抗菌肽和酶类物质

1. 防御素(defensin) 主要由中性粒细胞和小肠潘尼(paneth)细胞产生,是一组耐蛋白酶、富含精氨酸的阳离子小分子多肽。对细菌、真菌和有包膜的病毒具有直接杀伤作用。其杀伤机制主要有:① 带正电的防御素与带负电的细菌细胞膜相互吸引,防御素穿膜形成跨膜的离子通道,细胞膜的通透性增加导致靶细胞死亡。② 诱导病原体产生自溶酶,干扰病原体 DNA 和蛋白质合成。③ 致炎和趋化作用,使吞噬细胞更有效地吞噬杀伤清除病原体。防御素不仅抗菌谱广且病原体难以对防御素产生抗性突变。

2. 溶菌酶(lysozyme) 是一种分子质量为 14.7 KDa 的不耐热碱性蛋白质,广泛存在于泪液、唾液、乳汁、肠液、尿液、血清以及吞噬细胞的溶酶体颗粒中。溶菌酶按其所作用的微生物不同可分为两类,其一是作用于革兰阳性菌细胞壁肽聚糖的β-1,4 糖苷键,导致菌细胞裂解。革兰阴性菌的肽聚糖外有外膜的保护,故革兰阴性菌对溶菌酶不敏感。其二作用于真菌细胞壁,破坏几丁质和β-葡聚糖。

3. 乙型溶素(β-lysin) 乙型溶素是血清中一种对热较稳定的碱性多肽。血液凝固时,乙型溶素从血小板中释放出来,使其在血清中的浓度远远高于血浆。乙型溶素可作用于革兰阳性菌细胞膜,产生非酶性破坏效应,对革兰阴性菌无效。

第二节 固有免疫应答和适应性免疫应答的关联

一、启动适应性免疫应答

DC 是唯一能激活初始 T 细胞的 APC,也是功能最强大的专职 APC;巨噬细胞在吞噬、消化清除抗原异物的同时可加工提呈抗原,供 T 细胞识别,形成 T 细胞活化的第一信号。此外巨噬细胞在识别病原体后自身活化,其表面的共刺激分子表达上调,有助于 T 细胞活化第二信号的产生。这两类细胞都直接参与了适应性免疫应答的启动过程。

二、影响适应性免疫应答的类型

固有免疫细胞识别不同病原体表达的 PAMP,产生不同类型的细胞因子,诱导特异性免疫细胞的分化,继而影响适应免疫应答的类型。如胞内菌感染时,可刺激巨噬细胞分泌 IL-12、IFN-γ 为主的细胞因子,诱导 Th0 向 Th1 分化,产生 IL-2、IFN-γ、TNF-β 等 Th1 型细胞因子,通过细胞免疫来清除胞内感染的微生物;胞外菌或某些寄生虫感染时,肥大细胞、NKT 细胞产生 IL-4 为主的细胞因子,诱导 Th0 向 Th2 分化,辅助活化的 B 细胞增殖化为浆细胞产生抗体,发挥体液免疫应答效应。

三、协助适应性免疫应答发挥效应作用

体液免疫的效应分子抗体本身没有杀伤病原体和清除抗原异物的功能,只有在吞噬细胞、NK 细胞以及

补体的参与下通过调理作用、ADCC和补体介导的溶菌溶细胞作用来实现其免疫效应。细胞免疫的效应细胞Th1也不能直接杀伤靶细胞，而是通过分泌细胞因子(IFN－γ、TNF－β)活化巨噬细胞清除胞内感染病原体。见图15－3。

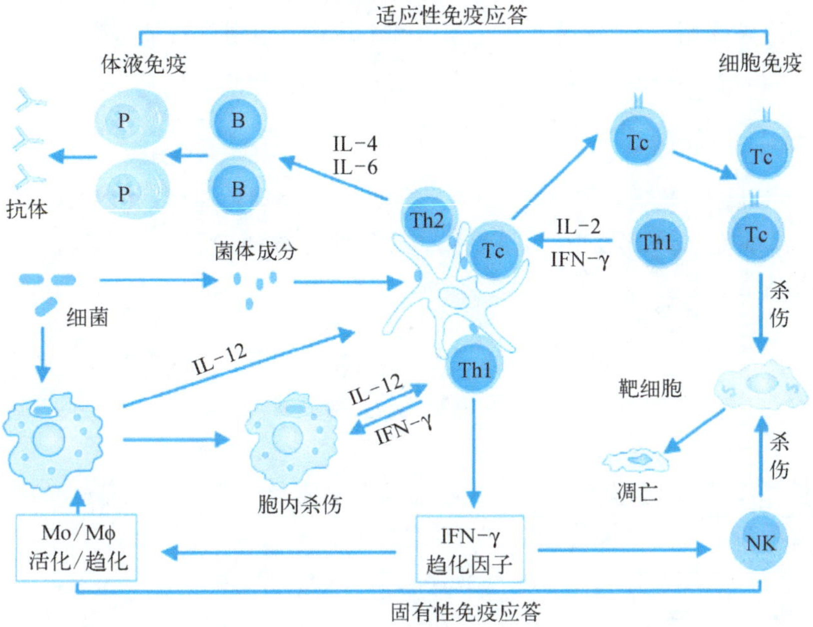

图15－3　固有免疫应答和适应性免疫应答的关联

第三节　固有免疫应答的作用时相

一、瞬时固有免疫应答阶段

发生于感染后的0～4 h之内。首先是皮肤、黏膜屏障发挥机械阻挡、排除；分泌抑制或杀伤病原体的物质；正常菌群的生物拮抗作用等阻挡病原微生物的入侵。随后，当少数病原体突破屏障结构，可被皮下或黏膜下的吞噬细胞吞噬破坏。与此同时入侵的病原体通过旁路途径激活补体发挥溶菌作用；补体活化过程中产生的C3b/C4b介导调理应用；C3a/C5a作用于肥大细胞，导致一系列生物活性介质释放，使局部血管扩张，血管通透性增加，便于中性粒细胞从血管内游出；C5a作为趋化因子募集吞噬细胞到感染发生部位，由此而发挥强大吞噬杀伤功能并形成炎症。通常绝大多数的感染终止于该时相。

二、早期固有免疫应答阶段

发生于感染后的4～96 h。感染部位组织细胞分泌的IFN－γ、MIP－1α、GM－CSF等细胞因子以及病原体某些菌体成分如脂多糖可募集、活化巨噬细胞。活化的巨噬细胞产生大量细胞因子和炎症介质进一步增强、扩大固有免疫应答效应和炎症反应。如：① 白三烯、前列腺素等炎性介质导致感染局部毛细血管扩张、通透性增加，便于补体和吞噬细胞进入感染部位发挥抗感染作用；② 在MIP－1α/β和MCP－1等趋化性细胞因子作用下，血管内单核细胞和周围组织中更多的吞噬细胞被招募、聚集至感染表位，使局部抗感染免疫作用显著增强；③ TNF和小板活化因子使局部血管内皮细胞和血小板活化，形成血栓封闭血管，有效阻止局部病原体的扩散，同时也使局部缺血缺氧，组织损伤加重；④ 促炎细胞因子如TNF－α、IL－1和IL－6等，作为内源性致热原用于下丘脑体温调节中枢引起发热反应，对体内病原体的生长产生抑制作用；⑤ 促炎细胞因子可刺激骨髓,生成并释放大量中性粒细胞入血,以提高机体抗感染免疫应答能力;同时可刺激肝细胞合成分泌一系列急性期蛋白,如C-反应蛋白(CPR)、甘露糖结合凝集素(MBL)和脂多糖结合蛋白(LBP)等。其中CPR和MBL可激活补体,进一步增强调理作用和溶菌效应。此外,B1细胞受到某些细菌脂多糖、荚膜多糖等刺激后,可在48 h之内产生IgM类抗菌抗体,此种抗体在血清补体协同作用下对少数进入血流的病原菌产生泛特异性杀伤溶解作用。NK细胞、γδT细胞和NKT细胞则可对某些病毒感染和胞内寄生菌感染的细胞产生杀伤破坏作用。

三、适应性免疫应答诱导阶段

发生于感染后的96 h后,活化的巨噬细胞和DC摄取、加工处理病原体,并以MHC-抗原肽复合物的形式表达于细胞表面,供T细胞TCR识别。同时活化的巨噬细胞和成熟DC共刺激分子表达上调,诱导T细胞活化并启动适应免疫应答。

小 结

固有免疫系统通过屏障结构、吞噬细胞和体液抗微生物因子的作用,实现固有免疫应答,发挥早期抗感染的作用。固有免疫通过启动适应性免疫应答、调节适应性免疫应答类型和协助适应免疫应答发挥效应等方式,与适应性免疫应答协同作用,实现最终清除抗原的目的。

复习题

1. 名词解释

固有免疫　防御素　模式识别受体(PRR)

2. 简答题

(1) 简述固有免疫系统的组成。

(2) 简述吞噬细胞识别、杀伤和消化病原的过程与机制。

(3) 简述固有免疫应答与适应性免疫应答的关系。

(宝福凯)

第十六章

免 疫 耐 受

第一节 概　　述

在一定条件下，机体免疫系统接受某种特定抗原刺激后形成的针对该抗原的特异性免疫低应答或无应答状态，称为免疫耐受(immunological tolerance)。机体对自身抗原形成免疫耐受是免疫系统的基本功能之一。诱导免疫耐受的抗原物质称为耐受原(tolerogen)。在不同的条件下，同一抗原物质可能是免疫原，也可能是耐受原，这取决于抗原的理化性状、剂量、进入机体的途径以及机体方面的因素。免疫耐受具有以下四种基本特性：① 特异性：即机体免疫系统只对诱导耐受的特定抗原不应答，对不引起耐受的抗原仍能进行良好的免疫应答。② 诱导性：免疫耐受是特异性抗原作用的结果，抗原诱导产生并维持一定时间，未成熟的淋巴细胞容易被诱导耐受。③ 转移性：对特定抗原的耐受性可通过耐受的 T、B 细胞转移给非耐受的个体。④ 非遗传性：先天或后天免疫耐受均需要接触特异性抗原后才能产生，因此不可遗传。

免疫耐受与免疫抑制和免疫缺陷有本质区别。免疫抑制是机体在理化或生物因素影响下，对所有抗原的免疫应答能力下调或丧失；免疫缺陷是由于免疫系统结构的完整性受到破坏，对所有抗原缺乏全部或某一特定类型的免疫应答。

一、免疫耐受的分类

免疫耐受的形成和维持受多种因素影响，其免疫学特性不尽一致，具有以下几种分类。

(一) 根据免疫耐受形成原因分类

1. 天然免疫耐受　在机体免疫系统发育成熟前如胚胎期接触抗原，个体出生后对该抗原产生的特异性无应答状态，又称先天免疫耐受(如机体对自身成分的耐受)，是维持免疫自稳的重要机制之一。

2. 人工诱导免疫耐受　又称后天免疫耐受或获得性免疫耐受，指当个体出生后或免疫系统完全发育成熟后，由于抗原的性状、剂量、进入机体的途径等因素的影响诱导机体所发生的免疫耐受。1953 年 Medawar 等成功地建立了人工免疫耐受的动物模型。

(二) 根据耐受程度不同进行分类

1. 完全耐受　在耐受原的刺激下，机体既不发生体液免疫应答，也不发生细胞免疫应答，此为完全耐受。

2. 不完全耐受　耐受原刺激机体后发生低水平的体液免疫应答或者细胞免疫应答称为不完全免疫耐受，也称部分免疫耐受。

(三) 根据耐受原的剂量分类

1. 低带耐受(low zone tolerance)　低剂量抗原诱导机体产生的免疫耐受，通常仅能诱导 T 细胞耐受。

2. 高带耐受(high zone tolerance)　高剂量抗原诱导机体产生的免疫耐受，T、B 细胞均能诱导耐受。

(四) 根据免疫耐受形成部位分类

1. 中枢耐受　在机体的胚胎期及出生后的中枢免疫器官中，未发育成熟的 T、B 细胞接触抗原后所形成的免疫耐受称为中枢耐受。

2. 外周耐受　在个体出生后，发育成熟的 T、B 细胞接触抗原刺激后形成的免疫耐受称为外周耐受。

二、免疫耐受的形成

免疫耐受要在一定条件下才能形成。通常，未发育成熟的T、B细胞接触抗原后，会形成对该抗原的免疫耐受，因而在胚胎期和新生期容易诱导免疫耐受。个体出生后，T、B细胞在多种因素诱导下，也可能发生免疫耐受。

(一) 胚胎期诱导免疫耐受

1945年Owen首先报道了天然免疫耐受现象：遗传背景不同的异卵双生小牛各自有不同的血型抗原，由于二者胎盘血管吻合从而血液发生相互交流，但并没有出现相互排斥而是呈现出天然联体共生(图16-1)。小牛出生后，每一孪生个体体内均有对方的不同血型的血细胞，成为血型嵌合体(chimeras)。1951年Medawar进一步发现即使在异卵双生小牛之间相互移植对方的皮片也不发生排斥反应，这提示在胚胎期机体接触抗原可能诱导免疫耐受。Burnet推测，胚胎期未成熟的T、B细胞克隆接触相应抗原后被清除或形成受到抑制的禁忌克隆(forbidden clone)是机体形成对自身成分耐受的重要机制。

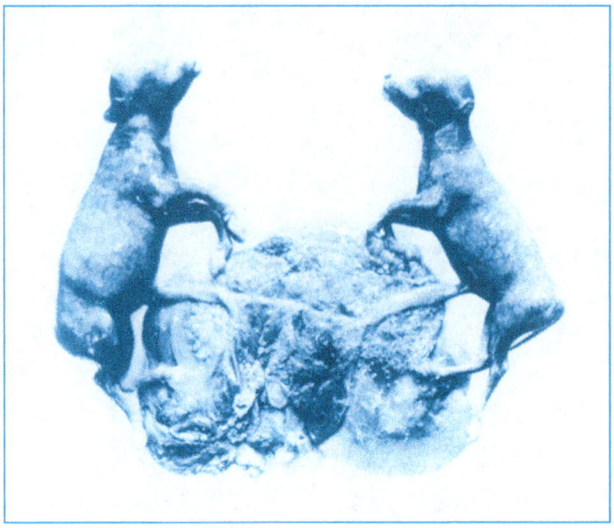

图16-1 天然免疫耐受现象

(二) 人工诱导免疫耐受

个体出生后，机体接触到适宜的抗原，T、B细胞接受抗原刺激可活化、增殖、分化，产生特异性免疫应答。但T、B细胞的活化除了需要适宜的抗原刺激信号，还需要活化辅助信号，缺乏任何一种信号，细胞均不能完全活化，而且活化的T、B细胞必须在相应细胞因子的作用下，才能进行克隆增殖。在免疫应答发生的过程中，任何一种因素的缺失均可能诱导免疫耐受。

为了探索免疫耐受的本质，根据Owen等的观察，1953年Medawar等将B系($H-2^k$)小鼠的骨髓转输给新生期A系($H-2^a$)小鼠，待A系小鼠出生6周后将B系小鼠的皮肤对其进行移植，发现移植的皮肤能长期存活，不被排斥，但移植的C系小鼠皮肤则出现明显的排斥反应(图16-2)。实验结果不仅证实了Owen等发现的耐受现象，还解释了当体内的免疫细胞处于早期发育阶段时，可以对“非己”抗原人工诱导产生免疫

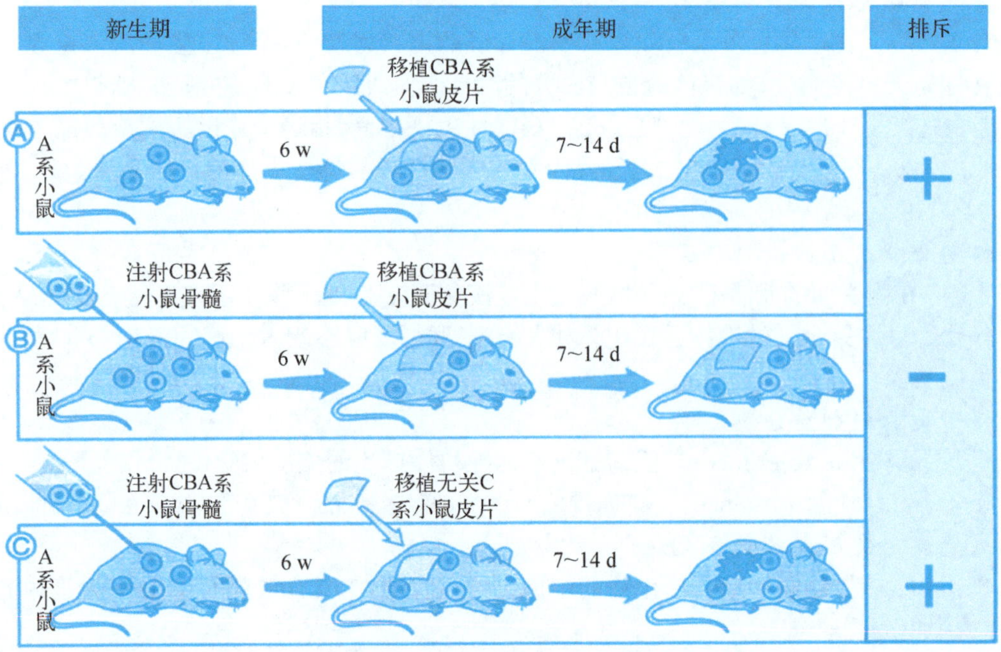

图16-2 人工诱导免疫耐受实验

耐受；证实了 Burnet 等提出的胚胎期的淋巴细胞接触抗原后可产生免疫耐受的假设。在此基础上，Burnet 于 1957 年提出了克隆选择学说，该学说认为：机体内存在具有各种不同抗原受体的免疫细胞克隆。在胚胎期未成熟的免疫细胞接触相应抗原，可导致该克隆被清除或受抑制，从而形成免疫耐受；而个体出生后接触到抗原，抗原选择性地刺激有相应受体的免疫细胞，使免疫细胞被激活、增殖、分化，产生免疫应答。但由于个体出生后淋巴细胞仍然在体内不断产生和发育，1959 年 Ledergerg 完善了该学说，认为抗原刺激机体的免疫细胞是产生免疫应答还是免疫耐受主要取决于免疫细胞的成熟程度：成熟的免疫细胞受抗原刺激后产生免疫应答；不成熟的免疫细胞受抗原刺激后产生免疫耐受。

三、影响免疫耐受形成和维持的因素

免疫耐受的形成需要抗原与免疫系统的接触，免疫耐受的维持有赖于抗原的持续存在。抗原进入机体后，可作为免疫原引起正免疫应答，也可能作为耐受原引起免疫耐受。究竟导致哪种免疫应答，受多种因素的影响，主要与抗原和机体两方面的因素有关。

（一）抗原因素

免疫耐受因抗原刺激而诱导，具有抗原特异性，因此抗原在诱导和维持免疫耐受中起重要作用，抗原的理化性状、剂量、接种途径和抗原刺激的持续时间等是影响免疫耐受是否形成和维持的重要因素。

1. 抗原的理化性状　一般来说，颗粒性大分子及蛋白质的聚合物（如细菌、血细胞等）是良好的免疫原，能被抗原提呈细胞迅速摄取、加工、处理并以强免疫原的形式提呈给免疫活性细胞，诱导免疫应答。相反，小分子、可溶性、非聚合单体物质（如非聚合的血清蛋白、脂多糖等）以及与机体遗传背景接近的抗原，其免疫原性弱，常为耐受原。此外，抗原分子表面具有许多相同重复表位的，其致耐受原性强。

2. 抗原剂量　诱导免疫耐受所需的抗原剂量随抗原的种类、性质及机体的免疫状态不同而异。研究表明，过高或过低的抗原剂量以及个体年龄越幼小越易诱导免疫耐受，适量的抗原剂量易诱导免疫应答。TI 抗原需要高剂量才能诱导 B 细胞耐受，而低剂量与高剂量 TD 抗原均可诱导免疫耐受。低带耐受和高带耐受在很多方面存在差异（表 16－1）。低带耐受的原理是：T 细胞识别抗原时，抗原提呈细胞表面必须有 10～100 个相同的 MHC－抗原肽复合物，与 T 细胞膜上相应的 TCR 相结合，才能激活 T 细胞，低于此数目不足以使 T 细胞活化。而抗原剂量过高，则诱导免疫细胞凋亡或可能诱导调节性 T 细胞的活化，抑制免疫应答，导致高带耐受。免疫耐受形成后会持续一段时间。

表 16－1　低带耐受与高带耐受的主要区别

区别点	低带耐受	高带耐受
参与细胞	T 细胞	T、B 细胞
产生速度	快	慢
持续时间	长	短
抗原种类	TD 抗原	任何抗原

诱导 T 细胞和 B 细胞产生耐受所需的剂量也明显不同。B 细胞耐受所需抗原剂量大，发生慢（1～2 周），持续时间短（数周）；高剂量和低剂量均可诱导 T 细胞耐受，且发生快（24 h 内达高峰），持续时间长（数月）。

3. 抗原免疫途径　一般而言，抗原经口服和静脉注射最易诱导免疫耐受，腹腔注射次之，皮内、皮下和肌肉注射最难。口服抗原可刺激机体产生 SIgA，引起黏膜免疫应答，但却导致全身的免疫耐受。口服诱导耐受的机制是：口服抗原经胃肠道消化作用可能使大分子抗原降解而降低其免疫原性。不同部位静脉注射引起的作用不尽相同，循门静脉进入机体的抗原容易诱发免疫耐受。

4. 抗原的持续存在　耐受原的持续存在是维持免疫耐受的首要因素。机体内不停地产生新的免疫活性细胞，持续存在的耐受原可诱导新生细胞处于耐受状态。因此，有生命的耐受原长期存在体内，其建立的免疫耐受不易消退。如自身组织细胞、病毒、细菌等诱导的免疫耐受可长期维持；无生命的耐受原在体内降解后，免疫耐受会逐渐消退，需要多次重复给予耐受原才能维持。

5. *抗原变异* 抗原变异一方面不能使野生型抗原诱导的免疫应答与变异的抗原发生作用，另外，有些变异的抗原虽然可以与 T、B 细胞表面的 TCR、BCR 结合，但不能传递免疫细胞活化的第一信号，从而使机体对变异的抗原也产生免疫耐受。这种现象常见于一些已发生变异的病原体感染，如人类免疫缺陷病毒(HIV)、丙型肝炎病毒(HVV)等。

6. *佐剂的应用* 抗原不加佐剂易导致耐受，辅以佐剂易诱导免疫应答。

(二) 机体因素

免疫耐受是机体免疫系统对抗原刺激所表现的一种负免疫应答。因此，机体免疫系统发育成熟度、遗传背景和机体的免疫功能等与免疫耐受的形成密切相关。

1. *免疫系统发育成熟程度* 未成熟的免疫细胞比成熟的免疫细胞易诱导免疫耐受。胚胎期或新生儿期个体的免疫系统发育不成熟，容易引起耐受；免疫功能成熟的成年个体则很难诱导耐受。新生儿免疫系统比新生鼠成熟得多，故人类出生后不久即可接种疫苗。

2. *动物种属与品系* 诱导和维持免疫耐受的难易程度随动物种属和品系不同而异。大鼠和小鼠不论在胚胎期或新生期均易诱导成功，兔、有蹄类及灵长类动物通常仅能在胚胎期较易诱导耐受。同一种属不同品系动物诱导耐受的难易程度也有很大差别。

3. *机体免疫状态* 成年个体单独应用抗原不易诱导免疫耐受，但免疫功能受抑制的机体接受抗原刺激则易形成免疫耐受。联合照射、抗淋巴细胞血清、抗 Th 细胞抗体、环磷酰胺、环孢素 A 等可破坏机体成熟的免疫系统，造成类似新生期免疫系统不成熟状态，许多实验证明，这是同种器官移植手术时用于延长移植物存活的有效措施之一。

第二节 免疫耐受的机制

长期以来，人们对免疫耐受的形成机制提出各种学说和理论，但目前尚未完全明了。中枢免疫耐受和外周免疫耐受针对的免疫细胞的成熟度不同，前者为未成熟的免疫细胞，后者为成熟的免疫细胞，因而其发生机制也不尽相同。

一、中枢耐受

1. *胚胎期的克隆清除或克隆禁忌* Burnet 提出的克隆选择学说认为：胚胎期的免疫细胞由于高度突变分化，形成无数具有不同反应特异性的细胞克隆，每个克隆均表达与其他克隆不同的抗原识别受体，可与相应抗原表位发生反应。某一克隆若在胚胎期与相应抗原接触后，该克隆即被破坏清除，即克隆清除(clonal deletion)，或被抑制而成为禁忌克隆。该个体出生后再接触同一抗原，即表现为对此抗原的无反应性，即天然免疫耐受。特异性淋巴细胞克隆接触抗原后不发生克隆扩增，反而被抑制的现象，称为克隆禁忌。

2. *T 细胞的中枢耐受* 经历阳性选择后存活的 T 细胞($CD4^+$或$CD8^+$)移行至胸腺髓质或皮质-髓质交界处，通过 TCR 识别、高亲和力结合微环境中巨噬细胞、DC 等 APC 所携带的自身抗原肽-MHC 复合物，将发生凋亡而被淘汰，而不能识别结合自身抗原肽-MHC 复合物的单阳性 T 细胞则发育成熟，获得自身耐受性。同时能与巨噬细胞、DC 细胞低亲和力结合的自身反应性 T 细胞逃避了凋亡，增加了潜在自身免疫性疾病的风险。

3. *B 细胞的中枢耐受*

(1) 骨髓中，未成熟 B 细胞(仅表达 mIgM)接触骨髓基质细胞膜型自身抗原，则发生内源性轻链基因重排而改变其 BCR 特异性，避免对自身抗原的识别，从而产生免疫耐受。该过程被称为“受体编辑”(receptor editing)。一旦受体重新编辑失败，自身反应性 B 细胞可终止发育，发生凋亡而被清除，此即克隆流产(图 16-3)。

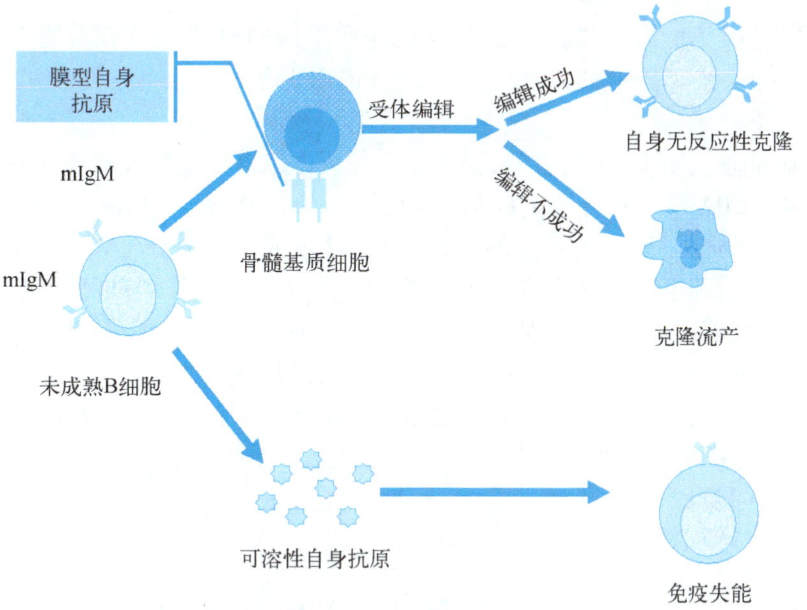

图 16－3 B 细胞的中枢耐受

(2) 骨髓中，若未成熟 B 细胞表面 mIgM 接触可溶性自身抗原，则产生胞内抑制信号，抑制 mIgM 继续表达，这种 B 细胞低水平表达 mIgM，虽能正常表达 mIgD，但由于存在信号传递障碍，也不能诱导 B 细胞激活，形成克隆无能(clonal anergy)(图 16－3)。

二、外周耐受

健康成人外周免疫器官中虽有潜在自身反应性的淋巴细胞，但这些发育成熟的自身反应性淋巴细胞处于克隆无能或克隆不活化(clonal inactivation)状态。其机制如下：

1. *克隆忽略* 对外周组织特异性自身抗原应答的 T、B 细胞克隆，在骨髓或胸腺内不能被完全清除，它们离开骨髓或胸腺后，在外周淋巴器官及组织中有机会接触自身组织抗原，但不发生自身免疫应答，这种现象称克隆忽略(clonal ignorance)。其机制可能是：① T 细胞克隆的 TCR 与相应自身抗原表位的亲和力低；② 有些自身抗原不能被自身 APC 有效加工、提呈；③ 自身抗原浓度太低或免疫原性太弱，无法提供足够强度的免疫细胞第一活化信号；④ 机体某些组织处于特殊解剖位置，与免疫系统相对隔离，形成“免疫赦免”。如：睾丸、脑和眼等。

2. *克隆清除* 外周组织特异性自身抗原应答的 T 细胞克隆的 TCR 对组织特异性自身抗原虽具有高亲和力，但提呈高浓度组织特异性自身抗原的 APC 表达的协同刺激分子很少，不能提供足够的活化第二信号，导致此类被自身抗原活化的 T 细胞发生凋亡，克隆清除。成熟的自身反应性 T 细胞在外周器官接触自身抗原被激活，反复接受自身抗原刺激后，可诱导活化的 T 细胞高表达 Fas 和 FasL，通过 Fas 介导的细胞凋亡而被清除。另外，进入外周淋巴器官的 B 细胞被自身抗原激活高表达 Fas，与激活的 T 细胞表达的 FasL 结合，导致活化的 B 细胞凋亡，从而维持自身耐受。

3. *克隆无能* 外周成熟自身反应性淋巴细胞虽未完全被清除，但处于无能或不活化的状态，不对自身抗原发生正免疫应答，称为克隆无能。凡是导致 T、B 细胞不能完全活化的因素都可引起克隆无能。

4. *免疫调节细胞的作用* 实验证实，机体内存在有负反馈调节自身反应性 T、B 细胞激活的免疫细胞。

(1) 调节性 T 细胞(regulatory T cell, Treg)：Treg 在维持自身耐受中发挥着重要作用，其作用机制为：① 抗原特异性 Treg 与初始 T 细胞竞争性结合 APC(特别是 DC)，影响抗原的摄取、加工处理和提呈；② Treg分泌 IL－10 和 TGF－β 抑制未成熟树突状细胞(iDc)分化为成熟 DC，影响抗原提呈；③ Treg 分泌 IL－10 等抑制性细胞因子抑制 T 细胞的活化、增殖。

(2) NKT 细胞：其诱导免疫耐受机制：① 产生 IL－13 参与形成免疫耐受；② 产生趋化因子 CCL15，募集 APC,诱导产生 CD8$^+$ Treg,参与形成免疫耐受。

(3) DC:① 未成熟 DC 不能提供共刺激信号,从而导致 T 细胞耐受;② DC 可诱生 Treg 等抑制 T 细胞,导致免疫耐受;③ 表达吲哚胺 2,3-双加氧酶(indoleamine 2,3-dioxygenase, IDO)的 DC 可抑制 T 细胞增殖,促进 T 细胞凋亡。

(4) 骨髓源性抑制细胞:人和小鼠的骨髓、循环血和外周淋巴器官中存在有骨髓源性抑制细胞(myeloid derived suppressor cell, MDSC),可诱导免疫耐受,其机制为:① 诱生 Treg;② 产生反应性氧(reactive oxygen species, ROS);③ 合成 IFN-γ 依赖的一氧化氮;④ 合成 IL-4/IL-13 依赖的精氨酸。

5. 细胞因子的作用 细胞因子水平与免疫耐受的发生密切相关。外周淋巴器官中的初始 T、B 细胞在未遇到外来抗原前分别在 IL-7 及 B 细胞活化因子(B cell activating factor belonging to TNF family, BAFF)刺激下得以存活,并进行有限的增殖,维持一定数量的外周淋巴细胞。实验证实,在 BAFF 转基因小鼠,由于 BAFF 分泌过多,自身反应性 B 细胞增殖超过生理限度,易导致自身免疫性疾病。在人系统性红斑狼疮、类风湿等自身免疫性疾病患者血清中 BAFF 水平与疾病严重程度相关。

第三节 免疫耐受与临床医学

免疫耐受的形成、维持和终止与临床密切相关。生理性的免疫耐受对自身组织抗原不应答,不导致自身免疫病;病理性的免疫耐受,对感染的病原体或肿瘤细胞抗原不产生特异性免疫应答,导致疾病的发生、发展和迁延。通过探讨免疫耐受产生的机制并人为建立或终止免疫耐受,具有重要的理论和临床意义。

一、建立免疫耐受

建立免疫耐受有利于阐明免疫识别、免疫应答及效应的分子和细胞机制,是研究免疫生物学和临床免疫学的基础;在临床医学中,有利于同种异体甚至异种移植排斥、超敏反应性疾病及自身免疫病的预防和治疗。抑制机体的特异性免疫应答和使免疫原成为耐受原是建立免疫耐受的主要途径。

1. 选择适当的动物和抗原 选用免疫系统尚未发育成熟或者免疫力低下的机体以及可溶性抗原容易建立免疫耐受。

2. 改变抗原进入机体的途径 抗原经不同免疫途径进入机体将影响免疫应答的效果。口服免疫原易引起局部肠道黏膜免疫应答,但抑制全身免疫应答,再经静脉给以相同免疫原时不能诱导免疫应答。另外,静脉注射单体抗原,可诱导免疫耐受。在器官移植前,静脉注射供者的表达同种异型抗原的血细胞,能建立一定程度的免疫耐受,延长移植物的存活时间。其机制包括 T 细胞克隆清除;T、B 细胞无能;抑制性 T 细胞的激活;Th1 和 Th2 型细胞转变;共刺激途径的阻断和混合嵌合体形成等。其中,由于供者可溶性 HLA 持续暴露导致的淋巴造血细胞嵌合体,被认为是最重要的诱导耐受发生的机制。

3. 移植骨髓或胸腺 在胸腺或骨髓中处于分化发育阶段的 T、B 细胞接触适量相应抗原,通过阴性选择可诱导免疫耐受。在同种异型器官移植前,移植同种异型骨髓及胚胎胸腺,可诱导出嵌合状态,使受者产生对供者抗原的耐受,延长器官存活时间。

4. 阻断宿主或移植物特异性免疫应答

(1) 阻断第一信号:T 细胞和 APC 是产生移植排斥的关键。应用 T 细胞疫苗、T 细胞抗原受体多肽疫苗、特异性单克隆抗体可清除 T 细胞或封闭其抗原,利用 Fas/FasL 通路调控 T 细胞凋亡等方法可诱导移植耐受。也可应用药物或细胞因子等处理或基因修饰 APC(如 DC),使其 MHC-Ⅱ分子表达下降,抑制 T 细胞活化,有利于耐受的产生。

(2) 阻断第二信号:利用 CTLA-4Ig 和抗 CD40L 抗体可分别阻断 B7/CD28、CD40/CD40L 两条共刺激通路,可抑制 T、B 细胞活化。另外,多种 ICAM 分子参与了 T 细胞黏附靶细胞激发免疫应答,阻断黏附分子或干预其功能发挥,都可抑制移植排斥反应。目前已研发出抗-ICAM-1 抗体、抗-LFA-1 抗体和抗-CD2

抗体。

5. *诱导免疫偏离* 排斥反应主要由能产生炎症性细胞因子的 Th1 细胞参与，应用 Th2 型细胞因子（如 IL-10）可抑制 Th1 细胞活性，拮抗后者的免疫损伤效应，将有利于建立移植耐受。但是，由于细胞因子作用存在网络性，目前对于这种耐受诱导策略的应用前景尚存在争议。常用方法包括：① 直接使用拮抗性细胞因子，如抗 IL-2 抗体、IL-4、IL-6 等；② 应用基因技术改造或修饰细胞（如基因修饰 DC）诱导免疫偏离；③ 调节共刺激通路诱导免疫偏离。

6. *发挥免疫调节性细胞的作用*

（1）调节性 T 细胞：其可能机制见本章第二节。

（2）NKT 细胞：小鼠角膜移植模型证实，NKT 细胞可诱导角膜移植耐受，一是诱导特异性 Treg，二是受抗原刺激后迅速产生大量的 Th2 型细胞因子（如 IL-4、IL-10 等），并能抑制由 Th1 细胞介导的免疫反应。

（3）调节性 DC 和浆细胞样 DC：经药物、细胞因子或基因修饰得到的未成熟 DC 低表达共刺激分子，在诱导免疫耐受中起重要作用。目前研究认为，浆细胞样 DC 促进和维持移植免疫耐受的机制是通过诱导 Ts/Treg 实现。

7. *药物辅助诱导耐受* 器官移植后免疫耐受的诱导离不开抗排斥的免疫抑制剂的辅助，目前临床上使用的抗排斥免疫抑制剂种类多，包括化学类和生物免疫抑制剂，作用机制、适应证和副反应等各不相同，常用的有皮质类固醇、抗增殖类免疫抑制剂、钙调神经蛋白抑制剂、哺乳类雷帕霉素靶分子抑制剂等，但由于缺乏抗原特异性，因而只能起辅助作用。

8. *应用自身抗原肽拮抗剂* 确定引起自身免疫应答的自身抗原肽后，可在人工肽库中筛选其拮抗肽，通过拮抗肽的竞争作用阻断自身抗原肽与自身反应性 T、B 细胞的 TCR 及 BCR 结合，而拮抗肽可与 MHC 分子结合，但不能诱导 TCR 二聚体发生必要的构型改变，或不能构成 TCR-多肽-MHC 分子复合物，从而不能有效激活自身反应性 T 细胞。

二、打破免疫耐受

采用措施打破机体的免疫耐受，增强机体对肿瘤或病原体的免疫应答，对于肿瘤和病原体慢性持续性感染的治疗有重要意义。应用与建立免疫耐受相反的措施都有可能打破免疫耐受。

1. *合理应用抗原* 通常聚合状态的蛋白质比单体有更强的免疫原性，颗粒性抗原比可溶性抗原的免疫原性强，易诱导正免疫应答。过高或过低剂量的抗原易诱导免疫耐受，适量剂量的抗原经皮内、皮下和肌肉注射易诱导免疫应答。

2. *改变抗原提呈* 抗原的有效提呈是诱导免疫应答的前提。加速抗原提呈细胞的成熟和活化，改变耐受原的物理性状、重构耐受原、融合内质网引导序列等都可分别增强 APC 对抗原的摄取、处理和提呈，人为趋化更多的 APC 到抗原局部，使更多的 APC 接触抗原、摄取抗原，这些都是打破免疫耐受的重要途径。

3. *增强免疫活性细胞的活化* 免疫活性细胞 T、B 细胞的活化需要双信号及细胞因子的辅助，提供更多的第二信号或活化性细胞因子，可更大程度上使 T、B 细胞活化，从而易于打破免疫耐受。

4. *去除抑制性因素* 调节性 T 细胞和负调控性细胞因子可很大程度上抑制免疫应答的发生，易于诱导免疫耐受的形成。因此，去除这些抑制性因素，有利于消除免疫耐受状态。如抗 CTLA-4 单抗可阻断 CTLA-4 与 B7 分子的结合，从而消除 CTLA-4 分子对免疫应答的抑制作用。

小 结

免疫耐受指机体免疫系统在接触某种抗原后产生的特异性免疫无应答或低应答状态，表现为当再次接触同一种抗原时，不发生免疫应答，但对其他抗原仍保持正常免疫应答，与免疫抑制和免疫缺陷不同。影响免疫耐受形成和维持的主要因素是抗原和机体免疫状态。免疫耐受的机制包括中枢免疫耐受和外周免疫耐受。免疫耐受的调节包括免疫耐受的维持、免疫耐受的终止。免疫耐受的维持和打破可影响许多临床疾病的发生、发展和转归。

复习题

1. 名词

免疫耐受　中枢耐受　外周耐受

2. 简答题

(1) 免疫耐受与临床疾病的防治有何关系?

(2) 临床医疗服务中如何建立和打破免疫耐受?

(李成文)

第十七章

免 疫 调 节

免疫调节(immune regulation)是指免疫应答过程中免疫细胞、免疫分子间以及免疫系统与其他系统间相互作用而建立的相互协调、相互制约的网络体系,在有效清除抗原性物质的同时,避免或减少对机体的损伤,以维持机体内环境稳定。

免疫调节的本质是机体对免疫应答过程所作出的生理性反馈,包括正反馈(正调节,促进作用)和负反馈(负调节,抑制作用)。正常的免疫应答可有效行使其免疫防御、免疫自稳和免疫监视等功能,而异常的免疫应答则可造成机体的损伤。故机体必须对免疫应答进行精细的调控,使其在类型、强度、持续时间等方面保持在适宜水平。

免疫调节贯穿于免疫应答过程的始终,其机制十分复杂,涉及分子、细胞、系统间及遗传水平等多种因素间的相互作用。其中任何一个因素或环节出现异常,均可导致局部或全身免疫应答异常,引起自身免疫病、超敏反应、持续感染和肿瘤等疾病发生。

第一节　分子水平的免疫调节

一、抗原的调节作用

抗原刺激是适应性免疫应答发生的始动因素,随着抗原物质在体内的分解、中和及清除,浓度逐渐下降,相应免疫应答的强度也随之逐渐下降。

抗原的性质、剂量和进入途径都会影响免疫应答的类型和强度,在第三章有相关介绍。不同性质的抗原可诱导不同类型的免疫应答,如蛋白质抗原常可激发体液免疫应答和细胞免疫应答,多糖及脂类抗原一般只诱导体液免疫,而核酸难以诱导免疫应答。一般聚合状态的蛋白质较单体免疫原性强,颗粒性抗原的免疫原性强于可溶性抗原。在一定范围内,抗原的剂量与免疫应答水平呈正相关,但抗原剂量过高或过低反而引起高剂量耐受或低剂量耐受。通常,皮内、皮下和肌内注射较易诱导免疫应答,而口服和静脉注射最易诱导免疫耐受。

结构相似的抗原具有相互干扰特异性免疫应答的作用,此为抗原竞争。其本质是两种结构相似的抗原竞争共同的抗原提呈细胞,抗原提呈细胞提呈前一种抗原后,对后一种抗原的提呈能力下降,从而导致机体对后者产生免疫应答的能力下降。

二、抗体的调节作用

抗体对免疫应答的直接作用主要为负反馈调节。抗体是免疫应答的产物,抗体产生后又可抑制其后的抗体生成。其机制为:① 抗体数量的增加,加速了机体对抗原的清除作用,致使体内抗原的浓度降低;② 大量产生的特异性抗体与 BCR 竞争抗原表位,导致抗原封闭,阻断 BCR 对抗原表位的识别和结合(图 17－1);③ 针对 BCR 独特型表位的 IgG 抗独特型抗体,

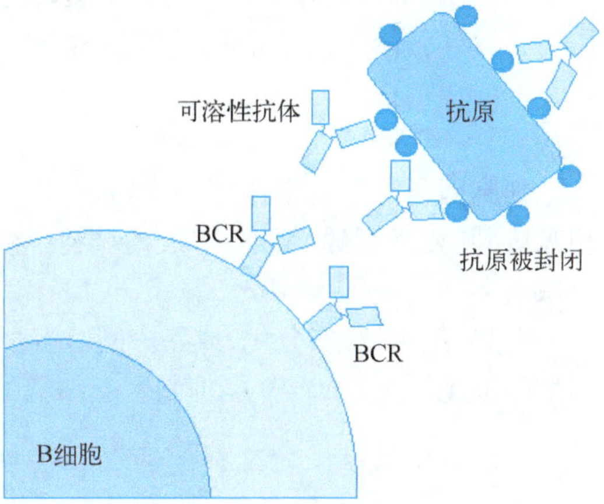

图 17－1　抗体的封闭作用

其 Fc 段能与 B 细胞表面的抑制性 Fc 受体(FcγRⅡB,即 CD32B)结合,导致 BCR 和 FcγRⅡB 交联,通过后者引发抑制信号(图 17-2)。

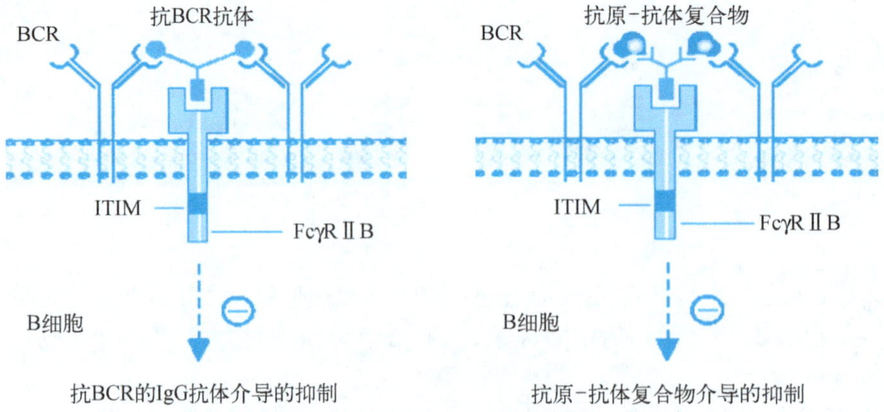

图 17-2 抗 BCR 抗体与抗原-抗体复合物的免疫调节作用

三、抗原-抗体复合物对免疫应答的调节

抗原-抗体复合物对免疫应答具有正、负调节作用。抗原-抗体复合物中的抗体通过其 Fc 段与 APC(如巨噬细胞)表面的 Fc 受体结合,介导调理作用,促进 APC 对抗原的摄取、加工、处理和提呈,增强免疫应答。抗原与 IgM 形成的复合物可对抗体的产生起促进作用。抗原- IgM 复合物不会引起 B 细胞抑制信号的传入,相反,其激活补体后产生补体片段 C3d 可与抗原分子结合。同时,C3d 也能与 B 细胞活化性辅助受体复合物中的 CD21 分子结合,并通过复合物中的其他分子如 CD19 等产生活化信号,促进 B 细胞的活化。抗原与 IgG 类抗体分子形成的抗原-抗体复合物则可对进一步的抗体生成发挥抑制作用。抗原- IgG 复合物中的抗原部分可与 B 细胞的 BCR 结合,而抗体部分的 Fc 段则与 B 细胞的 FcγRⅡB 结合,引起 BCR 与 FcγRⅡB 的交联,产生抑制信号,抑制抗体生成(图 17-2)。免疫应答的早期,产生的抗体主要是 IgM,其形成的抗原-抗体复合物可促进免疫应答的进一步的发展;而免疫应答晚期产生的抗体则以 IgG 为主,形成的复合物可抑制抗体的生成。

四、补体的调节作用

补体调节蛋白通过调节补体激活途径的关键环节,从而调控补体活化的强度和范围,在第五章中有详细介绍。例如:C1INH 可抑制 C1r、C1s、MASP 活性,阻断 C4b2a 形成;C4 结合蛋白、补体受体 1(CR1)、H 因子、I 因子等通过抑制或灭活 C3 转化酶而调节补体激活;C8 结合蛋白、CD59 通过抑制 MAC 形成而对补体效应发挥负调节,保护正常组织细胞免遭破坏。

不同补体组分还可通过与细胞表面相应补体受体结合而发挥免疫调节作用。补体活化过程中产生的 C3b、C4b、iC3b 等可作为重要的调理素,促进 APC 捕获和提呈抗原,通过补体介导的调理作用发挥免疫调节作用。另外补体活化过程中产生的炎症介质 C3a、C5a 等可趋化、激活免疫细胞,介导炎症,进行免疫调节。

五、细胞因子的调节作用

细胞因子的生物学作用广泛,包括调节免疫细胞的分化、发育、活化与效应,且多种细胞因子相互影响、相互协同、相互制约,精细、有效地调控免疫应答。免疫细胞可产生多种细胞因子调节免疫应答。如,IL-2 可激活多种免疫细胞;IL-2、4、5、6、10、13、IFN-γ 等可激活 B 细胞,刺激其增殖、分化和抗体产生;TNF-β 促进 CTL 细胞增殖、分化、成熟。同时多种细胞因子也具有负调控作用,如:转化生长因子 β(TGF-β)可抑制淋巴细胞增殖;IL-10 能抑制巨噬细胞的活化。

六、活化性受体和抑制性受体的调节作用

多种免疫细胞表面表达活化性受体和抑制性受体,这些受体与其相应的配体结合后,分别启动活化信号

和抑制信号。活化性受体胞质区含免疫受体酪氨酸活化基序(immunoreceptor tyrosine-based activation motif，ITAM)，结构为 YxxL/V(Y 为酪氨酸，L 为亮氨酸，V 为缬氨酸，x 为任意氨基酸)，可被蛋白酪氨酸激酶(PTK)分子上的 SH2 结构域识别，从而招募 PTK，启动活化信号的传导。抑制性受体胞质区含免疫受体酪氨酸抑制基序(immunoreceptor tyrosine-based inhibitory motif，ITIM)，结构为 I/VxYxxL(I 为异亮氨酸)。可被蛋白酪氨酸磷酸酶(PTP)分子上的 SH2 结构域识别，导致 PTP 被招募活化，从而阻断活化信号在细胞内传递，对细胞活化产生抑制作用。两类受体在表达和信号传递时相上存在差异，某些抑制性受体在免疫细胞活化后表达，或 ITIM 中的酪氨酸要在 PTK 活化后才能被磷酸化并招募 PTP 行使功能(图 17－3)。因此，先有活化，再有抑制。免疫细胞表面主要的活化性受体和抑制性受体见表 17－1，部分受体的特点和功能在前面相应章节已有详细介绍，在此不再赘述。

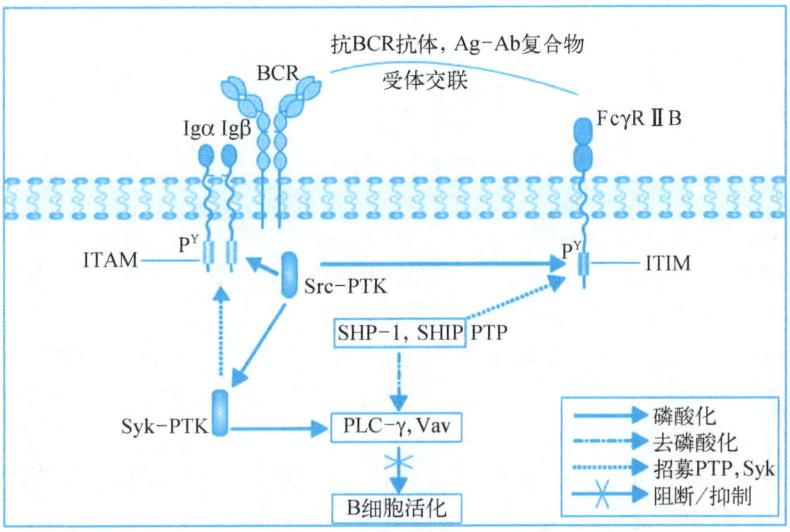

图 17－3　抑制性受体对活化性受体的负调节作用

表 17－1　免疫细胞的活化性受体或抑制性受体

免疫细胞	活化性受体	抑制性受体
B 细胞	BCR/Igα/Igβ	FcγRⅡB，CD22，CD72
T 细胞	TCR/CD3，CD28	CTLA－4，PD－1
NK 细胞	NCR，NKG2D/DAP10	KIR2/3DL，CD94/NKG2A
肥大细胞	FcεRⅠ	FcεRⅡB，gp49B1

第二节　细胞水平的免疫调节

免疫细胞可通过分泌细胞因子或直接接触，进行细胞间的相互作用，从而对免疫应答进行直接或间接地调节，以维持正常免疫功能。

一、免疫细胞的自身调节机制

免疫应答晚期，体内受抗原刺激形成的效应性 T 细胞可通过被动死亡(passive cell death，PCD)和活化诱导的细胞死亡(activation-induced cell death，AICD)而被清除(图 17－4)，及时终止免疫应答，以维持免疫细胞克隆之间的平衡。

1. *被动死亡*　免疫应答晚期，由于大量抗原被清除，淋巴细胞所接受的抗原刺激和生存信号及所产生

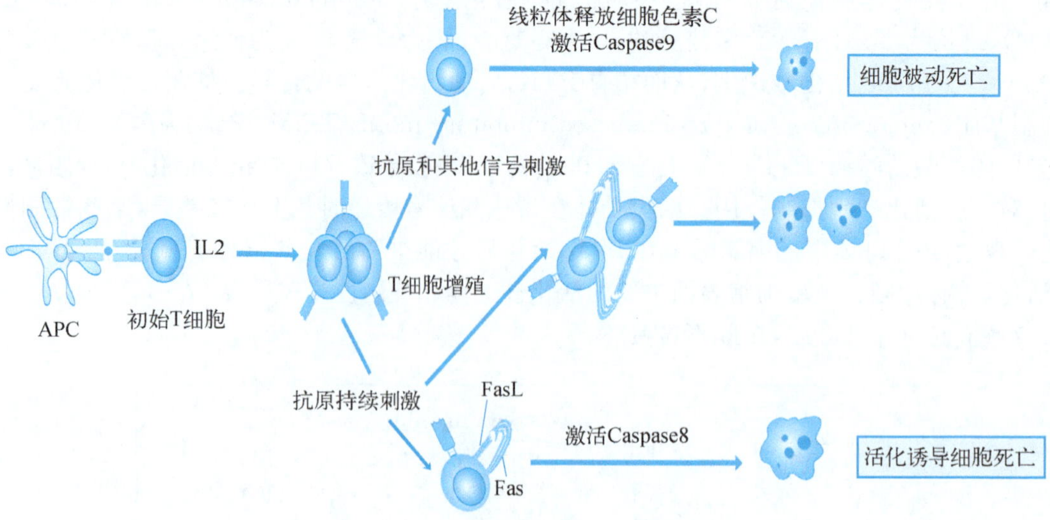

图 17-4 免疫细胞的自身调节机制

的生长因子均减少,导致胞内线粒体释放细胞色素 C,进而启动线粒体凋亡通路,发生被动死亡。

2. *活化诱导的细胞死亡* 免疫应答晚期,T 细胞在抗原持续刺激下不断被激活并高表达 Fas 和 FasL,二者结合后可启动 Caspase 酶级联反应而导致细胞凋亡,称为 AICD。包括两种形式:① 顺式自杀,指 T 细胞表面高表达 Fas,与自身表达的 FasL 或脱落的 FasL 结合,导致 Fas^+ T 细胞凋亡;② 反式自杀,指 T 细胞表面 Fas 与旁邻 T 细胞表面 FasL 结合,导致 Fas^+ T 细胞凋亡。另外,激活的 B 细胞也高表达 Fas,可与活化的 T 细胞所表达 FasL 结合,导致 AICD。

通过上述机制,活化的 T、B 细胞均可通过 AICD 而逐渐被清除,使免疫应答的强度和持续时间维持在适度水平,并适时终止,从而避免自身免疫性损伤。

二、免疫细胞亚群的调节作用

(一) T 细胞亚群的调节作用

1. *Th1 与 Th2 细胞亚群相互调节* $CD4^+$ Th0 细胞在 IL-12 或 IL-4 作用下,可分别分化为 Th1 或 Th2 细胞,分别参与细胞免疫和体液免疫应答,并彼此负调节对方的增殖、分化和功能。Th1 细胞所分泌 IFN-γ、IL-2 可进一步促进 Th1 亚群分化,但抑制 Th2 细胞增殖;Th2 细胞所产生 IL-4、IL-10 可促进 Th2 细胞分化,抑制 Th1 细胞活化。Th1 和 Th2 细胞平衡是维持自稳状态的重要机制。因 Th1 或 Th2 细胞的优先活化而导致特定类型免疫应答及其效应呈现优势的现象,称为免疫偏离(immune deviation)。利用 Th1 和 Th2 细胞亚群相互抑制性调节的特点,有可能对相关疾病进行干预。例如:Th2 细胞分泌的 IL-4 是哮喘发病的上游因子,可进一步上调 Th2 细胞分化并分泌 IgE,导致哮喘发生,应用 IFN-γ 治疗,可抑制 Th2 细胞亚群增殖,同时促进 Th1 细胞亚群增殖,逆转患者体内两种细胞比例,增强 Th1 细胞功能,可减轻病情。

2. *调节性 T 细胞(regulatory T cell, Treg)* 根据其表面标记、产生的细胞因子和作用机制不同,可分为两类:自然调节性 T 细胞(natural Treg, nTreg)和诱导性调节性 T 细胞(inducible Treg, iTreg),在负调节中发挥重要作用。nTreg 直接从胸腺分化而来,为 $CD4^+CD25^+Foxp3^+$ Treg,其发挥抑制作用可能的机制是:① 通过细胞-细胞的直接接触,诱导效应性 T 细胞凋亡而发挥其抑制效应;② 通过下调 CD80 和 CD86 分子在 DC 上的表达,从而使 DC 成为无效率的 APC;③ 通过下调效应性 T 细胞 IL-2Rα 链的表达,抑制其增殖。iTreg 由发育成熟的初始 $CD4^+$ T 细胞在外周经抗原诱导以后产生,除 $CD4^+CD25^+Foxp3^+$ Treg 亚群外,还包括 Tr1、Th3 等亚群。Tr1 细胞能分泌 IL-10、TGF-β,抑制炎症性自身免疫反应和由 Th1 介导的淋巴细胞增殖。Th3 细胞能分泌 TGF-β,抑制 Th1、Th2 细胞的增殖和功能。

(二) B 细胞的免疫调节效应

B 细胞发挥免疫调节的途径主要有:① 作为 APC,当抗原浓度低时,B 细胞高亲和力的 BCR 直接识别和加工抗原，供 Th 细胞识别，可补偿其他 APC 对低浓度抗原提呈功能的不足，发挥正调节作用；② 通过分泌多种细胞因子发挥作用，如 IL－12、IL－10 和 TGF－β 等；③ 通过分泌抗体发挥免疫调节作用。

（三）DC 的免疫调节作用

DC 是机体内重要的专职 APC，在启动免疫应答中发挥重要作用。但体内也存在能负调节免疫应答并维持免疫耐受的调节性 DC(regulatory dendritic cell，DCreg)，作用机制：① 诱导 Treg 细胞分化；② 分泌 IL－10 等抑制因子；③ 分泌具有免疫负调节的酶（如吲哚胺 2,3－双加氧酶、精氨酸酶等）。

第三节　独特型网络的免疫调节作用

一、独特型网络

独特型（idiotope，Id）指 Ig、BCR 及 TCR 分子可变区中不同表位的集合，分布于互补决定区（CDR）和骨架区（FR）。体内存在特异性识别独特型表位的抗独特型（anti-idiotope，AId）细胞克隆，它们受独特型表位刺激而被激活，并产生不同类别的抗独特型抗体（Ab2）（图 17－5），主要有两类：① α 型（Ab2α），指针对 FR 区独特型表位的 AId；② β 型（Ab2β），指针对 CDR 区独特型表位的 AId，因其抗原结合部位与抗原表位相似，并能与抗原竞争性地与 Ab1 结合，故又称为抗原内影像（internal image）。

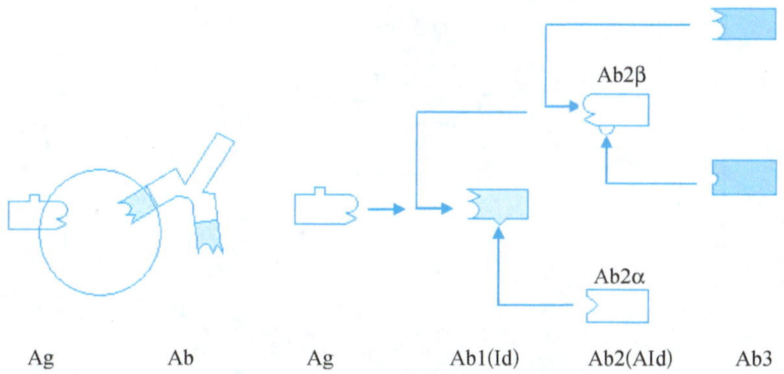

图 17－5　独特型-抗独特型示意图

Ab2α 和 Ab2β 都可对 Ab1 的分泌起抑制作用。然而，大量抗抗体的产生，又可诱导出抗抗抗体（Ab3），Ab3 与 Ab1 的结构相似，使得 Ab3 和 Ab1 可以协同对付 Ab2。如此反复和交错，构成独特型网络。独特型网络并不是游离抗体分子间的相互作用，其主干是 T、B 细胞。T、B 细胞通过其表面的 TCR、BCR 来识别独特型表位而发生克隆扩增，通过产生的效应细胞和抗体分子发挥负调节作用。该网络在抗原进入前已存在，只是针对某一特定抗原的 Ab1 以及随之产生的 Ab2、Ab3 等在数量上未达到引起连锁反应的阈值。一旦抗原出现，Ab1 的数量上升，阈值被突破就产生了基于独特型网络的特异性抗体应答，使网络暂时处于一个新的平衡点。如此延续，反应逐级递减，最终建立新的稳定与平衡（图 17－5）。在独特型免疫网络中，抗独特型抗体对具有相应独特型的 B 细胞的增殖有抑制作用，使受抗原刺激增殖的克隆受抑制，而不至于无休止地进行增殖，以维持内环境稳定。独特型网络成为机体免疫调节的重要机制之一，其功能紊乱或平衡失调可导致自身免疫病。

二、应用独特型网络进行免疫干预

独特型网络理论可为临床免疫干预提供新策略。例如：① 应用抗原内影像（Ab2β）能模拟特异性抗原的结构特点，用特异性 Ab2β 代替难以获得或对人体有害的抗原，刺激机体产生抗体。② 在体内诱导 Ab2 产生,以减弱或阻断体内原有 Ab1 或相应的细胞克隆对抗原的特异性应答,可用于防治自身免疫病,抑制自身反应性抗体或自身反应性 T 细胞的产生。如在自身免疫病防治中,将自身反应性 T 细胞灭活后进行体内注射,诱导抗独特型 T 细胞产生,从而清除自身反应性 T 细胞。

第四节 系统间及遗传对免疫应答的调节

一、神经-内分泌-免疫网络的调节

免疫系统可受机体其他器官系统调节和影响,尤以神经和内分泌系统的调节作用最为重要。人们很早就发现紧张和精神压力可加速免疫相关疾病的进程,内分泌失调也会影响免疫性疾病的发生和发展。

1. 神经、内分泌系统对免疫系统的调节 神经、内分泌系统主要通过神经纤维、神经递质和激素调节免疫系统功能。现已证明免疫细胞上有多种神经递质和激素的受体,神经递质(如肾上腺素、多巴胺、胆碱、5-羟色胺等)和激素(如胰岛素、生长激素、性激素等)作用于免疫细胞上相应的受体而发挥正向或负向调节免疫应答的作用。此外,神经细胞、内分泌细胞亦可产生细胞因子作用于免疫细胞,如下丘脑和垂体可产生促炎细胞因子 IL-1、TNF-α、IL-6 及白血病抑制因子(LIF)等;肾上腺可产生 IL-6 等(图 17-6)。

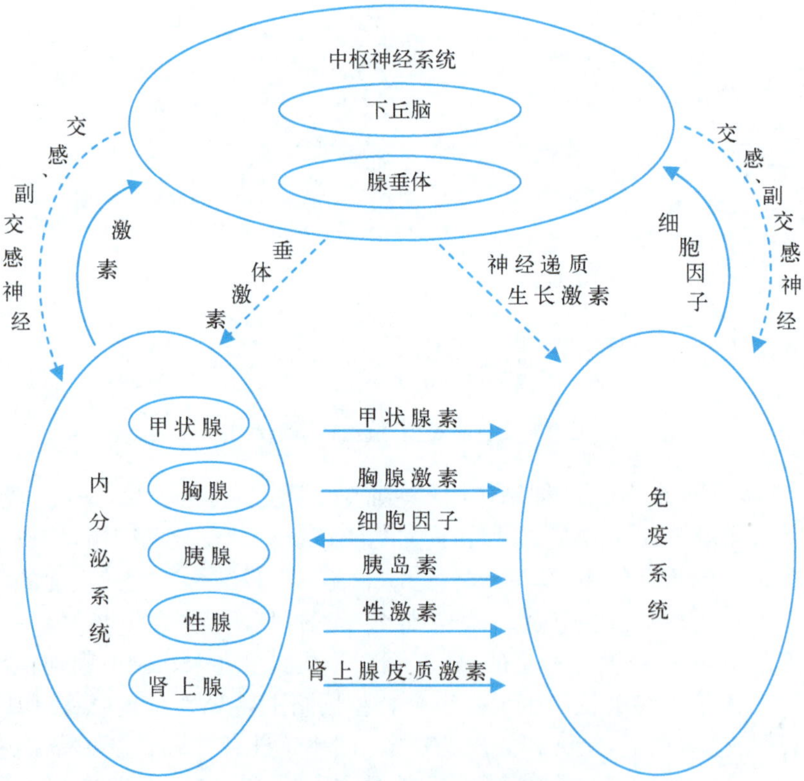

图 17-6 神经-内分泌-免疫网络的调节

2. 免疫系统对神经、内分泌系统的调节 免疫细胞产生的细胞因子(IL-1、IL-2、IL-6、TNF-α、IFN-γ等)可作用于神经、内分泌系统,从而影响和调节神经、内分泌系统的功能。如 IL-1 可作用于垂体,通过促肾上腺皮质激素(ACTH)促进肾上腺皮质激素水平的升高。目前发现,免疫细胞亦可合成内啡肽、ACTH、促甲状腺激素、生长激素、生乳素、绒毛膜促性腺素等神经递质及内分泌激素。

二、遗传对免疫应答的调节

由于物种进化和自然选择，包括人类在内的高等动物形成了极为复杂的MHC多态性和BCR/TCR多样性，从而实现对免疫应答的遗传控制。

1. MHC多态性与免疫调节　遗传因素对免疫应答的调节作用主要体现在MHC分子对抗原提呈的差异上。早期研究揭示，个体间免疫应答能力的差异由免疫应答基因（*Ir*基因）决定，现在已知所谓*Ir*基因即是MHC的特定等位基因（或单元型）。由于MHC等位基因产物对抗原的提呈具有一定的特异性，具有不同MHC等位基因的个体对特定抗原的提呈能力也就表现出差异，从而导致免疫应答的差异。

2. BCR及TCR多样性与免疫调节　由于TCR和BCR库的多样性，使得机体免疫系统可针对自然界种类数量巨大的抗原（表位）产生特异性应答，并使不同种群或群体对抗原的应答类型及其强度各异，这是免疫应答特异性的分子基础，也是免疫调节的遗传学机制之一。

小　结

免疫调节的本质是机体对免疫应答过程所作出的生理性反馈（包括正调节和负调节），贯穿于免疫应答全过程的始终，而负调节在其中发挥主导作用。免疫调节机制十分复杂，涉及分子（抗原、抗体、抗原-抗体复合物、补体、细胞因子、活化性受体和抑制性受体等）、细胞（调节性细胞亚群、AICD、独特型网络等）、系统间（神经-内分泌-免疫网络）及遗传（如MHC多态性）水平等多种因素间的相互作用，对免疫应答进行精细的调控，使其在类型、强度、持续时间等方面保持在适宜水平。在有效清除抗原性物质的同时，避免或减少对机体的损伤，以维持机体内环境稳定。

复习题

1. 名词解释

　免疫调节　ITAM和ITIM　活化性受体和抑制性受体　Treg　独特型网络

　抗原内影像　AICD

2. 简答题

　(1) 简述抗体参与免疫调节的负反馈调节机制，举例说明其临床意义。

　(2) 简述Th1和Th2亚群的分化调节和细胞因子的关系。

　(3) 简述独特型网络在调节特异性免疫应答中的作用。如何应用独特型网络进行免疫干预?

　(4) 简述活化诱导的细胞死亡的调节作用。

（胡为民）

第五篇

免疫病理

第十八章

超 敏 反 应

超敏反应(hypersensitivity)是指机体受到抗原持续刺激或同一抗原再次刺激后,产生的一种以生理功能紊乱和(或)组织细胞损伤为主要表现的病理性免疫反应。超敏反应是机体对抗原物质产生的一种不适当的、异常的特异性免疫应答。

1963 年,Gell 和 Coombs 根据超敏反应的发生机制和临床特点,将其分为 4 型,即Ⅰ型、Ⅱ型、Ⅲ型和Ⅳ型超敏反应。Ⅰ型超敏反应,即速发型超敏反应;Ⅱ型超敏反应,即细胞毒型或细胞溶解型超敏反应;Ⅲ型超敏反应,即免疫复合物型或血管炎型超敏反应;Ⅳ型超敏反应,即迟发型超敏反应。Ⅰ型、Ⅱ型和Ⅲ型超敏反应均由抗体介导,与体液免疫有关;Ⅳ型由 T 细胞介导,与细胞免疫有关。

第一节 Ⅰ型超敏反应

Ⅰ型超敏反应,即速发型超敏反应(immediate hypersensitivity),又称过敏反应(anaphylaxis)、变态反应(allergy)或者特应性变态反应(atopic allergy)。20 世纪初,Richet 和 Portier 以海葵触角提取液注射给狗,该提取液的毒性可导致绝大部分狗的死亡,但对于少数因为注射剂量不足或其他原因而幸存的狗,在 2～4 周后,如再注射该提取液,即便是很少量(如原注射液的 1/20,非致死剂量)也会很快导致狗的死亡。据此,他们提出了过敏(anaphylaxis)一词,希腊语意指“没有保护作用”,以区别于通常起预防作用的免疫应答(prophylaxis)。

Ⅰ型超敏反应是临床上最常见的一种超敏反应,可为局部反应,亦可为全身反应。该型超敏反应由 IgE 类抗体介导,肥大细胞和嗜碱性粒细胞是其关键效应细胞,其释放的生物活性介质是引起各种临床表现的重要分子基础。Ⅰ型超敏反应的主要特点是:① 发生快、消退亦快,故又称为速发型超敏反应;② 通常引起机体生理功能紊乱,而无严重的组织细胞损伤;③ 有明显的个体差异和遗传倾向。患者对某些抗原易于产生 IgE 类抗体,称为特应性体质个体。

一、发生机制

1. 参与Ⅰ型超敏反应的主要成分

(1) 变应原(allergen),引起Ⅰ型超敏反应的抗原称为变应原或过敏原,是指能选择性诱导机体产生 IgE 类抗体,引起Ⅰ型超敏反应的抗原物质。变应原种类繁多,环境中常见的蛋白质和化学物质均可能作为变应原,诱发Ⅰ型超敏反应。临床上常见的变应原主要有:① 接触性变应原,如常春藤、漆树汁液、金属镍、化纤产品、皮制服饰等;② 吸入性变应原,如植物花粉颗粒、真菌孢子和菌丝、尘螨及其排泄物、动物皮屑等;③ 摄入性变应原,如牛奶、鱼虾、蟹贝、花生等食物蛋白,食物添加剂和防腐剂,磺胺、氨苄青霉素等口服药物等;④ 注入性变应原,如蜂毒等昆虫毒液、疫苗、抗毒素及注射用青霉素等药物。这些变应原中,某些药物及其代谢产物、某些化学物质等本身没有免疫原性,但进入机体后,可作为半抗原与某种蛋白结合而获得免疫原性,成为变应原。

(2) IgE 及其受体

1) IgE:变应原特异性 IgE 是引起Ⅰ型超敏反应的主要因素,又称为变应素(allergin)。变应原通过直接接触、呼吸道、消化道、注射等途径进入机体，刺激 B 细胞分化增殖，形成浆细胞，产生 IgE 类抗体。IgE 主要由鼻咽、扁桃体、气管及胃肠道等处黏膜固有层淋巴组织中的浆细胞产生，这些部位通常是变应原入侵的部位，也是Ⅰ型超敏反应的好发部位。IgE 为亲细胞性抗体，可以通过其 Fc 段与肥大细胞、嗜碱性粒细胞表面、高亲和力的 IgE Fc 受体(FcεRⅠ)结合，使机体处于致敏状态。

正常人血清中的 IgE 水平很低，而Ⅰ型超敏反应患者血清中的 IgE 可高于正常人 1 000～10 000 倍。IgE 的产生受多种细胞因子的调控，如 Th2 细胞受变应原激活后分泌的 IL－4、IL－13 等，其中 IL－4 是诱导变应原特异性 B 细胞增殖、分化成浆细胞，产生特异性 IgE 的主要因子，而 Th1 细胞产生的 IFN－γ、IL－12 可拮抗 IL－4 诱导 IgE 的合成效应。

2) IgE 受体：IgE 与细胞表面的 IgE Fc 受体(FcεR)结合是 IgE 诱发Ⅰ型超敏反应的前提，该 FcεR 包括 FcεRⅠ和 FcεRⅡ两类(见图 18－1)。

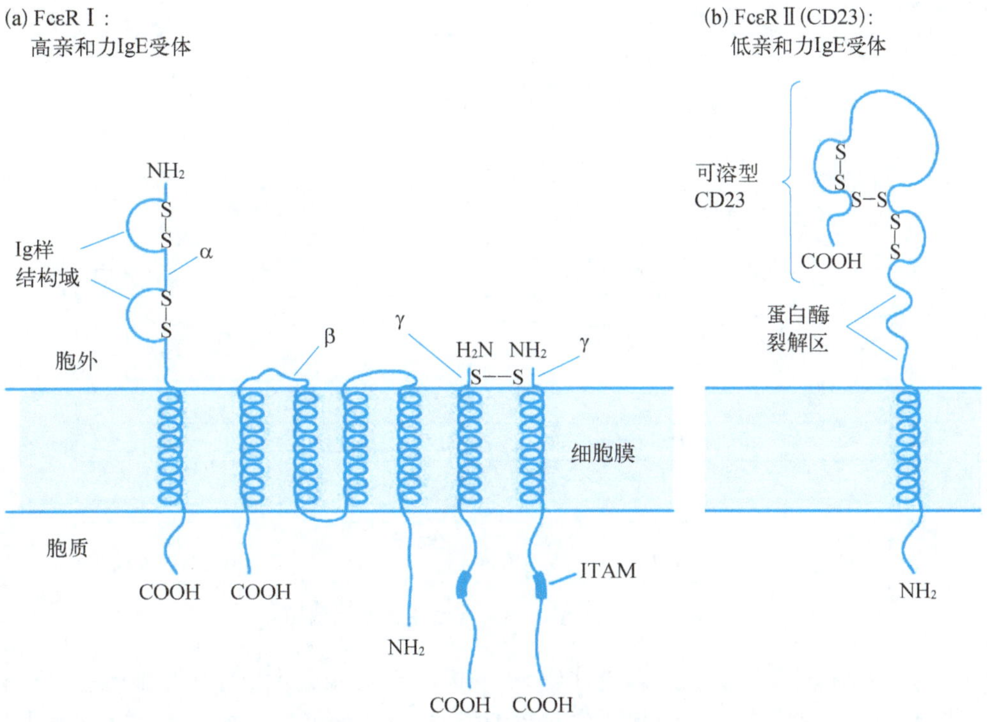

图 18－1 IgE 受体结构示意图

肥大细胞和嗜碱性粒细胞表面高水平表达高亲和力 FcεRⅠ，该受体分子是由 1 条 α 链、1 条 β 链和 2 条 γ 链组成的四聚体，其中 α 链胞外段有 2 个 Ig 样结构域，负责与 IgE 的 Fc 段结合；β 链为 4 次跨膜肽链；2 条二硫键连接的 γ 链的胞内段有 ITAM。若细胞表面相邻的两个 FcεRⅠ发生桥联，γ 链即可将信号传至胞内，引起级联反应，激发肥大细胞和嗜碱性粒细胞脱颗粒并释放生物活性介质，引起临床症状。FcεRⅡ(CD23)为 IgE 的低亲力受体，属于钙离子依赖性凝集素(cadherin)家族，可表达于 B 细胞、活化 T 细胞、单核-巨噬细胞、滤泡树突状细胞和血小板等。变应原- IgE 复合物通过 Fc 段与 CD23 分子结合后，可调节 IgE 介导的免疫应答强度。

(3) 肥大细胞、嗜碱性粒细胞、嗜酸性粒细胞

1) 肥大细胞和嗜碱性粒细胞：肥大细胞主要分布于呼吸道、胃肠道和泌尿生殖道等黏膜下结缔组织以及皮肤下的结缔组织中的微血管和淋巴管周围，外周血中几乎无成熟肥大细胞分布。嗜碱性粒细胞主要分布于外周血中，数量较少，Ⅰ型超敏反应时可被招募到变态反应发生部位发挥效应。两种细胞表面都表达高亲和力的 FcεRⅠ，胞质内有大量嗜碱性颗粒，内含肝素、白三烯、组胺和嗜酸性粒细胞趋化因子等生物活性介质。

2) 嗜酸性粒细胞：嗜酸性粒细胞主要分布于呼吸道、胃肠道和泌尿生殖道等黏膜下的结缔组织内，而外周血循环中分布较少。在Ⅰ型超敏反应中，嗜酸性粒细胞可被募集至炎症局部，通过释放致炎介质(如白三

烯、血小板活化因子),参与Ⅰ型超敏反应的迟发相反应。肥大细胞和 Th2 细胞分泌的 IL－5 可促进骨髓中嗜酸性粒细胞生成,并能激活其脱颗粒。嗜酸性粒细胞还可释放组胺酶、芳香硫酸酯酶、磷酸酯酶 D 等,分别灭活组胺、白三烯和血小板活化因子,对Ⅰ型超敏反应发挥负调节作用。另外,嗜酸性粒细胞可释放多种毒性物质,如主要碱性蛋白、阳离子蛋白、神经毒素、过氧化物酶等,参与抵御寄生虫感染。

2. 发生机制　见图 18－2。

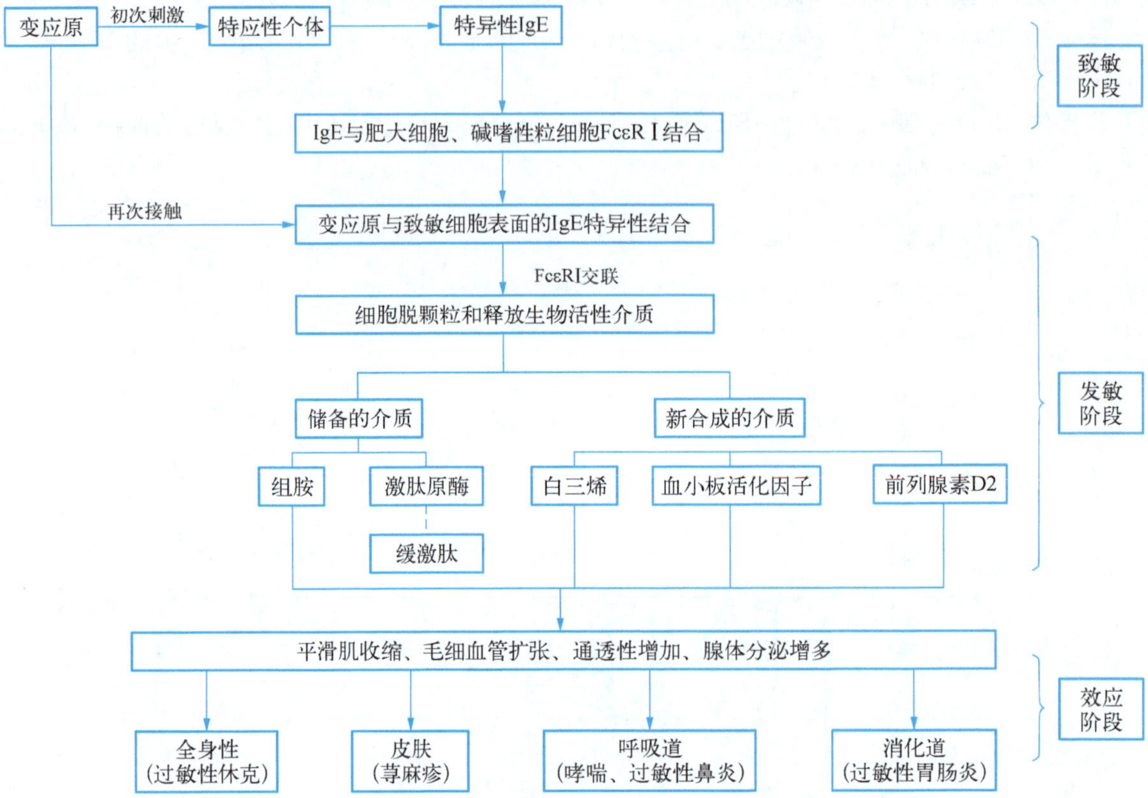

图 18－2　Ⅰ型超敏反应发生机制示意图

(1) 致敏阶段:致敏阶段是指抗原进入机体后,诱发机体产生 IgE 并结合到靶细胞上的过程。变应原进入机体后,选择性诱导变应原特异性 B 细胞活化成浆细胞,合成并分泌 IgE 类抗体。在其 Fab 段尚未特异性结合抗原情况下,IgE Fc 段可与肥大细胞或嗜碱性粒细胞表面的 FcεRⅠ相结合。IgE 一旦与靶细胞结合,机体即呈致敏状态。表面结合 IgE 的肥大细胞和嗜碱性粒细胞,称为致敏的肥大细胞和致敏的嗜碱性粒细胞。如果长期不再次接触相应变应原,IgE 在细胞表面维持数月或数年后逐渐消失,致敏状态也随之消退。IgE 的亲细胞性具有明显的种属特异性,在同一种属不同个体间,可通过 IgE 转移对某种抗原的过敏性。

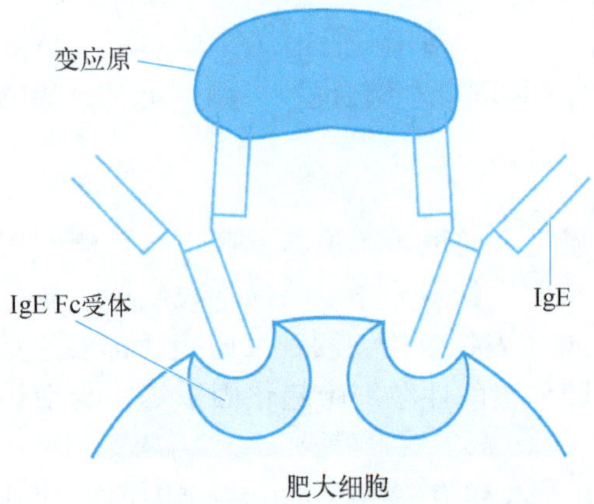

图 18－3　IgE 受体交联示意图

(2) 发敏阶段:在机体处于对某种变应原致敏状态期间,如果机体再次受相同变应原刺激,该变应原就与致敏肥大细胞或致敏嗜碱性粒细胞表面的 IgE 特异性结合。如果变应原与致敏细胞上的 2 个或 2 个以上相邻 IgE 特异性结合,即两个以上的 IgE 分子交叉结合,就可导致 FcεRⅠ聚集并发生构型改变,即发生受体交联(图 18－3),从而启动活化信号,介导肥大细胞和嗜碱性粒细胞脱颗粒,并释放出生物活性介质,进而引起病理效应或出现相应临床症状。受体交联是触发效应细胞脱颗粒的主要模式,但并非其必要条件,例如 C3a、C5a 等补体片段,抗 FcεR 抗体,植物凝集素、蛇毒等生物因素,寒冷、高温、机械损伤等物理刺激,吗啡、万古霉素和造影剂等化学制剂也有可能在一定程度上诱发肥大细胞脱颗粒。

(3) 效应阶段：肥大细胞和嗜碱性粒细胞产生的介质有两类，即预先贮备在颗粒内的介质和新合成的介质。

预先贮备的介质主要为组胺和激肽原酶。组胺是引起Ⅰ型超敏反应的主要介质，通过与组胺受体结合，使小血管扩张、毛细血管通透性增加、平滑肌收缩、黏膜腺体分泌增加。组胺作用十分短暂，很快被血浆中或嗜酸性粒细胞释放的组胺酶灭活。激肽原酶从颗粒中释放出来后，可作用于血浆中的激肽原，使之生成具有生物学活性的缓激肽，引起毛细血管扩张和通透性增加，吸引嗜酸性粒细胞、中性粒细胞等向局部趋化，还可以引起疼痛感。

新合成的介质主要包括白三烯、前列腺素 D2、血小板活化因子及细胞因子等。白三烯(LTs)是花生四烯酸经脂氧合酶途径形成的介质，LTs 可使支气管平滑肌强烈而持久地收缩，是引起支气管持续性痉挛的主要介质。LTs 也可使毛细血管扩张和通透性增加，并促进黏膜腺体分泌增加。前列腺素 D2(PGD2)是花生四烯酸经环氧合酶途径形成的产物，其主要作用是刺激支气管平滑肌收缩，使毛细血管扩张和通透性增加。血小板活化因子(PAF)是花生四烯酸衍生物，可凝集和活化血小板，使之释放组胺、5-羟色胺等血管活性介质，引起毛细血管扩张和通透性增高。肥大细胞和嗜碱性粒细胞可分泌多种细胞因子参与Ⅰ型超敏反应，如 TNF-α、IL-1、IL-6、CSF 等，既可直接参与炎症反应，又可募集中性粒细胞、嗜酸性粒细胞、巨噬细胞等多种炎症细胞至炎症局部，引发急性炎症。

在经典的Ⅰ型超敏反应(速发相反应)发生后，除肥大细胞和嗜碱性粒细胞外，中性粒细胞、嗜酸性粒细胞、巨噬细胞、血小板等也可受变应原刺激，分泌多种生物活性物质及酶类，引起以白细胞(主要为中性粒细胞、嗜酸性粒细胞和 T 细胞)浸润为主的急性炎症反应，导致组织损伤，出现红、肿、热、痛等炎症症状。该反应属于迟发相反应，通常在变应原再次刺激后 2～8 h 内发生，持续 1～2 d 或更长。

二、临床常见疾病

Ⅰ型超敏反应的临床或病理表现取决于肥大细胞和嗜碱性粒细胞释放的生物活性介质作用的靶器官和组织以及导致的炎症反应的强度和持续时间，Ⅰ型超敏反应的临床表现在不同种属和个体间差异很大。人类Ⅰ型超敏反应可表现为全身性过敏反应和局部过敏反应。

1. *过敏性休克*　是一种最严重的全身性Ⅰ型超敏反应性疾病，此反应往往是由于已致敏患者经注射、蚊虫叮咬、皮肤或肠黏膜途径吸收过敏原后，肥大细胞和嗜碱性粒细胞释放的介质与全身的血管床接触，引起血管扩张和血浆渗出，进而导致血压下降和休克。致敏患者在接触过敏原后数分钟内即出现症状，若抢救不及时，可致死亡。

(1) 药物过敏性休克：青霉素、链霉素、头孢菌素、普鲁卡因等药物可引起过敏性休克，其中以青霉素过敏性休克最常见。青霉素分子质量较小，通常无免疫原性，但其降解产物青霉噻唑或青霉烯酸与组织蛋白结合后获得免疫原性，可刺激机体产生特异性 IgE，使机体致敏。当机体再次接触青霉素时，即可能发生过敏性休克。少数情况下，初次注射青霉素也可能发生过敏性休克，这可能与患者以前曾经无意中接触过青霉素或青霉素样物质，如曾使用被青霉素污染的注射器或者吸入青霉素降解产物或青霉菌孢子等，使机体处于致敏状态。

(2) 血清过敏性休克：临床上应用破伤风抗毒素、白喉抗毒素等动物免疫血清来治疗或紧急预防某些毒素性疾病时，可能诱发血清过敏性休克。因为动物免疫血清对人体是异种蛋白，能使少数具有过敏体质的人产生特异性 IgE，如果患者曾经注射过相同的血清制剂，刺激产生的 IgE 就使机体处于致敏状态，当再次注射同种动物免疫血清时，即可能发生过敏性休克。

2. *呼吸道过敏反应*　患者通常因为吸入植物花粉、真菌及其孢子、动物皮毛、尘螨等变应原后引起的、以呼吸道症状为主的过敏反应。支气管哮喘和过敏性鼻炎是临床上最常见的呼吸道过敏反应。支气管哮喘是由于炎症介质作用于支气管平滑肌，使支气管平滑肌痉挛而引起哮喘和呼吸困难。其中，组胺为引起早期哮喘的主要生物活性介质，而白三烯及某些酶类则在哮喘持续发作和疾病延续过程中起主要作用。

3. *消化道过敏反应*　某些人在进食鱼、虾、蟹、蛋、奶等食物，或者食用某些水果或坚果，或者服用某些药物后，可发生胃肠道过敏反应，主要表现为恶心、呕吐、腹泻、腹痛等症状。研究表明，消化道过敏症患者的胃肠道黏膜表面分泌型 IgA 明显减少，并伴有蛋白水解酶缺乏。由于患者黏膜局部防御功能下降，肠壁易受损伤，肠内某些食物蛋白尚未被完全分解即通过黏膜被吸收，进而作为过敏原诱发消化道过敏反应。

4. 皮肤过敏反应 患者服用某些药物、食物，或接触羽毛、花粉、油漆等，或者感染肠道寄生虫后，可引起以皮肤症状为主要表现的皮肤过敏反应。主要表现为皮肤荨麻疹、湿疹(特应性皮炎)和血管性水肿。由组胺引起的皮肤风团和红晕是荨麻疹的主要表现，而慢性湿疹是由于迟发相Ⅰ型超敏反应中的 TNF-α、IL-4等引起的炎症反应所致。另外，寒冷刺激等非抗原因素也能诱导皮肤局部肥大细胞释放炎症介质，导致荨麻疹和血管性水肿。

三、防治原则

1. 检出变应原，避免接触 查明变应原，避免与之接触是预防Ⅰ型超敏反应最有效的方法。临床上可通过询问过敏史，寻找可疑变应原，或借助皮肤试验检出变应原，也可用放射变应原吸附试验(RAST)检测患者血清特异性 IgE。

2. 变应原特异性治疗

(1) 异种免疫血清脱敏疗法：对异种免疫血清(抗毒素)皮肤试验阳性，但又必须使用该抗毒素的患者，可采用小剂量、短间隔(20～30 min)、多次注射抗毒素血清的方法进行脱敏治疗。每次少量变应原进入机体、与致敏靶细胞表面特异性 IgE 结合后，所释放的生物活性介质较少，不足以引起明显的临床症状，同时介质能及时被灭活，作用时间短且没有累积效应。通过短时间少量多次反复注射抗毒素变应原，可使靶细胞内的活性介质大部分甚至全部被消耗，使体内致敏靶细胞分期、分批脱敏。利用该脱敏状态，再次大剂量注入治疗剂量的抗毒素，则不会发生严重的过敏反应。这种脱敏是暂时的，经过一段时间后机体又可重新被致敏。尽管如此，在采用该异种免疫血清脱敏治疗时，也应随时做好过敏性休克的抢救准备。

(2) 特异性变应原脱敏疗法：如果致敏某患者的变应原已经查明，但是这些变应原又是日常生活中难以完全避免的，例如植物花粉、尘螨等引起的过敏性哮喘、变应性鼻炎等，可采用少量多次反复皮下注射的方式，达到减敏的目的。其机制可能是：改变变应原的进入途径，通过皮下注射后，变应原可诱导机体产生大量特异性循环抗体，该抗体以 IgG 类为主，而非 IgE 类。变应原特异性 IgG 能与再次进入的过敏原结合，阻止过敏原与肥大细胞或嗜碱性粒细胞表面的 IgE 作用，从而阻断Ⅰ型超敏反应的发生。

3. 药物治疗

(1) 改变效应器官反应性药物：肾上腺素不但可以缓解支气管痉挛、减少腺体分泌，还可使机体外周毛细血管收缩而升高血压，及时注射肾上腺素进行抗休克治疗是抢救过敏性休克的最重要措施。葡萄糖酸钙、氯化钙、维生素 C 等可缓解平滑肌痉挛、降低毛细血管通透性、减轻皮肤与黏膜的炎症反应；沙丁胺醇、喘宁等选择性 β2 受体激动剂具有舒张气道平滑肌、降低毛细血管通透性等效应，可缓解哮喘症状。

(2) 生物活性介质拮抗剂：苯海拉明、氯苯吡胺、异丙嗪等抗组胺药物可通过与组胺竞争效应器官细胞膜上组胺 H1 受体而发挥抗组胺作用；西替利嗪具有抗组胺和招募嗜酸性粒细胞的作用；苯噻啶类药物具有抗组胺和 5-羟色胺作用；阿司匹林类药物为缓激肽拮抗剂。

(3) 阻止生物活性介质释放类药物：色甘酸钠等药物可稳定细胞膜，阻止致敏靶细胞脱颗粒和释放生物活性介质。肾上腺素、异丙肾上腺素和前列腺素 E 通过激活腺苷酸环化酶促进胞内 cAMP 的合成，而茶碱类药物通过抑制磷酸二酯酶阻止胞内 cAMP 分解，两者均可升高细胞内 cAMP 水平，从而抑制靶细胞脱颗粒和释放生物活性介质。

(4) 抗炎药物：糖皮质激素可通过抑制多种炎症因子基因的转录，减少炎症因子的产生而发挥抗炎作用，雾化吸入糖皮质激素已成为治疗过敏性哮喘的常用方案，糖皮质激素外用制剂可用于湿疹的治疗。他克莫司、吡美莫司等外用免疫调节剂或者环孢素 A(CsA)、硫唑嘌呤等免疫抑制剂也常用于湿疹等疾病的抗炎治疗。

4. 免疫生物疗法 根据细胞因子调控 IgE 产生和 IgE 介导Ⅰ型超敏反应的机制，免疫生物治疗Ⅰ型超敏反应的主要措施包括：① 针对 IgE 的免疫疗法，如用人源化 IgE 单克隆抗体，可抑制肥大细胞和嗜碱性粒细胞释放介质，治疗持续性哮喘；② 诱导 Th2 型应答向 Th1 型应答转换的免疫疗法，如将 IL－12 或 IFN－γ 与变应原共同使用、将 CpG 免疫刺激序列与变应原共同免疫机体、设计变应原 DNA 疫苗免疫机体、用抗 IL－4抗体及 sIL－4R 阻断 IL－4 的生物学效应等均可诱导 Th2 型应答向 Th1 型应答转换，减少 IgE 的产生。

第二节 Ⅱ型超敏反应

Ⅱ型超敏反应(type Ⅱ hypersensitivity)是由 IgG 或 IgM 类抗体，直接与靶细胞表面抗原结合，在补体、吞噬细胞及 NK 细胞等参与下，引起的以靶细胞溶解或组织损伤为主的病理性免疫反应，又称为细胞溶解型(cytolytic type)超敏反应、细胞毒型(cytotoxic type)超敏反应或者抗体依赖的细胞毒型超敏反应(antibody-dependent cytotoxic hypersensitivity)。

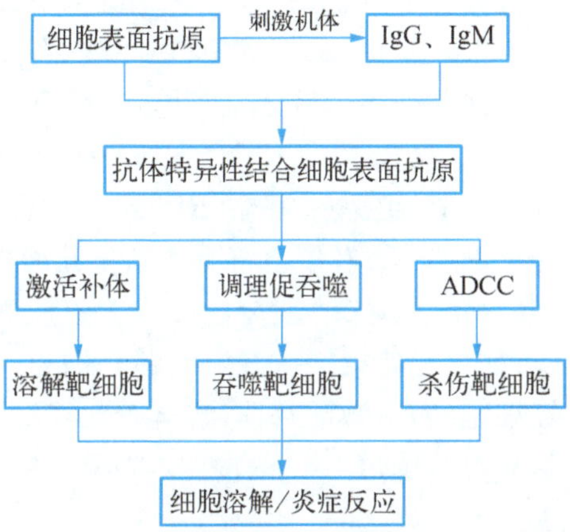

图 18－4 Ⅱ型超敏反应发生机制示意图

一、发生机制

1. *靶细胞及其抗原* Ⅱ型超敏反应中被攻击的靶细胞包括正常组织细胞、改变的自身组织细胞、被抗原或半抗原吸附的自身组织细胞(主要为血细胞)。诱发Ⅱ型超敏反应的抗原根据其来源不同，可分为以下几类。

(1) 组织细胞表面固有的抗原成分

1) 同种异型抗原：如 ABO 血型抗原、Rh 血型抗原和 HLA 抗原等。ABO 血型抗原主要引起异型输血所致输血反应；Rh 血型抗原主要引起 Rh 阴性妇女妊娠 Rh 阳性胎儿所致新生儿溶血症；在供受者 HLA 型别不同的同种异体移植时，供者 HLA 抗原可在受者体内诱生抗 HLA 抗体，诱发Ⅱ型超敏反应损伤移植器官细胞。

2) 改变了的自身细胞表面抗原：在辐射、外伤、感染及药物等因素的作用下，某些自身抗原成分可能发生变构，以至被免疫系统视为"非己"抗原，从而产生自身抗体，引起Ⅱ型超敏反应。如长期应用甲基多巴，可能引起红细胞表面抗原改变。

(2) 吸附于组织细胞表面的外来抗原或半抗原：外来抗原以及药物等小分子半抗原进入机体后，可非特异性黏附或结合于细胞表面，诱导产生针对该抗原的抗体，从而诱发Ⅱ型超敏反应。

(3) 抗原分子模拟：某些病原微生物与宿主细胞有相同或相似的抗原表位，存在抗原分子模拟现象，如链球菌细胞壁成分与人的肾小球基底膜、心脏瓣膜之间就存在异嗜性抗原，针对链球菌的抗体可通过交叉反应介导对人肾脏和心脏瓣膜的损伤。

2. *抗体* 参与Ⅱ型超敏反应的抗体主要是 IgG(IgG1、IgG2 或 IgG3)类和 IgM 类抗体。这些抗体包括受外来抗原刺激而产生的免疫性抗体、天然血型抗体及针对自身抗原的自身抗体等。

3. *细胞损伤机制* 抗体与靶细胞膜上的相应抗原或半抗原结合后，抗体本身不损伤细胞，必须依赖补体、吞噬细胞及 NK 细胞才能损伤细胞。

(1) 激活补体经典途径：由于 IgG 的 CH2 和 IgM 的 CH3 均有补体 C1q 的结合位点，抗体与靶细胞膜上的抗原结合后，通过补体激活的经典途径，在靶细胞膜表面形成膜攻击复合体，使靶细胞发生不可逆性损伤或溶解。

(2) 调理促吞噬作用：IgG 抗体的 Fab 段与靶细胞膜上的抗原特异性结合后，其 Fc 段可与吞噬细胞表面的 Fc 受体结合，促进吞噬细胞对靶细胞的吞噬破坏，即 Fc 调理；补体激活后，产生的 C3b 片段的 N 端与靶细胞结合，C 端与吞噬细胞表面的 C3b 受体结合，促进吞噬细胞对靶细胞的吞噬破坏，即 C3b 调理。

(3) ADCC作用：IgG抗体的Fab段与靶细胞膜上的抗原特异性结合后，通过其Fc段与NK细胞、巨噬细胞及中性粒细胞等具有细胞毒效应的效应细胞表面的Fc受体结合，通过ADCC作用杀伤靶细胞。

上述效应导致靶细胞大量溶解或死亡，进而出现相应的病变。例如，体内血细胞被大量破坏可导致溶血或血细胞减少症；组织细胞被大量破坏可引起局部炎症反应和(或)组织器官病变。

二、临床常见疾病

1. 输血反应　多发生于ABO血型不符的输血。如将A型供血者的血误输给B型受血者，A型红细胞表面的A抗原与B型血清中的抗A抗体(IgM类天然血型抗体)发生特异性结合，激活补体，使红细胞溶解而引起溶血反应，从而导致休克、急性肾衰竭甚至死亡等严重后果。

2. 新生儿溶血症　新生儿溶血症是指因母、婴血型不符而引起的免疫性溶血，使胎儿在宫内或出生后发生大量红细胞破坏，出现溶血性贫血、黄疸等临床表现的疾病。在我国的新生儿溶血症病例中，ABO血型不符占多数，但症状较轻，Rh血型不符较少，但症状较重。

(1) 母胎Rh血型不符：由于绝大多数人的红细胞跟恒河猴(Rhesus Macacus)的红细胞有共同抗原，Rh血型据此得名。凡人红细胞含RhD抗原为Rh阳性(Rh^+)，否则为Rh阴性(Rh^-)。在亚洲人群中99.64%为Rh^+，0.36%为Rh^-。RhD抗原免疫原性强，但是Rh血型无天然血型抗体，其抗体多由输血(Rh^-患者被输入Rh^+血液)或妊娠(Rh^-母亲孕育Rh^+胎儿)诱导产生。

母胎Rh血型不符所致新生儿溶血症多见于母亲为Rh^-而胎儿为Rh^+的情况。当Rh^-母亲首次孕育Rh^+胎儿后，第一胎分娩或人工流产时，胎儿Rh^+红细胞进入母体，刺激母体产生针对Rh抗原的IgG类抗体；如果母体第二次妊娠的胎儿仍为Rh^+，则母体的IgG类Rh抗体可通过胎盘进入胎儿体内，与胎儿Rh^+红细胞结合，激活补体，溶解胎儿红细胞，引起流产、死胎或新生儿溶血(图18-5)。如果Rh^-的母亲在第一胎前曾接受过Rh^+的输血，则第一胎也可发病。

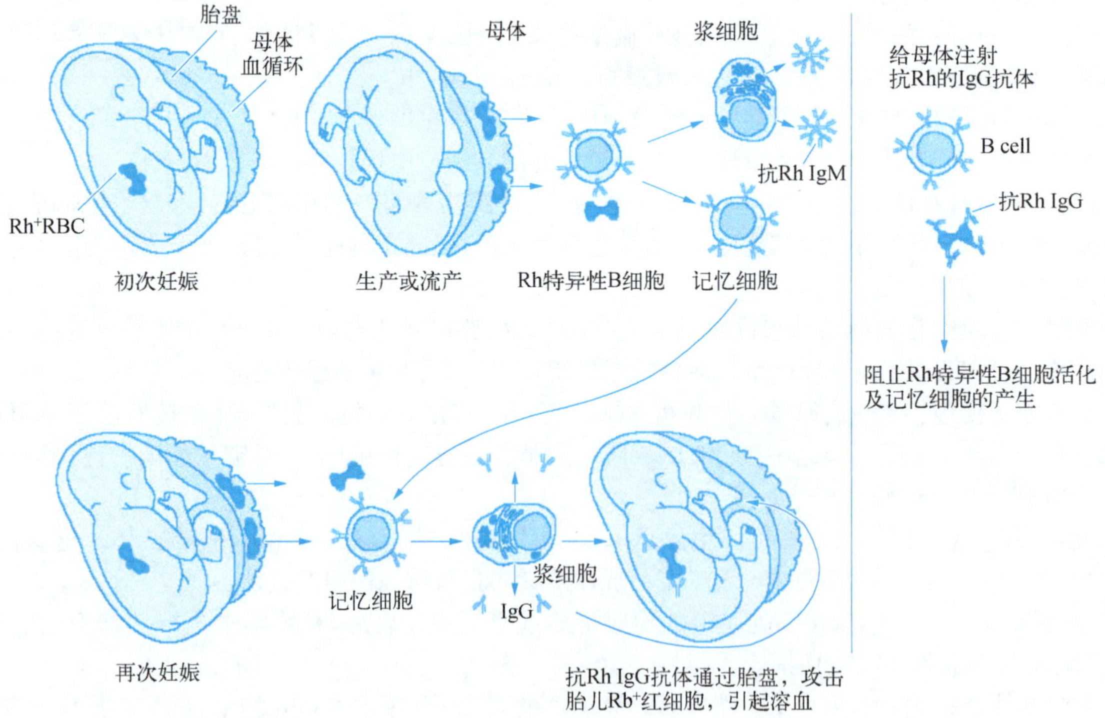

图18-5　母胎Rh血型不符致新生儿溶血症机制

预防Rh抗原所致的新生儿溶血症，可在初产后72 h之内，给母体注射抗Rh的IgG类抗体，以及时清除进入母体的Rh^+红细胞或者阻断胎儿Rh抗原对母体的致敏。对于新生儿溶血症患儿，则需立即换输Rh^-血才可能挽救生命。

(2) 母胎 ABO 血型不符：母胎 ABO 血型不符引起的新生儿溶血症多发生于母亲 O 型，胎儿 A 型或 B 型。O 型母亲血清中天然抗 A 和抗 B 抗体为不能通过胎盘的 IgM 类抗体，但是如果血清中出现了针对 A 抗原或 B 抗原的、能够通过胎盘的免疫性 IgG 类抗体，则可能导致其孕育的 A 型血胎儿或 B 型血胎儿出现新生儿溶血。

母胎 ABO 血型不符所致的新生儿溶血症可发生在第一胎，这是因为食物、细菌、寄生虫或疫苗等可能具有 A 型或 B 型抗原类物质，持续的免疫刺激可使机体产生 IgG 类抗 A 或抗 B 免疫性抗体，妊娠后，这类抗体可通过胎盘进入胎儿体内引起溶血。由于 A 抗原和 B 抗原也存在于除红细胞外的其他组织细胞上，通过胎盘的抗 A 或抗 B 抗体仅少量与红细胞结合，其余都可被其他组织和血浆中的可溶性 A 和 B 血型抗原中和或吸收。因此，虽然母婴 ABO 血型不符较常见，但其所致的新生儿溶血症发病者仅占少数，且症状较轻。该型新生儿溶血症目前尚无有效的预防措施。

3. *自身免疫性溶血性贫血*　服用甲基多巴类药物，或某些病毒（如流感病毒、EB 病毒等）感染机体后，可使红细胞膜表面成分发生改变，从而刺激机体产生针对红细胞的自身抗体。这种自身抗体与已改变的红细胞膜表面成分特异性结合，激活补体，溶解红细胞，引起自身免疫性溶血性贫血。

4. *药物过敏性血细胞减少症*　青霉素、磺胺、奎尼丁、非那西丁、对氨基水杨酸等药物半抗原，能与体内血浆蛋白质或血细胞膜蛋白结合形成完全抗原，从而刺激机体产生针对药物抗原表位的特异性抗体。这种抗体与结合在红细胞、粒细胞或血小板表面的药物半抗原特异性结合；或者是抗体与药物形成抗原-抗体复合物以后，再通过 IgG 的 Fc 段，结合到具有 FcγR 的血细胞上，引起药物性溶血性贫血、粒细胞减少或血小板减少性紫癜等。

5. *链球菌感染后肾小球肾炎*　链球菌等病原感染可改变肾小球基底膜抗原结构，刺激机体产生抗肾小球基底膜抗体；某些型别链球菌与肾小球基底膜含共同抗原成分，抗链球菌抗体可与肾小球基底膜发生交叉反应，导致组织损伤。链球菌抗体除了导致肾小球肾炎以外，还可通过交叉反应导致心瓣膜病变，是风湿性心脏病主要病因。

6. *肺出血-肾炎综合征*　是由自身抗基底膜抗体引起的、以肺出血和严重肾小球肾炎为特征的疾病，又称 Goodpasture 综合征（Goodpasture's syndrome）。该病可能与某些病毒（如 A2 型流感病毒）感染或者吸入某些有机溶剂有关，上述因素造成肺组织损伤后，诱导产生了抗肺泡基底膜Ⅳ型胶原蛋白的自身抗体。患者血清中可检出高滴度的抗基底膜抗体。由于肺泡基底膜与肾小球基底膜之间存在共同抗原，这种基底膜抗体可同时与肺组织和肾小球的基底膜结合，通过Ⅱ型超敏反应导致肺出血和肾炎。

第三节　Ⅲ型超敏反应

Ⅲ型超敏反应（type Ⅲ hypersensitivity）又称为免疫复合物型超敏反应（immune complex-mediated hypersensitivity）或者血管炎型超敏反应。血清中的可溶性抗原与相应抗体（IgG、IgM）结合形成免疫复合物（immune complex，IC），沉积于局部或全身多处毛细血管基底膜，通过激活补体，并在血小板、中性粒细胞等参与下，引起以充血水肿、局部坏死和中性粒细胞浸润为主要特征的炎症性病理损伤。

一、发生机制（图 18-6）

（一）抗原与抗体

引起Ⅲ型超敏反应的抗原根据其来源可分为内源性抗原和外源性抗原两类。内源性抗原包括变性 DNA、变性 IgG、核抗原及肿瘤抗原等；外源性抗原包括病原微生物、寄生虫、异种血清、药物半抗原与组织蛋白结合形成的完全抗原等。内源性抗原和外源性抗原在体内持续存在，刺激机体产生以 IgG 和 IgM 为主要类别的抗体，这些抗体再遇相应抗原时结合形成免疫复合物（IC）。

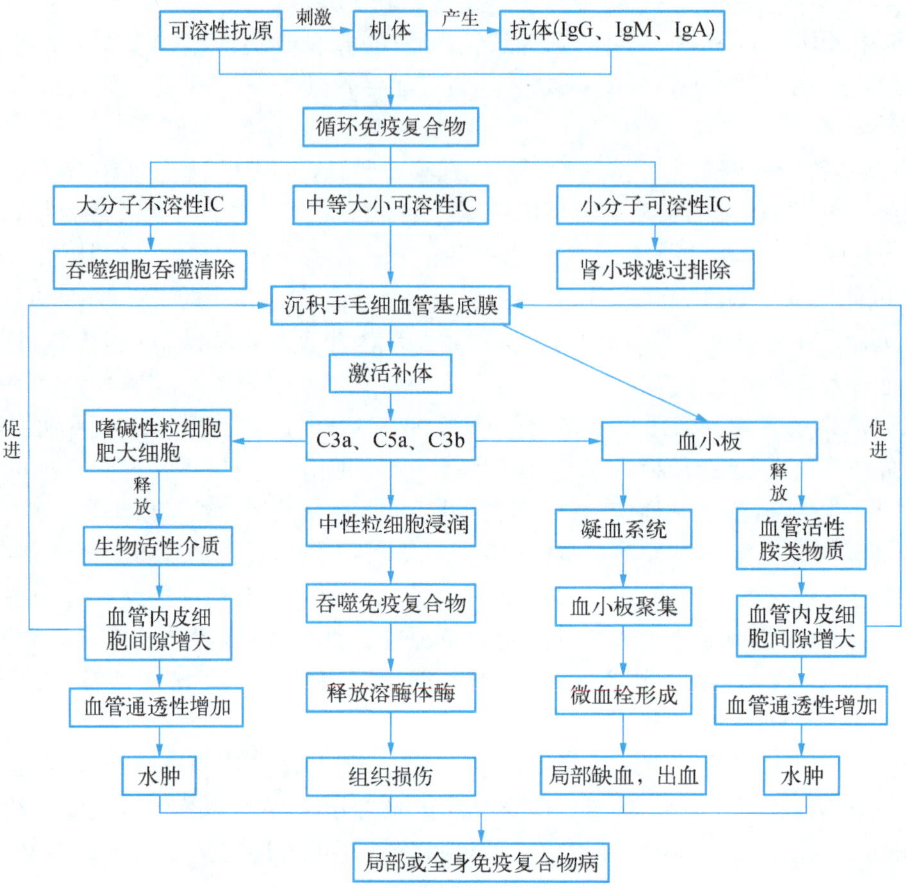

图 18-6 Ⅲ型超敏反应发生机制示意图

(二) 免疫复合物的形成和沉积

1. IC 的形成及清除

(1) 抗原物质持续存在：抗原持续存在是形成 IC 的前提条件，如病原体(细菌、病毒、寄生虫)持续或间歇地繁殖，血流中即可出现大量抗原；自身免疫病患者体内持续存在的自身抗原，如变性 DNA、变性 IgG 等持续刺激自身抗体的产生；进入机体的药物半抗原与体内蛋白结合成完全抗原、某些食物性抗原等均可在体内持续存在。持续存在的抗原与其刺激产生的抗体有机会共存，进而产生抗原抗体免疫复合物。

(2) IC 的大小：① 抗原的类型与 IC 大小有关。细菌、细胞等颗粒性抗原，由于本身体积较大，与抗体结合后形成大的 IC；可溶性小分子抗原，如病原体成分或其代谢产物、药物、自身组织抗原等，与相应抗体结合后，形成小分子 IC。② 抗原抗体比例也影响 IC 大小。当抗原中度或大量过剩时，形成小分子 IC；当抗原抗体比例适当时，抗原抗体交联为大分子 IC；当抗体过剩或者抗原略多于抗体时，形成中等大小 IC，其分子质量约 1 000 kDa，沉降系数约为 19S。

(3) IC 的清除：颗粒性抗原、可溶性抗原与抗体交联后形成的大分子不溶性 IC 易被单核-巨噬细胞吞噬和清除；可溶性抗原与抗体形成的小分子可溶性 IC 易通过肾小球滤出，经肾小管重吸收后再利用；但是沉降系数约为 19S 的中等大小的可溶性 IC 则不能被及时有效地清除。抗体、补体和红细胞介导的免疫黏附作用是清除 IC 的主要机制之一，携带 IC 的红细胞主要在肝脏和脾脏被吞噬细胞清除。

2. IC 的沉积　IC 能否引起疾病与其能否沉积于局部有关，以下因素易于导致 IC 在局部沉积。

(1) 大量中等大小可溶性 IC 的形成：如果 IC 形成的量过大，超出了机体清除 IC 的能力，或者由于补体缺陷或功能障碍、吞噬细胞吞噬功能缺陷或功能障碍等引起 IC 清除能力下降，均可导致大量可溶性 IC 不能有效地被清除，进而沉积于毛细血管基底膜引起炎症反应和组织损伤。

(2) 血管通透性增高：这是 IC 沉积的重要条件。IC 可通过经典途径激活补体，其产生的过敏毒素(C3a、C5a)可使肥大细胞和嗜碱性粒细胞脱颗粒，并释放组胺、PAF，或者促进血小板释放血管活性物质，趋化至局部的中性粒细胞也可释放某些碱性蛋白，使血管内皮细胞间隙增大，血管通透性增加，有助于IC沉积于局部组织的基底膜上。

(3) 组织学结构和血流动力学因素　循环中的可溶性IC易于沉积在血管丰富、血流缓慢、血管内高压、易形成涡流的局部组织或器官。肾脏血流量大，肾小球微血管多，血管网细而曲折，血流缓慢，中等大小的可溶性IC易于在此滞留和沉积。关节滑膜毛细血管网也较丰富，毛细血管血压较高，血流缓慢，也是IC易于沉集的部位。

3. IC引起炎症损伤的机制　IC沉积所导致的组织或器官的炎症损伤，并不是IC直接引起的，但是，IC是炎症损伤的始动因素，主要有以下3种机制。

(1) 补体的作用：IC可通过经典途径激活补体，产生的补体裂解片段C3a和C5a具有过敏素效应，分别与肥大细胞或嗜碱性粒细胞的C3a和C5a受体结合，使其释放组胺等炎性介质，引起局部毛细血管通透性增加、渗出增多，进而出现水肿。局部毛细血管通透性增加又进一步促进了IC在局部沉积，使局部炎症进一步加重。另外，C3a和C5a还可趋化中性粒细胞聚集于IC沉积部位。

(2) 中性粒细胞的作用：大量中性粒细胞在炎症部位的浸润是Ⅲ型超敏反应的组织病理学特征。聚集在IC沉积部位的中性粒细胞在吞噬清除IC的同时，还释放出毒性氧化物和许多溶酶体酶，包括蛋白水解酶、胶原酶和弹力纤维酶等，损伤血管及局部组织。

(3) 血小板的作用：肥大细胞及嗜碱性粒细胞释放的PAF可使局部血小板聚集、激活，内皮基膜暴露也可促使血小板聚集，促进血栓形成，导致局部出血、坏死。血小板激活后还可释放血管活性胺类物质，进一步加重炎性水肿。

综上所述，Ⅲ型超敏反应是由IC沉积而启动的，通过激活补体而造成的组织炎性损伤，其结局是形成了以血管扩张、渗出，中性粒细胞浸润，血栓形成及出血坏死为特征的血管炎。

二、临床常见疾病

Ⅲ型超敏反应引起的疾病，称为免疫复合物病(immune complex disease，ICD)，分为局部ICD和全身ICD，其中局部ICD发生于抗原进入部位，而全身ICD为IC随血流沉积于全身多组织或器官所致。

(一) 局部免疫复合物病

1. Arthus反应　在1903年，Arthus发现给家兔皮下多次注射马血清后，局部发生水肿、出血、坏死等剧烈炎症反应，称为Arthus现象，该反应是一种实验性局部Ⅲ型超敏反应。其机制是：多次注射异种蛋白质抗原后，刺激机体产生了大量特异性抗体，局部注射的、未被及时清除的抗原与过量的抗体结合，形成IC，沉积在局部血管基底膜，导致炎症性病理损伤。

2. 人类局部ICD　胰岛素依赖型糖尿病患者需反复注射胰岛素，局部反复注射的胰岛素可刺激机体产生大量的抗胰岛素抗体，再次注射胰岛素后，即可在局部出现红肿、出血和坏死等与Arthus反应类似的局部炎症反应，数日后逐渐恢复。多次注射狂犬病疫苗等也可能出现上述反应。长期大量吸入植物性或动物性蛋白质、真菌孢子等，可诱生相应抗体，当再次吸入大量同种抗原时，可在肺泡局部形成IC，从而引起变态反应性肺泡炎或间质性肺泡炎，例如农民肺、皮革肺、养鸽者肺等这些与职业有关的疾病均与局部ICD有关。

(二) 全身免疫复合物病

1. 血清病　治疗破伤风、白喉及毒蛇咬伤等疾病需要一次性注射大量异种抗毒素血清来中和毒素的毒性效应，机体在初次大量注射抗毒素1～2周后，可出现发热、皮疹、淋巴结肿大、关节疼痛、一过性蛋白尿等症状和体征，即为血清病。这是由于一次性大量注射异种抗毒素血清后，机体已经产生了抗马血清的抗体，但是大量注射进入的马血清尚未完全从机体清除，两者结合形成可溶性IC，随血流到全身，沉积于肾小球基底膜、关节滑囊、心、肺及皮下毛细血管壁等，激活补体，引起相应部位的组织损伤。血清病具有自限性，停止注射抗毒素后症状可自行消退。大量使用磺胺、青霉素等药物时，也可能引起与血清病类似的反应。

2. 链球菌感染后肾小球肾炎　A族溶血性链球菌感染后2～3周发生的肾小球肾炎，80%以上属Ⅲ型超敏反应，即链球菌感染后引起的免疫复合物型肾炎。溶血性链球菌释放较多的外毒素及多种酶，作为可溶性抗原刺激机体产生相应抗体，抗原抗体结合形成免疫复合物沉积于肾小球基底膜上，引起肾脏病变。这种免疫复合物型肾小球肾炎也可见于乙型肝炎病毒等其他病原体感染后。

3. 系统性红斑狼疮(systemic lupus erythematosus, SLE) SLE是一种全身性自身免疫病,原因不明的复杂因素导致包括DNA、RNA、核内可溶性蛋白等细胞核抗原刺激机体产生相应抗体,即抗核抗体。患者体内持续出现的抗核自身抗体与自身核抗原形成免疫复合物,并反复沉积于肾小球、关节、皮肤等部位的毛细血管基底膜上,引起全身多系统的损伤,如肾小球肾炎、关节炎、脉管炎等。

4. 类风湿性关节炎 病因未明,可能与细菌、病毒、支原体等病原体持续感染等有关。上述感染可使患者体内IgG分子结构发生改变,从而刺激机体产生抗变性IgG的自身抗体。该自身抗体以IgM为主,临床上称为类风湿因子(rheumatoid factor, RF)。持续产生的类风湿因子与变性IgG结合形成IC,反复沉积于全身小关节滑膜处,引起类风湿性关节炎。患者出现小关节红肿、变形僵直,以后可能逐渐失去功能。

第四节 Ⅳ型超敏反应

Ⅳ型超敏反应(type Ⅳ hypersensitivity),又称细胞介导的超敏反应(cell-mediated hypersensitivity),是抗原诱导的T细胞免疫应答的一种。致敏T细胞识别并结合特异性抗原后,引起以单个核细胞浸润和细胞变性、坏死为特征的局部炎症反应。该型超敏反应主要由致敏T细胞、单核-巨噬细胞、细胞因子或细胞毒性介质等介导免疫损伤,其发生与抗体、补体无关。由于致敏淋巴细胞活化、细胞因子产生、单个核细胞募集及产生效应需要一定时间,故该型超敏反应发生较慢,通常在机体再次接触相同抗原后48~72 h才出现明显的炎症反应,因此又称为迟发型超敏反应(delayed type hypersensitivity, DTH)。Ⅳ型超敏反应属于细胞免疫应答,细胞免疫缺陷者不发生。

一、发生机制(图18-7)

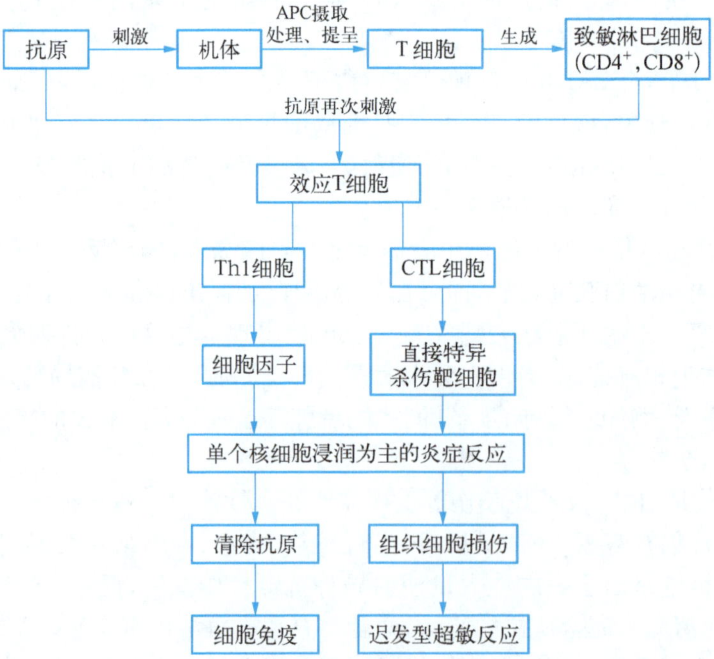

图18-7 Ⅳ型超敏反应发生机制示意图

(一)抗原

引起Ⅳ型超敏反应的抗原主要有胞内寄生的病原体、组织抗原和某些化学物质等,其中以结核分枝杆菌、麻风分枝杆菌等胞内寄生菌最为常见,Ⅳ型超敏反应是这些抗原长期持续刺激的结果。另外,单核细胞增生李斯特菌、布氏杆菌、白色念珠菌、毛癣菌、组织荚膜胞质菌、利什曼原虫、疟原虫、弓形虫、旋毛虫、猪囊虫、单纯疱疹病毒、麻疹病毒、移植细胞抗原、生漆、染料、化妆品、药物等也可以诱发Ⅳ型超敏反应。

（二）效应细胞

Ⅳ型超敏反应是致敏 T 细胞介导的免疫损伤，其效应细胞主要包括 $CD4^+$ Th1 细胞（又称为 T_{DTH} 细胞）、$CD8^+$ CTL、单核-巨噬细胞等。近年研究表明，嗜酸性粒细胞、Th17 细胞也参与了该型超敏反应。

（三）炎症反应和组织损伤

Ⅳ型超敏反应分为致敏阶段和效应阶段。

1. 致敏阶段　外来抗原进入机体后，经抗原提呈并活化 $CD4^+$ T 细胞和 $CD8^+$ T 细胞，使之成为致敏淋巴细胞（$CD4^+$Th1 细胞和 $CD8^+$CTL 细胞）。从抗原初次进入机体到产生针对该特定抗原的致敏 T 细胞，历时 1～2 周。

2. 效应阶段

(1) Th1 释放细胞因子　已致敏的 Th1 细胞再次接触并识别特异性抗原后活化，释放 IFN-γ、TNF-α、LT-α 和 MCP-1 等多种细胞因子。MCP-1 趋化单个核细胞（淋巴细胞和巨噬细胞）到达抗原部位；TNF-α、LT-α 使局部血管内皮细胞黏附分子的表达增加，促进单个核细胞至抗原部位聚集，引起组织损伤；IFN-γ、TNF-α 可使巨噬细胞活化，进一步释放 IL-1 等促炎因子加重炎症反应；被激活的巨噬细胞在清除抗原时释放的溶酶体酶等，可进一步导致炎症局部或邻近组织变性坏死。DTH 发生后，越来越多的单个核细胞参与炎症形成，其中只有约 5%的细胞为抗原特异性 Th1 细胞，其余为巨噬细胞等抗原非特异性细胞。再次接触抗原后，一般要 24 h 才出现 DTH 反应，48～72 h 达高峰。

(2) CTL 效应　已致敏的 $CD8^+$ CTL 识别靶细胞表面的 MHC Ⅰ-抗原肽复合物后，通过穿孔素、颗粒酶及 FasL 介导的细胞凋亡等方式，直接特异性杀伤靶细胞。

综上所述，Ⅳ型超敏反应是由 T 细胞介导的，致敏 Th1 细胞及其释放的细胞因子、活化巨噬细胞及其释放的溶酶体酶、致敏 CTL 等因素联合作用，引起的以单个核细胞（单核-巨噬细胞、淋巴细胞）浸润为主、并伴有组织坏死的慢性炎症。炎症反应的同时，抗原的持续存在，还能刺激纤维母细胞的增生和胶原的合成，其包裹抗原、坏死物质、浸润的细胞，逐渐形成肉芽肿(granuloma)病变。

二、临床常见的Ⅳ型超敏反应

（一）感染性迟发型超敏反应

1. 肉芽肿型超敏反应　多发生于结核分枝杆菌、麻风分枝杆菌等胞内寄生病原体感染。胞内感染有结核分枝杆菌的巨噬细胞在 Th1 细胞释放的 IFN-γ 的作用下被激活，可将其胞内的结核分枝杆菌杀死并清除。如果结核分枝杆菌抵抗活化巨噬细胞的杀伤效应，则可发展为慢性感染，导致细菌在胞内滞留，并持续诱导 T 细胞和巨噬细胞活化，释放大量的 IFN-γ、TNF-α 等细胞因子，募集越来越多的单个核细胞到感染局部聚集，形成肉芽肿（图 18-8）。肉芽肿中央是由巨噬细胞融合所形成的多核巨细胞，在缺氧或巨噬细胞释放的溶酶体酶等作用下，可形成干酪样坏死。

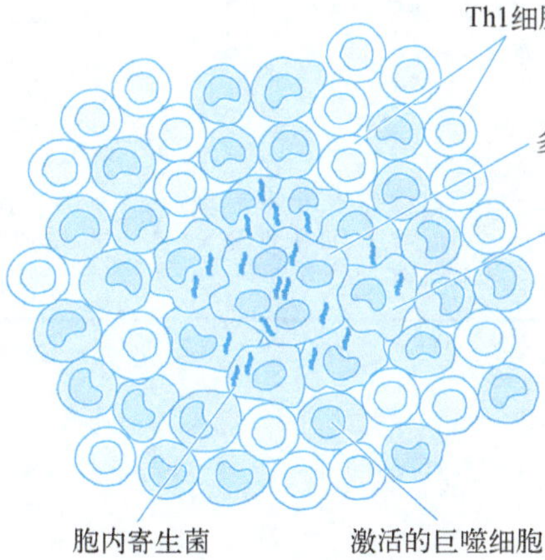

图 18-8　肉芽肿病变细胞组成示意图

2. 结核菌素试验　结核菌素试验是一种实验性感染性迟发型超敏反应，是典型的Ⅳ型超敏反应，常用于测定人体是否感染结核分枝杆菌或者是否成功接种卡介苗(BCG)。如果机体已经感染了结核分枝杆菌或已成功接种 BCG，机体产生了结核分枝杆菌抗原致敏的 T 细胞，当给机体注射结核菌素抗原（OT 或 PPD）后，致敏 T 细胞因再次遇到特异抗原的刺激而被活化，释放一系列细胞因子，进而在注射局部引起以单个核细胞浸润为主的炎症反应或组织损伤。

（二）接触性皮炎

接触性皮炎是药物、染料、油漆、植物毒素、农药、升汞、金属、青霉素、磺胺、橡胶、化纤、塑料或化妆品等小分子半抗原所引起的接触性迟发型超敏反应。小分子化学致敏原渗入皮肤，并与皮肤组织蛋白结合，形成完全抗原,使T细胞致敏。如果局部皮肤再次接触同一致敏原,即可出现Ⅳ型超敏反应。主要表现为局部红肿、硬结、水疱,严重者可发生皮肤剥脱。

同一抗原物质可引起不同类型的超敏反应性疾病。例如,青霉素可通过相应机制分别引起Ⅰ、Ⅱ、Ⅲ、Ⅳ型超敏反应。青霉素可通过刺激IgE的产生,诱发过敏性休克、荨麻疹、哮喘等Ⅰ型超敏反应;通过IgG、IgM等抗体,诱发溶血性贫血等Ⅱ型超敏反应及免疫复合物型肾小球肾炎等Ⅲ型超敏反应;也可通过Th1和CTL等细胞免疫机制,诱发接触性皮炎等Ⅳ型超敏反应。

同一疾病可由不同的超敏反应引起。例如,链球菌感染后肾小球肾炎的发生与Ⅱ型或Ⅲ型超敏反应有关。链球菌感染后,大部分肾小球肾炎为Ⅲ型超敏反应所致的免疫复合物型肾小球肾炎,通过Ⅱ型超敏反应所致的肾小球肾炎约占5%。

同一超敏反应性疾病可能同时涉及几种类型超敏反应,但以其中一种为主。如发生Ⅰ型超敏反应时,生物活性介质使血管壁通透性增高,血清中的抗原-抗体复合物,就易于沉积于血管基底膜上,引起Ⅲ型超敏反应。

Ⅰ、Ⅱ、Ⅲ、Ⅳ型超敏反应的比较见表18-1。

表18-1 四型超敏反应的比较

	Ⅰ型	Ⅱ型	Ⅲ型	Ⅳ型
应答类型	体液免疫	体液免疫	体液免疫	细胞免疫
抗原	可溶性抗原	细胞性抗原	可溶性抗原	可溶性或细胞性抗原
抗体、补体	IgE	IgG、IgM、补体	IgG、IgM、补体	—
参与细胞	肥大细胞、嗜碱性粒细胞、嗜酸性粒细胞	NK细胞、巨噬细胞、中性粒细胞	中性粒细胞、肥大细胞、嗜碱性粒细胞、血小板	APC、Th1、CTL、巨噬细胞
发生机制	变应原特异性IgE使肥大细胞或嗜碱性粒细胞致敏;变应原使致敏细胞表面IgE交联、脱颗粒并释放生物活性介质,使平滑肌收缩、血管扩张及通透性增加、黏膜腺体分泌增多	抗体与细胞表面抗原结合,或抗原-抗体复合物吸附于细胞表面;经典途径激活补体、调理促吞噬作用、ADCC效应等杀伤靶细胞	大量中等大小免疫复合物沉集于血管基底膜上;经典途径激活补体;吸引中性粒细胞,释放溶酶体酶,引起炎症反应;激活肥大细胞和血小板,释放血管活性介质,使血管通透性增加、血栓形成	APC提呈抗原使T细胞致敏;致敏T细胞再次接触抗原而被激活;Th1细胞释放细胞因子,导致炎症反应,并活化巨噬细胞等;CTL直接识别和杀伤靶细胞
病理特征	—	—	充血水肿,局部坏死和中性粒细胞浸润,血管炎	单个核细胞浸润,肉芽肿形成
常见疾病	过敏性休克、荨麻疹、支气管哮喘、过敏性鼻炎、食物过敏、湿疹等	输血反应、新生儿溶血症、溶血性贫血、药物过敏性血细胞减少症等	Arthus反应、血清病、免疫复合物型肾小球肾炎、SLE、类风湿性关节炎等	肉芽肿型迟发型超敏反应、接触性皮炎、结核菌素试验等

小 结

超敏反应根据发生机制和临床特点分为Ⅰ、Ⅱ、Ⅲ、Ⅳ型,其中Ⅰ、Ⅱ、Ⅲ型超敏反应由抗体介导,Ⅳ型超敏反应由细胞免疫介导。其中,Ⅰ型超敏反应由IgE介导,肥大细胞和嗜碱性粒细胞释放生物活性介质;Ⅱ型超敏反应主要由IgG、IgM介导,通过补体、吞噬细胞和NK细胞等引起靶细胞溶解和组织损伤;Ⅲ型超敏反应主要由IgG、IgM介导,补体、血小板、中性粒细胞等引起的,以中性粒细胞浸润、血栓形成及出血坏死为特征的血管炎;Ⅳ型超敏反应属细胞免疫,主要由活化的Th1细胞释放细胞因子所引起的、以单个核细胞浸润为主的肉芽肿性炎症。

复习题

1. 名词解释

超敏反应　变应原　Arthus反应　异种免疫血清脱敏疗法　特异性变应原　脱敏疗法

2. 简答题

(1) 青霉素引起的过敏性休克和吸入花粉引起的支气管哮喘属于哪一型超敏反应？其发病机制如何？简述其防治方法和原理。

(2) 某患者服用“磺胺药”后，出现溶血性贫血的表现，试用免疫学知识来解释该现象。

(3) 在使用抗毒素治疗疾病的过程中，人体可能出现哪些免疫学异常？简述其机制及预防措施。

(4) 在Ⅱ型和Ⅲ型超敏反应性疾病的发生过程中，其参与因素、致病机制及特点、有何异同，试举例说明。

(5) 简述血清病和血清过敏性休克有何异同。

(6) 以抗结核分枝杆菌感染为例，试述Ⅳ型超敏反应的发生机制。

（陈　全）

第十九章

自身免疫病

第一节 概 述

正常机体的免疫系统具有区别"自己"与"非己"的能力，对"非己"抗原能够产生免疫应答，对自身组织成分则处于无应答或低应答状态。由于淋巴细胞受体(TCR、BCR)基因的随机重排，人类拥有多样性达 1×10^9 的淋巴细胞克隆库，几乎可以识别自然界存在的任何抗原，包括自身抗原。虽然在淋巴细胞发生过程中，自身反应性淋巴细胞发生克隆删除或失活，但是机体内仍然存在自身反应性淋巴细胞，正常情况下，这些细胞功能被抑制而不发生反应，即处于免耐受状态。在某些情况下，免疫耐受被打破，这些自身反应性淋巴细胞可识别自身成分而被激活，产生自身免疫或自身免疫病。

一、基本概念

(一) 自身免疫与自身免疫病

自身免疫(autoimmunity)是指机体免疫系统针对自身抗原所发生的免疫应答，产生自身抗体(autoantibody)和(或)自身反应性 T 细胞(autoreactive T lymphocyte)的现象。自身免疫存在于所有个体，属于正常生理现象，其主要功能是维持机体生理自稳，清除体内衰老或凋亡的自身细胞成分，并调节免疫应答的平衡。自身免疫不一定会引起自身免疫病，但是过强或持续迁延的自身免疫就可能导致自身免疫病。

自身免疫病(autoimmune disease, AID)是指在某些内因和外因的诱发下，自身耐受状态被打破，持续迁延的自身免疫导致细胞破坏、组织损伤或功能异常而导致的临床病症，属于病理性自身免疫。

(二) 自身抗体

1. 生理性自身抗体　正常人血清中可检出一定水平自身抗体，如抗独特型抗体、抗核抗体、抗线粒体抗体、类风湿因子等，大多数自身抗体效价较低，不足以导致自身组织、细胞的损伤，但可以协助清除衰老蜕变的自身成分，称为生理性自身抗体或天然自身抗体。生理性自身抗体的产生不依赖外源抗原的刺激，多属 IgM 类，具有广泛的交叉反应性，对自身抗原的亲和力也较低。健康人群，自身抗体的频率和滴度随年龄增长而增高，在 60 岁以上的老年人中，50%以上均可检出抗核抗体、抗线粒体抗体等多种自身抗体。

2. 病理性自身抗体　在某些 AID 的发病机制中，某些自身抗体直接导致了 AID 的发生，称为"病理性自身抗体"。例如桥本氏甲状腺炎的抗甲状腺球蛋白抗体、重症肌无力的抗乙酰胆碱受体抗体等。病理性自身抗体是机体的自身反应性 B 细胞受某种自身抗原的刺激、活化为浆细胞产生的，具有组织、细胞或抗原特异性，多属 IgG 类，与自身抗原亲和力也较高。

(三) 自身反应性 T 细胞

正常机体存在一定数量的自身反应性 T 细胞，但并非一定会导致 AID。其中，能引起 AID 的是"自身攻击性 T 细胞"。某种组织抗原特异性的自身反应性 T 细胞被自身的组织抗原激活后，导致炎症性损伤或细胞损坏，引起相应临床症状。例如，在慢性甲状腺炎、甲状腺功能亢进者局部、多发性硬化症患者脑脊液及血液中、重症肌无力患者血液中、牛皮癣皮损局部等均能检测出自身抗原特异性 T 细胞。在实验性自身免疫性脑脊髓炎(experimental autoimmune encephalomyelitis, EAE)模型中，神经髓鞘的髓磷脂碱性蛋白(myelin basic protein，MBP)诱生的 MBP 特异性 T 细胞具有很强的自身攻击性，可导致严重的中枢神经系统的炎性损害。在人类，与 EAE 相似的疾病为多发性硬化症。

二、自身免疫病的分类与特征

（一）自身免疫病的分类

根据自身免疫应答所针对靶抗原的分布范围，自身免疫病可分为器官特异性自身免疫病和全身性自身免疫病(表 19－1)。器官特异性自身免疫病的靶抗原定位于特定的器官或细胞类型，自身抗体和自身反应性 T 细胞通过效应机制损伤特定靶器官，病理改变局限于某种器官。例如胰岛素依赖型糖尿病(IDDM)、桥本氏甲状腺炎、毒性弥漫性甲状腺肿(Graves' disease)、多发性硬发症等疾病。全身性自身免疫病又称为非器官特异性自身免疫病或者系统性自身免疫病，该类 AID 的自身抗原通常为细胞核或线粒体成分等，其病变遍及全身多种器官和结缔组织，因此又被称为结缔组织病或胶原病。例如系统性红斑狼疮(SLE)、类风湿性关节炎等就属该型 AID，其中 SLE 是典型的全身性自身免疫病，患者病变分布广泛，如皮肤、肾脏、脑、关节等多脏器均可发生病变。

表 19－1　人类常见的自身免疫病

疾　　病	自身抗原	免疫反应
	器官特异性自身免疫病	
阿狄森氏病	肾上腺细胞	自身抗体
自身免疫性溶血性贫血	红细胞膜蛋白或药物	自身抗体
肺出血肾炎综合征	肾和肺基底膜Ⅳ型胶原	自身抗体
毒性弥漫性甲状腺肿	促甲状腺激素受体	自身抗体(刺激型)
桥本氏甲状腺炎	甲状腺蛋白和细胞	T_{DTH}细胞，自身抗体
特发性血小板减少性紫癜	血小板膜蛋白	自身抗体
胰岛素依赖型糖尿病	胰腺 β 细胞	T_{DTH}细胞，自身抗体
重症肌无力	乙酰胆碱受体	自身抗体(抑制型)
风湿性心脏病	心肌，心瓣膜	自身抗体
恶性贫血	胃壁细胞内因子	自身抗体
链球菌感染后肾小球肾炎	肾脏	抗原-抗体复合物
自发性不育症	精子	自身抗体
	系统性自身免疫病	
强直性脊柱炎	脊椎骨	免疫复合物
多发性硬化症	脑或白质	Th1 和 CTL 细胞，自身抗体
类风湿关节炎	关节滑膜组织，IgG	自身抗体，免疫复合物
硬皮病	核抗原，心，肺，胃肠道，肾脏	自身抗体
干燥综合征	唾液腺，肝，肾，甲状腺	自身抗体
系统性红斑狼疮(SLE)	DNA，核蛋白，红细胞和血小板膜	自身抗体，免疫复合物

器官特异性和器官非特性 AID 的划分是相对的，在某些情况下，自身免疫病的损伤以某个器官为主，但同时也不同程度地影响其他器官。例如原发性胆汁硬化症，病变主要表现为小胆管炎性细胞浸润，但患者血清中的、针对线粒体的自身抗体也可引起肝脏外的其他器官的损伤。

（二）自身免疫病的特征

目前已经明确的 AID 有 40 多种，常见的有桥本甲状腺炎、Graves 病、类风湿性关节炎、系统性红斑狼疮、多发性硬化症、胰岛素依赖型糖尿病等。与其他疾病相比，AID 具有以下特点：① 患者以女性多见，发病率随年龄而增高，疾病的发生具有一定的遗传倾向，多数病因不明，属自发性 AID；② 患者体内可检测出高效价的自身抗体和(或)自身反应性 T 细胞。自身抗体和(或)自身反应性 T 细胞作用于表达靶抗原的组织细胞，导致相应组织器官损伤和功能障碍。疾病可通过患者血清或淋巴细胞被动转移。尽管患者体内存在高水平自身抗体，但其对外源抗原的应答常较正常低；③ 疾病具有重叠现象，即一个患者可同时患上一种以上的 AID，例如 SLE 患者常伴有类风湿性关节炎、特发性白细胞减少症等；④ 病变的转归与自身免疫应答强度密切相关，病情反复发作，慢性迁延，用免疫抑制剂治疗有一定疗效，但难以根治。

第二节 自身免疫病发生的相关因素

自身免疫病的病因和发病机制迄今尚未完全阐明。目前认为，遗传易感性和环境诱因是主要影响因素，即携带易感基因个体，在病原体感染或组织损伤等内外因素的共同作用下，自身耐受被打破，产生自身免疫应答，造成组织损伤，从而发生自身免疫病。

一、抗原的因素

1. 隐蔽抗原的释放 人体存在着免疫隔离部位，如脑、眼晶状体、睾丸等。正常情况下，从胚胎发育开始，这些部位的抗原成分一直未与免疫细胞接触，与免疫系统处于隔离状态，这些部位的抗原成分称为隐蔽抗原(sequestered antigen)。根据 Burnet 克隆选择学说，针对自身隐蔽抗原的淋巴细胞克隆，没有经历诱导耐受的过程而没有被消除或抑制。在手术、外伤、感染等情况下，隐蔽抗原进入血液或淋巴液，激活其相应的自身反应性淋巴细胞克隆，发生自身免疫应答，导致 AID 的发生。例如，眼外伤导致伤侧眼球的晶状体蛋白(隐蔽抗原)释放，激发机体产生抗晶状体的抗体或特异性淋巴细胞，从而导致健侧眼球发生交感性眼炎；因为输精管结扎术，导致精子(隐蔽抗原)入血，从而刺激机体产生抗自身精子的抗体，从而引发自身免疫性睾丸炎。

2. 自身成分的改变 冷、热、电离辐射等物理因素，药物、化学制剂等化学因素，细菌、病毒、寄生虫等生物因素均可能改变某些自身成分的结构或性质，使自身成分具有免疫原性，从而被免疫系统视为“非己”物质而予以排斥，引发自身免疫病。例如，肺炎支原体感染可改变红细胞表面抗原，刺激机体产生抗红细胞抗体，导致红细胞破坏引起贫血；变性的自身 IgG 可刺激机体产生以 IgM 类为主的自身抗体，引起类风湿性关节炎；吸附到红细胞上的药物(如青霉素、头孢菌素、磺胺、非那西丁等)可获得免疫原性，刺激机体产生抗体，引起药物诱导的溶血性贫血。

3. 分子模拟 有些病原体抗原与宿主自身组织成分具有机同或相似的抗原表位，其感染人体后，诱导宿主产生的针对病原体抗原的抗体和(或)致敏淋巴细胞，也能与含有相同或相似抗原表位的人体组织成分发生交叉反应，引发炎症和组织损伤，导致 AID，这种现象称为分子模拟(molecular mimicry)。例如，A 型溶血性链球菌细胞壁成分与人体心肌间质、心瓣膜、肾小球基底膜及其他结缔组织具有相似的抗原表位，此型链球菌感染人体后所产生的抗体能与心脏和肾等部位发生交叉反应，导致风湿性心脏病和急性肾小球肾炎。

4. 表位扩展 抗原表位分为优势表位和隐蔽表位，机体免疫系统首先会针对优势表位产生应答，然后针对隐蔽表位产生应答。正常情况下，机体自身抗原的隐蔽表位并不暴露或水平极低，故针对该表位的 T 细胞克隆可能逃逸胸腺的阴性选择，使人体成熟 T 细胞库中存在该隐蔽表位的自身反应性 T 细胞克隆。在 AID 发生过程中，APC 不断摄取组织损伤碎片，并可能将自身抗原的隐蔽表位提呈给机体自身反应性淋巴细胞克隆，并诱发机体针对隐蔽表位的应答，该应答又可能使更多的隐蔽表位暴露，诱导进一步的应答，此现象称为“表位扩展(epitope spreading)”。表位扩展使免疫系统不断扩大所识别的自身抗原表位的范围，对自身抗原不断发动新的攻击，使疾病迁延不愈、不断加重。表位扩展与系统性红斑狼疮、类风湿性关节炎、多发性硬化症和胰岛素依赖性糖尿病的发病、病情和病程有关。

二、免疫系统功能异常

1. 自身反应性淋巴细胞逃避“克隆清除”或禁系突变 T、B 细胞分别在胸腺和骨髓中通过阴性选择机制清除自身反应性克隆，即产生中枢耐受。但是，若胸腺或骨髓功能障碍或微环境发生改变，则有可能使某些自身反应性淋巴细胞逃避阴性选择而免于“被清除”，该淋巴细胞克隆进入外周后就可能针对相应的自身抗原产生应答，引起 AID。

在胚胎期，识别自身抗原的淋巴细胞克隆大部分被清除，但是有部分自身反应性淋巴细胞克隆没有被清除，而是处于被抑制状态，这种被抑制的细胞克隆称为禁忌细胞系(禁系)，是维持自身耐受的有效机制之一。某些理化、生物或原发因素可能导致禁系自身反应性淋巴细胞解禁、突变，从而产生自身免疫应答。

2. *免疫忽视被打破* 免疫忽视(immunological ignorance)是指机体免疫系统对低水平抗原或低亲和力抗原不发生免疫应答的现象。在胚胎发育过程中，由于免疫忽视，针对低水平表达或低和力的自身抗原的淋巴细胞克隆并未被删除，是潜在的自身反应性淋巴细胞。病原体感染、多克隆刺激剂等多种因素均可打破自身反应性淋巴细胞克隆对自身抗原的免疫忽视，从而发生 AID。

3. *多克隆激活* 某些病原体抗原为多克隆刺激剂或超抗原，可非特异性激活多克隆 T、B 细胞，其中就可能激活自身反应性淋巴细胞，产生自身抗体和(或)致敏的自身反应性 T 细胞。例如，革兰阴性菌的脂多糖为 B 细胞多克隆刺激剂；EB 病毒感染引起传染性单核细胞增多症，患者体内可出现多种自身抗体；金黄色葡萄球菌外毒素 TSST－1、肠毒素 SEA、SEB 等属超抗原，可激活大量 T 细胞，引发 AID。

4. *Th 细胞旁路激活* 研究表明，机体对某些自身抗原的耐受性仅是由于 T 细胞处于耐受状态，自身反应性 B 细胞并没有产生耐受，但因缺少 Th 细胞辅助而不能有效活化，故不产生自身抗体。某些微生物抗原具有与自身抗原相同或相似的 B 细胞表位，但其 T 细胞表位(载体表位)且不同。这些微生物感染机体后，可激活针对微生物抗原 T 细胞表位的特异性 Th 细胞，从而绕过原已产生耐受的 Th 细胞，使由于缺乏 Th 细胞辅助信号而处于失活状态的自身抗原特异性 B 细胞克隆激活，产生自身免疫应答。

5. *Th1/Th2 功能失衡* 感染或组织损伤等因素所产生的炎症反应，能通过分泌细胞因子影响 Th0 细胞向 Th1 或 Th2 细胞分化，Th1 和 Th2 细胞功能失衡与多种自身免疫病的发生有关。一般而言，Th1 细胞功能增强可参与器官特异性 AID 的发生，如 Ⅰ 型胰岛素依赖型糖尿病、多发性硬化症及甲状腺疾病等，Th2 细胞则对这些疾病具有拮抗作用；Th2 细胞功能增强可参与器官非特异性 AID，如 SLE、类风湿性关节炎等。Th1 型或 Th2 型细胞因子分别对 AID 具有促进或拮抗作用，如 IL－4、IL－10 可抑制某些器官特异性 AID，而 IFN－γ、IL－12 可促进某些器官特异性 AID 的发生。

6. *调节性 T 细胞功能异常* 免疫系统通过多种正、负反馈调节机制将免疫应答控制在适当强度内，以维持免疫系统内环境稳定。近年来的研究表明，$CD4^+$ $CD25^+$ 调节性 T 细胞(regulatory T cell, Treg)的免疫抑制功能异常可能与某些 AID 发生有关。如果给免疫缺陷小鼠过继健康小鼠的脾细胞，则可帮助其重建免疫功能；如果去除其中的 $CD4^+$ $CD25^+$ Treg 再予转移，受者可出现甲状腺、肾小腺等多种内分泌器官的自身免疫性损伤；如果再对其补充输注 $CD4^+$ $CD25^+$ Treg，自身免疫症状则得到有效控制。

7. *MHC Ⅱ 类分子异常表达* 正常情况下，MHC Ⅱ 类分子仅表达于抗原提呈细胞和某些激活的免疫细胞表面。在 IFN－γ 等因子作用下，组织细胞表面可异常表达 MHC Ⅱ 类分子，进而可能将其自身抗原提呈给 Th 细胞，启动自身免疫应答，导致 AID。Graves 病的甲状腺上皮细胞、原发性胆汁性肝硬化的胆管上皮、胰岛素依赖型糖尿病的胰岛 β 细胞等，均异常表达高水平的 MHC Ⅱ 类分子。

8. *Th17 细胞与自身免疫病* 近年来发现，Th17 细胞在自身免疫病病程中具有重要作用，其主要通过 IL－17 诱导产生炎症介质、趋化因子等导致组织器官的炎性损伤。在类风湿性关节炎、SLE、多发性硬化症等多种自身免疫病患者的血清及组织中检测到了 IL－17 的高表达。

三、遗传因素

自身免疫病多有家族发病倾向，遗传背景在一定程度上决定了某个体对自身免疫病发生的易感性，但是携带一个或数个易感基因的个体未必就一定会发病，饮食习惯、药物、微生物感染等环境因素也起了重要作用，AID 往往是宿主所携带的疾病易感基因与环境因素相互作用的结果。

1. *与自身免疫病相关的 HLA 等位基因* 自身免疫病与一种或数种 HLA 等位基因有关，携带特定型别 HLA 等位基因的个体，发生某种自身免疫病的危险率远大于该基因型阴性的个体。如携带 HLA－DR3 的个体易患重症肌无力、SLE、IDDM 和 Graves 病；携带 HLA－DR4 的个体易患类风湿性关节炎、IDDM 和寻常性天疱疮；携带 HLA－B27 的个体易患强直性脊柱炎等。HLA 影响宿主对自身免疫病的易感性的确切机制尚未完全阐明,其存在如下几方面可能:不同型别的HLA分子将自身抗原提呈给自身反应性T细胞并使其活化的能力存在差异;在胸腺发育过程中,某些型别的HLA不能很好地向发育中的T细胞提呈自身抗原,不能经历有效的阴性选择,导致相应的自身反应性T细胞克隆在个体成熟后依然存在;特定型别的HLA分子和微生物抗原肽之间还可能通过分子模拟的方式产生交叉反应,作为自身抗原促发自身免疫。

2. 与自身免疫病相关的其他基因　*HLA*基因并非自身免疫病唯一的相关遗传因素,还有其他基因影响其易感性。例如Fas/FasL基因缺陷者,其激活诱导的自身反应性淋巴细胞凋亡机制受阻,则易发生自身免疫性淋巴细胞增殖综合征、SLE等AID;IL-2基因缺陷可导致溶血性贫血或自身免疫性肠炎;CTLA-4基因异常的个体易患糖尿病、自身免疫性甲状腺炎和原发性胆管硬化;补体C1、C4或C2基因缺陷者,由于免疫复合物清除功能障碍,易患SLE等AID。

四、其他因素

性别、年龄、内分泌因素、精神因素(如应激)及机体状态(感染、创伤、营养不良)等对自身免疫病的发生均有一定影响。已有研究表明,AID的发生可能与性激素有关,AID多发于女性,女性发生SLE、多发性硬化症的可能性比男性大10～20倍,但是男性发生强直性脊柱炎的可能性比女性大3倍。AID的发病率随年龄增长而升高,这可能是由于老年人胸腺功能低下引起免疫功能紊乱所致,在60～70岁以上的老年人中,50%以上可以检测出一定水平的自身抗体。

第三节　自身免疫病的免疫损伤机制及典型疾病

一、自身抗体引起的自身免疫病

(一) 细胞膜或膜吸附成分的自身抗体介导的AID

针对细胞膜抗原或细胞膜吸附成分的自身抗体与靶细胞上的自身抗原结合,通过激活补体、调理促吞噬作用及ADCC作用等Ⅱ型超敏反应机制,导致靶细胞的裂解。如自身溶血性贫血是由抗红细胞表面抗原的IgG或IgM自身抗体与红细胞结合引起的溶血性贫血;药物引起的溶血性贫血是由抗药物半抗原的抗体与吸附于红细胞表面的药物半抗原结合引起的溶血性贫血;自身免疫性血小板减少性紫癜是由抗血小板表面成分的自身抗体与血小板结合引起的血小板减少性疾病;自身免疫性中性粒细胞减少症是由抗中性粒细胞的自身抗体与中性粒细胞结合后引起的中性粒细胞减少性疾病。

脾脏是清除包被自身抗体的红细胞、血小板或中性粒细胞的主要场所,因此脾脏切除是治疗自身溶血性贫血、自身免疫性血小板减少性紫癜和自身免疫性中性粒细胞减少症的一种方法。

(二) 细胞外基质抗原的自身抗体介导的AID

细胞外基质抗原的自身抗体与靶抗原结合,通过激活补体、趋化中性粒细胞和单核细胞、促进吞噬及局部释放炎症介质等方式,导致组织损伤。如肺出血肾炎综合征(Goodpasture's syndrome)是由抗Ⅳ型胶原的自身抗体引起的AID,Ⅳ型胶原广泛分布在肾脏、肺等组织的基底膜,抗Ⅳ型胶原的自身抗体分别与肾小球基底膜和肺泡基底膜结合,从而导致肾小球基底膜受损而发生肾炎、肺泡基底膜受损而发生肺出血。

(三) 细胞表面受体自身抗体介导的AID

自身抗体与细胞表面受体结合后,没有通过经典Ⅱ型超敏反应引起靶细胞的破坏,反而发挥模拟配体作用或竞争性阻断效应,从而增强或抑制靶细胞的功能,使靶细胞出现功能障碍。

1. 模拟配体作用　毒性弥漫性甲状腺肿(Graves病)患者血清中存在抗促甲状腺激素受体(TSHR)的IgG类自身抗体,该抗体与TSHR结合后,可模拟促甲状腺激素(TSH)的作用,刺激甲状腺细胞分泌过量甲状腺素，导致甲状腺功能亢进(图 19－1)。某些低血糖症患者体内产生的抗胰岛素受体的自身抗体(激动剂样)，与胰岛β细胞表面胰岛素受体结合，可发挥类似胰岛素的效应，引起低血糖症。

2. *竞争性阻断效应*　有些自身抗体与细胞表面受体特异性结合后，可以阻断天然配体与细胞受体的结合，或者改变受体结构，从而抑制受体的功能。例如，重症肌无力(myasthenia gravis，MG)是一种由自身抗体引起的、以骨骼肌进行性无力为特征的 AID，该病患者血清中存在抗乙酰胆碱受体的自身抗体，该抗体不但可竞争性抑制神经肌肉接头处的乙酰胆碱与受体的结合，并可促使乙酰胆碱受体内化、降解，从而使骨骼肌细胞对运动神经元所释放的乙酰胆碱的反应性进行性降低，阻碍了神经系统信号向肌肉的传递，出现以骨骼肌无力为特征的临床表现，病情进行性加重(图 19－2)。某些胰岛素耐受型糖尿病患者体内产生抗胰岛素受体的自身抗体(拮抗剂样)，此类抗体可竞争性抑制胰岛素与组织细胞表面的胰岛素受体结合，引发糖尿病。

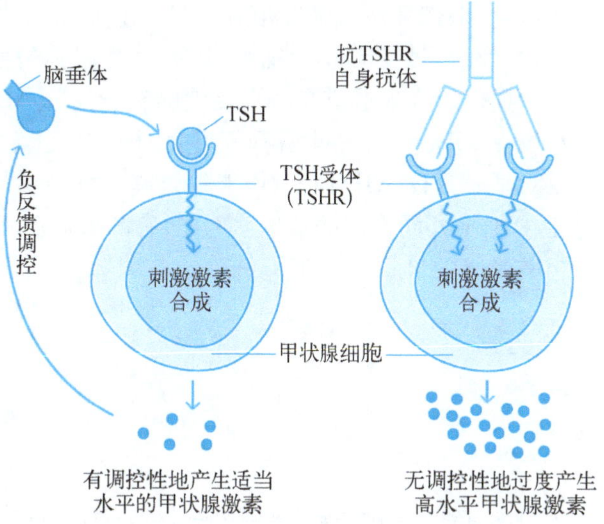

图 19－1　Graves 病自身抗体作用机制模式图

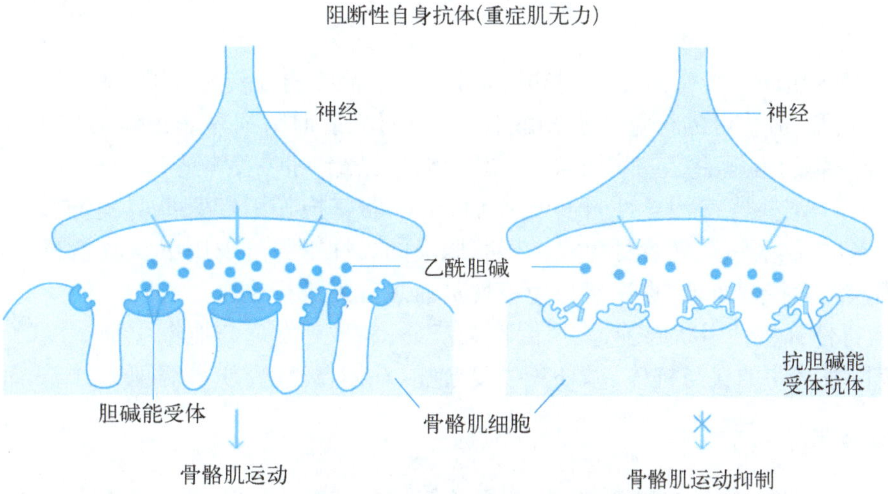

图 19－2　重症肌无力自身抗体作用机制模式图

(四) 自身抗原抗体复合物介导的 AID

某些可溶性自身抗原与相应的自身抗体结合形成中等分子大小的免疫复合物，随血流而沉积于某些组织部位，通过Ⅲ型超敏反应造成组织损伤，系统性红斑狼疮(SLE)是该类疾病的代表。SLE 患者体内持续产生针对自身 DNA、组蛋白等细胞核抗原的 IgG 类自身抗体，这些自身抗体与相应的核抗原结合，形成大量循环免疫复合物，沉积于皮肤、肾小球、关节、脑等器官的小血管壁，通过激活补体、趋化中性粒细胞聚集等机制导致广泛而严重的小血管炎性损伤，引起皮肤红斑、肾小球肾炎、关节炎及脑部损伤等多器官、多系统病变。损伤细胞释放的核抗原又刺激机体产生更多的自身抗体，进而形成更多的免疫复合物，使 SLE 病情不断加重。

二、自身反应性 T 细胞介导的自身免疫病

自身反应性 T 细胞在多种 AID(尤其是器官特异性 AID)的免疫损伤中起重要作用。$CD4^+$ Th1 细胞和 $CD8^+$ CTL 均可介导自身组织细胞的损伤，其中，自身反应性 $CD4^+$ Th1 细胞识别自身抗原后释放多种细胞因子，引起以淋巴细胞和单核-巨噬细胞浸润为主的炎性病变，直接或间接引起组织损伤；$CD8^+$CTL 能够特

异性识别、杀伤和裂解带有相应 MHC Ⅰ类分子-抗原肽复合物的靶细胞。胰岛素依赖型糖尿病(IDDM)患者体内存在自身反应性 T 细胞,其中,CTL 特异性杀伤胰岛 β 细胞,Th1 细胞产生细胞因子引起胰岛细胞的炎症性损伤。在实验性自身免疫性脑脊髓炎(EAE)模型中,髓磷脂碱性蛋白(MBP)特异性的 Th1 细胞在髓鞘部位受 MBP 蛋白活化后释放炎症因子,引起炎症细胞在髓鞘聚集,导致中枢神经系统的损害。

对某一具体 AID 而言,可能并非单一机制参与其免疫病理损伤,有的自身免疫病是自身抗体和自身反应性 T 细胞共同作用的结果。例如,有的重症肌无力患者体内既存在抗乙酰胆碱受体的自身抗体,也存在乙酰胆碱受体的自身反应性 T 细胞。

第四节　自身免疫病的治疗原则

目前,除了通过防治某些病原微生物感染可在一定程度上降低病原微生物相关的自身免疫病的发生率以外,所有自身免疫病都还没有有效可行的预防措施。在自身免疫病治疗方面,除了控制可能的发病诱因(如抗感染、避免精神压力和劳累等)以外,主要采用抗炎、免疫抑制和免疫调节药物,以控制免疫病理反应或抑制疾病进展,以缓解或减轻患者临床症状,提高生活质量,但均不能根治。治疗自身免疫病的理想方案是帮助免疫系统重新恢复对自身抗原的耐受,但迄今尚无法实现这一目标。

一、对症治疗

1. *抗炎治疗*　糖皮质激素具有免疫抑制和抗炎作用,是治疗自身免疫病的常用药。常用的有泼尼松、泼尼松龙、甲基泼尼松龙、氢化可的松等。水杨酸制剂、前列腺素抑制剂等非甾体类抗炎药具有止疼消炎作用,也常用于自身免疫病的常规治疗,常用的有阿司匹林、贝诺酯、吲哚美辛等。

2. *替代治疗*　对于某些器官特异性自身免疫病,由于器官损伤引起某些具有重要生理作用的物质减少,可进行替代治疗以控制病情。如自身免疫性甲状腺炎的黏性水肿可采用甲状腺素替代疗法;胰岛素依赖型糖尿病患者需用胰岛素控制血糖;重症自身免疫性贫血患者需进行输血。

3. *血浆置换*　毒性弥漫性甲状腺肿、类风湿性关节炎、SLE 等发病与血液中高滴度的自身抗体有关,可通过血浆置换以清除血浆中的自身抗体、循环免疫复合物、补体、炎症介质等病理成分,从而缓解病情。

二、免疫抑制治疗

1. *抑制细胞代谢*　硫唑嘌呤、环磷酰胺、甲氨蝶呤等抑制细胞代谢的药物可杀伤快速增殖的细胞,抑制自身反应性淋巴细胞的增殖和分化,从而控制自身免疫反应。该类药物通常与糖皮质激素类药物联合应用,但此类药物对正常增殖的细胞也有一定毒性作用,其应用受到一定限制。

2. *真菌代谢产物*　环孢霉素 A(cyclosporin A, CsA)和 FK506(他克莫司)均为来自真菌的代谢产物,为临床常用的免疫抑制剂。其通过抑制 IL-2 基因转录,阻断 IL-2 的合成和分泌,抑制 T 细胞的增殖和分化,从而选择性抑制 T 细胞介导的细胞免疫。此类药物一般用于治疗由自身反应性 T 细胞介导的自身免疫病,如 IDDM、EAE 和牛皮癣等。

三、免疫生物治疗

1. *单克隆抗体治疗*　单克隆抗体已成功应用于多种 AID 的治疗。例如,抗 CD4 和抗 CD25 单抗可用于治疗 EAE、IDDM、SLE 和 RA 等疾病;抗 TCR 单抗或抗 MHC 单抗可用于治疗 EAE;抗 TNF-α 单抗可用于治疗 RA;抗 CD52 单抗可用于治疗多发性硬化症和 Wegener 肉芽肿等。

2. *T 细胞疫苗*　自身抗原特异性 T 细胞作为疫苗接种机体,诱导机体生成针对效应 T 细胞受体独特型的抑制性 T 细胞,从而抑制自身免疫反应。用于人类 SLE、RA 等自身免疫病的 T 细胞疫苗、TCR 多肽疫苗、基因疫苗等主动免疫措施及方法,尚在研究中。

3. 阻断自身抗原肽与 MHC 的结合　自身抗原要刺激 T 细胞活化，必须通过 APC 加工、处理后，通过形成 MHC-自身抗原肽复合物，才能提呈给 T 细胞识别。阻断自身抗原肽与 MHC 分子的结合，就可能抑制自身反应性 T 细胞的活化。例如，用抗 MHC 单抗与 MHC 分子特异性结合，可以阻断抗原肽与 MHC 结合；设计与自身抗原类似的多肽片段，可以同自身抗原竞争性与 MHC 分子结合。

4. 阻断协同刺激信号　CTLA-4Ig，商品名 Abatacept，是由人 CTLA-4 胞外部分和人 IgG1Fc 段形成的融合蛋白，能竞争性地与 APC 细胞表面 CD80/CD86 结合，进而抑制 CD80/CD86 分子与 T 细胞表面的 CD28 结合，使 T 细胞不能被完全活化。美国 FDA 已在 2005 年 12 月批准 Abatacept 应用于治疗类风湿关节炎。

5. 细胞因子治疗　许多自身免疫病的免疫机制中存在 Th1 和 Th2 细胞功能失衡现象，应用相应细胞因子或细胞因子拮抗剂来调节 Th1 和 Th2 细胞的功能，就有可能辅助治疗 AID。例如，应用 IL-4、IL-10 等 Th2 型细胞因子就可抑制 EAE 的发展。另外，针对某些 AID 中引起炎症的细胞因子，其抑制剂、抗体或重组受体等可用于相应 AID 的治疗，如 TNF-α 抑制剂或 TNF-α 抗体可用于 RA 的治疗。

6. 造血干细胞移植　由于自身免疫病的发生与患者免疫细胞异常有关，因此借助造血干细胞移植(hematopoietic stem cell transplantation，HSCT)，以重建患者的免疫系统，就有可能治愈某些自身免疫病。对于常规治疗无效的重症自身免疫病，HSCT 是一可供选择的方案，可使病情达到短期或中期缓解，但移植后仍有 30%的复发率。

7. 口服自身抗原诱导耐受　研究表明，经肠道吸收的抗原容易引起相应淋巴细胞克隆失活，即产生经口耐受现象。近年来，有许多利用口服自身抗原诱导免疫耐受、以尝试治疗某种 AID 的研究。例如，口服重组胰岛素防治糖尿病、口服Ⅱ型胶原防治 RA、口服髓磷脂碱性蛋白(MBP)缓解 EAE 或多发性硬发症等机制及措施均在研究中，值得期待。

小　结

自身免疫病是指在某些内因和外因的诱发下，自身耐受状态被打破，持续迁延的自身免疫导致自身细胞破坏、组织损伤或功能异常而导致的临床病症。自身免疫病可分为器官特异性自身免疫病和全身性自身免疫病。自身抗体和自身反应性 T 细胞介导的对自身细胞或自身成分的免疫应答是自身免疫病发生的原因。自身抗体通过Ⅱ型和Ⅲ型超敏反应机制破坏自身细胞、改变细胞受体功能、攻击细胞外成分和形成免疫复合物等方式引发自身免疫病；自身反应性 T 细胞通过Ⅳ型超敏反应，引起靶细胞破坏或炎症性损伤而引发自身免疫病。自身免疫的抗原、机体免疫系统的功能以及个体自身免疫相关的遗传因素等共同作用，导致了自身免疫病的发生。自身免疫病主要采用抗炎、免疫抑制和免疫调节药物等治疗，可缓解或减轻临床症状，但不能根治。

复习题

1. 名词解释

免疫耐受　自身免疫　自身免疫病　免疫隔离部位　分子模拟

表位扩展　免疫忽视　器官特异性自身免疫病　全身性自身免疫病

2. 简答题

(1) 试述自身免疫病的分类及特征。

(2) 自身免疫病的免疫损伤机制及典型疾病有哪些?

(3) 自身免疫病发生的相关因素有哪些?

(4) 试述自身免疫病的治疗原则。

(5) 自身免疫病的治疗手段以抗炎为主，治标不治本，请根据所学免疫学知识，设计一套以治本为目的的自身免疫病的免疫生物治疗方案。

(陈　全)

第二十章

免疫缺陷病

免疫缺陷病(immunodeficiency disease, IDD)是免疫系统因先天发育不良或后天损害导致免疫功能障碍而出现的一组临床综合征。根据病因性质,可分为两类:一类是原发性免疫缺陷病(primary immunodeficiency disease, PIDD),又称先天性免疫缺陷病(congenital immunodeficiency disease, CIDD),是由先天遗传缺陷或发育障碍所致;另一类是获得性免疫缺陷病(acquired immunodeficiency disease, AIDD),又称继发性免疫缺陷病(secondary immunodeficiency disease, SIDD),是由后天因素造成的免疫功能障碍所引起。

免疫缺陷病的临床表现和病理机制复杂多样,但具有如下共同特征:① 易感染:因免疫防御功能受损,机体易发生各种病原微生物感染。体液免疫缺陷者,易感染夹膜细菌和化脓性细菌;细胞免疫缺陷者,易感染病毒、真菌和其他胞内微生物;联合免疫缺陷者,则对所有微生物易感。② 易发生肿瘤:因免疫监视功能障碍,尤其是T细胞功能缺陷者,对病毒所诱发的肿瘤发病率增加。③ 原发性免疫缺陷病常伴有自身免疫病。

第一节 原发性免疫缺陷病

原发性免疫缺陷种类较多,发病机制复杂。先天固有成分缺失,免疫细胞发育异常,或成熟淋巴细胞应答缺陷等皆可导致原发性免疫缺陷。按累及成分分为获得性免疫缺陷和固有免疫缺陷。获得性免疫缺陷主要包括T细胞缺陷、抗体缺陷、联合免疫缺陷。固有免疫缺陷主要包括补体缺陷和细胞吞噬缺陷(表20-1)。

表20-1 常见的原发性免疫缺陷病

疾病	发病机制	缺陷表征
1. 抗体缺陷		
X-连锁无丙种球蛋白血症	*Btk* 基因突变,前B细胞不能继续发育	Ig含量低或检测不到,B细胞数量减少
选择性免疫球蛋白缺陷病	原因不明	血清Ig某类或亚类含量低下
X-连锁高IgM综合征	*CD40L* 基因突变,抗体类别转换缺陷	血清IgM高,无生发中心形成
2. T细胞缺陷		
儿童DiGeoge综合征	胸腺发育不良,T细胞成熟缺陷	外周血T细胞缺失或数量低,对多克隆激活剂刺激无应答
T细胞活化和功能障碍	*CD3γ* 或 *ε* 基因突变、ZAP70基因突变,TCR信号转导缺陷,IL-2受体缺乏等	细胞免疫缺陷,易感染病毒和胞内菌
3. 重症联合免疫缺陷		
ADA或PNP缺陷型SCID	*ADA* 或 *PNP* 基因突变,淋巴细胞成熟障碍	T、B细胞数量减少
AK2缺陷型SCID	*AK2* 基因突变,淋系和髓系前体细胞发育缺陷	T、B细胞和大多数髓系细胞缺乏
X-连锁SCID	γ链基因突变,T细胞和NK细胞发育受损	成熟的T细胞和NK细胞数量低下

续表

疾病	发病机制	缺陷表征
抗原受体基因 V(D)J 重组缺陷所致的 SCID	*RAG*1、*RAG*2 和 *ARTEMIS* 基因突变	T、B 细胞缺失
Omenn's 综合征	RAG、ARTEMIS 或 IL7RA 的次形态突变	T、B 细胞产生受限，免疫失调
T 细胞活化缺陷所致的 SCID	*ORAI1* 基因突变，钙离子功能障碍，T 细胞的活化受阻	T 细胞的活化障碍
Wiskott-Aldrich 综合征	*WASP* 基因突变，淋巴细胞活化障碍	TI－Ag 刺激无抗体应答，淋巴细胞数量下降
毛细血管扩张性共济失调综合征	*ATM* 基因突变，抗体类别转换障碍	共济失调，毛细血管扩张，神经功能缺失，肿瘤发病率增高，Ig 和 IgG 水平下降
4. 补体系统缺陷		
C2 和 C4 缺陷	补体活化缺陷，循环免疫复合物清除受阻	易患系统性红斑狼疮
遗传性血管神经性水肿	C1 抑制因子缺陷，C1 活化失控，C2a 过多	皮下组织、黏膜水肿
阵发性夜间血红蛋白尿	*PIG－A* 基因突变，红细胞表面 DAF 和 CD59 缺陷，补体介导的溶血	晨尿血红蛋白，慢性溶血性贫血
5. 吞噬细胞缺陷		
慢性肉芽肿	*phox－91* 突变，吞噬细胞对吞噬细菌的杀伤功能受损	反复感染产生过氧化氢酶的胞内菌和真菌
白细胞黏附缺陷	*CD18* 等基因突变，白细胞与内皮细胞间黏附缺陷，无法进入感染位点	严重的牙周炎和其他类型的反复感染，且无脓液
Chédiak-Higashi 综合征	*LYST* 基因突变，吞噬细胞功能障碍，NK 细胞和 CTL 功能受损	吞噬细胞和淋巴细胞含有巨大的溶酶体，反复的化脓性细菌感染

一、抗体缺陷

抗体缺陷是指因 B 细胞先天缺陷所导致的抗体生成异常。包括 B 细胞发育、活化和抗体产生障碍。某些抗体缺陷还伴有巨噬细胞和抗原提呈细胞活化障碍。

1. X－连锁无丙种球蛋白血症(X-Linked agammaglobulinemia, XLA) XLA 是最常见的原发性免疫缺陷病，也是典型的 B 细胞发育障碍。因 Ogden Carr Bruton 首先报道该病，故又称 Bruton 病，多见于男性婴幼儿。其发病机制为编码 Bruton 酪氨酸激酶(Bruton tyrosine kinase, Btk)的基因发生突变或缺失，导致骨髓中的前 B 细胞不能发育为成熟 B 细胞。Btk 参与前 B 细胞受体(pre－BCR)的信号传递，是前 B 细胞存活和分化所必需成分。本病特征为血液中缺乏丙种球蛋白，患者血清 Ig 含量极低或检测不到，外周血和淋巴组织 B 细胞数量少或缺如，淋巴结无生发中心，组织中无浆细胞。而 T 细胞的数量和功能通常正常。临床表现为反复、严重的化脓性感染。患者中约 20%伴有自身免疫紊乱，其原因尚不清楚。丙种球蛋白的输注可极大减少患者的并发感染。

2. 选择性免疫球蛋白缺陷病(selective immunoglobulin isotype deficiencies) 选择性 IgA 缺陷最常见。通常是零星偶发，但也发现有常染色体显性和隐性遗传的家族案例。其发病机制为 B 细胞分化为分泌 IgA 的浆细胞过程受阻，而重链 α 基因和膜结合型 IgA 表达正常。小部分患者发现有 BAFF(B cell-activating factor)和 APRIL(a proliferation-inducing ligand)受体突变。IgA 缺陷患者血清 IgA<50μg/mL(正常值为 2～4mg/mL)，分泌型 IgA 含量极低，而 IgG 和 IgM 正常或略高，细胞免疫功能正常。多数患者无明显症状，或仅有黏膜系统的反复感染，只有极少数患者表现为严重的反复感染，肠道和呼吸道的永久损伤。患者常伴有自身免疫紊乱。

3. X－连锁高 IgM 综合征(X-linked hyper-IgM syndrome) 该病是一种罕见的 X 连锁隐性遗传疾病，多见于男性。其发病机制为 CD40L 基因突变，致使 T 细胞膜上的 CD40L 不能与 B 细胞 CD40 结合，造成抗体类别转换障碍。患者临床表现与丙种球蛋白不足血症相似。同时也表现出细胞免疫缺陷，易感染胞内真菌耶氏肺孢子虫。有极少数高 IgM 综合征患者为常染色体隐性遗传。如 CD40 或激活诱导的脱氨酶(activation-induced deaminase, AID)遗传缺陷，可导致体细胞突变和抗体类别转换障碍，造成高 IgM 综合征。另外,尿嘧啶-N-糖基化酶(uracil N-glycosylase, UNG)突变亦可引起高 IgM 综合征。UNG 在体细胞突变和重链类别转换中负责从 IgG 基因去除 U 碱基,其缺失导致类别转换缺陷。

二、原发性 T 细胞缺陷

原发性 T 细胞缺陷包括 T 细胞发育、活化和功能障碍。T 细胞缺陷直接导致细胞免疫缺陷,也间接影响体液免疫和天然免疫功能。常见的原发性 T 细胞缺陷有:

1. DiGeoge 综合征(DiGeoge syndrome) DiGeoge 综合征是最常见的儿童胸腺发育障碍。该病是由于胚胎第 3 和第 4 咽囊发育障碍,造成胸腺和甲状旁腺等器官发育不良,T 细胞不能成熟而致细胞免疫缺陷。患儿还表现为低血钙、肌肉抽搐、大血管和面部畸形等。患者外周血 T 细胞缺失或数量不足,T 细胞对多克隆激活剂或混合淋巴细胞反应无应答。抗体水平通常正常,但在严重感染时其水平可能减少。患者易感染分枝杆菌、病毒和真菌。胚胎胸腺移植或骨髓移植可以治疗 DiGeoge 综合征。由于 T 细胞可在胸腺外组织中成熟,故随年龄增长病情可自然缓解,5 岁前常可恢复正常水平。

2. T 细胞活化和功能障碍 T 细胞活化和功能相关分子的表达缺陷可造成 T 细胞活化和功能障碍,包括 CD3 的 γ 或 ε 基因突变导致的 TCR 复合体功能受损、ZAP70 基因突变引起的 TCR 信号转导缺陷、IL-2 和 IFN-γ 合成减少、IL-2 受体缺乏、*WASP* 基因突变导致的肌动蛋白重排缺陷等。

三、原发性联合免疫缺陷

原发性联合免疫缺陷是指体液免疫和细胞免疫两者均先天缺陷,是一类因 T、B 细胞均发育障碍或缺乏细胞间相互作用而导致的疾病。其中,外周 T 细胞绝大多数丢失或缺陷者称为重症联合免疫缺陷病(severe combined immuno-deficiency disease, SCID)。

SCID 包括常染色体隐性和 X 连锁隐性遗传疾病,主要由 T 细胞发育障碍所致。T、B 细胞发育过程复杂,不同环节的缺陷可导致各种不同形式的 SCID,其中约 50% SCID 为常染色体隐性遗传,其余 50%为 X 性连锁隐性遗传。

1. X 连锁 SCID 是最常见的重症联合免疫缺陷病,多发于男性患儿。其致病机制是编码细胞因子 IL-2、IL-4、IL-7、IL-9 和 IL-15 受体的公用 γ 链基因突变,导致细胞因子信号传递受阻,T 细胞与 NK 细胞发育和成熟障碍。表现为成熟 T 细胞和 NK 细胞数量极大下降,而体液免疫也因缺少 T 细胞帮助而发生缺陷,从而发生 SCID。

2. ADA 缺陷和其他核苷代谢缺陷所致的常染色体隐性 SCID ADA 缺陷导致的 SCID 是最常见的常染色体隐性 SCID。ADA 在嘌呤合成的补救途径中催化腺苷和脱氧腺苷转化为次黄嘌呤和脱氧次黄嘌呤。该酶缺陷导致脱氧腺苷和其前体 S-腺苷高半胱氨酸以及脱氧腺苷三磷酸的蓄积,造成 DNA 合成抑制等多种毒性效应。而发育中的淋巴细胞降解脱氧腺苷三磷酸的效率低下,因此对 ADA 缺陷特别敏感。患者 T、B 细胞数量减少;淋巴细胞数目出生时正常,一年内急剧下降。部分患者的 T 细胞数量虽接近正常,但对抗原刺激无反应。ADA 缺陷病还表现为耳聋、肋软骨异常、肝损伤和行为障碍。

嘌呤核苷磷酸化酶(purine nucleoside phosphorylase, PNP)缺陷也可引起 SCID。PNP 催化次黄嘌呤核苷转化为次黄嘌呤和鸟苷转化为鸟嘌呤。PNP 缺陷导致脱氧鸟苷和三磷酸脱氧鸟苷的蓄积,毒害未成熟的淋巴细胞(主要是 T 细胞)。患者还表现为自身免疫性溶血性贫血和进行性的神经功能恶化。

腺苷酸激酶 2(adenylate kinase2, AK2)基因突变亦可发生 SCID。AK2 蛋白调节细胞腺苷磷酸化水平,其突变致使淋系和髓系前体细胞凋亡增加,造成淋系和髓系前体细胞发育缺陷。该病较为罕见,表现为网状组织发育不良,T、B 细胞和大多数髓系细胞(包括粒细胞)缺失。

3. 抗原受体基因 V(D)J 重组缺陷所致的 SCID 是一种罕见的常染色体隐性 SCID。RAG1 和 RAG2 基因编码的蛋白参与了 V(D)J 重组,而 ARTEMIS 基因则编码重组过程所需的核酸内切酶,它们突变将导致重组失败,TCR 前体和 BCR 前体表达缺陷,T、B 细胞发育停滞。患儿表现为 T、B 细胞缺失,免疫功能严重受损。参与 DNA 修复和非同源末端连接的蛋白基因突变也会造成 V(D)J 重组失败,导致 SCID。

Omenn's 综合征是由 RAG, ARTEMIS 或 IL7RA 突变引起。突变使其蛋白功能部分降低,T、B 细胞产生受限，免疫失调。该病的表征与上述 SCID 明显不同，其表现为免疫缺陷与过度的免疫活化和自身免疫同时存在，可能是调节性 T 细胞相对缺少，或未成熟 B 细胞的 V(D)J 重组下降，受体编辑缺陷所致。

4. MHC Ⅱ类分子缺陷病　又称裸淋巴细胞综合征，是一组罕见的常染色体隐性 SCID。大多数是因调节 MHC Ⅱ类基因转录的基因发生突变所致。如 MHC Ⅱ类分子反式激活因子（MHC class Ⅱ molecule transactivator，CⅡTA）基因突变，可导致 MHC Ⅱ类分子表达下降、APC 不能活化 $CD4^+$ T 细胞。患者的专职 APC 几乎不或完全不表达 MHC Ⅱ类分子，但其 MHC Ⅰ类分子表达基本正常。抗原提呈失败可造成 T 细胞阳性选择缺失，成熟 $CD4^+$ T 细胞数量减少或外周活化障碍。患者表现为 DTH 反应缺陷，TD－Ag 刺激无抗体应答。患儿在出生后一年内发病，如不进行骨髓移植，通常是致命的。

5. 其他 SCID

（1）Wiskott-Aldrich 综合征（Wiskott-Aldrich Syndrome，WAS）：WAS 属 X 连锁隐性遗传，是由 WASP（Wiskott-Aldrich Syndrome protein，WASP）基因突变引起。WASP 仅表达于髓源性细胞的细胞质，通过与抗原受体信号通路的下游蛋白相互作用，调节肌动蛋白的重排。WASP 突变导致抗原受体依赖的肌动蛋白重排受阻，致使淋巴细胞的活化和突触形成障碍，白细胞移动性缺陷。该病临床表现为湿疹、血小板减少和反复的细菌感染，并随年龄增长，患者免疫缺陷表型加重。

（2）毛细血管扩张性共济失调综合征（Ataxia-Telangiectasia syndrome，ATS）：ATS 是多系统紊乱的免疫缺陷病，属常染色体隐性遗传，是位于第 11 号染色体上的 ATM（ataxia-telangiectasia mutated，ATM）基因突变所致。ATM 是一种蛋白激酶，在结构上与磷脂酰肌醇 3－激酶（PI3K）相联系。ATM 在 DNA 双链断裂时可活化细胞周期检查点和细胞凋亡，同时在 V(D)J 重组中也具有稳定双链 DNA 断裂复合体的作用。上述 DNA 修复异常，将导致抗原受体产生障碍。而在抗体类别转换过程中，DNA 的重组和修复也需要 ATM 蛋白、MER11（减数分裂重组蛋白 11）和其他蛋白参与，这些蛋白的基因突变将导致抗体类别转换障碍，IgA、IgG 和 IgE 水平下降。该病主要表现为共济失调，毛细血管扩张，神经功能缺失，免疫缺陷，肿瘤发病率增高和多种自身免疫现象。

（3）T 细胞活化缺陷所致的 SCID：较为罕见，由 T 细胞活化相关的基因突变所致。钙离子释放-激活离子通道（Ca^{2+}-release-activated channel，CRAC）负责胞外钙离子内流，对于 T 细胞活化至关重要。其组成成分 ORAI1 突变将导致通道功能障碍，T 细胞活化受阻。STIM1 是内质网膜上钙离子感受器和 CRAC 通道的激活分子，其突变也同样可导致 T 细胞活化缺陷。携带上述两种突变的患者表现为 T 细胞发育正常，但 T 细胞不能活化，从而发生 SCID。

四、原发性补体系统缺陷

补体系统，包括固有成分、调节蛋白和补体受体均可发生遗传缺陷，引起各种疾病。补体缺陷的典型表现为反复的细菌感染，特别是荚膜细菌和奈瑟属细菌感染，同时也表现为易患自身免疫病，尤其是系统性红斑狼疮。人类补体缺陷既有遗传性的，也有自发性的。

1. 补体固有成分缺陷　补体经典途径成分包括 C1q、C1r、C1s、C4、C2、C3、C5、C6、C7、C8、C9。其中 C2 缺陷最常见。

（1）C2 和 C4 缺陷：超过 50%的 C2 和 C4 缺陷患者发展为系统性红斑狼疮，其确切原因不明，可能与补体活化缺陷，循环免疫复合物和凋亡小体清除失败相关。C2 和 C4 缺陷通常并不伴随感染的增加，这间接说明旁路途径和 Fc 受体介导的效应机制足以防御微生物入侵。

（2）C3 及其他固有成分缺陷：C3 在调理吞噬和破坏病原微生物中的具有重要作用，其缺陷可导致致命的化脓性细菌反复感染。C5、C6、C7、C8 和 C9 缺陷也时有发生，这类患者易发生持续的奈瑟属细菌感染。P 因子和 D 因子缺陷可导致对化脓性细菌易感。MBL 基因突变也可导致细菌易感性增加。

2. 补体调节蛋白缺陷　可导致补体异常活化和各种与其相关联的临床病变。

（1）C1 抑制因子缺陷病（C1INH）：属常染色体显性遗传，又称遗传性血管神经性水肿。由于 C1 活化失控，C2 裂解产物 C2b 增加，使血管通透性增高，患者表现为断断续续的急性皮下组织和黏膜水肿，腹痛，呕吐，腹泻，当气管阻塞时可致窒息死亡。C1 抑制因子缺陷还造成缓激肽增多，与 C2b 共同介导水肿形成。

(2) 衰变加速因子(DAF)和 CD59 缺陷：二者皆属细胞膜蛋白，均借助糖基化的磷脂酰肌醇(GPI)锚定于内皮细胞和红细胞表面，具有抑制补体溶细胞效应作用。当与蛋白-脂连接相关的 N-乙酰葡糖胺转移酶基因(PIG-A)发生突变，细胞表面不能表达 DAF 和 CD59，致使细胞因缺乏保护而发生补体介导的溶血。该病又称阵发性夜间血红蛋白尿(paroxysmal nocturnal hemoglobinuria, PNH)。反复的血管内溶血会导致慢性溶血性贫血和静脉血栓形成。该病是造血干细胞突变所致，不会遗传。

(3) I 因子缺陷：可导致患者液相 C3 转化酶形成上调，血浆 C3 被消耗殆尽，易患化脓性细菌感染。

(4) H 因子缺陷：其特征为过度的旁路途径活化，C3 耗竭，循环免疫复合物清除障碍所致的肾小球肾炎和补体副产物的肾脏沉积。另外 H 因子缺陷还可引起溶血性尿毒症综合征。特定的 H 因子等位基因突变体还与老年性黄斑变性高度相关。

3. 补体受体缺陷

(1) CR1 缺陷：CR1 主要表达于红细胞和吞噬细胞，在免疫复合物清除过程中发挥重要作用。CR1 缺陷减弱其清除作用，引发免疫复合物型自身免疫病。

(2) CR3 和 CR4 缺陷：二者均是整合素 CD18/CD11 家族的 β 链(CD18)基因突变所致。该病又称白细胞黏附缺陷病。由于感染部位中性粒细胞与血管内皮细胞间的黏附障碍和 iC3b 依赖的细菌吞噬受损，其表现为反复的化脓性感染。

五、原发性吞噬细胞缺陷

原发性吞噬细胞缺陷包括中性粒细胞和单核巨噬细胞数量减少及功能障碍。吞噬功能涉及细胞黏附、吞噬和细菌杀伤环节，其缺陷导致将患者易患化脓性细菌感染。

1. 慢性肉芽肿(chronic granulomatous disease, CGD)　CGD 是由编码吞噬细胞氧化酶复合体的成分突变所致。该病临床罕见，其中约三分之二患者表现为 X 连锁的隐性遗传，其余则为常染色体隐性遗传。

最常见的 X 连锁 CGD 是由 phox-91 基因突变引起。phox-91 是分子质量为 91 KDa 的膜蛋白，是细胞色素 b558 的 α 亚基，其突变使活性氧(reactive oxygen species, ROS)分子超氧阴离子生成受阻。其他吞噬细胞氧化酶复合物成分突变，则为常染色体隐性 CGD。这些酶复合物成分的突变，导致 ROS 生成障碍，吞噬细胞对吞噬细菌的杀伤功能受损。

CGD 患者表现为儿童期反复感染产生过氧化氢酶的胞内菌和真菌。其机制为：这类病原生物的过氧化氢酶可以破坏宿主细胞从其他活性氧超氧化物生成的过氧化氢，严重抑制吞噬细胞的杀菌作用，使感染无法控制，从而刺激产生慢性的细胞免疫应答，导致 T 细胞介导的巨噬细胞活化和浸润，在感染部位形成化脓性肉芽肿。该病即使采用抗生素治疗，通常也是致命的。

IFN-γ 能增强 phox-91 基因转录和刺激其他氧化酶复合体的成分，可刺激正常中性粒细胞和 CGD 中性粒细胞超氧化物的产生。因此，IFN-γ 广泛用于 X 连锁 CGD 的治疗。

2. 白细胞黏附缺陷(leukocyte adhesion deficincy, LAD)　该病属常染色体隐性遗传，是因白细胞与内皮细胞间黏附分子缺陷所致。其表现为白细胞，特别是中性粒细胞，无法进入感染位点，导致婴幼儿期严重的牙周炎和其他类型的反复感染，且无脓液。不同的基因突变可造成不同类型黏附缺陷。

(1) LAD-1：因 CD18 基因突变致使 β2 整合素表达缺陷，造成白细胞与其他细胞间的相互作用障碍所致。患者绝大多数依赖黏附的白细胞功能异常，包括与内皮组织的附着、中性粒细胞的聚集和趋化、吞噬和细胞毒作用。其主要临床表现为反复的细菌和真菌感染，伤口难以愈合。

(2) LAD-2：因白细胞表面缺乏 sialyl Lewis X(SLeX)所致。SLeX 是位于中性粒细胞和其他白细胞表面的四糖配基，负责与活化的内皮组织表面 E-选择素和 P 选择素结合。其发病机制为 GDP-岩藻糖转运蛋白发生突变，岩藻糖不能转运到高尔基复合体，造成是 SLeX 合成缺陷，致使白细胞无法与内皮组织附着、滚动，不能进入感染位点，清除病原微生物。由于岩藻糖也是 H-糖脂(ABO 血型系统的核心抗原)的核心组成成分，该突变还可造成无 ABO 血型抗原的孟买血型。其临床表现与 LAD-1 相似。

(3) LAD-3：由细胞信号传递障碍，导致整合素不能活化所致。如 KINGLIN-3 基因发生突变，不能与整合素的胞质部分结合，信号无法传递，引起趋化因子诱导的整合素活化障碍，致使白细胞不能与内皮组织牢固结合。KINGLIN－3 基因突变还可导致血小板整合素功能障碍，血流加快。

（4）Chédiak-Higashi 综合征：是一种罕见的常染色体隐性遗传病。其发病机制为溶酶体运输调节蛋白 LYST 基因发生突变，导致吞噬细胞的吞噬小体-溶酶体融合缺陷、黑素细胞的黑素小体形成障碍、神经系统细胞和血小板溶酶体异常。一些中性粒细胞前体在成熟前即死亡，可导致中度的白细胞减少症。而成熟的中性粒细胞，其溶酶体酶表达水平降低，杀菌活性减弱。这些细胞的趋化性和吞噬功能亦发生障碍。患者的吞噬细胞和淋巴细胞胞内含有巨大的溶酶体，NK 细胞功能受损，CTL 功能亦有不同程度的缺陷。其临床表现为反复的化脓性细菌感染、眼-皮肤白化病和各器官的非瘤性淋巴细胞浸润。

第二节 继发性免疫缺陷病

继发性免疫缺陷病（acquired/secondary immunodeficiencies）是指出生后由非遗传因素所引起的免疫功能低下。多种因素皆可导致继发性免疫缺陷，主要可分为两类：一是由其他疾病造成的免疫抑制所引起，包括感染、恶性肿瘤、严重营养不良等；二是由治疗其他疾病所导致的医源性免疫功能缺陷，包括免疫抑制剂使用不当、放射性损伤等。本节重点介绍 HIV 感染引起的获得性免疫缺陷综合征。

一、获得性免疫缺陷综合征

获得性免疫缺陷综合征（acquired immunedeficiency syndrome，AIDS）是由人类免疫缺陷病毒（human immunodeficiency virus，HIV）感染所引起的严重免疫缺陷病，其临床特征为深度的免疫缺陷伴发机会感染、恶性肿瘤、消瘦和中枢神经系统病变。

自 1981 年美国发现首例 AIDS 病例，HIV 在全球蔓延，累计已造成数千万感染者和超过 3 千万人死亡。2013 年，全球存活的感染者约 3 500 万，死亡 150 万，新增病例 210 万。我国 1985 年发现第一例 AIDS，截至 2014 年底，已报告的 HIV 感染者达 75.1 万，其中死亡 15.4 万，当年新发感染 10.4 万，疫情呈上升趋势。

HIV 主要存在于感染者的血液、精液、阴道分泌物、乳汁中。人群对 HIV 普遍易感，其主要传播途径有：① 性接触：最常见的传播模式，包括异性性接触和男同性性接触；② 母婴传播：占儿童感染的大多数。主要发生在子宫和分娩过程中。母乳也可能传播；③ 血液传播：也是一种常见的 HIV 传播模式。其中共用针具静脉吸毒占感染的绝大多数。临床上的介入性医疗操作、输血或血液制品污染造成的感染也占一部分。

目前，全球尚未出有效的 HIV 疫苗或治愈方法，但已发展出有效的抗病毒治疗方案。

（一）HIV 的生物学特性

HIV 属动物反转录病毒，分为 HIV－1 和 HIV－2 两型，其中 HIV－1 是最主要的病原体，约占 AIDS 的 95%。目前已知的病毒毒株，均源自喀麦隆的黑猩猩与大猩猩。

HIV 病毒颗粒由核心和外膜组成。外膜是源于宿主细胞膜的磷脂双分子层，上面镶嵌有病毒编码的包膜蛋白 gp120 和 gp41。核心内含两条相同的病毒 RNA 链、反转录酶、整合酶和病毒蛋白酶，外面包裹着衣壳蛋白和基质蛋白。HIV 基因组 RNA 全长 9.2 kb，除编码病毒自身组成、复制和感染所需基因外，还编码调节逃逸宿主免疫的基因。

HIV 可感染多种免疫细胞，包括 $CD4^+$ T 细胞、巨噬细胞和树突状细胞，并能长期潜伏于胞内，产生短期的细胞病理效应，引起慢性进行性的致命疾病。

（二）HIV 致病机制

1. HIV 感染免疫细胞机制　HIV 主要感染宿主 $CD4^+$ T 细胞及其他表达 CD4 分子的巨噬细胞和树突状细胞。病毒的包膜蛋白 gp120 和 gp41 蛋白构成复合体，介导病毒颗粒与宿主细胞的融合。首先病毒通过其外膜上的 gp120 与宿主细胞表面的 CD4 分子结合，然后其构象改变，与趋化因子受体 CXCR4 和 CCR5 结合，接着 gp41 构象改变而活化，暴露其 N 端的融合肽，融合肽直接嵌入宿主细胞膜，使病毒包膜与宿主细胞膜融合，病毒核心进入胞内，宿主细胞被感染。感染细胞表面的 gp120 和 gp41 蛋白还可介导与表达 CD4 分子和趋化因子受体的未感染细胞融合，导致 HIV 基因组在细胞间直接扩散(图 20-1)。

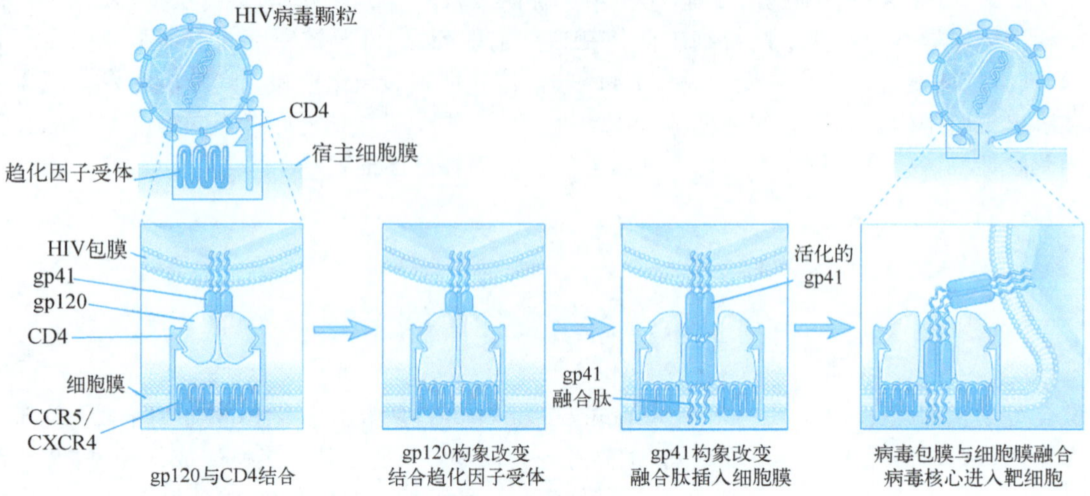

图 20-1 HIV 侵入细胞示意图

病毒颗粒一旦进入细胞，病毒即被激活，开始复制增殖过程。细胞因子和其他 T 细胞与巨噬细胞的激活物均可增强病毒基因的转录。

2. *HIV 导致免疫缺陷机制* HIV 感染最终将损害机体的获得性免疫系统和固有免疫系统，造成免疫缺陷。其中最主要的是细胞免疫缺陷。

(1) HIV 感染造成患者 $CD4^+$ T 细胞丢失：HIV 大量增殖是导致感染的 $CD4^+$ T 细胞死亡的主要原因，尤其是在感染的早期阶段。HIV 对 $CD4^+$ T 细胞的毒性效应表现为：① 病毒颗粒的组装和释放过程中，细胞膜被损害，其流动性增加，致死剂量的钙离子内流，导致细胞被渗透裂解或细胞凋亡；② 病毒颗粒的产生干扰细胞蛋白合成，导致细胞死亡；③ 感染细胞和未感染细胞可通过 gp120-CD4 相互作用融合为多核巨细胞，该过程对二者都是致死性的。其他导致 $CD4^+$ T 细胞丢失和功能丧失的可能机制包括：活化诱导的淋巴细胞凋亡——未感染的 $CD4^+$ T 细胞被感染和感染诱生的细胞因子慢性活化，导致细胞凋亡；HIV 特异性的 CTL 杀伤感染细胞，造成 $CD4^+$ T 细胞数量减少；HIV 特异性抗体也可通过 ADCC 作用，杀伤感染的 $CD4^+$ T 细胞。

(2) HIV 损害 $CD4^+$ T 细胞功能：HIV 感染导致 $CD4^+$ T 细胞免疫功能障碍，包括对抗原刺激的细胞免疫应答下降，体液免疫应答微弱。其原因一方面可能是 HIV 感染直接损害 $CD4^+$ T 细胞功能。如可溶性的 gp120 与 CD4 分子结合，使后者不能与 APC 细胞表面的 MHC Ⅱ类分子相互作用，致使 T 细胞对抗原的应答受阻。另一方面，gp120 与 CD4 分子结合可传递信号，下调 $CD4^+$ T 细胞功能。HIV 感染的 T 细胞与 APC 不能形成稳定的突触，其活化受阻。另外，HIV 编码的 Tat 蛋白可与各种调节蛋白结合，干扰正常 T 细胞的功能，参与 HIV 引起的免疫缺陷病理过程。

(3) HIV 损害巨噬细胞、树突状细胞和滤泡树突状细胞功能：巨噬细胞表达低水平的 CD4 和趋化因子受体 CCR5，也是 HIV 感染对象。另外，巨噬细胞还可通过吞噬感染细胞和 HIV 颗粒而感染。但巨噬细胞对 HIV 的细胞病理效应抵抗力较强，它们一般不会被病毒杀死，而是成为病毒储存库。在 AIDS 患者的大多数组织中，巨噬细胞中的病毒数量超过 T 细胞中的病毒数量。HIV 感染的巨噬细胞，其抗原提呈和细胞因子分泌功能受损。树突状细胞也是 HIV 的感染对象，同样 HIV 也不直接损伤树突状细胞，但其通过抗原提呈使 T 细胞被病毒感染，造成 T 细胞损伤。滤泡树突状细胞一般难以被 HIV 有效感染，但其表面捕获和滞留有大量的 HIV，是病毒的储存库，可感染淋巴结的巨噬细胞和 $CD4^+$ T 细胞。同时滤泡树突状细胞在免疫应答中的正常功能也受到损害，它们最终也可被病毒摧毁。因此 HIV 感染造成的滤泡树突状细胞异常也参与了免疫缺陷的形成。

（三）HIV 感染的临床分期与免疫学特征

临床上将 HIV 感染分为急性期、无症状期和艾滋病期。通过检测患者血浆 HIV 数量和血液 $CD4^+$ T 细胞数目，可以跟踪感染病程。

1. 急性期　通常发生在初次感染 HIV 后 2～4 周左右，多数患者无明显症状或仅表现为流感样症状。但此时病毒已开始大量复制并释放，出现病毒血症，具有传染性。免疫学特征为 $CD4^+$ T 细胞一过性中度减少，但血液中的 $CD4^+$ T 细胞数目通常会回复正常水平。而获得性免疫应答也被激活，后期血中可检测到 HIV 抗体。

2. 无症状期　一般持续 6～8 年。在此期间，病毒在淋巴结和脾脏持续复制，被病毒破坏的 $CD4^+$ T 细胞由新生成的 T 细胞加以补充。由于机体免疫系统对 HIV 复制和感染的抑制作用，患者无症状或有轻微的感染。随着病毒不断感染和 T 细胞死亡，最终使得淋巴组织和循环中 $CD4^+$ T 细胞数目逐渐下降。

3. 艾滋病期　HIV 感染的终末阶段。患者血液中的 $CD4^+$ T 细胞数目减少到 2×10^5/mL 以下，免疫功能严重缺陷，血浆中病毒滴度急剧攀升，患者濒临死亡。该期患者的主要临床表现为机会感染、肿瘤、恶液质、肾衰和中枢神经系统病变。

绝大多数 HIV 感染最终都会发展为 AIDS，但存在约 1%的特殊感染者，其 $CD8^+$ T 细胞和 $CD4^+$ T 细胞数量较多，无须临床治疗，虽有持续的病毒血症，但至少 10～15 年不会发病。遗传分析表明，MHC 基因可能在保护个体和阻止病情进展上具有重要作用。

（四）机体抗 HIV 免疫应答

HIV 感染机体后，获得性免疫应答被激活，产生特异性的效应 T 细胞和抗体，血液和循环 T 细胞中的绝大多数病毒被免疫系统所清除。但免疫应答只起到有限的保护作用，不能根除所有 HIV 病毒(图 20－2)。阐明机体对 HIV 的免疫应答有助于感染的筛查和设计出有效的 HIV 疫苗。

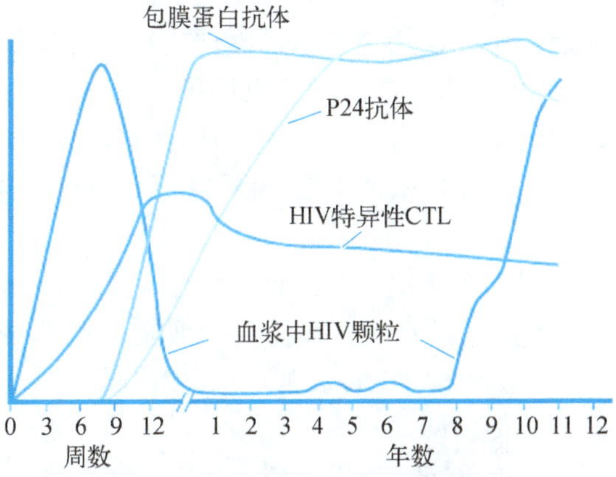

图 20－2　机体抗 HIV 免疫应答示意图

1. 细胞免疫应答　HIV 特异性 $CD8^+$ T 细胞的扩增是早期获得性免疫应答的特征。CTL 应答在控制 HIV 感染中具有重要作用。在感染早期，循环中的 $CD8^+$ T 细胞约有 10%是 HIV 特异性的。它们是急性期控制病毒感染的主力，但最终因 HIV 发生突变而失去作用。HIV 特异性的 $CD4^+$ T 细胞在控制感染方面也发挥一定作用。$CD4^+$ T 细胞效应细胞可帮助 HIV 特异性的 $CD8^+$ T 细胞活化，形成记忆细胞。$CD4^+$ T 细胞还可介导感染细胞裂解，抑制病毒产生。

2. 体液免疫应答　HIV 特异性的抗体在感染 6～9 周后即能检测到。gp120 和 gp41 是免疫原性最强的 HIV 抗原。绝大多数 HIV 患者体内有高滴度的抗 gp120 和 gp41 的抗体。在患者血清中还常发现有针对 P24、反转录酶、gag 和 pol 基因产物的抗体。这些抗体在 HIV 感染的病理过程中的作用目前尚不确定。早期产生的抗体并不具有保护作用，对病毒感染及其细胞病理效应的抑制作用也很微弱。抗 gp120 的中和性抗体在感染 2～3 个月后产生，具一定的保护作用，但是病毒会迅速改变其优势表位，逃避抗体的打击。

在 HIV 感染过程中，固有免疫应答也被激活，但其在防御 HIV 感染中的确切作用目前尚未阐明。

（五）HIV 的免疫逃逸机制

首先，HIV 直接摧毁在免疫应答中起核心作用的 $CD4^+$ T 细胞，逃避宿主的防御攻击。除此之外，HIV 还通过其他途径逃避机体的免疫打击。

其次，HIV 的突变率极高。HIV 的反转录错配率高，导致 HIV 极易突变，主要表现为病毒表面抗原 gp120 的变异，致使先前产生的抗体和 T 细胞无法识别，从而使病毒得以逃逸机体的免疫攻击。

再次，HIV 感染细胞可通过下调 MHC Ⅰ类分子表达以逃避 CTL 的杀伤。HIV 的 Nef 蛋白可抑制 MHC Ⅰ类分子表达。另外，HIV 还可通过抑制 Th1 型细胞因子、激活调节性 T 细胞和抑制树突状细胞功能等方式,削弱机体免疫防御作用。

(六) HIV 的免疫学诊断

HIV 感染的免疫学诊断主要包括病毒抗原、抗病毒抗体、免疫细胞数目和功能检测。

1. HIV 抗原的检测　核心抗原 P24 出现于急性感染期和 AIDS 期。酶联免疫吸附试验(ELISA)检测 P24,有助于缩短抗体"窗口期"和帮助早期诊断新生儿的 HIV 感染。

2. 抗 HIV 抗体的检测　HIV 抗体检测是 HIV 感染诊断的金标准,检测包括筛查试验(含初筛和复测)和确认试验。HIV 抗体筛查检测方法包括 ELISA、快速检测和颗粒凝集等。其中 ELISA 是主要的抗体筛查方法。筛查试验呈阳性反应者,再进行确认试验,常用的方法是免疫印迹法(WB)。

小于 18 月龄婴儿 HIV 感染诊断采用核酸检测方法,以两次核酸检测阳性结果作为诊断的参考依据,18 月龄以后再经抗体检测确认。

3. $CD4^+$ T 细胞计数　HIV 感染主要表现为 $CD4^+$ T 细胞数量减少和 $CD4^+/CD8^+$ T 细胞比例失调。因此,$CD4^+$ T 细胞计数可作为 HIV 感染临床分期和预后判断的依据。如,$CD4^+$ T 细胞数$<2\times10^5$/mL 即可和 HIV 抗体阳性一起,作为 AIDS 诊断依据。

(七) HIV 感染的治疗与预防

目前临床使用的抗 HIV 药物主要包括三类,一般组合使用。一是抑制反转录酶活性的核苷类似物,干扰 HIV 的 DNA 合成。单独有效,但病毒易产生抗药性。二是非核苷的反转录酶抑制剂,它们直接与酶结合,抑制 HIV 的 DNA 合成。三是病毒蛋白酶抑制剂,它们可以阻止病毒蛋白前体的加工而影响病毒成熟与组装。单独使用也会很快出现抗性病毒毒株。

另外,整合酶抑制剂也可用于抗病毒治疗。进入抑制剂是一种新的疗法,其以宿主细胞表面的 CD4 和(或)CCR5、病毒 gp120 或 gp41 为靶标,阻止病毒进入细胞。

对 AIDS 患者则采用恰当的预防、抗生素和支持性措施。对免疫缺陷严重者,多采用更为激进的抗生素治疗。

目前最关键的抗 HIV 疗法是高效联合抗反转录病毒治疗(Highly Active Antiretroviral Therapy, HAART),即选择一种蛋白酶抑制剂和两种不同反转录酶抑制剂联合使用。临床证明 HAART 有确切疗效,对绝大多数患者而言,可有效降低血浆病毒 RNA 水平至仪器检测不到水平达 3 年之久,甚至更长。但该法并不能清除所有病毒储存库的病毒,而最终也会产生抗药性。

HIV 感染的预防极为重要,可有效控制 HIV 的流行。如定期检查血液制品,防止血源性感染。采取各种公共卫生措施提高安全套的使用、减少吸毒者共用污染的注射器也有好的效果。而当前最为有效的预防措施应该是采用各种方法增强公众的 HIV 意识。

HIV 疫苗的研制是全球关注热点。由于病毒高度变异,其抗原性不断改变,致使疫苗研发困难重重。尽管做出了大量努力,并取得一些进展,但能诱导产生保护性抗体的 HIV 疫苗仍在研制之中。

二、其他继发性免疫缺陷病

除 HIV 感染外,后天的其他因素亦可造成免疫功能障碍,引发继发性免疫缺陷。

1. 营养不良、肿瘤和感染造成的免疫缺陷　蛋白质-能量营养不良会导致细胞免疫和体液免疫应答受损,免疫功能低下,患者易因感染而致病和死亡。免疫系统恶性肿瘤和癌症晚期患者也可造成免疫功能受损,易感染病原生物。

某些病毒、细菌和寄生虫感染亦可导致免疫抑制。除 HIV 外,人 T 细胞嗜淋巴病毒(human T cell lymphotropic virus 1, HTLV-1)和麻疹病毒皆可感染淋巴细胞,损害免疫应答。结核分枝杆菌和真菌的慢性感染也往往导致机体免疫系统对多种抗原的无应答。慢性疟原虫感染亦可引起免疫抑制。

2. 药物治疗导致的医源性免疫缺陷　临床治疗药物,如治疗炎性疾病和防止移植排斥的药物,可抑制机体免疫功能。肿瘤患者服用的各种放化疗制剂通常都具有细胞毒性,伤害淋巴细胞、粒细胞和单核细胞的发育与成熟。

脾脏的外科手术切除或镰状细胞疾病所致脾脏梗阻,亦可造成获得性免疫缺陷。

第三节 免疫缺陷病的治疗原则

免疫缺陷病治疗有两个目标：一是减少和控制感染；二是通过过继性输注或移植以替代缺陷或缺失的免疫成分，重建机体免疫功能。其具体治疗可分为如下四类：

一、抗感染

免疫缺陷病的突出表现就是由于免疫系统成分缺陷或缺失，免疫防御功能低下，易患各种感染性疾病。因此，对免疫缺陷患者应加强抗感染处理。

另外，细胞免疫缺陷者不能接种减毒活疫苗。具抗体合成能力者，可接种死疫苗和组分疫苗。

二、干细胞移植

干细胞移植目的是重建免疫系统以产生正常免疫细胞，修复患者的免疫功能。其中造血干细胞移植常用于许多免疫缺陷病的治疗，并已在 ADA 缺陷导致的 SCID、Wiskott-Aldrich 综合征、裸淋巴细胞综合征和白细胞黏附缺陷病的治疗上取得成功。

三、基因治疗

基因治疗是以正常基因替代患者体内的缺陷基因，达到治疗原发性免疫缺陷病的目的。当前基因替代方法治疗免疫缺陷病离理想的目标仍有相当距离。其主要障碍是难以纯化具自我更新能力的干细胞，以引入正常基因。基因治疗在临床试验中还存在其他问题，如基因插入可能导致癌基因的激活。因此，其前景仍然难以确定。

四、免疫制剂应用

针对具体免疫成分的缺陷，可采取补充原则予以治疗。丙种球蛋白缺乏患者补充丙种球蛋白效果良好，可拯救许多 X-连锁无丙种球蛋白血症男孩的生命。而针对酶缺陷患者，则可输入相应的酶制剂给予治疗。采用输入正常红细胞作为酶的来源，临床观察到常染色体型 SCID 患者病情暂时的改善。注射聚乙二醇化的牛 ADA 也具有一定的短期改善效果。

小　结

免疫缺陷病是由原发或继发免疫系统成分缺陷或功能障碍所致。免疫缺陷病患者易感染、易发生肿瘤、常伴有自身免疫病。原发性免疫缺陷包括固有免疫缺陷、抗体缺陷、T 细胞缺陷和联合免疫缺陷。固有免疫的遗传缺陷主要有补体成分缺陷和细胞吞噬障碍。T、B 细胞发育和成熟相关基因突变则可分别引起体液免疫和细胞免疫缺陷。联合免疫缺陷则是体液免疫和细胞免疫两者皆缺陷。继发性免疫缺陷病可由其他疾病引起，也可由医源性免疫功能抑制所致。AIDS 是由 HIV 感染引起的严重免疫缺陷病。HIV 主要通过破坏 $CD4^+$T 细胞、损伤巨噬细胞和树突状细胞功能，导致机体免疫功能严重缺陷。免疫缺陷病的治疗目标是控制感染和重建免疫功能。

复习题

1. 名词解释

免疫缺陷病　原发性免疫缺陷病　获得性免疫缺陷病

2. 简答题

(1) 简述联合免疫缺陷发生的可能机制。

(2) 简述 HIV 感染导致免疫缺陷的可能机制。

(3) 简述 HIV 的免疫逃逸机制。

(4) 简述免疫缺陷病的治疗原则。

(陈 玮)

第二十一章

肿 瘤 免 疫

肿瘤是严重危害人类健康的重大疾病。肿瘤免疫学(tumor immunology)是研究肿瘤抗原、机体的免疫系统与肿瘤发生发展的关系以及肿瘤的免疫诊断和免疫防治的一门学科。

早至20世纪初,科学家们即开始了对肿瘤抗原的寻找和鉴定,但未取得明显进展。到了20世纪50年代,随着近交系小鼠的培育成功,科学家们首先在化学致癌剂甲基胆蒽(MCA)诱发的小鼠肉瘤上发现了肿瘤特异性抗原,随后在由其他致癌因素诱发的肿瘤中也证实了肿瘤抗原的存在,并证明其可诱发特异性的抗肿瘤免疫。

20世纪60年代后,大量的体外实验证明,肿瘤患者的淋巴细胞、巨噬细胞和抗体等均具有抗肿瘤效应。Burnet据此提出了免疫监视(immune surveillance)学说,为肿瘤免疫理论体系的建立打下了基础。到了20世纪70年代,随着单克隆抗体技术的问世,人们对肿瘤的免疫诊断和免疫治疗的研究取得了长足进步,并随着20世纪80年代分子生物学和分子免疫学的迅速发展和交叉渗透,将对机体免疫系统抗肿瘤效应机制的研究深入到分子水平,同时发展出多种肿瘤诊疗的新方法,促进了临床肿瘤诊断的发展和治疗水平的提高。

第一节 肿 瘤 抗 原

肿瘤抗原作为一类抗原物质,具有抗原的共同特性,即免疫原性(immunogenicity)和免疫反应性(immunoreactivity)。

一、肿瘤抗原的概念

肿瘤抗原(tumor antigen)是指细胞癌变过程中出现的新抗原(neoantigen)及过度表达的抗原物质的总称。肿瘤抗原能诱导机体产生抗肿瘤特异性免疫反应,是肿瘤免疫诊断和防治的分子基础。

某些肿瘤抗原在正常细胞中不存在,如化学致癌剂和病毒诱导表达的肿瘤特异性移植抗原(tumor specific transplantation antigen, TSTA);有些是正常细胞某些基因点突变的产物,与正常基因产物只有一至几个氨基酸的差异,如突变的*ras*原癌基因产物$P21^{ras}$;有些是正常细胞中不表达的沉默基因的产物;有些在正常细胞上仅微量表达,而在肿瘤细胞中表达上调。

二、肿瘤抗原的分类

目前已在自发性和实验性动物肿瘤以及人类肿瘤表面发现了多种肿瘤抗原。依不同标准可对肿瘤抗原进行如下分类:

(一)根据肿瘤抗原的特异性分类

1. *肿瘤特异性抗原*(tumor-specific antigen, TSA) 是指仅在肿瘤细胞不在正常细胞上表达的新抗原。这类抗原最早是通过近交系小鼠间肿瘤排斥实验而被证实。如图21-1所示,将从小鼠身上切除的由MCA诱发的小鼠皮肤肉瘤移植入正常同系小鼠时,可诱发肿瘤的生长;但若将此肿瘤切除物移植回原来经手术切除了肿瘤的小鼠或预先用放射性灭活的肿瘤细胞免疫过的同系小鼠,则不发生肿瘤。这表明该肿瘤具有特异性抗原,可诱导机体产生免疫排斥反应。鉴于此类抗原是通过动物肿瘤移植排斥实验所证实,因此又称为肿瘤特异性移植抗原(tumor specific transplantation antigens, TSTA)或肿瘤排斥抗原(tumor rejection antigen, TRA)。

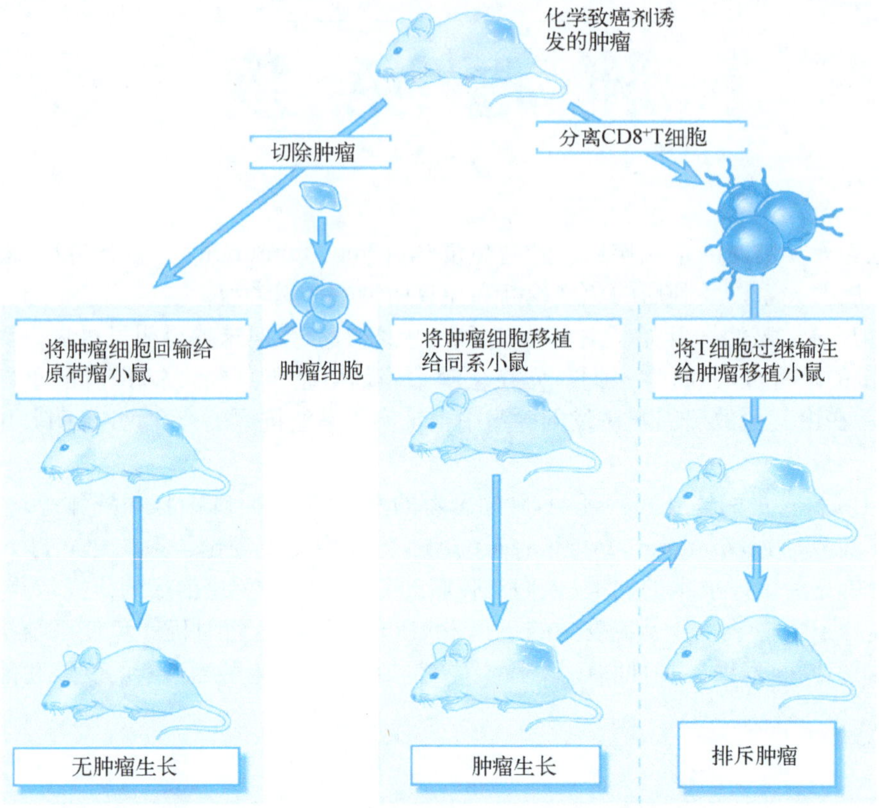

图 21-1 移植排斥实验证实肿瘤特异性抗原的存在

移植排斥实验的敏感性较低,只能检出免疫原性较强的肿瘤抗原,无法检出某些能诱导特异性肿瘤免疫应答但不能诱导肿瘤排斥的弱免疫原性肿瘤抗原。因此,通过移植排斥实验仅能发现部分位于细胞表面的肿瘤抗原。

2. *肿瘤相关抗原*(tumor-associated antigen, TAA) 是指肿瘤细胞与正常细胞均可表达、但在细胞癌变时表达明显增高的抗原。此类抗原只表现出量的变化而无严格的肿瘤特异性。胚胎抗原(fetal antigen)是其中的典型代表。

(二)根据肿瘤诱发和发生情况分类

1. *理化因素诱生的肿瘤特异性抗原* 在化学致癌剂(氨基偶氮染料、二乙基硝酸、甲基胆蒽等)或物理致癌因素(紫外线、X射线、放射性粉尘)诱发的动物肿瘤中均可检出多种肿瘤特异性抗原。它们特异性较高、有明显个体差异,即在不同的个体,甚至同一个体的不同部位由同一致癌剂诱生的肿瘤均具有不同的抗原特异性,因此每个肿瘤的抗原之间很少交叉。但人类很少暴露于这种强烈的理化诱变环境中,因此,大多数人类肿瘤抗原不属此类。

2. *病毒诱发的肿瘤抗原* 某些肿瘤的发生与病毒感染有关,如EB病毒(EBV)可导致B细胞淋巴瘤和鼻咽癌;人乳头状瘤病毒(HPV)与宫颈癌相关;乙肝病毒(HBV)可引发肝癌等。某些DNA病毒可将其遗传信息直接整合至宿主DNA,使宿主细胞转化,并诱发肿瘤;而某些RNA病毒则通过反转录酶将病毒RNA反转录成DNA,再与宿主染色体整合,以转化宿主细胞。与理化因素诱发的肿瘤抗原不同,病毒诱生的肿瘤特异性抗原一般位于肿瘤细胞表面,且同一种病毒诱发的肿瘤,均表达相同的肿瘤特异性抗原,其免疫原性较强,无种属和个体差异。由于此类抗原是由病毒基因编码,又不同于病毒本身的抗原,因此被称为病毒肿瘤相关抗原。目前已通过动物实验检出了多种病毒基因编码的抗原,如SV40病毒转化细胞表达的T抗原和人腺病毒诱发肿瘤表达的E1A抗原等。病毒诱发的肿瘤偶尔也可表达由宿主基因编码的癌胚抗原。

3. 自发性肿瘤抗原 是指一些无明显诱发因素的肿瘤,大多数人类肿瘤属于这一类。此类肿瘤表达的特异性抗原与理化因素诱生的肿瘤抗原相似,各具独特的免疫原性,很少导致交叉反应。但也有一部分显示出病毒诱生的肿瘤抗原的特点,在不同肿瘤中表现相同的免疫原性。

4. 胚胎抗原(fetal antigen) 由胚胎组织在胚胎发育阶段产生,出生后逐渐消失或以极微量存在;当细胞癌变时,此类抗原重新大量合成。由于此类抗原是在某些细胞的特定分化阶段表达,当细胞发育成熟后表达降低,一旦细胞恶性转化并发展为肿瘤细胞后重新高表达,故又被称为分化抗原(differentiation antigen)。胚胎抗原可表达于细胞质、细胞膜或分泌至体液。目前已发现多种人类肿瘤相关的胚胎抗原,如前列腺癌的前列腺特异性抗原(prostate-specific antigen, PSA)、黑色素瘤的gp100、乳腺癌的HER-2/neu等。其中研究得比较深入、并且在临床诊断上应用较多的是甲胎蛋白(alpha-fetoprotein, AFP)和癌胚抗原(carcinoembryonic antigen, CEA)。

(1) 甲胎蛋白是一种α球蛋白,在胚胎期由肝细胞和卵黄囊细胞合成。胎儿出生后,血清中的甲胎蛋白几乎消失,正常人血清中只有极微量的甲胎蛋白(<20 ng/mL),无法用常规免疫学方法检出。当肝细胞恶变时,编码甲胎蛋白的基因被激活,导致甲胎蛋白异常高表达,使患者的肿瘤组织提取液、血清及腹水中,均可检测到甲胎蛋白。故其可作为肿瘤标志物,辅助肝癌的诊断。此外,甲胎蛋白的水平在睾丸或卵巢畸胎瘤、部分胃癌、肝硬化等疾病患者的血清中也明显升高。孕妇及急性病毒性肝炎患者血清中也可检测出甲胎蛋白,但含量很低,且在分娩后和肝病好转后即恢复正常。

(2) 癌胚抗原最初分离于人结肠癌和直肠癌组织,有复杂的抗原决定基和多种异构型。癌胚抗原也存在于来自内胚层的其他恶性肿瘤,如食管、胃、肝、胰腺癌中。在2~6个月胎儿的肠、肝脏、胰腺等组织中也存在癌胚抗原。正常情况下,癌胚抗原水平极低(<10 ng/mL),而细胞癌变时含量升高,因此血清癌胚抗原浓度可作为成人结肠癌辅助诊断的重要指标。

第二节 机体的抗肿瘤免疫效应机制

机体的免疫功能与肿瘤的发生发展有密切的关系。宿主的免疫功能下降可增加肿瘤的发病率,而肿瘤的生长又反过来抑制机体的免疫功能。两者互为因果、相互作用,对肿瘤的发生、发展与预后产生重要影响。

机体抗肿瘤免疫包括固有免疫和适应性免疫两个方面。对于免疫原性强的肿瘤细胞,适应性免疫起主要作用;对于免疫原性弱的肿瘤细胞,固有免疫的作用则更明显。适应性免疫包括细胞免疫和体液免疫,其中细胞免疫在抗肿瘤免疫中起主导作用,体液免疫协同细胞免疫,共同杀伤肿瘤细胞(图21-2)。

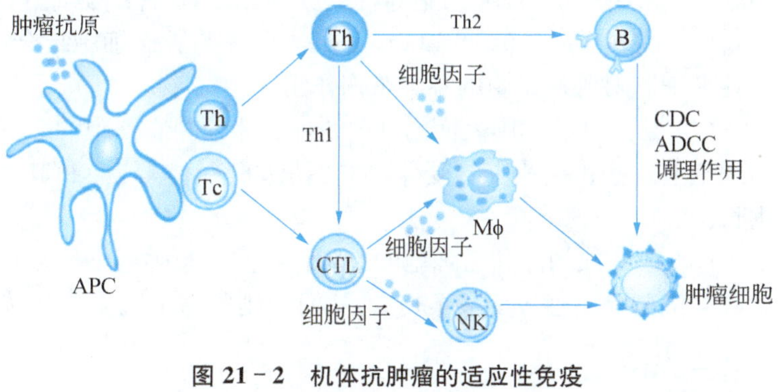

图21-2 机体抗肿瘤的适应性免疫

一、固有免疫应答对肿瘤的作用

参与肿瘤免疫的固有免疫细胞主要包括NK、γδT和巨噬细胞,此外还有中性粒细胞,嗜酸性粒细胞等;免疫分子则包括补体和细胞因子等。

1. NK细胞 是一类广谱的杀伤细胞,能选择性杀伤MHC Ⅰ类分子表达低下或缺失的肿瘤细胞。NK细胞杀伤肿瘤细胞无须抗原刺激,不依赖补体或抗体的存在,不需预先活化,不受MHC限制,可直接杀伤或通过分泌细胞毒性分子杀伤肿瘤细胞。其杀伤作用先于肿瘤抗原特异性 CTL,是一类在早期抗肿瘤免疫中起重要作用的效应细胞,处于机体抗肿瘤的第一道防线。NK 细胞还可借助其表面的 FcR,通过抗体的 ADCC 作用杀伤肿瘤细胞。

自然细胞毒细胞(natural cytotoxic cell, NC)是一类在功能、表面标志和杀瘤细胞谱等方面均与 NK 细胞不同的细胞毒性免疫细胞,在体内抗肿瘤免疫中也可发挥相应作用。

2. γδT 细胞　对肿瘤细胞具有细胞毒性,能杀伤对 NK 细胞不敏感的肿瘤细胞。γδT 细胞可直接杀伤肿瘤细胞,作用机制类似 CTL 和 NK 细胞,但不受 MHC 分子限制,还能产生多种细胞因子(如 IL-2、IL-4、GM-CSF、TNF-α 等)发挥抗肿瘤效应。与 NK 细胞一起被认为是机体抗肿瘤的第一道防线。

3. 巨噬细胞　在抗肿瘤免疫中具有重要作用,不仅可作为肿瘤抗原的提呈细胞,还是抗肿瘤的效应细胞。巨噬细胞可通过多种机制发挥抗肿瘤的效应:① 巨噬细胞可提呈肿瘤抗原,并分泌 IL-1、IL-12 等细胞因子激活 T 细胞,诱导特异性 T 细胞抗肿瘤应答,并增强 NK 细胞活性;② 活化后的巨噬细胞具有直接杀伤肿瘤细胞的作用,能吞噬肿瘤细胞,使胞内产生氧自由基及释放溶酶体酶,从而溶解肿瘤细胞;③ 活化后的巨噬细胞分泌 TNF、一氧化氮等细胞毒性分子,可间接杀伤肿瘤细胞;④ 巨噬细胞表面表达 FcR,通过 ADCC 效应杀伤肿瘤细胞。

综上所述,巨噬细胞在诱导机体适应性免疫应答和发挥抗肿瘤效应中起着重要作用。但应注意的是,巨噬细胞是一群异质性很强的细胞,静息状态的巨噬细胞对肿瘤并无杀伤活性。在某些情况下,浸润到肿瘤局部的某些巨噬细胞,非但不能杀伤肿瘤,反而通过产生表皮生长因子(EGF)、转化生长因子 β(TGF-β)等细胞因子和酶类,促进肿瘤的生长和转移。因此,巨噬细胞在抗肿瘤免疫应答中具有双重性。

4. 补体　肿瘤细胞分泌的多种炎症介质可激活补体 MBL 途径,形成攻膜复合体(MAC)而溶解肿瘤细胞。特异性抗体产生后,可与肿瘤细胞表面抗原结合,通过激活补体经典途径而溶解肿瘤细胞。

二、体液免疫应答对肿瘤的作用

机体可产生肿瘤抗原特异性抗体,并通过以下几种方式发挥抗肿瘤效应。但与细胞免疫在抗肿瘤中的作用相比,体液免疫的作用相对较弱。

(1) 补体依赖的细胞毒作用(complement-dependent cytotoxicity, CDC):抗体(IgM、IgG)与相应肿瘤细胞结合后激活补体,在补体参与下溶解肿瘤细胞。

(2) ADCC 作用:抗体 IgG 结合肿瘤细胞后,其 Fc 段与表达 FcR 的具有细胞毒效应的细胞结合,如 NK 细胞、巨噬细胞和中性粒细胞等,促进这些细胞发挥细胞毒作用,杀伤肿瘤细胞。

(3) 调理作用(opsonization):抗体 IgG 与肿瘤细胞结合后,通过 Fc 段与具有 FcR 的吞噬细胞结合,促进吞噬细胞对肿瘤细胞的吞噬杀伤作用。

(4) 封闭肿瘤细胞表面的某些受体:部分肿瘤细胞的恶变、增殖与某些蛋白密切相关。抗体可以封闭肿瘤细胞上这些蛋白相应的受体,如转铁蛋白受体等,抑制其对肿瘤生长的促进作用,从而阻止肿瘤细胞的生长。

(5) 改变或消除肿瘤细胞的黏附性:抗体与肿瘤细胞表面的抗原结合后,可改变肿瘤细胞表面的结构,使肿瘤细胞黏附性改变甚至丧失,从而抑制肿瘤细胞生长和转移。

三、细胞免疫应答对肿瘤的作用

肿瘤抗原在体内主要诱导 $CD4^+$ T 细胞和 $CD8^+$ T 细胞产生应答。后者在抗肿瘤免疫中发挥主要效应(图 21-3)。

1. $CD4^+$T 细胞　肿瘤抗原从肿瘤细胞上脱落下来,循外源性抗原的提呈途径,由 APC 摄取,加工处理为多肽片段,与 MHC Ⅱ类分子结合成复合物,提呈给 $CD4^+$T 细胞。活化后的 $CD4^+$T 细胞可分化成 Th1。一方面通过分泌各种细胞因子直接作用于肿瘤细胞,另一方面还可以辅助增强其他效应细胞(如 CTL、B 细胞、NK 细胞和巨噬细胞等)的抗肿瘤效应,并诱导炎症反应,引起单个核细胞在肿瘤部位的浸润。

2. $CD8^+$T 细胞　肿瘤细胞或肿瘤抗原被 APC 摄取,可通过交叉提呈途径,以肿瘤抗原肽-MHC Ⅰ类

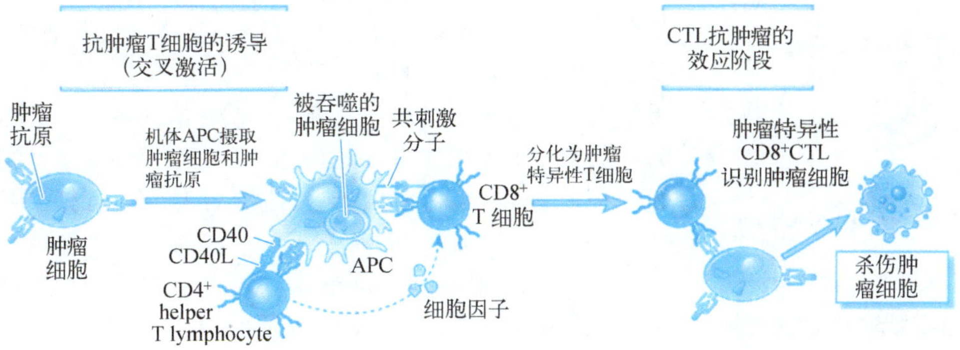

图 21－3　T 细胞的抗瘤效应

分子复合物形式提呈给 $CD8^+$ T 细胞，使其分化成 CTL。或肿瘤细胞加工自身抗原为多肽后与 MHC Ⅰ类分子结合，表达在肿瘤细胞表面，提呈给 $CD8^+$ T 细胞，使其在 Th1 细胞的辅助下活化分化为 CTL（图 21－3）。

CTL 能特异性杀伤带有相应肿瘤抗原的肿瘤细胞，是抗肿瘤免疫的主要效应细胞，并受 MHC Ⅰ类分子限制。CTL 主要通过两种机制杀伤肿瘤细胞：① 通过 TCR 识别、结合肿瘤细胞上的肿瘤特异性抗原，释放穿孔素、颗粒酶，或通过表达的 FasL 与肿瘤细胞上的 Fas 分子结合，直接杀伤肿瘤细胞；② 通过分泌多种细胞因子，如 IFN－γ、TNF－α、淋巴毒素等，间接杀伤肿瘤细胞。

第三节　肿瘤的免疫逃逸机制

Burnet 于 1957 年提出的免疫监视学说认为机体免疫系统能特异性识别并杀伤突变细胞，使其在未形成肿瘤前即被清除。当机体免疫监视功能不能清除突变细胞，或突变细胞的生长超越了免疫监视功能的限度时，会导致肿瘤的发生。

进一步的研究证明，机体虽能产生抗肿瘤免疫应答，而肿瘤细胞也可设法逃避宿主免疫系统的有效攻击，或使宿主不能产生有效的抗肿瘤免疫应答，即肿瘤免疫逃逸（tumor immune escape）。

一、与肿瘤细胞相关的逃逸机制

（一）缺乏激发机体免疫应答必需的成分

1. 肿瘤细胞抗原缺失和抗原调变　肿瘤细胞不表达与正常抗原有质或量差别的抗原，或肿瘤抗原脱落（shedding of tumor antigen），致使肿瘤抗原缺失，因此无法诱发机体的抗肿瘤应答。肿瘤抗原调变（tumor antigen modulation）指肿瘤细胞在受到宿主免疫系统攻击时，细胞表面抗原表位减少或丢失，从而避免被宿主免疫系统杀伤（图 21－4）。

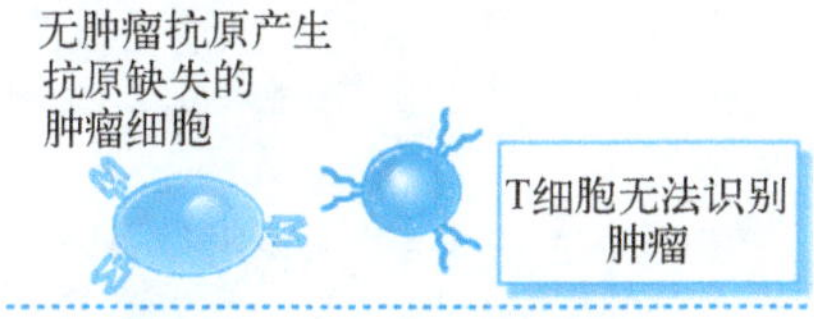

图 21－4　肿瘤抗原缺失

2. 肿瘤细胞表面“抗原覆盖”或“封闭”

（1）“抗原覆盖”指肿瘤细胞表面抗原可能被某些非特异性物质覆盖。许多上皮性肿瘤（如乳腺癌、膀胱癌、直肠癌和卵巢癌）细胞可分泌黏蛋白分子（如 MCU－1），覆盖于肿瘤细胞表面，干扰宿主淋巴细胞识别、杀伤肿瘤细胞。

（2）“封闭”指某些分子遮挡抗原表位，或掩盖效应细胞表面的抗原识别受体，使癌细胞逃脱免疫细胞的识别和攻击。例如，血清中的可溶性肿瘤抗原，可封闭效应细胞表面抗原识别受体，使癌细胞逃逸。另外，某些情况下，肿瘤特异性抗体也可作为封闭抗体，封闭肿瘤细胞表面抗原表位，使癌细胞逃逸。这种具有促进肿瘤生长的抗体也称为增强抗体（enhancing antibodies）。

3. 肿瘤细胞的 MHC Ⅰ类分子表达低下或缺失　肿瘤细胞内抗原需经胞内加工处理并与 MHC Ⅰ类分子结合后，才能被提呈至表面而被 $CD8^+$ T 细胞识别。通常情况下，肿瘤细胞的 MHC Ⅰ类分子表达低下或缺失，致使肿瘤抗原无法有效被提呈，因而不能被抗原特异性的 CTL 所识别(图 21-5)。另外，某些肿瘤可表达非经典 MHC Ⅰ类分子，其与 NK 细胞表面抑制性受体结合而产生抑制性信号，阻抑 NK 细胞的杀伤活性。

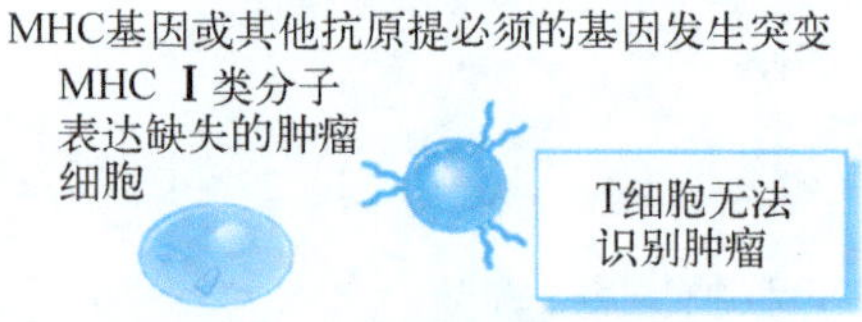

图 21-5　肿瘤细胞缺乏 MHC 分子

4. 肿瘤抗原加工、处理和提呈障碍　某些肿瘤细胞不能将抗原肽-MHC Ⅰ类分子复合物转运至细胞膜表面：这些肿瘤细胞内抗原加工提呈相关分子(如 LMP-1、LMP-2、TAP-1、TAP-2 等)表达降低或缺失，导致抗原提呈障碍，使肿瘤逃避免疫攻击。

5. 肿瘤细胞缺乏共刺激分子　尽管肿瘤细胞可表达肿瘤抗原，具有免疫原性，能为 T 细胞提供活化的第一信号，但肿瘤细胞很少表达 B7 等共刺激分子，不能为 T 细胞提供活化必需的第二信号，因而不能有效诱导抗肿瘤免疫应答(图 21-6)。

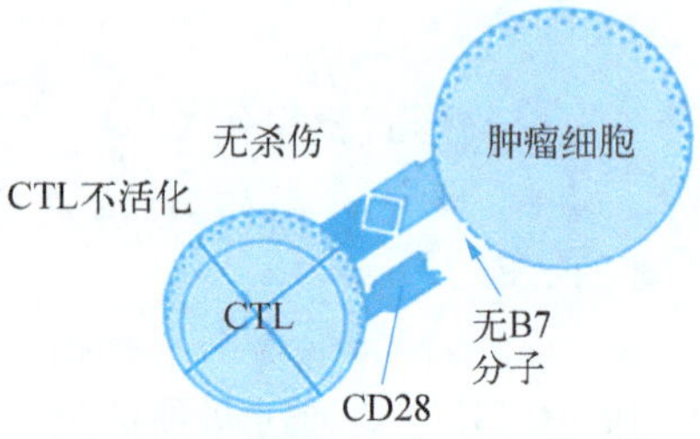

图 21-6　肿瘤细胞缺乏共刺激分子

(二) 肿瘤细胞“漏逸”

“漏逸”是指肿瘤细胞生长迅速，超越了机体抗肿瘤免疫应答的限度，致使宿主的免疫系统不能有效清除数量庞大的肿瘤细胞。

(三) 肿瘤细胞导致免疫抑制

某些肿瘤细胞可以分泌 TGF-β、IL-10 等抑制性细胞因子或其他免疫抑制物，抑制 APC、T 细胞和固有免疫细胞的功能，导致机体处于免疫功能低下或免疫抑制状态，从而抑制机体抗肿瘤免疫效应(图 21-7)。

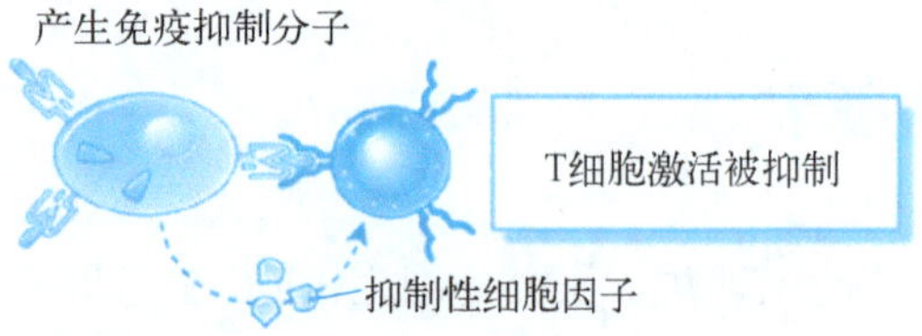

图 21-7　肿瘤细胞抑制免疫应答

(四) 肿瘤细胞自身的抗杀伤作用

一方面，肿瘤细胞可通过下调 Fas 而逃避 CTL 细胞所致的凋亡。另一方面，肿瘤细胞也可高表达 FasL，通过与肿瘤特异性 CTL 表达的 Fas 结合，诱导 CTL 凋亡(图 21-8)。另外，肿瘤细胞可高表达多种抗凋亡基因产物(如 Bcl-2)，从而抵抗 CTL 诱发的肿瘤细胞凋亡。

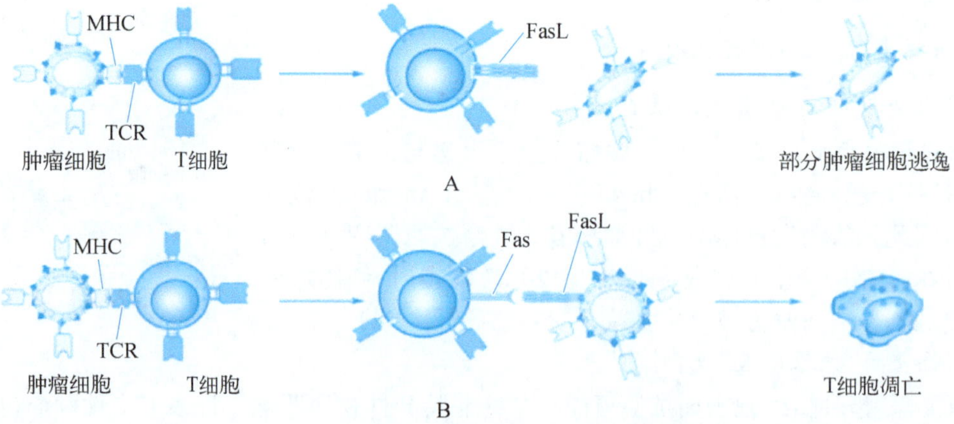

图 21-8　肿瘤细胞的抗凋亡和诱导 CTL 凋亡

A：肿瘤细胞不表达 Fas 分子；B：肿瘤细胞表达 FasL，诱导表达 Fas 分子的 T 细胞凋亡

(五) 肿瘤干细胞与肿瘤免疫逃逸

肿瘤组织中极少部分肿瘤细胞在增殖、分化等方面具与干细胞极为相似的特性，被称为肿瘤干细胞(tumor stem cell)。其主要特征为：具有极强的分化潜能、无限的自我更新能力、强致瘤性和耐药性。肿瘤

干细胞在肿瘤形成、生长、侵袭和转移中起决定作用。最近的研究表明，普通的肿瘤细胞没有致瘤性，只有肿瘤干细胞才是肿瘤生长的始动细胞。肿瘤侵袭、转移实质上是肿瘤干细胞选择适宜组织器官“定居”的过程。

二、与机体免疫系统相关的逃逸机制

（一）免疫耐受

未成熟或幼稚淋巴细胞与肿瘤细胞表面抗原接触，可诱导机体对该抗原产生免疫耐受。对于成熟淋巴细胞而言，在肿瘤发生初期，少量增殖的肿瘤细胞所表达的小剂量抗原长期、反复刺激免疫系统，也可诱导免疫耐受。肿瘤细胞持续生长也构成了维持免疫耐受的条件，导致机体免疫系统对肿瘤抗原无应答，使肿瘤细胞逃逸机体的免疫监控。

（二）机体免疫功能异常

先天性免疫缺陷、后天获得性免疫功能低下（如 HIV 感染或长期使用免疫抑制剂）的个体，肿瘤发病率较高。

（三）肿瘤直接或间接抑制机体免疫功能

恶性肿瘤可直接侵犯免疫器官，或通过激活抑制性免疫细胞或抑制效应细胞，导致机体免疫功能低下，从而逃避宿主免疫系统攻击。

1. DC 功能缺陷　肿瘤及其微环境可通过多种机制导致 DC 功能缺陷：① 肿瘤患者体内 DC 数量减少；② 肿瘤细胞分泌 IL－10、TGF－β、VEGF 和 PGE2 等抑制 DC 前体细胞的发育，阻止其分化成熟；③ 抑制 DC（尤其是肿瘤灶浸润的 DC）MHC Ⅱ类分子和 B7 的表达，降低其抗原提呈和活化 T 细胞的能力；④ 诱导抑制性 DC 的分化，诱导免疫耐受。

2. 效应 T 细胞活化受阻或功能降低　部分肿瘤浸润性淋巴细胞（TIL）表面 CD3 分子 ζ 链缺失，导致细胞不能活化，此与肿瘤淋巴结转移和浸润程度密切相关。此外，TIL 还可能伴有信号分子（如 Src、Syk 家族的 PTK）、IL－2 和 IL－2R 等表达降低；合成细胞因子能力下降等。

3. 调节性 T 细胞（Treg）数量增加　Treg 可通过直接接触或释放抑制性细胞因子（IL－10、TGF－β）而抑制 T 细胞的活化、增殖和效应；抑制 NK 细胞细胞因子的分泌和细胞毒效应；并对单核/巨噬细胞、DC、B 细胞具有抑制或杀伤作用，从而促进肿瘤逃逸。

4. 肿瘤微环境诱生髓样来源的抑制细胞（myeloid-derived suppressor cell, MD－SC）　MD－SC 参与肿瘤逃逸机制主要有：① 产生一氧化氮合成酶（iNOS），导致 NO、ROS 产生增加，杀伤 T 细胞；② 产生精氨酸酶（ARG1），通过消耗精氨酸而抑制 CD3 合成，使 T 细胞信号转导受阻；③ 促进 Treg 细胞分化；④ 促进 M1 细胞向 M2 细胞转化，促进肿瘤生长；⑤ 抑制 NK 细胞的细胞毒活性和分泌 IFN－γ。

第四节　肿瘤的免疫诊断及防治原则

一、肿瘤的免疫诊断

检测肿瘤抗原、抗肿瘤抗体或其他肿瘤标记物，有助于肿瘤患者的诊断及其免疫功能的评估。目前有多种免疫学和生化技术可用于肿瘤免疫诊断：ELISA 可监测血清及其他体液中的肿瘤标志物；免疫组化或流式细胞仪分析可监测肿瘤细胞表面标志；原位杂交、PCR 等技术可检测原癌基因、抑癌基因、端粒酶及细胞因子的表达；抗肿瘤单克隆抗体结合同位素体内示踪，可用于肿瘤的早期诊断和定位。

1. 检测肿瘤抗原　是最常用的肿瘤免疫诊断方法。包括检测血清和其他体液中以及细胞表面的肿瘤标志物：如检测 AFP 可诊断原发性肝细胞肝癌；检测 CEA 可协助结肠癌、胰腺癌的诊断；AFP 结合人绒毛膜促性腺激素（HCG）测定可监测睾丸癌或绒毛膜癌的治疗效果等。肿瘤标志物的检测具以下重要临床意义：① 有助于早期发现肿瘤；② 提示肿瘤发生部位和组织来源；③ 鉴别肿瘤恶性程度；④ 监测临床治疗效果;⑤ 监测肿瘤复发。

2. *检测抗肿瘤抗体* 黑色素瘤患者血清中可查到抗自身黑色素瘤抗体;鼻咽癌和 Burkitt 淋巴癌患者的血清中能检测出抗 EB 病毒抗体,且抗体的变化水平与病情的发展和恢复相关。

3. *肿瘤的放射免疫显像诊断* 将放射性核素(如^{131}I)与特异性抗肿瘤单抗结合后,从静脉或腔内注入体内,可将放射性核素导向肿瘤所在的部位。结合 γ 成像仪,即能清晰显示肿瘤的影像。此技术已应用于人体内黑色素瘤、乳腺癌、卵巢癌、淋巴癌、胃癌、肝癌的临床检测,具良好的应用前景。

二、肿瘤的免疫防治原则

多种高发肿瘤已被证实与病原体感染有关,如 HBV 或 HCV 感染与原发性肝癌,HPV 感染与宫颈癌,EBV 感染与鼻咽癌、HTLV-1 感染与成人 T 细胞白血病等。因此预防感染是肿瘤免疫预防的主要内容。制备相关的病原体疫苗或探索新的干预方式可预防这些肿瘤的发生。

肿瘤免疫治疗属于肿瘤生物治疗范畴,是指通过调动和增强宿主免疫系统的抗肿瘤免疫应答,达到抑制肿瘤发展、甚至清除肿瘤细胞的目的。该法目前还处于探索阶段,仅能清除少量散播的肿瘤细胞,对于晚期的实体瘤疗效有限。故常作为一种辅助疗法与手术、化疗和放疗联合应用,以巩固和提高疗效,减少肿瘤的复发。

肿瘤免疫治疗主要分为主动免疫治疗(active immunotherapy)和被动免疫治疗(passive immunotherapy)两大类。有些治疗方法既可以激发宿主的抗肿瘤应答,又可作为外源性的免疫效应物质直接作用于肿瘤细胞,因此不能将其简单归类。此外,一些免疫调节剂通过非特异性地增强宿主的免疫功能,激活宿主产生抗肿瘤免疫应答,也取得了一定的抗肿瘤效果。目前已建立了多种免疫治疗方法,并在动物实验中取得了良好效果,但临床应用时由于受多种因素影响,疗效尚需进一步提高。

(一) 肿瘤的主动免疫治疗

肿瘤的主动免疫治疗是利用肿瘤抗原的免疫原性,促使宿主产生针对肿瘤抗原的特异性免疫应答。例如给宿主输入具有免疫原性的瘤苗,可激活机体特异性抗肿瘤的能力;再结合一些免疫调节剂,如卡介苗、短小棒状杆菌、酵母多糖、香菇多糖等,能进一步激活和增强机体的非特异性抗肿瘤免疫应答。

肿瘤的主动免疫治疗应综合考虑肿瘤细胞的免疫原性和宿主的免疫功能,以保证瘤苗免疫后能刺激宿主产生有效的抗肿瘤应答。可应用于肿瘤的主动免疫治疗的瘤苗包括:

1. *活瘤苗* 由自体或同种异体活瘤苗不经灭活制成。有一定危险性,应慎用。

2. *减毒或灭活的瘤苗* 自体或同种异体肿瘤细胞经放射性照射、化疗药物、高温、低温等处理,抑制其生长能力,保留其免疫原性。

3. *异构的瘤苗* 自体或同种异体肿瘤细胞经过碘乙酸盐、神经氨酸酶等修饰或病毒感染等处理,以增强其免疫原性。

4. *基因修饰的瘤苗* 将某些细胞因子基因、共刺激分子基因、MHC Ⅰ类分子基因等转入肿瘤细胞后,可降低其致瘤性,增强其免疫原性、抗原提呈和激活 T 细胞的能力。

5. *抗独特型抗体瘤苗* 是抗原内影像,可模拟肿瘤抗原成为瘤苗。

6. *分子瘤苗* 采用化学合成或基因重组的方法,生产出抗原多肽、T 细胞表位多肽及肿瘤抗原,将其与佐剂混合应用。其中,将编码抗原的基因构建于载体后以转基因方式注入体内的核酸疫苗或 DNA 疫苗,已尝试性地应用于肿瘤治疗,并取得一定疗效。例如,将编码肿瘤抗原的重组痘苗病毒或腺病毒直接注射到体内,使之持续分泌肿瘤特异性抗原或肿瘤相关抗原作为免疫原,并以病毒本身作为佐剂,可有效启动肿瘤特异性主动免疫治疗。

7. *以抗原提呈细胞为基础的瘤苗* 肿瘤细胞免疫原性较弱,难以激活机体免疫系统发挥抗瘤效应。利用抗原致敏的 APC 可以特异性激活 T 细胞的特点,将肿瘤抗原、肿瘤多肽抗原、肿瘤提取物荷载于 APC 后免疫肿瘤患者,可有效激活患者的抗肿瘤免疫应答,达到治疗肿瘤的目的。

(二) 肿瘤的被动免疫治疗

肿瘤的被动免疫治疗是给机体输注外源性的免疫效应物质,如抗体、细胞因子、肿瘤浸润性淋巴细胞

(TIL)、淋巴因子活化的杀伤细胞(LAK)和干细胞等,由它们在宿主体内发挥抗肿瘤作用。该疗法不依赖宿主本身的免疫功能状态,能快速发挥治疗作用。

根据用于肿瘤被动免疫治疗效应物质的不同,可以分为以下几类:

1. *单克隆抗体导向治疗* 利用特异性的抗体作为载体,将细胞毒性物质导向病灶部位,可特异性杀伤肿瘤。根据抗体携带的细胞毒性物质的不同,可将导向治疗分为三类:

(1) 放射免疫治疗(radioimmunotherapy):将高能放射性核素与单抗连接,可将放射性核素带至病灶,杀死肿瘤细胞。

(2) 抗体导向化学疗法(antibody-mediated chemotherapy):抗肿瘤药物与单抗通过化学交联组成的免疫偶联物,可将药物导向肿瘤部位,杀伤肿瘤细胞。常用药物有甲氨蝶呤(MTX)、阿霉素等。

(3) 免疫毒素疗法(immunotoxin therapy):毒素与单抗连接制备的免疫毒素对肿瘤细胞有较强的杀伤活性。常用毒素有两类:① 植物毒素,包括蓖麻籽毒素(RT)、相思子毒素(abrin)、苦瓜毒素(MD)等;② 细菌毒素,包括白喉类毒素(DT)、绿脓杆菌外毒素(PE)等。

值得注意的是,单抗导向疗法虽在临床上取得了一定疗效,但也存在诸多问题,比如:① 单抗多针对肿瘤相关抗原(TAA),而不同个体及同一个体不同组织来源的某些 TAA 存在质和量的差异,使其疗效不稳定;② 单抗多为鼠源性,应用到人体后可产生抗鼠源性单抗的抗体,影响其疗效并可能导致超敏反应;③ 体内注射的单抗可被血循环中的游离抗原等所封闭,且到达治疗部位的量较少,对实体肿瘤的穿透力较差等。

随着基因工程和蛋白质工程技术的发展,特异性高、免疫原性弱、穿透力强的基因工程抗体不断问世,如嵌合抗体、人源化抗体、完全人源化抗体、单链抗体、双价抗体、双特异性抗体等,为抗体导向治疗的进一步发展奠定了基础。

2. *免疫细胞治疗*

(1) 过继免疫疗法是取对肿瘤有免疫力的供者淋巴细胞转输给肿瘤患者,或取患者自身的免疫细胞在体外加入激活剂(如细胞因子、抗 CD3 抗体、肿瘤抗原多肽等)诱导效应细胞活化、增殖后再回输患者体内,使其在患者体内发挥抗肿瘤作用。该疗法的效应细胞包括 CTL、NK 细胞、巨噬细胞等。另外,淋巴因子激活的杀伤细胞(lymphokine-activated killer cells, LAK),肿瘤浸润性淋巴细胞(tumor-infiltrating lymphocytes, TIL),细胞因子诱导的杀伤细胞(cytokine-induced killer, CIK)和 DC 疫苗(dendritic cell vaccines)等均可应用于过继免疫治疗,比较常见的是 CIK 和 DC 疫苗,或二者联合应用。

(2) 干细胞移植是指取患者自身或健康供者的骨髓输注给患者,使骨髓中的造血干细胞进入患者体内定居、分化、增殖,帮助患者恢复造血功能和产生免疫力。此法常用于治疗血液系统的恶性肿瘤。常见的干细胞移植主要有三类:① 自体干细胞移植白血病患者大剂量照射或化疗后输入自体的骨髓细胞,其中的造血干细胞可以迅速增殖分化为各系血细胞,重建机体的造血系统和免疫系统。② 异体干细胞移植必须供者与受者主要组织相容性抗原(HLA)配型成功才能进行。③ 脐带血干细胞移植脐带血干细胞免疫原性较弱,来源方便,可部分代替同种异体骨髓干细胞移植。

(3) 抑制或清除调节性 T 细胞:调节性 T 细胞(Treg)对免疫应答具有负调控作用。其与抗肿瘤效应细胞之间的消长、平衡可决定肿瘤转归。因此清除体内过高的 Treg,或减弱其对抗肿瘤免疫应答的抑制,已成为肿瘤免疫治疗的重要策略。

3. *细胞因子治疗* 该疗法应用细胞因子直接杀伤肿瘤细胞或通过免疫调节作用间接发挥抗瘤效应,包括:① 直接给患者注射细胞因子;② 将抗肿瘤药物、放射性核素或生物毒素等效应分子与细胞因子偶联,以细胞因子作为导向分子,将效应分子引至表达相应细胞因子受体的肿瘤局部;③ 细胞因子基因疗法:将细胞因子或其受体基因直接导入 APC 或肿瘤细胞,使其在体内持续表达并发挥抗瘤效应。常用的细胞因子有 IL-2、IFN-α、TNF-α、GM-CSF 等。

4. *基因治疗* 该方法通过克隆某些可用于肿瘤治疗的目的基因,将其在体外转染受体细胞(肿瘤细胞或效应细胞),然后回输体内,或将目的基因直接注入患者体内,使其有效表达,从而增强机体抗肿瘤能力,或改善肿瘤微环境以增强抗肿瘤免疫力。常用的抗肿瘤目的基因包括肿瘤抗原(MAGE、CEA 等)、细胞因子、MHC、共刺激分子以及肿瘤自杀基因和抑癌基因(如 *RB*、*p53* 等)。

小 结

肿瘤免疫学是研究肿瘤抗原、机体的免疫系统与肿瘤发生发展的相互关系以及肿瘤的免疫诊断和免疫防治的一门学科。肿瘤抗原是指细胞癌变过程中出现的新抗原及过度表达的抗原物质抗原能诱导机体产生抗肿瘤免疫反应,是肿瘤免疫诊断和防治的分子基础。对于免疫原性强的肿瘤细胞,以细胞免疫为主的适应性免疫应答,体液免疫协同细胞免疫,共同杀伤肿瘤细胞;对于免疫原性弱的肿瘤细胞,固有免疫则发挥更重要的作用。但肿瘤细胞仍然可能逃避宿主免疫系统的有效攻击而在机体内发生发展的过程,被称为肿瘤的免疫逃逸。其机制相当复杂,主要涉及肿瘤细胞本身和宿主免疫系统两个方面。

复习题

简答题

(1) 试述肿瘤抗原的分类方法及各类肿瘤抗原的主要特点。

(2) 机体抗肿瘤的效应机制有哪些?

(3) CTL 介导的抗肿瘤免疫效应有哪些?

(4) 简述肿瘤免疫治疗的类型及优缺点。

(5) 什么是肿瘤的过继免疫疗法?

(6) 肿瘤细胞本身的免疫逃逸机制有哪些?

(7) 与宿主免疫系统有关的肿瘤免疫逃逸机制有哪些?

(朱彤波)

第二十二章
移植免疫

第一节　概　　述

移植(transplantation)是应用自体或异体的正常细胞、组织或器官替换因病失去功能的相应细胞、组织或器官,以维持和重建机体生理功能的治疗方法。植入的正常器官、组织或细胞称为移植物(graft),提供移植物的个体称为供体(donor),而接受移植物的个体称为受体(recipient)或宿主(host)。移植术后,受者免疫系统可识别移植物抗原,移植物中免疫细胞也可识别受者组织抗原产生应答,导致移植物产生炎症反应和坏死,称为移植排斥反应,是造成移植失败的最主要原因。随着外科技术和现代免疫生物学和免疫遗传学的发展,目前器官移植成功率不断提高,器官移植已成为治疗多种终末期疾病的有效手段。但探索一种能阻止移植物失去功能、防止感染和肿瘤新发/复发的新途径,从而保证有幸得到供器官的移植受者在不使用或少使用免疫抑制剂的情况下能长期、有功能存活,是目前全球移植界亟待解决的难题。

移植根据移植物性质不同分为细胞移植、组织移植和器官移植。根据移植物来源及遗传背景不同,可将移植分为:

1. *同基因移植*(isotransplantation)　包括自体、遗传背景完全相同或非常相似的个体(同卵孪生子或近交系动物)之间的移植。此类移植一般不发生移植排斥反应。

2. *同种异基因移植*(allotransplantation)　是指在同一种属、遗传背景不同的个体之间的移植。临床移植多属于此类型。移植排斥反应强度取决于供、受者间遗传背景的差异程度,差异越大,排斥反应越强。

3. *异种移植*(xenotransplantation)　是指在不同种属的个体之间的移植。其目的是解决同种移植器官严重短缺的难题。异种动物间遗传背景差异很大,尤其受者体内可能存在抗异种组织细胞成分的天然抗体,移植后易产生严重的排斥反应,迄今还没有关于此类移植物长期存活的报道。

若将移植物植入宿主原细胞、组织、器官所在的正常解剖位置,称为原位移植(orthotopic transplantation),植入物被植入非正常解剖位置,称为异位移植(heterotopic transplantation)。

第二节　同种异基因移植排斥反应的机制

一、介导同种异基因排斥反应的抗原

引起移植排斥反应的抗原称为移植抗原或者组织相容性抗原。同种异基因移植都会发生排斥反应,其本质是因为供、受体之间组织表面的抗原特异性不同而引发的异常适应性免疫应答。

1. *主要组织相容性抗原*(major histocompatibility antigens, MHA)　能引起强排斥反应的组织相容性抗原称为主要组织相容性抗原,人类的 MHC 抗原是 HLA 抗原,本质上,供、受者间 HLA 差异是引起急性排斥反应的主要原因。MHC 抗原生物学功能是提呈抗原肽供 T 细胞识别,进而激活 T 细胞发生免疫应答,

但在本章中其功能主要转化为非己成分(同种异基因抗原或异种抗原)对机体免疫系统的激发,使之排斥带有这些非己成分的移植物。MHC 抗原是决定移植排斥的关键分子,原因有以下几个:① MHC 的高度多态性使得在除同卵双生外的两个个体间 MHC 基因全部相同的机会几乎为零;② MHC Ⅰ类抗原分子表达于所有有核细胞表面,MHC Ⅱ类抗原分子表达于 APC 和活化的 T 细胞,这一组织分布特点决定了 MHC 几乎无处不在地显示其功能和特异性;③ MHC 分子通过提呈抗原肽,在数量极大的 T 细胞库中选择并激活特异性 T 细胞,启动高效的适应性免疫应答和高度特异性的移植物排斥反应。

2. 次要组织相容性抗原(minor histocompatibility antigens, mHA) mHA 与 MHC 相比,其免疫原性较弱,但其不相合也能导致较弱的移植排斥反应。HLA 完全相同的供、受者间进行移植所发生的排斥反应主要就是由 mHA 所致。编码 mHA 的基因散布于整个基因组中,主要定位于常染色体、线粒体 DNA 和 Y 染色体上。主要包括以下两类:① 与性别相关的 mHA,即雄性动物 Y 染色体编码的产物,主要表达于精子、脑细胞、表皮细胞表面,如雄性小鼠的 H-Y 抗原;② 由常染色体编码的 mHA,如人类的 HA-1~HA-5 等。

mHA 诱导同种异型排斥反应的特点有:① 不同类型的 mHA 可被不同型别 HLA 分子提呈;② mHA 以 MHC 限制性方式被 CTL 和 Th 细胞识别;③ 单个 mHA 不符一般引起缓慢的排斥反应,多个 mHA 不符则可引起快速排斥反应;④ 不同 mHA 分子结构不同,导致与特定 MHC 分子结合的亲和力也不相同。

3. 非经典 MHC Ⅰ类抗原 NK 细胞积极参与移植物排斥的细胞免疫应答,而非经典 MHC Ⅰ类抗原分子具有与经典 MHC Ⅰ类抗原分子的相似作用,作为 NK 细胞抑制性受体的配体结合 KIR 发挥抑制 NK 细胞作用,当其表达缺失或低下时,NK 细胞被活化,发挥对同种异基因或异种细胞的杀伤。

4. 其他抗原

(1) ABO 血型抗原:表达于红细胞,肝、肾细胞等,特别是血管内皮细胞表面的 ABO 血型抗原在诱导排斥反应中起重要作用。因此,供、受者间 ABO 血型不合也可引起移植排斥反应,特别是受者血清中血型抗体可与供者移植物血管内皮细胞表面 ABO 抗原结合,通过激活补体而引起血管内皮细胞损伤和血管内凝血,导致超急性排斥反应的发生。

(2) 组织特异性抗原:指特异性表达于某一器官、组织或细胞表面的不同于 HLA 抗原和 ABO 血型抗原的一类抗原系统。同种不同组织器官移植后发生排斥反应的强度各异,其机制之一可能是不同组织特异性抗原的免疫原性不同。在诸多组织特异性抗原中,对血管内皮细胞(vascular endothelial cell, VEC)特异性抗原和皮肤 SK 抗原进行了较深入研究。

(3) 甘露糖抗原:可通过甘露糖结合凝集素途径活化补体,杀伤靶细胞,引发移植排斥。甘露糖抗原在异种移植超急性排斥和延缓排斥中的作用正成为一个颇受关注的领域。

(4) 脂质抗原:不能被经典 MHC 分子及与 MHC 连锁的非经典分子提呈给 T 细胞产生免疫应答,但与 CD1 分子结合后可以“$CD1^+$脂质抗原”复合物被一类特殊的 T 细胞所识别,这类细胞称为 CD1 限制性 T 细胞,如 NK1.1^+T 细胞。

二、T 细胞识别同种异基因抗原的机制

动物转移 T 细胞实验研究证实,介导同种异基因移植排斥反应的主要细胞是 T 细胞(图 22-1),其他免疫效应细胞(如 B 细胞、巨噬细胞、NK 细胞、NK1.1^+ T 细胞等)和免疫效应分子(如抗体、补体等)也在一定程度上参与对移植物的损伤和炎症反应。

T 细胞在针对普通非己抗原产生免疫应答的过程中,其 TCR 必须进行双识别,即同时识别抗原肽和自身 MHC 分子,才能获得活化第一信号。然而,在其介导的移植排斥反应中,受体 T 细胞的 TCR 可以通过直接和间接两条途径识别移植物上的同种异型 MHC 分子。

1. 直接识别(direct recognition) 指供者 APC 将其表面的 MHC 分子或抗原肽-MHC 分子复合物直接递呈给受者的同种反应性 T 细胞,供其识别并产生应答,而不需要受者 APC 处理。移植术后,受者 T 细胞可进入移植物中,移植物内的供者过客细胞(APC 和白细胞)也可进入受者血循环或局部引流淋巴组织,

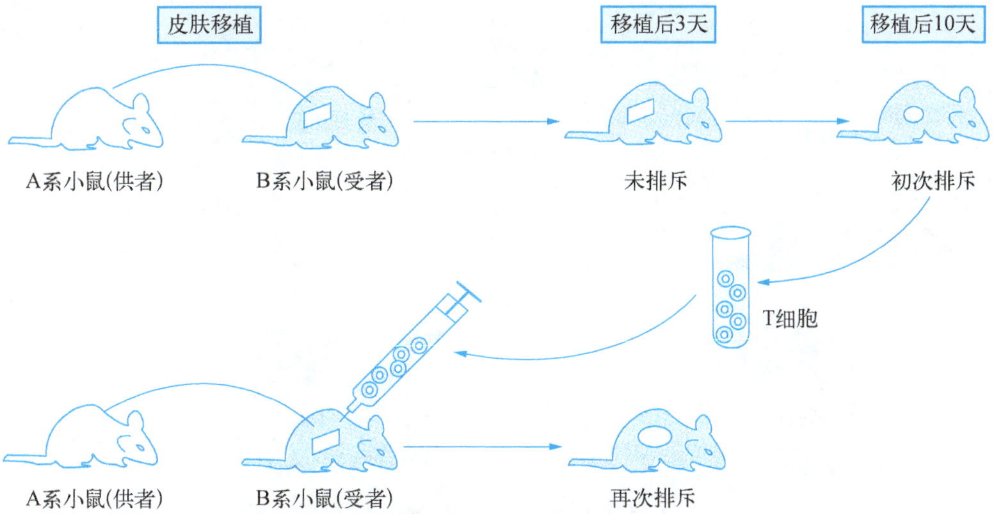

图 22－1　T 细胞是介导排斥反应的主要细胞

引起供者 APC 可与受者 T 细胞接触，前者直接将同种异体抗原提呈给后者，引发移植排斥反应。由于移植物内 APC 数量有限，同时过客 APC 进入受者血循环后即分布于全身，并随时间推移而逐步消失，因此目前认为，直接识别机制主要在移植早期急性排斥反应中起重要作用。

混合淋巴细胞反应中，由于同种异体供、受者间 MHC 分子存在差异，供、受者的淋巴细胞直接识别对方淋巴细胞表面的异型 MHC 分子，从而发生增殖和活化，这为 T 细胞直接识别提供了实验依据。

直接识别引起的排斥反应具有两个特点：① 速度快，因无须经历抗原摄取、处理和加工；② 强度大，因为每一个体中，具有同种抗原反应性的 T 细胞克隆占 T 细胞库总数的 1%～10%，而针对一般外源性抗原的 T 细胞克隆仅占总数的 1/10 000～1/100 000。

直接识别的机制尚未完全阐明。其可能机制：① TCR 对肽- MHC 分子复合物的识别具有简并性(degeneracy)，即同一 TCR 可识别不同的肽- MHC 分子复合物。② 通过分子模拟机制，致使供体 MHC 分子/MHC -供体抗原肽与受体 MHC 分子的结构相同或相似，引起交叉识别、交叉反应发生。

2. 间接识别(indirect recognition)　指受者 APC 对供者移植物的脱落细胞或 MHC 抗原进行加工和处理，以供者抗原肽-受者 MHC Ⅱ类分子复合物的形式提呈给受者 $CD4^+$ T 细胞，也可通过交叉提呈的方式提呈给 $CD8^+$ T 细胞，导致 $CD4^+$ T 细胞和 $CD8^+$ T 细胞均发生活化，引起移植排斥反应。一般认为，在急性排斥反应早期，间接识别与直接识别机制协同发挥作用；在急性排斥反应中晚期和慢性排斥反应中，间接识别机制起重要作用。

直接识别与间接识别的特点见表 22－1 和图 22－3。

表 22－1　直接识别与间接识别的特性比较

比　较　项　目	直　接　识　别	间　接　识　别
抗原提呈细胞的来源	供体	受体
受体 T 细胞识别的抗原	供体 MHC 或供体 MHC -抗原肽复合物	受体 MHC -供体抗原肽复合物
排斥反应强度	非常强烈	较弱或未知
参与排斥反应的类型	急性排斥反应(早期)	急性排斥反应(中、晚期)，慢性排斥反应
对环孢霉素 A 的敏感性	敏感	不敏感
被激活的 T 细胞	$CD8^+$CTL 和 $CD4^+$Th	$CD4^+$Th 为主

三、同种异基因移植排斥反应的效应机制

移植排斥反应的本质也是免疫应答，因此其效应机制就是通过免疫应答来实现的。

1. 体液免疫应答　移植物抗原可特异性活化 $CD4^+$ Th 细胞辅助 B 细胞分化为浆细胞，分泌针对同种异

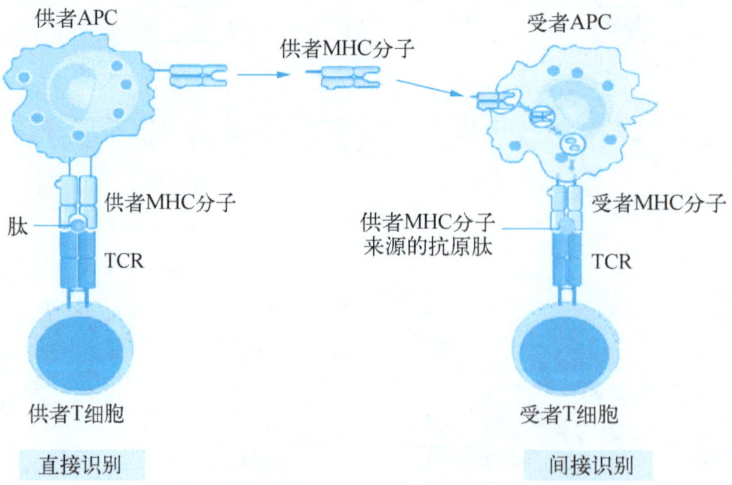

图 22－2 同种异基因抗原的直接识别和间接识别

基因抗原的特异性抗体，另外受者机体内也有可能预存针对移植物的抗体，这些抗体可通过调理作用、免疫黏附、ADCC 和 CDC 作用等损伤血管内皮细胞，促使血管内血小板和中性粒细胞聚集，纤维蛋白沉积，引起广泛血管内凝血和血栓形成，造成组织缺血和广泛梗死，最终导致移植物功能迅速丧失。一般而言，抗体主要参与超急性排斥反应。

2. *细胞免疫应答* 在同种异基因移植的急性排斥反应早期，病变组织常见以单个核细胞(主要是 T 细胞)为主的细胞浸润，表明 T 细胞介导的细胞免疫起主要作用。移植物抗原在体内主要诱发 $CD4^+$ Th1 和 $CD8^+$CTL 两类 T 细胞亚群，$CD4^+$ Th1 通过产生各种细胞因子，不仅能直接作用于移植物细胞，还能作用于其他效应细胞并诱导具有移植排斥作用的炎症反应(即单个核细胞浸润为主的炎症反应)；$CD8^+$CTL 一方面通过其抗原识别受体识别移植物抗原并与之结合，通过溶细胞作用直接杀伤移植物细胞，另外还可通过分泌多种细胞因子如 IFN－γ、TNF 而间接地杀伤移植物细胞。

3. *固有免疫应答* 在移植排斥反应中也起重要作用，参与的成分主要有固有免疫细胞、免疫分子(补体和细胞因子等)。参与移植排斥反应的固有免疫细胞主要有 NK 细胞、NKT 细胞、$CD4^+CD25^+$ Treg、吞噬细胞、γδT 细胞、B1 细胞等。① NK 细胞：器官移植后，受者 NK 细胞的 KIR 不能识别移植物细胞表面的同种异型 MHC 分子，从而被激活，参与排斥反应发生；② NK1.1 T 细胞：NK1.1 T 细胞识别移植物细胞表面 CD1 分子呈递的共有脂类和糖脂类抗原活化，参与移植排斥反应。③ 吞噬细胞：可穿越血管内皮细胞和组织间隙迁移募集到移植部位，通过多种途径破坏移植物。γδT 细胞对移植物的损伤机制与 $CD8^+$CTL 基本相同；B1 细胞主要识别移植物细胞表面共有多糖类抗原产生 Th2 应答，介导移植排斥反应。细胞因子是介导移植排斥反应的重要效应机制，IL－2、IFN－γ、TNF－α 和 TN－β 是移植排斥反应中重要的细胞因子。IL－2可引起多种参与移植排斥反应的免疫细胞增殖，也是激活同种反应特异性 T 细胞所必需。IFN－γ 是导致 DTH 反应的重要细胞因子，可诱导 MHC 分子表达、增强 APC 活性、激活 NK 细胞和巨噬细胞，参与并增强排斥反应。活化的巨噬细胞分泌的 TNF－α 和 TNF－β 是导致移植物损害的重要细胞因子。TNF－β 和 IFN－γ 也能诱导黏附分子在血管内皮细胞上表达，白细胞黏附血管壁，穿越内皮细胞进入组织，损伤移植组织细胞。细胞因子 IL－4、IL－5、IL－6 可辅助 B 细胞活化，并产生抗移植物抗体，通过体液免疫应答介导移植排斥反应。

第三节 同种异基因移植排斥反应的类型

移植排斥反应根据参与的免疫细胞的来源以及作用的对象不同分为宿主抗移植物反应(host versus graft reaction，HVGR)和移植物抗宿主反应(graft versus host reaction，GVHR)两大类。前者见于实质器官移植，后者主要见于骨髓移植或其他免疫细胞移植。

一、宿主抗移植物反应

宿主抗移植物反应是指受者体内活化的免疫细胞和抗体对供者移植物进行攻击，导致移植物损伤、破坏的排斥反应。排斥反应根据发生时间、强度、病理表现及其机制，可分为超急性排斥、急性排斥和慢性排斥反应。

1. 超急性排斥反应(hyperacute rejection)　是在移植物血液循环恢复后几分钟到数小时内发生的排斥反应。其机制是：受者移植术前因反复多次输血、多次妊娠、长期血液透析或再次移植等，致使体内预先产生抗供体同种异型抗原(如 HLA 抗原、ABO 血型抗原等)的抗体，这些抗体与移植物血管内皮细胞表面相应抗原结合，激活补体级联反应，导致血管通透性增加，中性粒细胞浸润，血小板聚集，血管内凝血和血栓形成，造成组织缺血和广泛梗死。临床症状和病理变化见表 22-2。近年由于配型精度不断提高，超急性排斥反应的发生率已明显下降，但一旦发生，除手术切除移植物外，目前尚无其他有效治疗措施。最有效的方法是预防，移植前进行 ABO 配型和 HLA 交叉配型，再次移植时不选用与前次供者 HLA 抗原相同而受者缺乏此抗原的供者，移植 2 次以上的受者移植前可采取血浆置换清除特异性抗 HLA 抗体等措施。

表 22-2　移植排斥反应类型比较

比较项目	超急性排斥	急性排斥	慢性排斥
发生机制	预存抗体	细胞免疫和体液免疫	机制复杂、不清楚，免疫和非免疫因素均参与
临床症状	术后恢复血供见移植物颜色由正常变为暗红、青紫，质地变软，体积增大，功能渐失，术后 48 h 内出现高热、寒战，移植物剧烈疼痛，功能迅速丧失	移植后几天至数月，不明原因发热，移植物压痛，肿大，功能减退	移植后 6～12 个月后，进程缓慢，移植物功能逐渐减退
病理变化	出血、水肿和血管内血栓形成，移植物急性坏死	急性间质炎和急性血管炎症	增生为主，实质萎缩、纤维化，间质水肿，淋巴细胞浸润，细小动脉内膜增生
发生部位	血管	血管和实质	血管和实质
干　预	措施一旦启动，难以控制，预防为主	加强免疫抑制剂，调整用药方案	尚无有效措施

2. 急性排斥反应(acute rejection)　最常见，一般在移植后数天至数周发生，由细胞免疫和体液免疫共同作用，但细胞免疫应答在急性排斥反应中发挥主要作用。急性排斥反应的发生率极高，其临床表现取决于供、受者间组织相容性程度、移植后的免疫抑制方案、受体免疫功能状态以及诱发因素等，一般而言，急性排斥反应发生越早，其临床表现越严重；移植后期发生的急性排斥大多进展缓慢，临床症状较轻。

3. 慢性排斥反应(chronic rejection)　多发生于移植术后数月至数年，病程缓慢，常呈隐匿性，表现为移植物功能进行性丧失。慢性排斥反应已成为移植物长期存活的主要障碍，其发生机制复杂、尚不十分清楚，目前认为是免疫学和非免疫学因素共同作用。

(1) 免疫学因素：研究发现，细胞免疫和体液免疫都参与了慢性排斥的损伤。多数学者认为 HLA 不合程度与慢性排斥反应的发生有明显的相关性，最有利的证据是同基因近交系大鼠间器官移植和同卵双生子之间的移植几乎完全没有慢性排斥反应的发生。急性排斥反应反复发作，也可导致慢性排斥反应和移植物组织的退行性变。

(2) 非免疫学因素：许多研究显示，非免疫因素在慢性排斥反应的发生中也起了重要作用，包括供受者年龄、缺血再灌注损伤、免疫抑制剂毒副反应、巨细胞病毒感染、高血压、高脂血症、糖尿病、原发病等。其中缺血再灌注损伤是难以避免而又重要的环节。

二、移植物抗宿主反应

移植物抗宿主反应是由移植物中的免疫活性细胞识别受者组织抗原引起免疫应答，导致受者组织器官损伤的一种排斥反应。GVHR 造成的宿主损伤称为移植物抗宿主病(graft versus host disease, GVHD)，最常发生于富含淋巴细胞的骨髓、胸腺、小肠、肝、脾等器官移植或新生儿接受大量输血后，一般需具备三个条件：① 移植物必须含有足量免疫活性细胞;② 供、受体间组织相容性不合;③ 受者免疫功能极度低下无法清除移植物中的免疫细胞。

据其发生时间和组织学特点,GVHD 可分为急性和慢性。前者常见于移植后 3～4 周,最晚在 3 个月内,主要累及皮肤、胃肠道和肝脏,引起上皮细胞坏死,临床表现为皮疹、黄疸和腹泻等,还可继发感染等;后者多发生于移植后 3 个月,表现为受累器官功能进行性丧失,病理变化为器官的萎缩和纤维化。

研究发现,在对白血病患者进行异基因骨髓移植治疗时白血病复发率明显低于同卵双生同胞间骨髓移植和自体骨髓移植。这种骨髓移植物中的供者免疫细胞向残留的白血病细胞发起攻击,从而防止白血病复发的现象,称为移植物抗白血病反应(graft versus leukemia reaction, GVLR)。其发生机制不清楚。

第四节 同种异基因移植排斥的防治原则

移植排斥反应是对移植物的异常免疫应答,因此对其防治主要从免疫应答三个阶段去考虑措施。同种异基因移植排斥防治的基本原则有:① 供者与受者间 HLA 尽可能相符,以降低移植物组织抗原的免疫原性;② 非特异性抑制受者的免疫应答;③ 诱导受者对移植物的特异性免疫耐受。

一、供者的选择

选择与受者组织型别相配的供者,避免产生诱发移植排斥反应的抗原,是控制移植排斥反应发生的重要措施。目前可以通过下列方法进行组织配型,以选择 ABO 血型相同、HLA 抗原匹配的合适供体。

1. *ABO 血型抗原配型* 人红细胞血型抗原是重要的组织相容性抗原,移植前应检测供者 ABO、Rh 血型抗原,须与受者相同,或至少符合输血原则,否则可导致如同输血反应的超急性排斥反应,影响移植物存活。

2. *HLA 配型* 组织器官移植后,移植物能否存活很大程度上取决于供受者间 HLA 型别是否相符,因此移植前进行供受者 HLA 配型十分重要。不同 HLA 基因座位产物对移植排斥的影响程度不一样,同种肾移植中 HLA-DR 对排斥反应最重要,其次是 HLA-B 及 HLA-A。目前主要有血清学分型和基因分型方法,血清学分型只能检测出其中部分变异体,而基因分型技术可以在 DNA 水平上鉴定全部 HLA 分子变异体,因而基因分型技术正逐渐代替传统的血清学分型方法。血清学分析方法主要包括 HLA 标准血清学分型和荧光单克隆抗体分型技术;基因分型方法很多,单核苷酸多态性-聚合酶链反应和基因芯片等新技术因其分辨率高、快捷、简单等优点,有望成为最佳普及的 HLA 分型方法。

3. *交叉配型* 混合淋巴细胞反应(mixed lymphocyte reaction, MLR)主要用于交叉配型,检测受体的淋巴细胞对供体细胞表达的抗原反应程度。由于 MLR 试验需要 4～5 d,而从尸体获得的器官保存时间不能超过 24～48 h,因此对大多数临床器官移植不适用,但可应用于活体器官移植。在骨髓移植中 MLR 试验特别重要,可用来评价供体骨髓细胞能否与受体抗原反应引起 GVHD。

二、免疫抑制疗法

免疫抑制剂可以干预移植排斥反应的多个环节,能起到一定防治效果。

(一) 化学类免疫抑制剂

1. *皮质类固醇* 通过抑制淋巴细胞活性及 APC 功能发挥抑制排斥反应作用。常用药包括氢化可的松、甲泼尼龙、泼尼松、泼尼松龙等,但可引起水钠潴留、高血压、低血钾、骨代谢异常等副作用。

2. *抗增殖类免疫抑制剂* 主要包括硫唑嘌呤、霉酚酸酯(又称骁悉)、咪唑立宾等。硫唑嘌呤竞争性反馈抑制嘌呤合成酶,使染色体断裂,干扰 DNA 合成,从而抑制淋巴细胞增殖,可引起白细胞减少、血小板减少、恶心、呕吐等副作用。霉酚酸酯和咪唑立宾抑制尿嘌呤核苷酸合成的限速酶和鸟苷酸合成酶,使淋巴细胞缺乏补救合成途径而发挥抗增殖作用,胃肠道毒性和白细胞减少等是其主要副作用。

3. *钙调神经蛋白抑制剂* 包括环孢霉素 A(CsA)和他克莫司。二者作用机制相似,通过阻断钙调神经蛋白通路,抑制对 T 细胞活化和分化中起关键作用的细胞因子的产生发挥作用。二者的不良反应也类似,以肾毒性最显著。

4. 哺乳类雷帕霉素靶分子抑制剂 主要包括雷帕霉素(又称西罗莫司)和山莱恩,二者作用机制和副反应相似,通过抑制 IL-2R 后的转导信号,在 G1 中后期阻止细胞周期的进展,从而阻止细胞从 G1 向 S 期进展,副作用主要有高血脂、高血压、腹泻、贫血等。

(二) 生物免疫抑制剂

1. 多克隆抗体 包括抗淋巴细胞血清(anti-lymphocyte serum, ALS)、抗淋巴细胞球蛋白(anti-lymphocyte globulin, ALG)和抗胸腺细胞球蛋白(anti-thymocyte globulin, ATG)。三者是淋巴细胞选择性免疫抑制药物,可干扰细胞介导的免疫反应,但均为异种免疫血清,具有强烈的免疫原性,可引起严重的过敏反应。

2. 单克隆抗体 目前经美国 FDA 批准使用的单克隆抗体只有鼠抗 CD3(OKT3)和抗 IL-2R 单抗(达利珠单抗和巴利西单抗),近期开发的 HuM291 是一种人源化的 OKT3,效果同 OKT3,但因不产生细胞因子,因而毒性较低,其临床实验正在进行中。

3. CTLA-4Ig 可阻断 CD28、CTL-4 与 CD80、CD86 间的相互作用,从而抑制 T 细胞充分活化,导致 T 细胞无反应。采用 CTLA-4Ig 阻断 T 细胞活化是预防排斥反应的一种新方法,正在临床研究中。

移植前进行血浆置换,可除去受者血液内预存的特异性抗体以防止超急排斥反应。临床应用脾切除、放射线照射受者全身、全淋巴结或移植物、血浆置换、血浆淋巴细胞置换等技术防治排斥反应,都取得了一定疗效。

三、诱导免疫耐受

移植排斥反应也包括感应、增殖与分化、效应三阶段,选择性阻断其中某些环节便有可能诱导出免疫耐受。但移植排斥反应是一个多因素、涉及多种机制的复杂过程,因而诱导耐受也需多种途径共同作用。

1. 给予供者抗原

(1) 胸腺内注射抗原或胸腺移植诱导中枢耐受:胸腺内注射供者抗原诱导耐受可能是受者胸腺内未成熟的细胞直接接触供者抗原而发生的阴性选择作用。切除胸腺的成年小鼠经过抗淋巴细胞单抗、射线照射等预处理后植入同种或异种胸腺,移植胸腺可支持 T 细胞重建和诱导针对供者的特异性细胞耐受。

(2) 外周使用供者抗原诱导移植耐受:大量实验证实,移植前给予供者特异性输血、供者骨髓细胞输注、口服抗原和吸入抗原都可诱导一定程度的移植耐受。

2. 阻断宿主或移植物特异性免疫应答 阻断排斥反应的第一信号、第二信号。

3. 诱导免疫偏离 排斥反应主要由能产生炎症性细胞因子的 Th1 细胞参与,若能使颇具破坏性的 Th1 反应向相对无害的 Th2 应答发生偏离将有利于建立移植耐受。

4. 发挥免疫调节性细胞的作用 包括调节性 T 细胞、NK1.1 T 细胞、调节性 DC 和浆细胞样 DC 等。

第五节 移植免疫相关问题

外科技术提高和免疫抑制剂应用明显提高移植器官近期存活率,但远期存活率不理想。目前临床主要给予强力免疫抑制剂摧毁受者免疫系统来保护移植物免受损伤,却不能有效防止移植物慢性失功的发生,甚至有可能增加移植受者感染和肿瘤的发生。探索能阻止移植物失功发生、防止感染和肿瘤新发/复发甚至有可能的新途径成为目前全球移植界研究热点,取得了一些新进展。

一、抗体人源化和人源化抗体的制备

1. 抗体人源化 利用分子生物学手段和技术对鼠抗体进行人源化,改变鼠源抗体的缺点已成为目前研究热点,已有商品上市。

2. 全人源抗体 针对抗体人源化缺点,人们开始研究全人源抗体,目前一些来源于噬菌体抗体库的人源抗体已进入多期临床试验。

二、诱导嵌合体

嵌合或嵌合体(chimerism)是指来源于供者异基因背景的细胞或遗传物质在受者体内长期存在的状态。在诸多诱导免疫耐受研究中,诱导受者建立嵌合体似乎是最接近临床的可能方法。研究发现,在免疫抑制剂辅助下,多种方法可有效建立移植免疫耐受相关的嵌合体,如联用 CTLA-4Ig 和抗-ICAM-1 抗体阻断 B7-CD28 协同刺激通路,利用抗 CD4 和抗 CD8 嵌合体形成,有效延长移植物存活时间。

三、异种移植

20 世纪初,由于同种异基因移植中供器官的严重短缺,使得科学家们不得不寻找新的供源,异种移植的基础研究已成为移植界研究热点。异种移植排斥反应比同种移植更为强烈,其机制也更复杂。猪由于价廉易饲养繁殖,其形态、功能、生理和生化上与人相似,便于基因改造,人畜共患病可能性小,涉及的动物保护和伦理问题相对较少等优点,已称为目前异种移植的最佳器官来源。

四、再生医学

供器官严重不足又催生了再生医学。再生医学是利用生物学及工程学的理论方法,促进机体自我修复与再生,或构建新的组织与器官,以修复、再生和替代受损的组织和器官的医学技术,为组织与器官损伤提供了全新的治疗方法,具有良好的发展趋势和应用前景。目前已有多种人工皮肤产品应用于临床治疗,组织工程骨和软骨在国内已初步应用到临床,人工器官的实验研究一扩展到人工肝、小肠、心脏瓣膜、气管、食管等。

五、诱导特异性免疫耐受

同一个体不同器官移植的存活时间不一样,提示可能因不同组织器官具有不同特异性抗原。诱导特异性免疫耐受,就不会严重摧毁移植受者的免疫系统,可阻止感染的发生以及肿瘤的复发、新发。诱导特异性免疫耐受是目前移植界研究热点,但其难点就是寻找组织特异性抗原,在诸多组织特异性抗原中,对血管内皮细胞特异性抗原和皮肤 SK 抗原进行了较深入研究。

小 结

同种异基因细胞、组织、器官移植已成为治疗多种终末期疾病的有效手段。移植排斥反应实质上是针对移植抗原产生的异常特异性免疫应答。移植排斥反应根据发生时间、强度、病理表现及其机制,可分为超急性排斥、急性排斥和慢性排斥反应。同种反应性 T 细胞是同种异体排斥反应的关键细胞,在其介导的移植排斥反应中,受体 T 细胞的 TCR 可以通过直接识别和间接识别两条途径识别移植物上的同种异型 MHC 分子。直接识别在急性排斥反应早期发挥重要作用,间接识别则在直接识别在急性排斥反应晚期和慢性排斥反应发挥重要作用。同种异基因移植排斥防治的基本原则有:① 供者与受者间 HLA 尽可能相符,以降低移植物组织抗原的免疫原性;② 非特异性抑制受者的免疫应答;③ 诱导受者对移植物的特异性免疫耐受。

复习题

1. 名词解释

   同基因移植　同种异基因移植　直接识别　间接识别　GVHR　HVGR

2. 简答题

   (1) 简述同种异基因移植排斥的类型及主要发生机制。

   (2) 简述同种异基因移植排斥反应的防治原则。

(李成文)

第六篇

免疫学应用

第二十三章

免疫学检测技术

免疫学检测是指借助免疫学、细胞生物学、分子生物学等理论或方法，对抗原、抗体、免疫细胞及细胞因子等进行定性、定量检测。免疫学检测技术已广泛应用于医学和生物学领域的研究。在临床医学中，免疫学检测可用于免疫有关疾病（如感染性疾病、免疫缺陷病、自身免疫病、肿瘤、移植排斥反应、超敏反应）的诊断、发病机制的研究、病情监测与疗效评价等。随着免疫学理论的进展和相关技术的发展，检测技术也不断发展和更新。本章仅介绍免疫诊断常用技术的原理、基本步骤及其应用意义。

第一节　抗原和抗体的检测

一、抗原抗体反应基本原理

抗原抗体反应（antigen antibody reaction）指抗原与相应抗体在体内外发生的高度特异性结合反应。抗原抗体之间通过非共价键结合，它们之间的结合力包括电荷引力、范德华引力、氢键结合力和疏水作用力，多种非共价结合力使抗原与抗体紧密结合在一起。在合适条件下所进行的体外反应中，抗原与相应抗体特异性结合可呈现某种反应现象（如凝集、沉淀）。由于实验所用抗体存在于血清中，故又称为血清学反应（serological reaction）。

基于抗原-抗体反应的检测技术主要应用于如下方面：① 用已知抗原检测未知抗体，如检测患者血清中抗病原微生物抗体、抗 HLA 抗原的抗体、血型抗体以及各种自身抗体，可用于疾病诊断或辅助诊断；② 用已知抗体检测未知抗原，如检测各种病原微生物及其大分子产物，可用于鉴定病原微生物或对疾病进行辅助诊断；③ 定性或定量检测体内各种大分子物质（如各种血清蛋白、可溶性血型物质、多肽类激素、细胞因子及肿瘤标志物等），用于疾病的诊断或辅助诊断；④ 用已知抗体检测某些药物、激素和炎性介质等半抗原物质（如用于监测患者血清中药物浓度或运动员体内违禁药品水平等）。

（一）抗原抗体反应的特点

1. 特异性　一种抗原一般只能与由它刺激机体所产生的抗体结合，这种抗原抗体结合反应的专一性即特异性。由于抗原抗体反应具有高度特异性，故可精确区分物质间极细微的差异。抗原抗体发生特异性结合反应的物质基础是抗原表位与抗体高变区的抗原结合部位间存在互补性，二者结合力取决于二者空间构型互补的程度，可表示为亲和力（affinity）或亲合力（avidity），前者指抗体分子单一抗原结合部位（Fab）与相应抗原表位之间互补结合的强度；后者指一个抗体分子与整个抗原之间的结合强度，与抗原表位数目有关。

2. 可逆性　抗原与抗体结合为分子表面的非共价结合，结合虽稳定但可逆。一定条件下（如低 pH，高浓度盐、冻融等）抗原-抗体复合物可被解离，其解离度取决于抗体超变区与相应抗原表位三维空间构型的互补程度（亲和力）。互补程度（亲和力）越高，二者结合越牢固，不易解离；反之则易解离。解离后的抗原、抗体仍保持原有理化特性和生物学活性，据此可借助亲合层析法纯化抗原或抗体。

3. 比例性　抗原与相应抗体结合能否出现可见反应取决于二者的浓度和比例。如果抗原与抗体的浓度和比例适当则抗原-抗体复合物体积大、数量多，能出现肉眼可见的反应。若抗原或抗体过剩，抗原-抗体复合物体积小、数量少，不能出现肉眼可见的反应。故在具体实验过程中要适当稀释抗原或抗体，以调整两者浓度和比例，使其出现最大复合物，避免假阴性的发生。

4. 抗原抗体反应具有阶段性　抗原-抗体反应分为两个阶段：第一阶段：抗原与抗体发生特异性结合的阶段，此阶段反应快，仅需几秒至几分钟，但不出现可见反应。第二为可见反应阶段，抗原抗体复合物在环境因素（如电解质、pH、温度、补体）的影响下，进一步交联和聚集，表现为凝集、沉淀、溶解、补体结合介导的溶解现象等肉眼可见的反应。此阶段反应慢，往往需要数分钟至数小时。

（二）抗原抗体反应的影响因素

1. 电解质　抗原、抗体通常为蛋白质分子，等电点分别为 pH3～5 和 pH5～6 不等，在中性或弱碱性条件下，表面带有较多的负电荷，适当浓度的电解质会使其失去负电荷而相互结合，出现肉眼可见的凝集团块或沉淀物。为了促使沉淀物或凝集物的形成，常用 0.85% NaCl 或各种缓冲液作为抗原及抗体的稀释液。

2. 温度　在一定温度范围内（15～40℃），升高温度可促进抗原抗体分子的碰撞，加速可见反应的出现。但若温度高于 56℃，可导致已结合的抗原抗体再解离，甚至变性或破坏；常用的抗原抗体反应温度为 37℃。

3. 酸碱度　适宜的 pH 是抗原抗体反应的重要条件，过酸过碱都影响抗原与抗体分子的理化性质，最适酸碱度为 pH6～8。

二、抗原抗体反应的基本检测方法

根据抗原的性质、出现结果的现象、参与反应的成分不同，可将抗原抗体反应分为凝集反应、沉淀反应、补体参加的反应以及借助标记抗体（或抗原）检测相应物质的标记技术等。

（一）凝集反应

细菌、红细胞等颗粒性抗原（凝集原）与相应抗体（凝集素）结合，或可溶性抗原（亦可抗体）吸附于与免疫无关的载体形成致敏颗粒后再与相应抗体（或抗原）结合，在一定条件下出现肉眼可见的凝集物，这一类反应称为凝集反应（agglutination）。

1. 直接凝集（direct agglutination）　将细菌或红细胞与相应抗体直接反应，出现细菌凝集或红细胞凝集现象。一种方法是玻片凝集试验，是将抗原和相应抗体在玻片上进行反应，用于定性检测抗原。例如，用已知血型抗体鉴定 ABO 血型，用抗血清作细菌鉴定。另一种方法是试管凝集试验，在试管中系列稀释待检血清，加入已知颗粒性抗原，用于定量检测抗体，如诊断伤寒病的肥达凝集试验。

2. 间接凝集（indirect or passive agglutination）　将可溶性抗原（或抗体）包被在红细胞或乳胶颗粒等固相载体的表面，与相应抗体（或抗原）反应出现载体颗粒凝集的现象称间接凝集试验。若采用红细胞作载体，称血凝试验，若选用乳胶颗粒则称乳胶凝集试验。例如，用 γ 球蛋白包被的乳胶颗粒检测患者血清中一种抗人 γ 球蛋白的抗体（类风湿因子）。也可用已知抗体包被乳胶颗粒，检测标本中的相应抗原（图 23-1）。

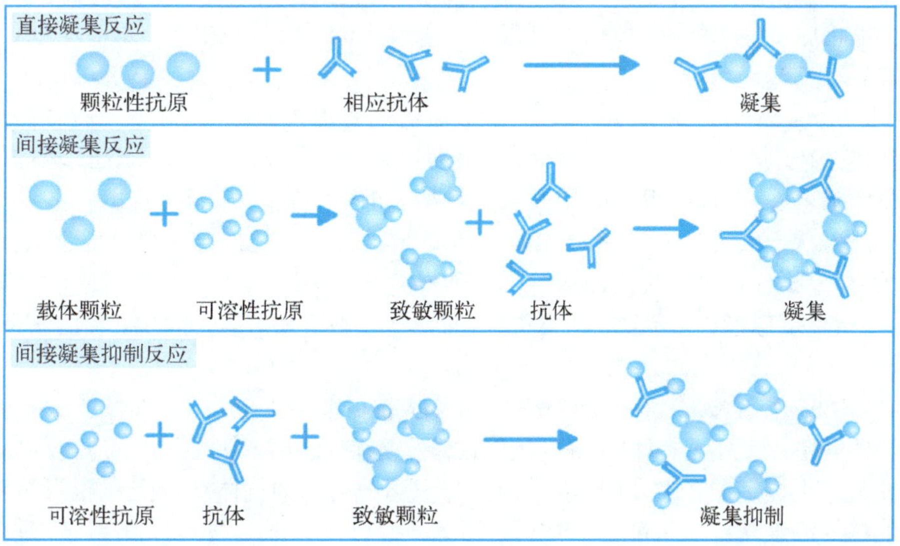

图 23-1　凝集反应

3. *间接凝集抑制试验*(indirect agglutination inhibition test) 将待测抗原(或抗体)与特异性抗体(或抗原)先行混合,再加入相应致敏载体悬液;若待测抗原与抗体对应,即发生中和,随后加入的相应致敏载体颗粒不再被凝集,使本应出现的凝集现象被抑制。此实验灵敏度高于一般间接凝集试验。

4. *协同凝集试验*(co-agglutination test) 人血清 IgG Fc 段能与金黄色葡萄球菌细胞壁 A 蛋白(SPA)结合,将已知特异性抗体 IgG 结合至 SPA,IgG Fab 段暴露在金黄色葡萄球菌菌体表面,其与相应抗原结合,可导致金黄色葡萄球菌凝集。

(二) 沉淀反应

血清蛋白质、细胞裂解液或组织浸液等可溶性抗原与相应抗体结合,在一定的反应条件下出现肉眼可见的沉淀物,这一类反应称为沉淀反应(precipitation)。参与反应的抗原称沉淀原,抗体称为沉淀素。沉淀反应大多用半固体琼脂凝胶为介质进行琼脂扩散或免疫扩散。即可溶性抗原与抗体在凝胶中扩散,在比例合适处相遇时形成可见的白色沉淀物。

1. *单向免疫扩散*(single immunodiffusion) 是将一定量已知抗体均匀混于琼脂凝胶中制成琼脂板,在适当位置打孔后将抗原加入孔中扩散。抗原在扩散过程中与凝胶中的抗体相遇,形成以抗原孔为中心的沉淀环,在一定条件下,环的直径与抗原含量成正相关。用不同浓度的标准抗原制成标准曲线,则未知标本中的抗原含量可从标准曲线中查出。该法可用于测定血清 IgG、IgM、IgA 和补体 C3 等的含量(图 23-2)。

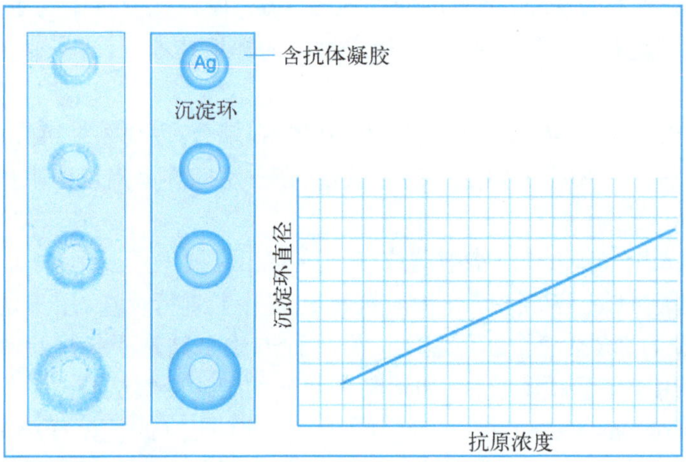

图 23-2 单向免疫扩散试验

2. *双向免疫扩散*(double immunodiffusion) 是将抗原与抗体分别加于琼脂凝胶的小孔中,二者自由向四周扩散,如果两者相对应,则发生特异性反应,在浓度比例合适处形成肉眼可见的白色沉淀线。如果反应体系中含两种以上的抗原抗体系统,则小孔间可出现两条以上的沉淀线(图 23-3)。本法可用于抗原或抗体的定性、半定量检测及组成分析。

3. *免疫电泳*(immunoelectropboresis) 是将凝胶电泳与免疫扩散相结合以提高对混合组分分辨率的一种免疫化学分析技术。在电场作用下,位于琼脂凝胶中的抗原样品因各组分电泳迁移率不同而彼此分开形成不同的区带。电泳结束后,在琼脂板中间挖一长条形槽,加入相应抗血清,再自由扩散,由于经电泳分离后的各种抗原成分呈放射状扩散,抗体呈直线扩散,故形成弧状沉淀。通过与正常血清形成的沉淀弧数量、位置和形态进行比较,可分析标本中所含抗原成分的性质和含量(图 23-4)。该法常用于血清蛋白种类分析以观察免疫球蛋白(包括免疫球蛋白不同类、亚类及型)的异常增多或缺失,如骨髓瘤及性联低丙种球蛋白血症的诊断。

4. *火箭电泳* 该法为定量试验,将单向琼脂扩散反应放在电场中进行,以加快抗原抗体的反应速度,用于快速诊断。抗原的等电点通常在 pH3 左右,在中性或弱碱性缓冲液中抗原带较多的负电荷,因此电泳时将抗原放在负极使其向正极定向扩散,在扩散过程中与琼脂中的已知抗体结合形成锥形沉淀峰,形似火箭故称火箭电泳。沉淀峰的高度与抗原浓度呈正比(图 23-5)。待测抗原含量可以从用已知抗原制备的标准曲线计算出。

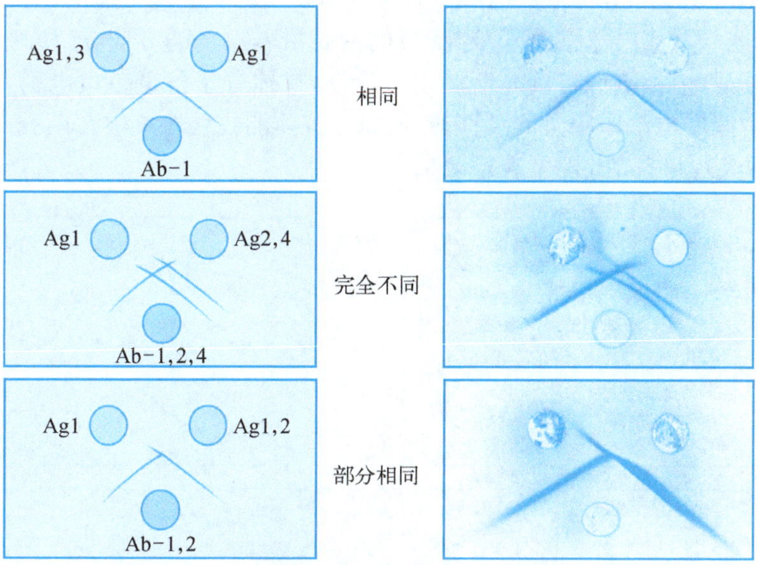

图 23-3 双向免疫扩散实验

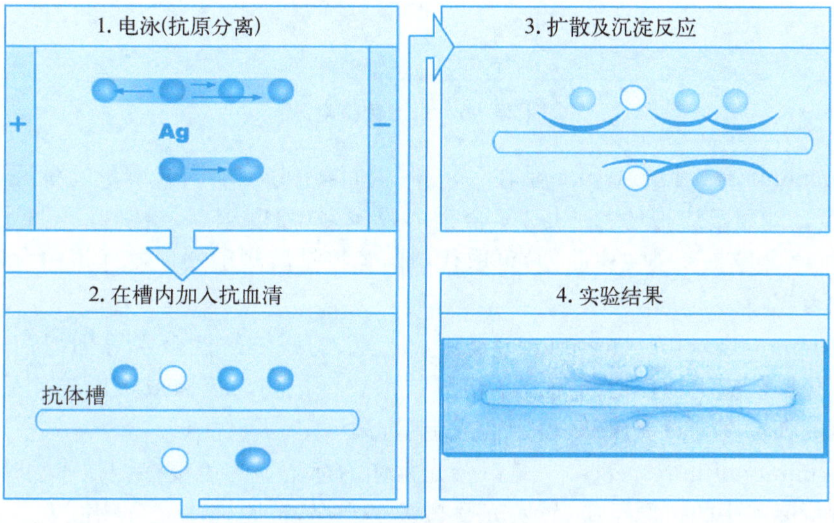

图 23-4 免疫电泳

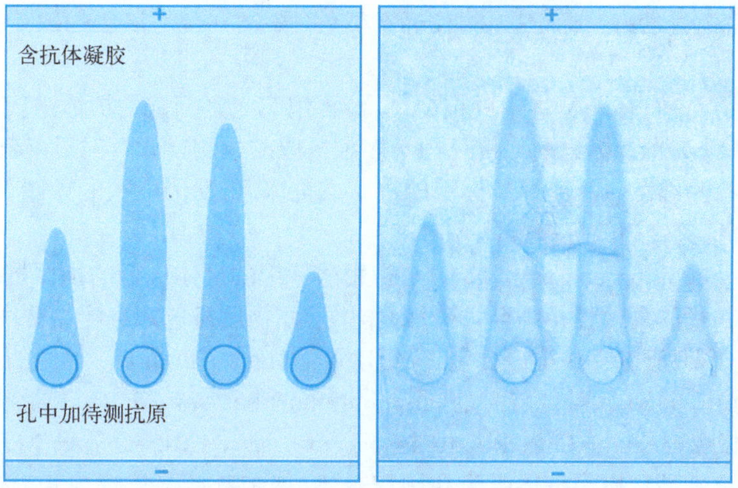

图 23-5 火箭电泳

5. 对流免疫电泳(counter immunoelectrophoresis, CIE) 是一敏感快速的检测方法,即在电场作用下的双向免疫扩散。将琼脂板放入电泳槽内,使琼脂板的两孔沿着电场的方向,于负极侧的孔内加入抗原,于正极侧的孔内加入抗体,通电后,抗原带负电荷向正级泳动,抗体分子虽也带负电荷,但因相对分子质量大,向正极的位移小,而受琼脂中电渗作用向负极移动,抗原和抗体能较快地集中在两孔之间的琼脂中形成免疫复合物的沉淀线(图 23-6),只需 1 h 即可观察结果。

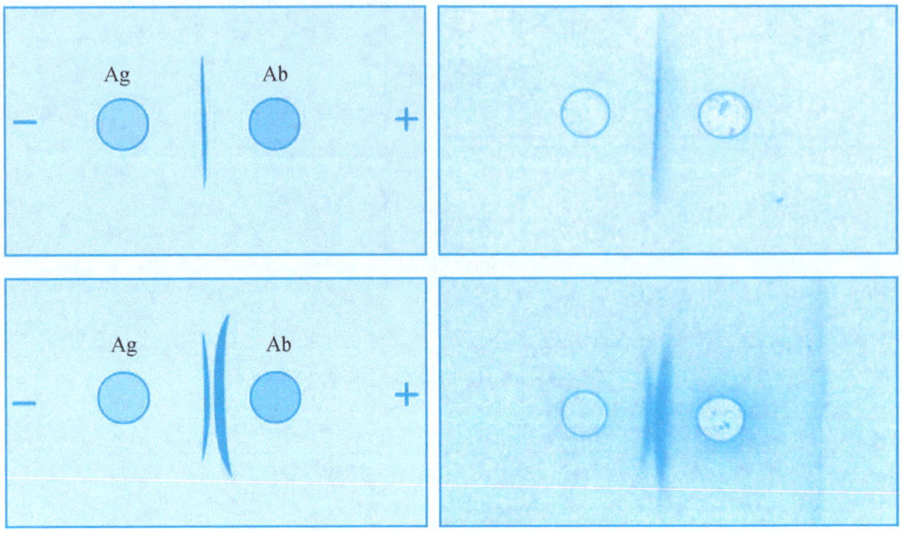

图 23-6 对流免疫电泳

6. 免疫比浊(immunonephelometry) 是在一定量的抗体中分别加入递增量的抗原,经一定时间后形成免疫复合物。用浊度计测量反应液体的浊度,复合物形成越多,浊度越高,绘制标准曲线并根据反应液体的浊度推算样品中的抗原含量。该法快速简便,可取代单向免疫扩散测定的免疫球蛋白含量。

(三) 免疫标记技术

免疫标记技术(immunolabelling technique)是用荧光素、酶或放射性核素等标记物标记抗体或抗原,进行的抗原抗体反应,是目前应用最广泛的免疫学检测技术。标记物与抗体或抗原连接后不改变后者的免疫特性,并提高了方法的灵敏度。具有快速、可定性或定量,甚至定位等优点。

1. 免疫荧光法(immunofluorescence) 是以荧光素作为标记物的免疫标记技术。用荧光素与抗体连接成荧光抗体,再与待检标本中的抗原反应,置荧光显微镜下观察,抗原抗体复合物散发荧光,借此对标本中的抗原作鉴定和定位。常用的荧光素有异硫氰酸荧光素(fluorescein isothiocyanate, FITC)和藻红蛋白(phycoerythrin, PE),前者发黄绿色荧光,后者发红色荧光。

(1) 直接荧光法:将荧光素直接标记抗体,作标本染色(图 23-7)。该法的缺点是检测任一抗原均需制备相应荧光素的抗体。

(2) 间接荧光法:用第一抗体与标本中的抗原结合,再用荧光素标记的抗体进行检测。该法的优点是敏感性比直接法高,制备一种荧光素标记的二抗可用于多种抗原的检测,但非特异性荧光亦增多。

免疫荧光法可用于检测细菌、病毒、螺旋体等的抗原或抗体,帮助传染病的诊断。此外,还用于鉴定免疫细胞的 CD 分子,检测自身免疫病的抗核抗体等。

2. 酶免疫测定(enzyme immunoassay, EIA) 是用酶标记的抗体进行的抗原抗体反应。它将抗原抗体反应的特异性与酶催化作用的高效性相结合,通过酶作用于底物后显色来判定结果。可用目测定性,也可用酶标测定仪测定光密度(OD)值以反映抗原含量,灵敏度可达(ng~pg)/mL。常用的标记物有辣根过氧化物酶(horseradish peroxidase, HRP)、碱性磷酸酶(alkaline phosphatase, AP)等。常用的方法有:

(1) 酶联免疫吸附试验(enzyme linked immunosorbent assay, ELISA)是酶免疫测定技术中应用最广的技术。其基本方法是将已知的抗原或抗体吸附在固相载体(聚苯乙烯微量反应板)表面,使抗原抗体反应在固相表面进行,用洗涤的方法将固相上的抗原抗体复合物与液相中的游离成分分开。ELISA 的操作方法很

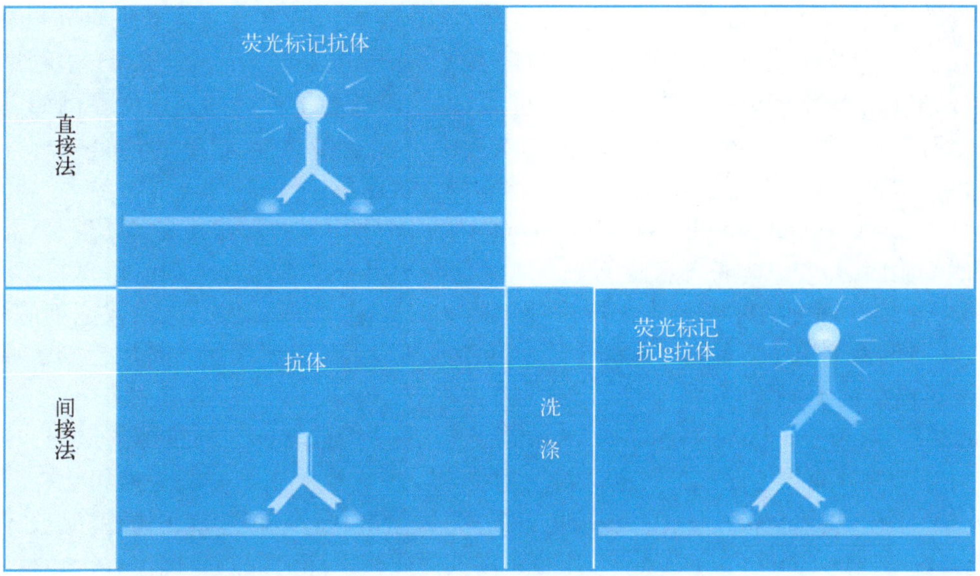

图 23-7　免疫荧光法

直接法：用荧光素标记的已知抗体检测细胞涂片或组织切片中的相应抗原；间接法：用一抗与标本中的抗原结合，洗涤后再用荧光素标记的二抗染色

多，以下简介几种基本方法。

1）双抗体夹心法：用于检测双价或双价以上的大分子抗原。将特异性抗体包被载体表面，加入待检标本，标本中若含有相应抗原即与固相上的抗体结合，洗涤去除未结合成分，加入该抗原特异的酶标记抗体，洗去未结合的酶标记抗体，加底物后显色。根据颜色的有无或颜色的深浅，定性或定量检测抗原。

2）间接法：检测抗体最常用的方法。用已知抗原包被固相，加入待检血清标本，再加酶标记的二抗，最后加底物显色（图 23-8）。

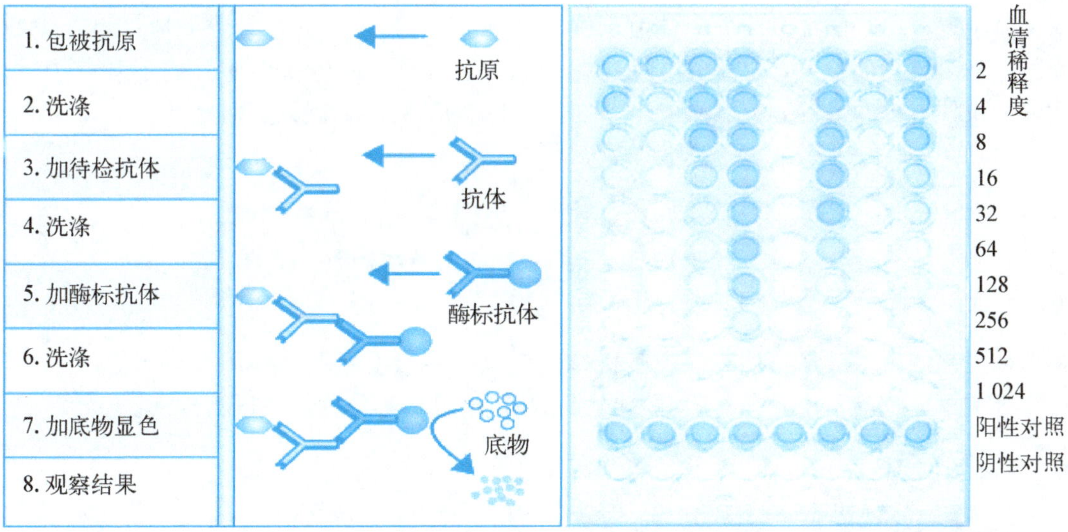

图 23-8　间接法：用已知抗原包被固相，加入待检标本，再加酶标记的二抗，加底物后显色。

3）竞争法：用于测定抗原或抗体。受检抗原（或抗体）和酶标抗原（或抗体）竞争与固相抗体（或抗原）结合，因此结合于固相的酶标抗原量与受检抗原的量呈反比。

ELISA 敏感性高，操作简便，配套仪器设备的发展使操作程序规范化，稳定性进一步提高。现用于检测多种病原体的抗原或抗体、血液及其他体液中的微量蛋白成分、细胞因子等。

（2）BAS-ELISA 生物素（biotin）是广泛分布于动植物体内的一种生长因子，以辅酶形式参与各种羧化酶反应，故称辅酶 R 或维生素 H。亲和素（avidin）是卵白及某些微生物中的一种蛋白质，由四个亚单位组成，对生物素有高度的亲和力。生物素容易与蛋白质(如抗体)共价结合,若再与结合了酶的亲和素分子结合,既起到放大作用,又可显色指示反应。在生物素-亲和素系统(biotin avidin system, BAS)中利用亲和素-生物素-酶的连接关系追踪生物素标记的抗体所识别的抗原,进一步提高了检测的灵敏度。例如,用此法检测标本中的特异抗原时,先用已知抗体包被固相,依次加入待检样品、生物素标记的特异抗体、酶标记的亲和素、最后加底物显色。生物素也可结合核苷酸,因此BAS除用于抗原抗体检测外,还用于DNA和RNA的测定。

(3) 酶联免疫斑点试验(enzyme linked immunospot assay, ELISPOT):其技术原理是用抗体捕获培养中的细胞分泌的细胞因子,并以酶联斑点显色的方式将其表现出来。它结合了细胞培养技术与酶联免疫吸附技术(即ELISA技术),能够在单细胞水平检测细胞因子的分泌情况,可用于检测效应细胞所分泌的单一细胞因子,避免生物活性测定中多种具有相同生物学活性的细胞因子彼此干扰。若用已知抗原包被固相,也可测定分泌特异性抗体的B细胞频率。

3. *免疫组化技术*(immunohistochemistry technique) 是用标记物标记的抗体与组织或细胞的抗原反应,结合形态学检测,对抗原作定性、定量、定位检测的技术。现广泛应用的有酶免疫组化(辣根过氧化物酶标记)、免疫金(银)组化(胶体金颗粒标记)、免疫电镜技术(铁蛋白、胶体金、过氧化物酶标记)等。

4. *放射免疫测定法*(radioimmunoassay, RIA) 用放射性核素标记抗原或抗体进行免疫学检测的免疫标记技术。该法结合了放射性核素高灵敏性和抗原抗体反应的特异性,使检测的敏感度达pg水平。常用于标记的放射性核素有^{125}I和^{131}I,分为液相和固相两种方法。该法常用胰岛素、甲状腺素、生长激素和免疫球蛋白E等微量物质的测定。

5. *化学发光免疫分析*(chemiluminescence immunoassay, CLIA) 将发光物质(如吖啶酯、鲁米诺等)标记抗原或抗体,发光物质在反应剂(如过氧化阴离子)激发下生成激发态中间体,当激发态中间体回复到稳定的基态时发射出光子,通过自动发光分析仪能接收光信号,测定光子的产量,以反映待检样品中抗体或抗原的含量。该法灵敏度高于放射免疫测定法,常用于血清超微量活性物质的测定,如甲状腺素等激素。

6. *免疫印迹法*(immunoblotting) 又称Western印迹法或蛋白印迹法。是将凝胶电泳的高分辨力同固相免疫测定结合起来的一种方法。先将复杂的混合物在分离胶中分离,然后将这些分子转移至膜上,再用特异性的抗体来鉴定这些单个的抗原成分。是由十二烷基磺酸钠-聚丙烯酰胺凝胶电泳(SDS-PAGE)、蛋白质转印和固相免疫测定三项技术结合而成。该法能分离分子大小不同的蛋白质并确定其分子质量,常用于检测多种病毒的抗体或抗原。例如检测血清HIV抗体,为HIV感染的确认实验之一。

第二节 免疫细胞的测定

检测各群体淋巴细胞的数量与功能是观察机体免疫状态的重要手段。外周血是患者主要的检测标本,但仅代表再循环的淋巴细胞。实验动物还可取胸腺、脾脏、淋巴结等作为标本进行检测。

一、免疫细胞的分离

(一) 外周血单个核细胞的分离

外周血单个核细胞(peripheral blood mononuclear cell, PBMC)包括淋巴细胞和单核细胞,是免疫学实验中最常用的细胞材料。人PBMC主要来源于外周血,其取材方便,含量丰富;实验动物(大鼠、小鼠)则大多从其脾脏或淋巴结组织中获得单个核细胞(MNC),用于体外实验。不同血细胞的比重各异,例如:红细胞和多核白细胞比重为1.092;淋巴细胞和单核细胞为1.075~1.090;血小板为1.030~1.035。应用密度介于1.075~1.092、接近等渗的溶液(分层液)进行密度梯度离心,可使不同类别血细胞按其比重而分布,并被分离。常用的葡聚糖-泛影葡胺(又称淋巴细胞分离液)密度梯度离心法是将聚蔗糖和泛影葡胺按适当比例配制成密度为1.077的分层液,将抗凝血全血叠加于分层液上,离心后形成不同层次液体和细胞区带,从而分离出 PBMC。

（二）淋巴细胞亚群的分离

淋巴细胞为不均一的细胞群体，可根据其特有的表面标志及功能差异设计不同的实验方法加以分离和鉴定。

1. 尼龙毛分离法 尼龙纤维(nylon wool)即聚酰胺纤维。单个核细胞中的单核细胞和 B 细胞具有黏附于尼龙纤维表面的特性。而 T 细胞则无此特性。因此，可将 PBMC 细胞悬液通过尼龙毛柱而分离 T 细胞和 B 细胞以及单核细胞。优点：简便快速；无须特殊设备；不影响淋巴细胞活性；所获 T 细胞纯度大于 90%。缺点：尼龙棉柱可能滞留某些 T 细胞亚群；尼龙毛黏附细胞(B 细胞和巨噬细胞)回收率低，且可能混杂有未洗尽的 T 细胞和死亡细胞。

2. E 花环试验 人成熟 T 细胞表面表达绵羊红细胞(SRBC)受体(即 E 受体/CD2)，能与 SRBC 结合形成花环，即 E 花环。经密度梯度离心，花环形成细胞因比重增大而沉于管底，从而与其他细胞分离。用低渗法裂解花环中的 SRBC，即可获得纯化的 T 细胞。此法优点为：简便易行；可大量分离 T 细胞；所获细胞纯度较高(95%～99%)；可同时获得 B 细胞。其缺点为：E 花环形成后可能启动 T 细胞内信号传递，使 T 细胞活化。

3. 洗淘法(panning) 将抗特定细胞表面标志的抗体包被聚苯乙烯培养板，加入淋巴细胞悬液，表达相应表面标志的细胞即与抗体结合于培养板表面，与悬液中其他细胞分离。优点：可同时进行阳性分选和阴性分选，且所获细胞量较大。缺点：吸附于亲和结合板上的细胞被机械分离或胰酶处理，可能损伤细胞膜；细胞受体与特异性抗原结合能激活细胞；间接结合法所获洗脱细胞，其表面带有抗原-抗体复合物，可能影响细胞功能。因此，洗淘法一般适用于阴性分选。此外，B 细胞、单核细胞及某些 T 细胞表面表达 Fc 受体，宜用不含 Fc 段的 $(Fab')_2$ 抗体片段进行包被，以免发生非特异性吸附。

4. 流式细胞术(flow cytomerty, FCM) 根据待分离的免疫细胞膜表面抗原的不同，制备出相应的荧光标记抗体，分离前，将待分离细胞制成单细胞悬液，经相应的荧光标记抗体染色后，进入流式细胞仪。流式细胞仪集光学、流体力学、电子学和计算机技术于一体，对细胞作多参数定量测定和综合分析。包括细胞大小、核型、表面分子种类等。样品经多种荧光素标记的抗体染色后，因荧光素发射光谱的波长不同，信号能同时被接收，因而能同时分析细胞表面多个分子的表达及表达程度。可检测 T 细胞、B 细胞、NK 细胞、单核-巨噬细胞、树突状细胞等及其比率，CD4/CD8 T 细胞比值，以及白血病、淋巴瘤的免疫学分型。此外，可借助光电效应，微滴通过电场时出现不同偏向，因此可分类收集所需的细胞群或亚群。该技术能以每秒 5 000～10 000 个细胞的速度无菌收集细胞，分选纯度在 95%以上，而且保持细胞活性，可供进一步研究使用。优点：分离速度快、细胞纯度达 90%以上，回收率高，可保持无菌，不影响细胞结构和生物学活性。缺点：费用昂贵；拟分离细胞在混合群体中含量过低时，耗时较长才能获得所需数量细胞。

5. 磁珠分离法 将已知抗细胞表面标记的抗体与磁性微粒交联，称为免疫磁珠(immune magnetic bead, IMB)，IBM 与细胞悬液反应后，微珠借抗体结合于相应细胞群或亚群表面。再将细胞悬液加于一试管内并置磁场中，因微珠被磁场吸引，将磁珠结合的细胞与磁珠未结合细胞分开。例如，用 CD4 单抗交联的微珠可将 T 细胞中的 $CD4^+$ T 细胞与 $CD8^+$ T 细胞分开，从而获得高纯度的 $CD4^+$ T 细胞。此法优点是所获细胞纯度高(93%～99%)，获率可达 90%，活细胞率>95%；分离效果可与流式细胞相媲美，但比后者省时且费用低，操作简单。缺点为阳性分选中，抗体可导致细胞活化或凋亡。

6. 补体细胞毒分离法 抗体与表达特异性膜抗原的细胞结合，可激活补体，通过补体依赖的细胞毒作用(CDC)清除相应细胞，从而用于细胞阴性分离。优点：可清除 95%靶细胞；方法简单易行。缺点：所用免疫球蛋白(抗体)类别不同或靶细胞敏感性不同，CDC 效应各异，从而影响分离效率；补体血清中往往含非特异胞毒成分，使用前应经筛选或吸收处理。

二、免疫细胞功能测定

细胞免疫涉及多种免疫细胞的相互作用和多种细胞因子的参与，功能测定的指标体系复杂，方法不易标准化。

(一) T细胞功能测定

1. T细胞增殖试验 植物血凝素(PHA)、刀豆蛋白 A(Con A)等丝裂原以及抗 CD3 单克隆抗体等能非特异地激活培养的T细胞,使其转化为淋巴母细胞。在增殖过程中细胞 DNA、RNA、蛋白质的合成增加,细胞形态改变,最终细胞分裂。因此淋巴细胞增殖反应又称为淋巴母细胞转化(lymphoblast transformation)。

体外刺激T细胞增殖的刺激物有两类:① 丝裂原,如植物血凝素(PHA)、刀豆素 A(Con A)和美洲商陆(PWM)等;② 特异性抗原,如破伤风类毒素、纯化蛋白衍生物(PPD)和白色念珠菌等。同种异体组织抗原、自身非T细胞及抗 CD3 单抗等也可刺激T细胞增殖。检测T细胞增殖反应的方法有以下几种。

(1) 形态学方法:淋巴细胞受丝裂原刺激后转化为淋巴母细胞,其形态结构发生明显改变,通过染色镜检,可计算出淋巴细胞转化率。其特点是方法学简单,无需特殊仪器设备,但依靠肉眼观察形态学变化,准确性较差。

(2) 放射性核素(^3H-TdR)掺入法:淋巴细胞在 PHA 或特异性抗原刺激下转化为淋巴母细胞,发生转化过程中,细胞 DNA 合成大量增多。此时在细胞培养液中加入氚标记的胸腺嘧啶核苷(^3H-Thymidine riboside, ^3H-TdR),使^3H-TdR掺入新合成的 DNA 中,根据掺入细胞内的核素的量可判断淋巴细胞的转化程度。该方法灵敏度高,结果可靠,但需要特殊的仪器,易发生放射性污染。

(3) 细胞能量代谢测定(MTT 法):MTT 是一种噻唑盐,化学名 3-(4,5-二甲基-2-噻唑)-2,5-二苯基溴化四唑。在细胞培养终止前数小时加入 MTT,掺入细胞后,在细胞活化增殖时通过线粒体能量代谢过程,MTT 代谢形成蓝紫色的甲瓒(formazan)沉积于细胞内或细胞周围,形成的甲瓒的量与细胞活化增殖的程度成正相关。甲瓒经异丙醇溶解后呈紫蓝色,借助酶标仪测定 OD 值,可反映细胞增殖水平。该方法灵敏度不及^3H-TdR掺入法,但操作简便,且无放射性污染。

(4) 检测 TCR V 等位基因片段产物:是检测T细胞克隆扩增的新技术,原理为:应用抗 TCR V 等位基因片段产物的单抗检测相应基因片段的取用频率。

2. 细胞介导的细胞毒试验 CTL 对靶细胞有直接细胞毒(杀伤)作用,通过溶解、破坏靶细胞(如病毒感染细胞、同种异体组织细胞)的能力而了解 CTL 细胞的功能。

(1) ^{51}Cr 释放法 用放射性核素 $Na_{251}CrO_4$ 标记靶细胞,将标记的靶细胞与待检效应细胞共同孵育一定时间后,若待检效应细胞能杀伤靶细胞,则^{51}Cr从靶细胞内释放出来。以 γ 计数仪测定^{51}Cr的释放活性,^{51}Cr的释放量与效应细胞活性成正相关,即效应细胞活性越强,靶细胞溶解破坏就越多,^{51}Cr释放越多,上清液的放射活性就越高。根据公式即可算出待检细胞的杀伤活性。

(2) 乳酸脱氢酶释放法 将效应细胞与靶细胞按比例混合,靶细胞被杀伤后细胞膜受损,释放出乳酸脱氢酶,用光度计测定溶液中该酶的含量,反映效应细胞的杀伤活性。

3. T细胞分泌功能测定 体外激活的T细胞分泌多种细胞因子,可借助免疫学、细胞学及分子生物学方法分别检测细胞因子含量及生物学活性,以反映T细胞功能。

4. T细胞功能体内检测法

(1) 接触性超敏反应:将半抗原物质涂抹于小鼠皮肤,其可与组织蛋白结合为完全抗原,使T细胞致敏,当再次接触同一种半抗原,活化的 $CD4^+$ T细胞可产生多种细胞因子,引发接触性皮炎。

(2) 移植物抗宿主反应(GVHR):给异体骨髓受者小鼠皮下注射供着骨髓细胞,观察局部迟发型超敏反应,反应移植后 GVHR 水平,从而判断受鼠T细胞功能状况,并可评价抗排斥反应药物疗效。

(3) 迟发型超敏反应(DTH):使用旧结核菌素(OT)、链激酶-链道酶(SK-SD)、毛癣菌素作为测试抗原,通过斑贴或皮内注射于已知致敏机体,观察局部炎症反应及其强度。此外,该试验常用于某些传染性疾病(结核、麻风、布鲁氏菌病等)和免疫缺陷病的辅助诊断,并可作为肿瘤患者疗效观察及预后判断的指标。

(二) B细胞功能测定

B细胞介导体液免疫,检查B细胞的数量与功能是确定体液免疫正常与否的重要手段之一。原发性体液免疫缺陷可由 B 细胞缺失、B 细胞分化障碍以及 T 细胞缺陷所致。在诊断原发性体液免疫缺陷时除检查血清免疫球蛋白外，B 细胞的检查可确定缺损的原因。

1. *B 细胞增殖试验*　原理与 T 细胞增殖试验相同，但刺激物主要为富含 SPA 的金葡菌株、细菌脂多糖(LPS)、抗 IgM 抗体及 EB 病毒等。B 细胞受刺激物刺激后，进行分裂增殖，温育一定时间后检查抗体形成细胞的数目。小鼠 B 细胞可用细菌脂多糖作为刺激物，人 B 细胞多用含有金黄色葡萄球菌蛋白 A(SPA)的金黄色葡萄球菌菌体及抗 IgM 抗体刺激。

2. *溶血空斑试验*(plaque forming cell assay, PFC)　是体外检测 B 细胞抗体形成功能的一种方法。其基本原理是抗体形成细胞分泌的免疫球蛋白与绵羊红细胞(SRBC)上的抗原结合，在补体参与下，出现溶血反应。方法是将吸附有已知抗原的 SRBC、待检的 B 细胞、补体及适量琼脂糖液混合，倾注平皿，温育 1～3 h 后，肉眼可见有分散的溶血空斑出现，每一空斑中央含一个抗体形成细胞，空斑数目即为抗体形成细胞数(图 23－9)。

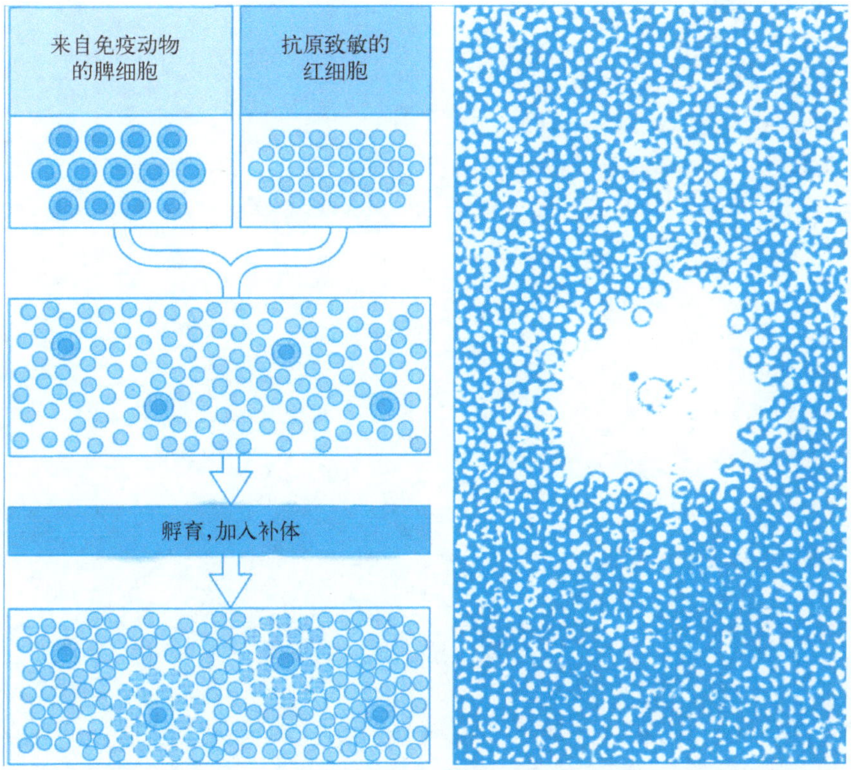

图 23－9　溶血空斑试验

3. *定量溶血分光光度测定法*(quantitative hemolysis spectrophotometry)　一定数量 B 细胞所分泌的抗体，在补体参与下裂解 SRBC，通过测定所释放的血红蛋白量(以 OD 值表示)，可判断 B 细胞功能。

4. *反向溶血空斑试验*(reversed hemolytic plaque assay)　借助 SPA 与 IgG Fc 非特异性结合而制备 SPA－SRBC 复合物；将待测细胞(人 PBMC、脾细胞等)、SPA－SRBC、抗人 Ig 抗体和补体与琼脂糖凝集混匀，注入小室内；反应后，抗体生成细胞所产生 Ig 与抗人 Ig 抗体结合形成复合物，其中的 IgG Fc 又与连接在 SRBC 上的 SPA 结合，激活补体，导致 SRBC 溶解，在 Ig 分泌细胞周围形成溶血空斑。每个溶血空斑代表一个 Ig 分泌细胞。

5. *酶联斑点法*(enzyme-linked immunospot, ELISPOT)　用已知抗原包被固相载体，再加入待检测的抗体产生细胞，即可诱导抗体分泌；所分泌抗体与包被抗原结合，在抗体分泌细胞周围形成抗原-抗体复合物，使细胞吸附于载体上；加入酶标记的第二抗体与细胞上的抗体结合，通过底物显色反应可测知生成的抗体量，并可在镜下技术着色的斑点形成细胞(spot-forming cell, SFC)。此法优点是稳定、特异，且抗原用量少；可同时定量检测不同抗原诱导的抗体分泌；可检测组织切片中分泌抗体的单个细胞。

小 结

临床医学实践中，免疫学检测技术可用于疾病的诊断、病情监测与疗效评价。免疫学技术乃基于高度特异性的抗原-抗体反应。根据抗原的性质可将抗原抗体反应分为凝集反应和沉淀反应，而采用荧光素、酶、放射性核素等标记物的免疫标记技术具有灵敏度高、能定性、定量等优点，应用十分广泛。检测免疫细胞数量与功能，是判断机体免疫功能状态的重要指标，其方法包括免疫细胞及其亚类计数、淋巴细胞功能和免疫分子的检测等。

复习题

1. 名词解释

   凝集反应　沉淀反应　ELISA

2. 简答题

   (1) 简述抗原抗体反应的特点及影响因素。

   (2) 何谓免疫标记技术？有哪些基本方法？

   (3) 简述酶联免疫吸附试验的原理及步骤。

   (4) 测定T、B细胞的功能试验有哪些？简述这些试验的基本原理。

(袁　青)

第二十四章

免疫学防治

免疫学理论和技术广泛应用于临床疾病的诊断、治疗和预防，并取得瞩目成就。同时临床免疫防治实践也极大地推动了免疫学理论的自我完善和向前发展。

第一节　免疫预防

免疫预防(immunoprophylaxis)是指通过人工输入抗原性物质，刺激机体产生特异性的免疫效应或直接输入免疫效应物质，从而特异性清除致病因子，达到预防疾病的目的，又称人工免疫(artificial immunization)。免疫预防是控制传染性疾病最为经济有效的手段，尤其是疫苗的发明与使用，为保障人类健康做出了巨大贡献，是人类文明的伟大成就之一。牛痘疫苗是历史上第一个安全有效的疫苗，经近两百年的不懈努力，世界卫生组织于 1980 年 5 月 8 日正式宣布全世界已消灭天花，这是人类通过免疫预防消灭的首例传染性疾病。进入 20 世纪，多种安全有效疫苗的发明与应用，使得许多烈性传染病得到有效控制，同时一些致癌病毒疫苗的发明和应用也有效降低了相关肿瘤的发病率。目前，免疫预防作为国家公共卫生的优先政策已达成全球共识，而计划免疫的推广则极大地提高了全世界儿童和成人的健康水平。但进入 21 世纪，人类仍然面临传统和新型烈性传染病暴发的危险，一些致病病菌，如 HIV，至今仍未找到安全有效的预防疫苗，因此，免疫预防的使命仍然任重而道远。

一、人工主动免疫

人体获得特异性免疫力的途径有两种：自然免疫(natural immunization)和人工免疫(artificial immunization)。自然免疫是指机体在自然状态下通过感染或从母体获得特异性免疫力。人工免疫即免疫预防，包括人工主动免疫(artificial active immunization)和人工被动免疫(artificial passive immunization)。

人工主动免疫是指人工接种抗原类生物制剂，刺激机体主动产生特异性免疫力，从而预防或治疗疾病，即免疫接种。

应用于人工主动免疫的抗原类制剂，称为疫苗(vaccine)。人工主动免疫即接种疫苗，是最主要的免疫预防手段。理想的疫苗应符合以下标准：① 安全，疫苗本身无致病性，接种后副作用尽量小；② 有效，疫苗免疫原性强，可诱导多数人产生稳定可靠的保护性免疫应答；③ 实用，疫苗接种方式可被不同人群所接受，接种程序简便，疫苗容易保存和运输，价格相对低廉。

疫苗根据其制备技术可分为传统疫苗和新型疫苗。传统疫苗主要包括死疫苗、减毒活疫苗和类毒素。新型疫苗则包括亚单位疫苗、结合疫苗、合成肽疫苗、基因工程疫苗、核酸疫苗、转基因植物疫苗等。

传统疫苗是以灭活或减毒的完整病原体或细菌毒素制备的疫苗，习惯上称为常规疫苗。

1. *死疫苗*(dead vaccine)　又称灭活疫苗(inactive vaccine)，是将人工培养的标准株微生物，经物理或化学方法灭活制备而成。死疫苗不具感染和增殖能力，但保留了病原体的免疫原性，可诱导机体产生特异性免疫应答，抵御自然感染的病原微生物。死疫苗无毒力回复突变危险，制备比较便捷，性质稳定，易于保存与运输，但其主要诱导体液免疫应答，难以诱导细胞免疫和黏膜免疫，且需反复多次接种才能获得较好的免疫力。

由于死疫苗成分复杂,接种量大,接种常引起较重的局部或全身不良反应。目前常用的死疫苗有霍乱、伤寒、鼠疫、钩端螺旋体、百日咳、狂犬病、流感、乙型脑炎疫苗等。

2. *减毒活疫苗*(attenuated vaccine) 又称活疫苗(live vaccine),是指通过人工诱变或从自然界筛选得到的弱毒或无毒病原微生物制备而成的、活的微生物制剂。减毒疫苗对健康的正常人无致病性,但保留了较强的免疫原性和体内增殖活性。疫苗接种后可在体内增殖,激活机体的天然免疫和获得性免疫系统,既可诱导体液免疫应答,也可诱导细胞免疫应答。接种活疫苗与病原菌的自然感染相似,是较为理想的免疫预防方式。与死疫苗相比,其免疫效果好,接种剂量小,仅需一次接种即可产生强烈而持久的免疫力,接种副作用较轻,但减毒疫苗稳定性差,不易保存和运输,且存在回复突变为致病株的危险。免疫缺陷者和孕妇一般不宜接种减毒疫苗。目前常应用的减毒活疫苗有卡介苗、脊髓灰质炎、麻疹、腮腺炎、风疹、伤寒、水痘、轮状病毒疫苗等。

死疫苗和减毒活疫苗特点比较见表 24-1。

表 24-1 死疫苗和减毒活疫苗特点比较

	死 疫 苗	减 毒 活 疫 苗
制剂	灭活的病原体	活的弱毒或无毒病原体
接种剂量	较大	较小
接种次数	2~3 次	1 次
副反应	较大	小
免疫应答	较弱,以体液免疫为主	较强,体液免疫和细胞免疫
免疫力持续时间	较短,数月至 2 年	较长,数年
保存与有效期	稳定,易保存,4℃ 1 年	不稳定,难保存,4℃ 数周

3. *类毒素*(toxoid) 细菌外毒素经 0.3%~0.4%甲醛脱毒处理制备而成的疫苗。类毒素已脱去外毒素毒性,但保留了免疫原性,可诱导机体产生特异性的抗体(抗毒素),中和外毒素的毒性,阻断其病理作用。目前常用的类毒素主要是白喉类毒素和破伤风类毒素。类毒素既可单独使用,也可与死疫苗混合制成联合疫苗(如白喉类毒素-百日咳疫苗-破伤风类毒素三联疫苗)。类毒素还可以通过免疫动物而制备抗毒素血清,经纯化后可用于紧急预防和治疗。

二、人工被动免疫

人工被动免疫是指直接输入特异性的免疫效应物质,包括特异性抗体和效应 T 细胞等制剂,使机体被动获得特异性免疫力,以治疗或紧急预防疾病。

人工被动免疫输入的是免疫效应物质,可立即发挥保护效应,但由于不刺激机体产生特异性的免疫保护性应答,不形成免疫记忆,因而免疫力维持时间有限,输入的免疫效应物质耗尽即失去保护作用。该方法主要应用于紧急预防或免疫治疗。如未接种疫苗或未在保护期内的狂犬病毒意外暴露,此时需尽快在受伤部位注射狂犬病免疫球蛋白,同时在其他部位按常规接种狂犬病疫苗。乙肝病毒的意外暴露处理方法与之相同。

表 24-2 人工主动免疫和人工被动免疫特点比较

	人工主动免疫	人工被动免疫
接种物质	疫苗	抗体或效应 T 细胞
用途	预防	紧急预防或治疗
免疫力产生时间	慢,接种后 2~4 周	快,立即
免疫力维持时间	较长,数月至数年	短,2~3 周
机体免疫系统	发生特异性应答,产生效应物质,形成免疫记忆	免疫系统未被激活,未发生应答,无免疫记忆

三、计划免疫及疫苗应用

（一）计划免疫

计划免疫(planned immunization)是指一个国家或地区的公共卫生管理部门根据某些特定传染病的流行病学规律、疫情检测和人群免疫状况分析，制定实施的，具有严格免疫程序、按年龄有组织、有计划地进行的人群预防接种。

通过计划免疫，可提高易感人群的免疫水平，建立牢固的免疫防御屏障，阻断传染病的传播和流行，是控制和消灭传染病的最优手段。

传染病纳入计划免疫需满足三个基本要素：① 具有安全有效的疫苗、高水平的接种率、有效的组织实施系统和严密的接种技术保证措施；② 具有科学的免疫规划和免疫策略；③ 建立了有效的检测、评价和疾病控制系统。

计划免疫须按年龄有计划地进行疫苗接种，其程序分两步：第一步，全程足量的基础免疫，即在1周岁内完成所有的基础性免疫接种；第二步，加强免疫，即根据疫苗的免疫学特性、机体免疫水平和疾病的流行情况进行加强性免疫接种，诱导再次免疫应答，以增强免疫力，提高预防效果(表24-3)。

表24-3　我国儿童计划免疫程序表

疫　苗	接种对象月/年龄	接种剂次	备　注
乙型肝炎疫苗	0、1、6月龄	3	出生后24 h内接种第1剂，第1、2剂间隔≥28 d
卡介苗	出生时	1	
脊髓灰质炎减毒活疫苗	2、3、4月龄，4岁	4	第1、2剂，第2、3剂间隔≥28 d
百日咳-白喉-破伤风联合疫苗	3、4、5月龄，18～24月龄	4	第1、2剂，第2、3剂间隔≥28 d
白喉-破伤风联合疫苗	6岁	1	
麻疹-风疹联合疫苗	8月龄	1	
麻疹-流行性腮腺炎-风疹联合疫苗	18～24月龄	1	
流行性乙型脑炎减毒活疫苗	8月龄，2岁	2	
A群脑膜炎球菌多糖疫苗	6～18月龄	2	第1、2剂间隔3个月
A群C群脑膜炎球菌多糖疫苗	3岁，6岁	2	2剂间隔≥3年；第1剂与A群脑膜炎球菌多糖疫苗第2剂间隔≥12个月
甲型肝炎减毒活疫苗	18月龄	1	
乙脑灭活疫苗	8月龄(2剂)，2岁，6岁	4	第1、2剂间隔7～10 d
甲肝灭活疫苗	18月龄，24～30月龄	2	2剂间隔≥6个月

（二）疫苗的应用

疫苗的使用有严格的规定和规范的程序，必须严格遵循，防止意外。

1. 疫苗接种

(1) 接种对象：疫苗的接种对象为易感人群，即不具有特异性免疫力、暴露于致病因子机会较大的人群。一般而言，婴幼儿和老人往往对大多数传染病易感。

(2) 接种时间：不同疫苗其接种时间不同，婴幼儿应按国家计划免疫的规定时间进行接种。而对特定传染病的预防，则一般在该病流行季节到来前1个月完成接种。对突发传染病则应尽快接种。

(3) 接种途径：不同疫苗其接种途径有所不同。死疫苗多采用皮下或肌肉注射接种；减毒活疫苗一般皮内注射、皮上划痕或口服，如脊髓灰质炎糖丸为口服；类毒素则是肌内注射；部分疫苗采用喷雾或滴鼻的方法通过黏膜途径接种。

(4) 接种剂量、次数和间隔时间：不同疫苗其接种剂量与次数及间隔时间各不相同。死疫苗接种剂量大，需反复接种2～3次，间隔7～10 d；而减毒活疫苗一般仅需接种1次；类毒素则需接种2次，间隔4～6周；乙肝基因工程疫苗则接种3次，分别间隔1个月和5个月。

(5) 接种反应：疫苗是一种抗原性异物，接种后既可引起有益的免疫应答，也可能产生有害的副反应。

异常反应通常出现在接种后 24 h 内，主要有接种局部出现红、肿、热、痛等炎性反应，淋巴结肿大，有时可伴有发热、头晕、恶心、腹泻等全身反应。上述皆属正常免疫反应，一般不需作任何处理，数天内即可恢复正常。少数人在接种后出现晕厥、过敏性休克、变态反应性脑脊髓膜炎、过敏性皮炎、血管性水肿等并发症，其后果严重，可危及生命，需及时抢救。造成接种不良反应的原因包括疫苗污染、疫苗内毒素去除不彻底、疫苗中的佐剂或保护剂的不良反应等。其预防原则是提高疫苗质量，严格操作规程，防止污染，严格掌握疫苗的使用范围和禁忌证。

(6) 禁忌证：疫苗有严格的使用范围和接种禁忌证。下列情况为常规免疫的禁忌证：① 免疫缺陷病、恶性疾病(如恶性肿瘤、活动性结核等)、严重心血管疾病及应用放射治疗或抗代谢药而使免疫功能受到抑制者，不能接种减毒活疫苗；② 正患发热或明显全身不适的急性疾病者，应推迟接种；③ 过往接种有严重不良反应者，不应继续接种；④ 有神经系统疾病的患儿，如癫痫等，不能接种含百日咳抗原的疫苗；⑤ 孕妇不宜接种减毒活疫苗。

2. *疫苗事故* 因试制和生产过程出现问题，疫苗在历史上曾造成多次事故和灾难。造成疫苗事故的常见因素有：弱毒疫苗的返强、过敏反应、灭活疫苗的灭活不彻底、病毒污染、内毒素污染等。因此严格疫苗研制、生产、保存与运输和接种各个环节，保证疫苗质量和正确使用，是防止疫苗事故的关键。

四、新型疫苗及其发展

传统疫苗，特别是以完整病原体制成的疫苗存在成分复杂、副反应大、回复突变风险等问题。国内外对传统疫苗进行了不断的改进和完善，并积极研发新型疫苗。目前已使用和正在研制的新型疫苗有：

1. *亚单位疫苗*(subunit vaccine) 是从病原体中提取与诱导保护性免疫反应有关的抗原组分，去除其余无关甚至对机体有害的成分制备而成的疫苗。如利用霍乱肠毒素 B 亚单位制成的霍乱毒素亚单位疫苗、乙肝病毒表面抗原制备的乙肝疫苗、百日咳杆菌丝状血凝素制备的百日咳疫苗等。亚单位疫苗成分单一，安全性高，副反应小。

2. *结合疫苗*(conjugate vaccine) 是将细菌多糖与蛋白质载体偶联而成的疫苗。细菌多糖是重要的致病物质，但其属于 TI 抗原，直接刺激机体产生 IgM 类抗体，无抗体类别转换和免疫记忆形成，免疫保护效果差。将其与蛋白载体偶联成为 TD 抗原后，可激活机体 T 细胞，从而诱导机体产生抗体类别转换，产生高亲和力的 IgG 类抗体和记忆细胞，显著增强疫苗的免疫保护效果。目前使用的结合疫苗有肺炎球菌疫苗、脑膜炎球菌疫苗、B 型流感杆菌疫苗等。

3. *合成肽疫苗*(synthetic peptide vaccine) 又称抗原肽疫苗，是根据可诱导保护性免疫应答的抗原肽氨基酸序列，人工设计和合成而制备的疫苗。制备合成肽疫苗需先获得靶抗原的氨基酸序列，确定其有效的优势表位，最后设计出合适的氨基酸序列，人工合成抗原肽，辅以合适的载体与佐剂，制备成疫苗。该类疫苗可将来源于不同病原体的多个保护性表位组合在一起，预防多种疾病，且安全性好，副反应轻微，但由于其分子质量小，免疫原性弱，免疫效果欠佳。

4. *基因工程疫苗*(gene recombinant vaccine) 是指采用基因工程技术制备而成的疫苗，主要有两类：

(1) 重组蛋白疫苗(recombinant protein vaccine)：采用 DNA 重组技术，在体外表达目的抗原，然后经纯化而制备成疫苗。该类疫苗不含感染性物质和其他致病因子，安全性好，成本低廉。1986 年，Merk 公司研制出世界上第一个基因工程疫苗——重组酵母乙肝疫苗。由于 HBV 感染与肝细胞癌发病高度相关，因此也是第一个可预防人体肿瘤形成的疫苗。我国随后也应用基因工程技术研制出乙肝疫苗、脊髓灰质炎疫苗和甲肝疫苗。

(2) 重组减毒活疫苗(recombinant attenuated live vaccine)：将编码目的抗原的基因插入合适的载体，制成减毒活疫苗；或将病原体基因组中与致病及回复突变相关的基因去除，插入编码有效免疫原的目的基因后，制备成疫苗。经基因工程处理得到的上述疫苗，具有传统活疫苗的优点，克服了其安全性不足的问题，而且易于构建可诱导多重保护作用的多价疫苗。如将编码乙肝病毒、麻疹病毒抗原的基因插入痘病毒载体，制备多价疫苗；将编码痢疾抗原的基因插入脊髓灰质炎病毒载体，制备痢疾活疫苗等。

5. *核酸疫苗*(nucleic acid vaccine) 又称基因疫苗(gene vaccine)或 DNA 疫苗(DNA vaccine)，是指由

编码目的抗原的核酸序列或含有该序列的重组载体制备而成的疫苗。疫苗接种机体后，可表达相应的抗原成分，诱导产生特异性免疫应答，发挥免疫保护作用。核酸疫苗是除减毒活疫苗外，能诱导机体产生较强细胞免疫的疫苗，而且以细菌质粒为载体的核酸疫苗，其载体能激活天然免疫，具有佐剂效应。核酸疫苗易于构建和制备，稳定性较好，免疫效果持久强烈。目前，该类疫苗在动物实验中的效果明显，但临床试验效果不尽如人意，决定疫苗在人类的有效性因素尚未完全清楚，另外其安全性也有待进一步验证。

6. 转基因植物疫苗(transgene plant vaccine)　又称植物疫苗(plant vaccine)，是指采用转基因技术，将编码目的抗原的基因导入植物基因组，使其表达于可食用部分，然后收获即得到植物疫苗。食用该植物即相当于免疫接种。转基因植物疫苗保留了抗原的天然形态，其口服接种模拟了自然感染过程，可诱导机体产生有效的体液免疫和黏膜免疫。常用的植物有大豆、玉米、花生、马铃薯、香蕉、番茄等。目前用于研究的目的抗原有乙肝表面抗原、霍乱毒素 B 亚单位、大肠杆菌热敏肠毒素 B 亚单位等。该疫苗具有安全性好，生产简单，成本低廉，易推广等优点。但同时也存在表达量低，口服易被破坏等不足。

现代疫苗的发展使其应用已不仅限于传染病的预防和控制。现已研制和正在研制可用于肿瘤预防和治疗的疫苗，如乙肝疫苗预防肝癌、HPV 疫苗预防宫颈癌、EB 病毒疫苗预防鼻咽癌和可治疗肿瘤的瘤苗；可用于避孕的 HCG－β 亚单位疫苗；治疗性疫苗具有良好的发展前景，如治疗多发性硬化症的 TCR 多肽疫苗、胃病疫苗、治疗性乙肝疫苗等。

第二节　免疫治疗

免疫治疗(immunotherapy)是指依据免疫学原理和疾病发生发展的病理机制，通过免疫学技术与手段进行干预，以达到治疗疾病的目的。根据对机体免疫功能的影响，可分为免疫增强疗法和免疫抑制疗法；而按作用特点，则分为主动免疫治疗和被动免疫治疗；依据治疗特异性，免疫治疗又可分为特异性免疫治疗和非特异性免疫治疗；而根据所用的制剂又分为分子治疗、细胞治疗和免疫调节剂治疗。免疫治疗适用于多种疾病，治疗手段多种多样，是当前临床疾病生物治疗的重要内容，其发展迅速、前景广阔。

一、分子治疗

多种免疫效应分子可人工制备，用于疾病的治疗，其中最常用的为抗体和细胞因子。

(一) 以抗体为基础的治疗

抗体是功能最强大的免疫效应分子，可直接作用于病原体或靶细胞，发挥免疫清除作用；同时抗体可与目标抗原结合，封闭其生物学作用；另外抗体也可作为载体，携带多种药物，用于疾病的靶向治疗。用于治疗的抗体，根据其制备方法的不同，可分为免疫血清、单克隆抗体和基因工程抗体，它们广泛应用于临床多种疾病的治疗。

1. 抗感染　治疗性抗体最常用的是感染性疾病的治疗。

(1) 抗毒素：将细菌外毒素经甲醛灭活为类毒素，然后免疫动物(马)制备而来、可中和外毒素的抗体。常用于治疗和紧急预防经外毒素致病的细菌感染，如破伤风抗毒素治疗破伤风，白喉抗毒素治疗白喉，其他常用于治疗的抗毒素还有气性坏疽抗毒素、肉毒抗毒素等。

(2) 人丙种球蛋白：来源于健康正常人的血清或健康产妇的胎盘血液，含有正常人血中存在的多种抗体，可增强机体的体液免疫功能，主要用于某些病毒性疾病的预防和提高体液免疫缺陷病人的免疫力，如预防麻疹、甲型肝炎和脊髓灰质炎，治疗低丙种球蛋白血症或无丙种球蛋白血症。

(3) 人特异性免疫球蛋白：来源于疫苗免疫后的健康正常人或感染恢复期病人的血浆。其效价高、疗效好、不良反应小，常用于特定病毒感染的紧急预防和治疗。如人乙型肝炎免疫球蛋白和人狂犬病免疫球蛋白。

(4) 抗病毒基因工程抗体：采用基因工程技术制备得到的抗病毒单克隆抗体，其效价高、特异性好、疗效显著、副反应小,主要用于特定病毒感染的治疗。如针对呼吸道合胞体病毒的人源化单抗 motavizumab 和 palivizumab,治疗儿童呼吸道合胞体病毒感染。

2. 抗肿瘤　抗体治疗是肿瘤生物治疗的重要内容,现已研制出多种治疗性抗体,并成功运用于临床。

(1) 抗肿瘤的人源化单克隆抗体:经基因工程技术制备得到的靶向肿瘤细胞或肿瘤生长转移关键因子的人源化单克隆抗体。相对于其他疗法,经改造后的抗体具有选择性强、副反应小、药理机制明确、药效显著、安全性好等优势。直接靶向肿瘤细胞的抗体,如抗 CD20 嵌合抗体 rituximab 治疗 B 细胞淋巴瘤,抗 CD52 人源化抗体 alemtuzumab 治疗 B 细胞性慢性淋巴细胞白血病;拮抗肿瘤生长的抗体,如抗人表皮生长因子受体 2(HER－2)的人源化抗体 trastuzumab 治疗 HER－2 阳性的乳腺癌,抗血管内皮生长因子(VEGF)的人源化单抗 bevacizumab 治疗转移性结肠癌和 HER－2 阴性乳腺癌等。

(2) 单克隆抗体交联物的靶向治疗　将毒素、放疗或化疗药物等细胞毒性物质与肿瘤特异性抗体偶联,利用抗体的导向作用,使毒性物质集中于肿瘤病灶,形成对肿瘤细胞的特异性杀伤。抗体常携带的毒素和药物有:毒素包括相思子毒素、蓖麻毒素、白喉毒素、绿脓杆菌外毒素等,化疗药物包括长春新碱、博来霉素、力达霉素、阿霉素、甲氨蝶呤等,放疗药物包括^{131}I、^{90}Y、^{188}Re等。携带毒性物质的抗体被称为“生物导弹”,在肿瘤治疗上具有诸多优势,现已获准用于临床治疗。如携带化疗药物 calicheamici 的抗 CD33 人源化抗体 gemtuzumab,用于治疗急性粒细胞白血病;携带^{90}Y的抗 CD20 抗体 oibritumomab,用于治疗复发后的 B 细胞非霍奇金淋巴瘤。

3. 自身免疫病的治疗　通过抗体抑制关键因子的病理作用,阻断或缓解病情。

(1) 类风湿关节炎(RA):TNF 等炎性细胞因子在 RA 的病理进程中具有重要作用,利用特异性单克隆抗体可抑制其促炎作用,缓解患者病情。目前临床使用的抗 RA 单抗有:抗 TNF－α 的 infliximab、CDP571 和 adalimumab;另外,治疗 B 细胞淋巴瘤的单抗 rituximab 也可用于 RA 的治疗。

(2) 系统性红斑狼疮(SLE):人源化的单抗 belimumab 可识别并抑制 BLyS 蛋白的功能,从而抑制 B 细胞分化成熟为浆细胞,改善 SLE 患者病情。

4. 其他疾病的治疗

(1) 预防 Rh 新生儿溶血症:抗 Rh 血清可用于预防 Rh 新生儿溶血症(见Ⅱ超敏反应)。

(2) 抗移植排斥:抗 CD3 抗体 muromona－CD3 是鼠源性单克隆抗体,能定向抑制 T 细胞功能,临床上用于治疗移植排斥,减少排斥反应,延长移植物存活时间;抗白细胞介素－2 受体(IL－2R)的单抗 dacliximab 和 basiliximab 皆可抑制 IL－2 介导的 T 细胞活化,抑制移植排斥反应。

(3) 解毒:用来自有毒动物或昆虫的毒素,制备抗血清,可有效地治疗因咬伤或刺伤引起的中毒。例如,蛇毒制备的抗血清可有效中和毒素,消除其病理作用,拯救患者生命,是治疗毒蛇咬伤的最有效手段。

此外,湿性老年性黄斑变性、心绞痛、骨质疏松等也已制备出临床治疗抗体。

(二) 以细胞因子为基础的治疗

细胞因子具有重要的免疫学作用和生物学功能,参与了机体的多种生理和病理过程。通过补充添加细胞因子或阻断拮抗细胞因子作用,可有效地调节机体免疫状态,干预疾病病程,达到治疗疾病目的。目前,基因工程生产人重组细胞因子的技术已非常成熟,为细胞因子疗法提供了坚实的物质基础。细胞因子疗法(cytokine therapy)分为细胞因子补充和添加疗法、细胞因子阻断和拮抗疗法及细胞因子基因疗法。

1. 细胞因子补充和添加疗法　即通过直接输入重组细胞因子,纠正机体的免疫失衡,恢复其正常功能,从而达到防病治病的目的。常用于病毒感染、肿瘤和其他恶性疾病的治疗。

(1) 抗病毒细胞因子:Ⅰ型干扰素包括 IFN－α 和 IFN－β,具有广谱的抗病毒作用,常用于病毒性疾病的治疗。如 IFN－α 治疗丙型肝炎、乙型肝炎、带状疱疹、AIDS 等。

(2) 抗肿瘤细胞因子:干扰素可用于肿瘤的治疗,如 IFN－α 治疗白血病、Kaposi 肉瘤和其他恶性肿瘤,IFN－γ 也可用于恶性肿瘤的治疗;白细胞介素－2 也有肿瘤治疗效果,常用于肾癌、黑色素瘤和非霍奇金淋巴瘤的治疗。

(3) 促进造血的细胞因子:粒细胞－巨噬细胞集落刺激因子(GM－SCF)和粒细胞集落刺激因子(G－CSF)可以刺激血细胞的生成,用于治疗化疗导致的血细胞或粒细胞减少,或恢复自身骨髓移植患者的粒细胞数目，或治疗再生障碍性贫血。促红细胞生成素（EPO）可治疗慢性肾衰、恶性肿瘤、化疗或失血导致的贫血。

此外，IL-11 可治疗恶性肿瘤或化疗导致的血小板减少症，IFN-β 治疗多发性硬化症有较好疗效，IFN-γ可治疗慢性肉芽肿和其他感染性疾病，IL-2 可用于免疫缺陷病的治疗，还可作为疫苗的免疫佐剂。

2. *细胞因子阻断和拮抗疗法* 通过阻断或拮抗关键细胞因子的作用可以达到缓解或治疗疾病的目的。如注射可溶性的 TNF 受体（sTNF R1），可以干扰 TNF 的作用，缓解类风湿性关节炎病情。另外，也可采用特异性抗体阻断细胞因子的作用，治疗与细胞因子相关的疾病，如前面所述的抗 TNF 抗体治疗类风湿性关节炎。

3. *细胞因子基因疗法* 细胞因子具有量少、作用强、不稳定、易分解等特点，临床使用需小量反复多次给药。因此，可将细胞因子基因导入机体，使其在体内持续稳定表达，达到治疗疾病的目的，即细胞因子的基因疗法。该疗法正在尝试之中，有望用于恶性肿瘤、免疫缺陷等疾病的治疗。

二、细胞治疗

细胞治疗是指将自体或异体造血细胞、免疫细胞或肿瘤细胞经体外处理后，回输患者，以重建其免疫功能或激发特异性免疫应答，达到治疗疾病的目的。根据所用细胞的不同，可分为造血干细胞移植、免疫效应细胞治疗、肿瘤细胞疫苗。

（一）造血干细胞移植

造血干细胞具有分化为多种免疫细胞的潜能和自我更新能力，移植可重建患者的造血系统和免疫功能，常用于血液系统疾病、恶性肿瘤、免疫缺陷病、自身免疫性疾病的治疗。根据来源不同，造血干细胞移植分为骨髓移植、外周血干细胞移植和脐血干细胞移植。

1. *骨髓移植* 即将患者自体骨髓或来自健康正常人的骨髓经处理后回输患者，重建造血与免疫功能。异体移植是首选。自体骨髓移植主要作为异体移植的替代，用于治疗恶性淋巴瘤和多发性骨髓瘤。自体移植应尽可能杀灭残留癌细胞、消除污染，防止复发。

2. *外周血干细胞移植* 外周血干细胞便于收集，但数量稀少，移植前需进行干细胞动员。外周血干细胞移植后造血与免疫功能恢复快，治疗费用少，无须采集骨髓，供者易接受，已成为治疗恶性血液病、淋巴瘤和乳腺瘤等实体瘤的有效方法。

3. *脐血干细胞移植* 脐带血含有丰富的造血干细胞，其增殖能力强，免疫原性弱，是理想的干细胞移植物，非常适合于免疫重建。脐血干细胞移植安全，副反应小，效果可靠，可用于治疗多种血液系统与免疫系统疾病。

（二）免疫效应细胞治疗

免疫效应细胞治疗是指将体外增殖和激活的自体或异体免疫效应细胞回输患者，以增强免疫功能，达到治疗疾病的目的。主要用于肿瘤治疗。

1. *淋巴因子激活的杀伤细胞（lymphokine-activated killer，LAK）* LAK 是患者外周血淋巴细胞经 IL-2 诱导培养产生的一类杀伤细胞，其杀伤肿瘤细胞无须抗原致敏，无 MHC 限制性，对某些肿瘤具有一定的疗效，副反应大。

2. *肿瘤浸润的淋巴细胞（tumor infiltrating lymphocyte，TIL）* TIL 是从肿瘤病灶分离出的浸润淋巴细胞，经体外 IL-2 诱导培养产生的杀伤细胞，其富含肿瘤特异性的胞毒性 T 细胞和 NK 细胞，抗瘤特异性和作用强于 LAK，副反应小于 LAK。

3. *细胞因子诱导的杀伤细胞（cytokine-induced killer，CIK）* CIK 是外周血单个核细胞经抗 CD3 单克隆抗体与 IL-2、IFN-γ、TNF-α 等细胞因子体外联合诱导产生的一种新型杀伤细胞。该类细胞同时表达 CD3 和 CD56，故又称 NK 样 T 细胞，具有增殖能力强，杀伤活力高，杀瘤谱广，不受 MHC 限制，副反应小等诸多优点。CIK 可有效清除放化疗或手术后残留的癌细胞和微小转移病灶，防止癌细胞扩散与复发。临床常用于白血病和部分实体瘤的治疗。另外，CIK 还具有免疫调节和体细胞修复作用，可改善肿瘤患者的生存质量，延长存活期。

4. 特异性的杀伤性T细胞 指在体外诱导产生肿瘤特异性的杀伤性T细胞，然后回输患者，以特异性地杀灭肿瘤细胞。有研究者采用携带多个肿瘤抗原表位的DC细胞，在体外诱导出特异性的杀伤性T细胞，回输后成功清除了相应肿瘤。该疗法特异性好、副反应小，效果显著，但过程复杂，价格昂贵。

(三) 肿瘤细胞疫苗

肿瘤细胞疫苗是指能诱导患者产生特异性免疫应答、用于肿瘤治疗的细胞形态疫苗。根据采用细胞的不同，可分为三类：① 以肿瘤细胞制备；② 以荷载肿瘤抗原的抗原提呈细胞制备；③ 将肿瘤细胞与抗原提呈细胞融合制备。

1. 以肿瘤细胞制备的疫苗 即瘤苗，由自体或异体的肿瘤细胞经体外加工处理或遗传改造，增强其免疫原性后制备而成。疫苗回输后可诱导产生特异性的抗肿瘤细胞免疫应答，从而提高机体的抗肿瘤作用，抑制肿瘤的生长。目前，各种基因修饰的瘤苗已进入了临床前和临床试验。其中，以GM-CSF修饰的肿瘤疫苗效果最好。

2. 以抗原提呈细胞制备的肿瘤疫苗 抗原提呈是特异性免疫应答的关键环节，DC是体内功能最强大的APC。因此，以DC为基础制备肿瘤疫苗备受关注，也是最具前景的肿瘤疫苗。其基本流程为：使用肿瘤抗原在体外刺激DC或用抗原及其他免疫活性分子基因修饰DC，然后再回输到患者体内，以激发产生特异性的细胞免疫，杀伤肿瘤细胞。目前，前列腺癌、黑色素瘤等多个DC疫苗已进入了临床试验。初步结果显示，疫苗安全，无明显副反应，具有确定的疗效。

3. 融合疫苗 即将肿瘤细胞与抗原提呈细胞融合制备的肿瘤疫苗。最常采用的是肿瘤细胞与DC融合，融合后的细胞既表达肿瘤抗原，又表达DC的MHC Ⅰ/Ⅱ类分子和T细胞活化所必需的共刺激分子。融合瘤苗与IL-2等佐剂联合应用，可增强其免疫效果。临床试验显示，在恶性脑瘤、黑色素瘤、乳腺癌等肿瘤的治疗上安全有效。

三、免疫调节剂

免疫调节剂是指一大类可非特异地调节机体免疫功能的药物制剂。免疫调节剂在临床上广泛应用于肿瘤、器官移植、感染和自身免疫病等疾病的治疗。按其作用可分为免疫增强剂和免疫抑制剂。

(一) 免疫增强剂

免疫增强剂可以非特性地调节机体的免疫状态，使免疫系统功能恢复正常，从而增强机体免疫力。

1. 微生物制剂 常用的有卡介苗(BCG)、胞壁酰二肽(MDP)、短小棒状杆菌、溶血性链球菌Su(OK-432)、细菌CpG DNA等。它们均可作为佐剂，增强疫苗的免疫效应，部分可单独使用发挥临床治疗作用。如卡介苗和灭活的短小棒状杆菌可非特异性刺激机体免疫功能，激活巨噬细胞，促进IL-1、IL-2等细胞因子产生，增强其对肿瘤细胞的杀伤作用，二者常用于肿瘤治疗，并有确切的疗效。其中卡介苗主要用于膀胱癌等，而短小棒状杆菌则主要用于恶性黑色素瘤、乳腺癌及肺小细胞型未分化癌的治疗。而细菌CpG DNA则是一种新型佐剂，可有效激活天然免疫，刺激巨噬细胞、DC和B细胞分泌Th1样细胞因子，增强协同刺激分子的表达，从而可辅助疫苗诱导产生强烈的细胞免疫和体液免疫，常用作核酸疫苗的组分或佐剂，也可用于肿瘤的治疗。

2. 植物多糖 植物多糖具有免疫增强和抗肿瘤等多种生物学活性。其主要机制是：可激活巨噬细胞和网状内皮系统，促进T、B细胞增殖，诱导干扰素、白细胞介素等细胞因子生成。灵芝多糖、茯苓多糖、香菇多糖等早已应用于临床，作为抗肿瘤和感染的辅助治疗。

3. 中药制剂 扶正固本和补益类中药材多具有免疫增强功能。如黄芪、人参、党参、枸杞、刺五加、藿香等，其粗提液及单体成分在体外及动物实验中均表现有激活单核巨噬细胞、刺激淋巴细胞增殖的免疫学活性。目前，部分中药的有效成分及单体已分离鉴定，并已应用于抗肿瘤和日常保健，如人参皂甙等。

4. 化学合成药物 部分化学合成药物具有明显的免疫增强作用。左旋咪唑(levomisole)能增强免疫功能低下者的免疫功能，其作用机制：刺激吞噬细胞吞噬功能；增强NK细胞活性；促进T细胞分泌IL-2等细胞因子等。左旋咪唑还可提高患者的抗菌抗病毒能力。目前试用于肺癌、乳腺癌、恶性淋巴瘤等肿瘤的辅助治疗。西咪替丁(cimetidine)具有抗病毒和抗肿瘤活性，现用于慢性乙型肝炎的治疗。异丙肌苷

(isoprinosin)也是一种免疫增强剂,在体内具有抗病毒和抗肿瘤活性,主要用于多发性口角炎和抗病毒辅助治疗。

5. 免疫活性肽 胸腺肽(thymic peptide)是从小牛或猪胸腺中提取的一组多肽混合物。可促进 T 细胞转化,增强巨噬细胞吞噬活性。临床用于治疗各种原发性或继发性 T 细胞缺陷病和细胞免疫功能低下及肿瘤的辅助治疗。胸腺五肽是胸腺肽的五肽片段,具有完整的胸腺肽活性。临床用于治疗成年慢性乙型肝炎患者、各种原发性或继发性 T 细胞缺陷病、某些自身免疫性疾病、各种细胞免疫功能低下的疾病、肿瘤的辅助治疗。

(二)免疫抑制剂

免疫抑制剂可非特性地抑制机体免疫功能。主要用于预防器官移植排斥和自身免疫病与超敏反应的治疗。

1. 化学合成药物 化学合成的免疫抑制剂有烷化剂、抗代谢类药和糖皮质激素三类。烷化剂和抗代谢类药常用于防治移植排斥反应和自身免疫病治疗,糖皮质激素则主要用于治疗超敏反应和自身免疫病,也可用于器官移植。

烷化剂有环磷酰胺、氮芥、苯丁酸氮芥等,其主要作用是破坏 DNA 的结构,阻断其复制,导致细胞死亡。处于增殖中的细胞对烷化剂比较敏感,因而可阻断获得性免疫应答中 T、B 细胞的增殖环节,从而抑制免疫应答。

抗代谢类药主要有嘌呤和嘧啶的类似物及叶酸拮抗剂两大类,如硫唑嘌呤、甲氨蝶呤等,它们主要通过于干扰 DNA 复制或蛋白质合成发挥作用。

糖皮质激素是经典的免疫抑制剂,也是临床上应用最早、最广泛的抗炎药物。其主要通过与胞内受体结合,进入细胞核,下调促炎细胞因子的转录,同时上调抗炎细胞因子的表达,产生抗炎作用;糖皮质激素还可下调外周血 T、B 细胞数量,降低抗体应答水平,抑制巨噬细胞活性,从而抑制免疫应答。

2. 真菌代谢产物 一些真菌产物可选择性抑制免疫细胞活性,具有重要的临床药用价值。环孢素 A 是一种来自土壤真菌的环状多肽,1978 年应用于肾脏移植,为器官移植带来了突破性进展。其可选择性抑制 T 细胞应答,防治急性移植排斥反应效果十分显著,是目前临床的首选用药。FK-506 是新一代真菌肽类药物,其作用与环孢素 A 类似,但其活性较环孢素 A 强数十倍至百倍,且副反应小,现主要用于防治器官植排斥反应。二者也可用于自身免疫病的治疗。雷帕霉素是一种来自土壤真菌的大环内酯类化合物,具有免疫抑制和抗增殖作用,已用于临床器官移植。

3. 中药制剂 一些传统中药材也具有免疫抑制作用。如雷公藤、苦参、青蒿、汉防己、川芎等,其中以雷公藤及其组分雷公藤多甙的疗效最为确切,临床用于治疗多种自身免疫病和慢性感染。从青蒿中提取的青蒿素则可用于治疗系统性红斑狼疮。

小 结

免疫预防是控制传染病最有效的途径,用于人工主动免疫的抗原类制剂为疫苗。理想的疫苗应符合安全、有效、实用三项原则。传统疫苗包括死疫苗、减毒活疫苗和类毒素。新型疫苗则有亚单位疫苗、结合疫苗、基因工程疫苗等。计划免疫可充分发挥疫苗作用,有效控制和消灭传染病。疫苗的使用应严格遵循规定和规范,防止意外发生。人工被动免疫是直接输入免疫效应物质,被动获得免疫力。免疫治疗是采用免疫学技术与手段对病程进行干预,以治疗疾病,包括免疫分子、免疫细胞和免疫调节剂治疗,适用于临床多种疾病的治疗。

复习题

1. 名词解释

人工主动免疫 人工被动免疫 疫苗 灭活疫苗 减毒疫苗 结合疫苗 基因工程疫苗 核酸疫苗

计划免疫

2. 简答题

(1) 简述人工主动免疫与人工被动免疫的区别。

(2) 简述疫苗作用的免疫学基础。

(3) 比较灭活疫苗与减毒疫苗的特点。

(4) 简述抗体药物在临床疾病治疗中的应用。

(陈　玮)

主要参考文献

曹雪涛. 免疫学前沿进展. 北京：人民卫生出版社，2009.

曹雪涛. 医学免疫学. 第六版. 北京：人民卫生出版社，2013.

陈慰峰. 医学免疫学. 第四版. 北京：人民卫生出版社，2005.

房良华. 现代肿瘤免疫靶向治疗. 南京：东南大学出版社，2010.

高晓明，熊思东，吴玉章. 医学免疫学. 北京：高等教育出版社，2006.

龚非力. 医学免疫学. 第四版. 北京：科学出版社，2014.

何维. 医学免疫学. 北京：人民卫生出版社，2005.

李幼平. 移植免疫生物学. 北京：高等教育出版社，2006.

刘伯宁. 诺贝尔奖与免疫学的百年渊源. 自然杂志，2012，34(3)：169－171.

吕世静. 医学免疫学. 第二版. 北京：科学出版社，2006.

孙万邦. 免疫学与病原生物学. 第二版. 北京：高等教育出版社，2010.

唐恩洁. 医学免疫学. 北京：人民卫生出版社，2008.

王华民，徐军发，陈雪玲. 临床免疫学. 北京：军事医学科学出版社，2010.

杨镇. 肿瘤免疫学. 武汉：湖北科学技术出版社，1998.

章崇杰. 医学免疫学. 成都：四川大学出版社，2009.

周光炎. 免疫学原理. 上海：上海科学技术出版社，2007.

朱平，林文棠. 医学免疫学. 北京：高等教育出版社，2008.

A. Neil Barclay, Marion H. Brown, S. K. Alex Law, Andrew J. McKnight, Michael G. Tomlinson, P. Anton van der Merwe. The leucocyte antigen, FactsBook. 2nd ed. London: Academic Press, 1997.

Abbas AK, Lichtman AH, Pillai S. Cellular and molecular immunology. 6th edition. Philadelphia, W. B. Sauders Company, 2007.

Abul K. Abbas, Andrew H. Lichtman, Shiv Pillai, Cellular and molecular immunology, seventh edition, 2011.

Charles A Janeway, et al. Immunobiology, 6th edition, by Garland Publishing, 2005.

Charles A. Janeway, Jr. , Paul Travers, Mark Walport, Mark J. Shlomchik. Immunobiology: The Immune Systen in Health and Disease. 6th ed. Churchill Livingstone, Garland Publishing, 2005.

Charo, IF, Ransohoff RM. The many roles of chemokines and chemokine receptors in inflammation N Engl J Med, 2006,354 (6): 610－621.

Clare M. Isacke and Micheal A. Horton. The adhesion molecule, FactsBook. 2nd. London: Academic Press, 2000.

Delves PJ, Martin SJ, Burtion D, Roitt IM. Roitt's Essensial Immunology. 11th edition. Blackwell publishers, 2006.

Delves PJ, Martin SJ, Burton DR, Roitt IM. Roitt's Essential Immunology. 12th edition. Blackwell Publishers, 2011.

Glodsby RA, Kindt TJ, Osborne BA, Kuby J. Immunology. 5th edition. W H Freeman & Co. Publishers, 2003.

Immunology 10th ed, by Blackwell Science Ltda Blackwell Publishing company,2001.

Julius M. Cruse, Robert E. Lewis. Atlas of immunology, third edition, Publisher: CRC Press, 2010.

Kawahara T, Douglas DN, Lewis J, Critical role of natural killer cells in the rejection of human hepatocytes after xenotransplantation into immunodeficient mice. Transpl Int. 2010,17.

Khan A, Fu H, Tan LA, Harper JE, et al. Dendritic cell modification as a route to inhibiting corneal graft rejection by the indirect pathway of allorecognition. Eur J Immunol, 2012.

Kindt TJ, Goldsby RA, Osborn B. Kuby Immunology. 6th edition. W. H. Freeman & Co Ltd. 2006.

LoCascio SA, Morokata T, Chittenden M, et al. Mixed chimerism, lymphocyte recovery, and evidence for early donor-specific unresponsiveness in patients receiving combined kidney and bone marrow transplantation to induce tolerance. Transplantation, 2010,90(12): 1607-1615.

Murphy KM, Travers P, Walport M. Janeway's Immunobiology. 7th edition. New York Garland Publishing, 2007.

Murphy KM. , Travers P. Walport M. Janeway's Immunobiology. 7th edition. New York: Garland Publishing, 2007.

Nandini shetty, IMMUNOLOGY, second edition, New Age International (P) Ltd, 2005.

Peter J. Delves, Seamus J. Martin, Dennis R. Burton, Ivan M. Roitt. Roitt's essentioal immunology, 12th edition. Publisher: Wiley-Blackwell, 2011.

PJ Delves, SJ Martin, DR Burton, IM Roitt, Roitt's Essential Immunology, Wiley-Black Well, 12th ed.

Richard A. Goldsby, Thomas J. Kindt, Barbara A. Osborne, Janis Kuby, Immunology, 15th ed, USA: W H Freeman & Co. , 2003.

Richard A. Goldsby, et al. Immunology, fifth edition, by W. H. Freeman and Company, 2003.

Sakhno LV, Tikhonova MA, Tyrinova TV, et al. Cytotoxic activity of dendritic cells as a possible mechanism of negative regulation of T lymphocytes in pulmonary tuberculosis. Clin Dev Immunol. 2012: 628-635.

The Writing Committee of the World Health Organization(WHO) Consultation on Human Influenza A/H5. Avian Influenza A (H5N1) Infection in Humans. N Engl J Med, 2005,353: 1374-1385.

Zhang C, Shan J, Lu J, et al. Rapamycin in combination with donor-specific $CD4^+$ $CD25^+$ Treg cells amplified in vitro might be realize the immune tolerance in clinical organ transplantation. Cell Immunol, 2010,264(2): 111-113.

索　引

A

B

C

D

F

G

H

J

K

L

M

N

P

Q

R

S

T

W

X

Y

Z